雪行雨施

生活国学与人生智慧

赵伟 著

中国文史出版社

图书在版编目（CIP）数据

云行雨施：生活国学与人生智慧 / 赵伟著. -- 北
京：中国文史出版社，2023.1
　　ISBN 978-7-5205-3663-9

　　Ⅰ. ①云… Ⅱ. ①赵… Ⅲ. ①国学—通俗读物 Ⅳ.
①Z126-49

中国版本图书馆CIP数据核字(2022)第164703号

责任编辑：刘　夏

出版发行：中国文史出版社

社　　址：北京市海淀区西八里庄路69号院　　邮编：100142

电　　话：010—81136606　81136602　81136603（发行部）

传　　真：010—81136655

印　　装：北京温林源印刷有限公司

经　　销：全国新华书店

开　　本：16开

印　　张：32

字　　数：490千

版　　次：2023年3月北京第1版

印　　次：2023年3月第1次印刷

定　　价：88.00元

自序

　　这本书的书名《云行雨施》，取自《易经》里乾卦的象辞，原文中有两句是："云行雨施，品物流形。"意思就是万物因雨水的滋润而不断地壮大成长。我之所以取这个名字，也是有点这个味道，希望本书的文字能像"润物细无声"的春雨一样，滋润诸位读者的心田，从而使大家不断地增长自己的生活智慧！

　　本书的副标题是：生活国学与人生智慧。自从2011年我首次提出"生活国学"这个概念一直到今天，整整过了十个年头。"板凳坐得十年冷"，"生活国学"由最初的一颗干瘪的理念种子慢慢演变为一朵朵的"花蕾"：2015年由中国言实出版社出版的《春华秋实：50堂生活国学课》、2017年由中国文史出版社出版的《故言新语：国学中的生活智慧》以及2020年由台海出版社出版的《旧学新知：国学中的人生智慧》等。虽然这几本"不成器"的小书得到了广大读者的错爱和追捧，但在我看来，真正全面地体现生活国学理念的还得是这本《云行雨施》，我第一次郑重地在书名上使用了"生活国学"这个概念。之所以如此，是因为我一直认为国学应该更接地气，更贴近生活。国学研究成果应该从象牙塔里走向日常化的生活应用，应该由佶屈聱牙的文绉绉的学者语言系统转化为百姓们耳熟能详的表达方式。

　　生活是丰富多彩的，而书本篇幅是有限的。本书仅从七个方面来展示生活国学的内容，分别为天道篇、学习篇、事业篇、社会篇、修养篇、情感篇和智慧篇。

最后感谢所有对生活国学给予支持的朋友们，这么多年，如果没有广大热心听众和读者对我的支持和鼓励，我也不会有这么大的动力来传播生活国学。我将会继续充满激情地在这条道路上走下去，为广大读者带来更好的作品。本书所使用的大量的原始资料来自我的一本本厚厚的读书笔记，个别材料当时在做笔记的时候由于疏忽或其他一些原因，未能标明出处。在这里，我谨对这些"无名"的材料提供者表示衷心的感谢和诚挚的歉意！希望这本小书能给您带来满满的正能量。对于本书的不足之处，也请各位读者不吝赐教，多多批评。

于处州鸡鸣斋

2022年11月25日

目录

第一章　天道篇

顺其自然

人分化于动物、区别于动物，很重要的一个原因是人学会了学习，懂得运用学习的成果来服务自己的生产和生活。那么，我们的祖先最初是向谁学习的呢？答案只有一个：大自然。老子总结说：

> 故道大，天大，地大，人亦大。域中有四大，而人居其一焉。人法地，地法天，天法道，道法自然。
>
> ——《道德经》第二十五章

《道德经》里很重要的就是这一章，它石破天惊地解释了宇宙的起源和发展问题，更是提出了中国传统文化的一个核心理念，就是人要向大地、天道、大自然学习，我简单总结就是"向天学习"。

那么我们可以向天学习些什么精神呢？

首先是顺其自然。"自然"是老子创立的一个概念，除了前面提到的"道法自然"，老子还说：

> 悠兮，其贵言。功成事遂，百姓皆谓"我自然"。
>
> ——《道德经》第十七章

> 希言自然。故飘风不终朝，骤雨不终日。孰为此者？天地。天地

尚不能久，而况于人乎？

——《道德经》第二十三章

道之尊，德之贵，夫莫之命而常自然。

——《道德经》第五十一章

顺其自然有其丰富的内涵，可以总结为以下几个方面：

第一个是遵循自然规律。自然规律很容易理解，就是天地运行，四时变化，风行雨施等。简单来说，春种、夏长、秋收、冬藏就是顺应自然规律，而秋天播种、冬天育苗、春天生长，夏天收获，就是违背自然规律。

自然规律还表现为时势，就是事物运行的趋势和潮流。孟子说："顺天者存，逆天者亡。"（《孟子·离娄上》）用俗话说就是，世界潮流，浩浩荡荡，顺之者昌，逆之者亡，就是说要顺应大势而为。在《庄子·养生主》中，庄子讲了一个故事说，老子死了，他的朋友秦失去吊丧，简单哭几声意思一下便离开了。老聃的弟子问道："你不是我们老师的朋友吗？"秦失说："是啊。"弟子们又问："那么像您这样敷衍地吊唁，合适吗？"秦失说："原来我认为你们跟随老师多年都是超脱物外的人了，现在看来并不是这样的。刚才我进入灵房去吊唁，有老年人在哭他，像做父母的哭自己的孩子；有年轻人在哭他，像做孩子的哭自己的父母。他们之所以会聚在这里，一定有人本不想说什么却情不自禁地诉说了什么，本不想哭泣却情不自禁地痛哭起来。如此喜生恶死是违反常理、背弃真情的，他们都忘掉了人是秉承于自然、受命于天的道理，古时候人们称这种做法为违背自然。"接着，庄子说了一句在中国哲学史上振聋发聩的话：

适来，夫子时也；适去，夫子顺也。安时而处顺，哀乐不能入也。古者谓是帝之县解。

——《庄子·养生主》（第三）内篇

秦失说，你们的老师他是应时而生，这叫安时；顺应自然规律而死，这叫处顺。做到安时而处顺，任何哀伤和欢乐都会无从挂怀，古时候人们称这样做为自然地解脱，好像解除倒悬之苦似的。

安时而处顺，有人理解为听天由命，其实两个概念不是一个意思。前者是在对时势的准确判断基础上做出的对应性的反应，是坦然对之；而后者纯粹是一种对时势没有任何判断的反应，是呆若木鸡。

顺其自然的第二个内涵是要保持自然而然的、本来的存在状态，不要过多人为干预。《庄子》载：

> 圣人者，原天地之美而达万物之理。是故至人无为，大圣不作，观于天地之谓也。
>
> ——《庄子·外篇·知北游》

意思是：所谓圣人，就是探究天地大美的道理而通晓万物生长的规律的人，所以，"圣人"也好，"至人"也好，"大圣"也好，就是顺应自然规律，不妄加作为，就是在一边观察天地运行而已。这段文字，用我们今天通俗的话来解释，就是所谓圣人，就是一边观察宇宙运行，一边安心当不作为的群众，不多嘴，不干预，如此而已。

前面提到的"百姓皆谓'我自然'"就是这样的一种状态，统治者不人为施加过多干预，任百姓和社会自由发展，百姓们自己甚至都感受不到统治者的存在。西汉初期，鉴于战乱刚息，社会凋敝，民不聊生，国家穷困，连汉高祖刘邦的御用马车都凑不齐四匹颜色一样的马，统治者接受了黄老之说，采取了无为而治的治理方式，让社会生产和生活慢慢地自然恢复，经高祖、惠帝、吕后、文帝、景帝、武帝前期，前后差不多达百年的休养生息，最终为汉武帝北击匈奴，南平南越，开通丝绸之路，开创中国封建王朝史上第一个发展高峰，成为当时世界上最强大的国家奠定了雄厚的经济基础。

如果说西汉初这么做是不得已，那么在老子看来，这才应该是常态的、最佳的国家和社会的治理形态，他说：

小国寡民，使民有什伯之器而不用，使民重死而不远徙。虽有舟舆，无所乘之；虽有甲兵，无所陈之；使民复结绳而用之。甘其食，美其服，安其居，乐其俗。邻国相望，鸡犬之声相闻，民至老死不相往来。

——《道德经》第八十章

这段文字非常著名，很多人耳熟能详，但也是老子被人诟病最多的地方。老子希望，一个国家不要太大，人口也不要太多，这样子的话即使有各种各样的器具也用不上了。老百姓都重视自己的生命，不会为了生计就背井离乡，迁徙到远方去。即使有船和车子，也没有人要去坐它；即使有铠甲和兵器，也没有地方要用它。让百姓回到结绳记事的时代。人人恬淡寡欲，有什么就吃什么，有什么就穿什么，有什么样的房子就住什么样的房子，有什么样的风俗就安守什么样的风俗。与邻国之间彼此能听到对方的狗吠鸡叫，但人民从生到死都不相往来。

老子描述的这个世界，更像是《圣经》里的伊甸园，陶渊明则把这个世界具化为一个武陵溪中的桃花源。老子生活的时代，是群雄并起、礼崩乐坏、社会繁杂动乱、人们思想混乱的时代。与其说是老子真的希望有小国寡民这样一个社会，倒不如说是他希望对当时的动乱社会有一个缓冲，对正在快速运转、濒临失速的社会机器踩一脚刹车，给无数正遭受身心双重磨难的民众提供一个慰藉心灵的理想国、注射一剂精神吗啡。在之后两千多年的封建社会发展史上，无数文人墨客对老子的小国寡民和陶渊明的桃花源殷殷神往，孜孜以求，营营讴歌，乃至学陶渊明淡泊明志，归隐田园，以此对失意于封建官场和社会生活而遭到的精神创伤进行自我疗愈。老子的小国寡民在中国文化中的特殊意义就在于此。

小国寡民是老子理想的政治形态，而"清水出芙蓉，天然去雕饰"（李白《经乱离后天恩流夜郎忆旧游书怀赠江夏韦太守良宰》）则可以说是老庄理想的社会生活的形态。老子说：

五色令人目盲，五音令人耳聋，五味令人口爽，驰骋田猎令人心发狂，难得之货令人行妨。

——《道德经》第十二章

这段也很经典，"五色令人目盲"，是说颜色芜杂时，人们就会眼花缭乱，白居易说"乱花渐欲迷人眼"（《钱塘湖春行》），清代诗人张思宪说"五色斑斓迷目多"（《金蛾晓日》），都是这个意思。科学地讲，颜色芜杂，人的眼睛就很难聚焦。大家都见过军人作战和训练时穿的作训服，俗称迷彩服，就是各种颜色乱杂在一起，便于隐藏自己，躲过敌人的目力侦察，让敌人的攻击失去准头。"五音令人耳聋"，这里的"聋"不是说听不到声音，而是说当声音嘈杂，人们的耳朵处于麻木状态，对声音失去分辨的能力，就听不到细小的你想听到的声音。音乐也是这样，越是天籁之音，越简单、纯净和轻柔，越是意味深远，你用黄钟大吕、鼓乐齐鸣是听不到的。"五味令人口爽"，"爽"的意思在古代不是清爽、爽快之意，是过错、过失的意思。这句话是说五味杂陈，中医讲叫"厚味"，会让你失去口感。相信很多人都有类似的生活体验。如果你经常吃口味重的火锅或者乱炖，你再吃别的菜就会觉得寡然无味，因为你的味蕾已经被重口味凝滞住、封闭住了。可是经常吃白粥的人，就着一盘榨菜，一块酱豆腐，也觉得很香，为什么呢？因为他的味蕾处于不受污染的开放状态，对味道非常敏感。再看"驰骋田猎令人心发狂"，狩猎曾是古人的一种生活方式，但到了后来，却发展成贵族们的一种娱乐方式，在道家看来，一切不以必需为目的的活动都是多余的，驰骋畋猎除了乱人心性，让人狂荡不安之外，没有任何实际意义。"难得之货令人行妨"，是说稀有的物品，使人行为不轨。原始社会时期，人们对货物的价值没有概念，敷用而已。后来出现了物质交换，那么用什么换，能换多少，就有了物品价值的概念。只要赋予物品以价值，那么对高价值物品的追求就会成为趋向，这是人性使然。当合理的方式不能很快获利或获更多利，那么偷、抢、强占、攫取、吞并等不合法的方式就会成为选择。普通百姓只是想偷占点东西，王侯将相则是想偷占土地和江山，"彼窃钩者诛，窃国者为诸侯"（《庄子·外篇·胠箧》），结果不同，但其性质是一样的。

因为五色、五音、五味这些人为附加的多余的东西让人心性迷乱，所以老子提出了解决办法，就是"去甚、去奢、去泰"（《道德经》第二十九章）返璞归真，回归到事物本原和初始状态。老子的这种思想在中国历史上影响非常大，很多文人墨客、隐君处士刻意追求这种生活方式。到了魏晋时期，更是出现了以陶渊明和竹林七贤为代表的士大夫群体，堂而皇之地践行这种生活方式，他们藐视礼法、放浪形骸、破衣烂衫、披头散发、扪虱而言、纵酒狂歌、超凡脱俗、特立独行，盛极一时。后世的浪漫派、豪放派、田园派诗人、词人，比如李白、王维、孟浩然、杜牧、苏轼、辛弃疾、杨万里、范成大等，其生活和作品都受到了很大影响。

顺其自然的第三个内涵是指要顺应万事万物的天性。什么是天性？狼吃肉，羊吃草，骡善驮，马善跑，水游鱼，天飞鸟，鹎逐暮，鸡鸣早，水流湿，火就燥，等等，这些都是事物的天性。尊重天性就是让狼吃肉，羊吃草，而相反，让羊吃肉，狼吃草，就是违背天性，就是人为。中国道家是最反对违背事物的天性而对事物进行人为干预的，《庄子》载：

（河神）曰："何谓天？何谓人？"

北海若曰："牛马四足，是谓天；落马首，穿牛鼻，是谓人。故曰：无以人灭天，无以故灭命，无以得殉名。"

——《庄子·外篇·秋水》

黄河之神问北海之神："什么是天然？什么又是人为？"北海之神回答："牛马生下来就四只脚，这就叫天然；用马络套住马头，用牛鼻绹穿过牛鼻，这就叫人为。所以说，不要用人为去毁灭天然，不要用有意的作为去毁灭自然的禀性，不要为获取虚名而强行做事。"

总的来看，道家追求尊重事物的天性，解放人的本性，这一点与儒家有所不同，比如孔子讲"克己复礼为仁"，朱熹讲"存天理灭人欲"，都是与道家背道而驰的。

上善若水

水无处不在、无时不在、无物不在、无人不在，在哲学家眼里，水代表自然。我们在本章开宗明义地说向天学习，"人法地，地法天，天法道，道法自然"，研究水的存在和运行规律，而用之于人类社会的生活实践，是向天学习的重要内容。

水，作为自然界一种最为普通的物质，无色、无味、无形。可是，老子发现，水的这种"无"的特点，正是它最大的特点。"水德"是老子哲学中的灵魂概念。事实上，在整部《道德经》中，无论是谈自然，还是谈政治军事，或者是谈人生理想，都是围绕水德来进行的。

水德是老子思想的核心，老子把水作为人格的最高参照体，这也影响到了孔子。他对水德的总结和称赞，比老子有过之而无不及。《荀子》中记载了孔子和其弟子子贡的一段关于水的对话：

孔子观于东流之水。子贡问于孔子曰：君子之所以见大水必观焉者，是何？孔子曰：夫水，大遍与诸生而无为也，似德。其流也埤下，裾拘必循其理，似义。其洸洸乎不淈尽，似道。若有决行之，其应佚若声响，其赴而仞之谷不惧，似勇。主量必平，似法，盈不求概，似正。淖约微达，似察。以出以入，以就鲜洁，似善化。其万折也必东，似志。是故君子见大水必观焉。

——《荀子·宥坐》

有一次，孔子去看东流的黄河之水。子贡问道："君子见到大水一定要仔细观看，是什么缘故呢？"孔子说："水嘛，能够启发君子用来比喻自己的德行修养。它遍布天下，给予万物，并无偏私，有如君子的道德；所到之处，万物生长，有如君子的仁爱；水性向下，随物赋形，有如君子的高义；浅处流动不息，深处渊然不测，有如君子的智慧；奔赴万丈深渊，毫不迟疑，有如君子的临事果决和勇毅；渗入曲细，无微不至，有如君子的明察秋毫；蒙受恶名，默不申辩，有如君子包容一切的豁达胸怀；泥沙俱下，最后仍然是一泓清水，有如君子的善于改造事物；装入量器，一定保持水平，有如君子的立身正直；遇满则止，并不贪多务得，有如君子的讲究分寸，处事有度；无论怎样的百折千回，一定要东流入海，有如君子的坚定不移的信念和意志。所以君子见到大水一定要仔细观察。"

在此处，孔子以水描述了他理想中的具备崇高人格的君子形象，这里涉及德、义、道、勇、法、正、察、志以及善化等道德范畴。孔子的水德思想对老子的水德思想进行了继承和发扬，更为全面和完备了。

那么，具体而言，水德都有哪些呢？

水的第一种品德是"水善利万物而不争，处众人之所恶"。

老子说：

> 上善若水。水善利万物而不争，处众人之所恶，故几于道。居善地，心善渊，与善仁，言善信，政善治，事善能，动善时。夫唯不争，故无尤。
>
> ——《道德经》第八章

世界上最高的美德，最高的存在，最高的境界，最和谐的状态，就是像水那样。水善于滋润万物而不与万物相争，停留在众人都不喜欢的卑下地方，所以最接近于"道"。"居善地"，是从选择居地方面说的，水总是往低处流，选择低下的地方。人总是喜欢往高处走，不喜欢低处，而水偏偏选择人们所讨厌的低处，这就是卑下、谦虚、不争；"心善渊"，是从心态、心胸说的，水包罗万象，胸怀宽广；"与善仁"，是从与人交往、待人接物方面说的，水具有坦白、真诚、仁爱、慈悲的特性；"言善信"，是从言语上说的，意思是说话像水流无所阻挡那样言出必果，就像李太白所说"君不见黄河之水天上来，奔流到海不复回"，这就是诚信；"政善治"，是从行政治理方面说的，"治"字说得太好了，中国人说"治理"，西方人说"管理"，一字之差，却反映了中西方管理的不同，"治"字从水，"管"字从竹，说明中国人重视水性管理——柔性管理，西方人重视刚性管理；"事善能"是从为人处世方面说的，水善于发挥自己的才能，"天下莫柔弱于水，而攻坚强者莫之能胜"，善于发挥效能；"动善时"是从行动、行为方面说的，水善于把握时机，隆冬时节，千里冰封，万里雪飘；俟春归大地，则百川灌河，泥沙俱下，无所阻挡。正因为像水那样与世无争，所以才没有怨怼。

水构成万物，滋养万物，塑造万物，但是，水从来不争功，这是水最可贵的品质。有人望文生义，说老子的无为就是什么都不做，这是大错特错的，老子的无为就是要我们像水滋生万物，却从不居功和占有万物，是"生而不有，为而不恃，长而不宰"，这就是奥妙无穷的大德"玄德"。（《道德经》第五十一章）

关于水的谦下的品德，老子进一步阐述说：

> 江海所以能为百谷王者，以其善下之，故能为百谷王。是以圣人欲上民，必以言下之。欲先民，必以身后之。是以圣人处上而民不重，处前而民不害。是以天下乐推而不厌。以其不争，故天下莫能与之争。
>
> ——《道德经》第六十六章

江海之所以能够成为百川之王，是因为它善于居下，所以能够成为百川之王。所以想要成为人民的领袖，就必须谦和地对待人民；想要成为人民的表率，就必须把自己的利益放在人民的后面。所以，圣人居于上位而人民不感到负累；居于前面而人民不感到受害。所以天下人民乐于推戴而不会厌弃他。因为他不跟人争，所以天下没有人能和他争。

百川归海，成为主宰大地的无以抗衡的力量，不是因为别的，不是因为其高高在上，而恰恰是因为其甘居万物之下，甘愿身处低洼，没有半点的傲慢自大。合格的政治家和领导人，应该从这里学些治国之道、领导之术，应当在言论、行动和精神境界上，自觉自愿地充任黎民百姓的公仆，诚心诚意地服务于民众，唯有如此，才能真正赢得民众的亲近、尊重和爱戴。

水的第二种品德是深沉内敛，持重蕴藉。

水积聚在低洼之地，表面看明净如镜，风平浪静，而事实上，静水流深，于无声中积蓄了巨大的能量，以自己看似温顺的身躯，无形之中储存着巨大的浮力。这一浮力构成了由此达彼的交通和"桥梁"。舟楫行于江河之上，借助的就是水的浮力，从而根本上改变了人类的生存方式，极大地拓宽了生存范围和交往空间。是水承载起人类文明的重负。尽管老子并不乐于人与人之间的日益频繁而密集的交际往来，可是，这并不意味着水那负重载物的特有品格和魅力会因此而有了丝毫的贬值或者逊色。

水的第三种品德是随遇而安、随形就势。

水不拘束、不呆板、不僵化、不偏执，有时细腻，有时粗犷，有时妩媚，有时奔放。水因势而变，舒缓为溪，低吟浅唱；陡峭为瀑，虎啸龙吟；深而为潭，韬光养晦；浩瀚为海，高歌猛进。水因器而变，遇圆则圆，逢方则方，直如刻线，曲可盘龙，故曰"水无常形"。水因机而动，因动而活，因活而进，故有无限生机。水因时而变，夜结露珠，晨飘雾霭，晴蒸霞瑞，阴披霓裳，夏为雨，冬为雪，化而成气，凝而结冰。

正是由于水的随遇而安、随形就势的这种特性，所以刀伤不了它，所谓"抽刀断水水更流"，火烧不了它，它变成云气蒸腾而上，最后还是变成雨雪回归大地。水随遇而安、随形就势，但是有一点很重要，水从没有改变过自己的本性。

水的这一特性，如果进一步作人文解读，那便是胸襟广博，心灵开阔，不争地理位置是否优越，不在乎环境是否恶劣，不怨天，不尤人。儒家思想家把这一点总结为随遇而安，"素位而行"，据《中庸》载：

> 君子素其位而行，不愿乎其外。素富贵，行乎富贵；素贫贱，行乎贫贱；素夷狄，行乎夷狄；素患难，行乎患难。君子无入而不自得焉。在上位，不陵下；在下位，不援上；正己而不求于人则无怨。上不怨天，下不尤人。故君子居易以俟命，小人行险以徼幸。
>
> ——《礼记·中庸》第十四章

意思是：君子不管处于什么样的环境和角色，都能随遇而安，处于富贵的地位，就做富贵人应做的事；处于贫贱的状况，就做贫贱人应做的事；处于边远地区，就做在边远地区应做的事；处于患难之中，就做在患难之中应做的事。君子无论处于什么情况下都是安然自得的。处于上位，不欺侮在下位的人；处于下位，不攀缘在上位的人。君子端正自己而不苛求别人，这样就不会有什么抱怨了。上不怨天，下不尤人。所以，君子安居现状来等待天命，小人却铤而走险妄图获得非分的东西。

　　现在大家就该明白唐代大诗人白居易名字的由来了吧。白居易的父母给他起这个名字，就是让他懂得人生就是安时处顺，随遇而安，不管经历什么，有钱还是没钱，富贵还是贫贱，为官还是为民，遇难还是吉祥，幸运还是不幸，都不抱怨，不烦恼，都能应付裕如，保持一份战无不胜的自信和从容。

　　白居易初到长安应科举考试的时候，拿上自己的诗集去找当时的著作郎、先辈诗人顾况，寻求引荐。顾况这个人性格幽默诙谐，看到白居易的名字，就开玩笑地说，长安城里，米价方贵，居亦不易。但是等他看到白居易写的《赋得古原草送别》前几句后，嗟叹不已，大加赞赏，说：能写出此语句，在长安城居住下来，容易得很呐。白居易写的就是流传千年的名句：离离原上草，一岁一枯荣，野火烧不尽，春风吹又生。但是，在我看来，白居易这一生之所以能够"居易"，才华是一方面，心态才是最主要的，而其心态的养成是与其受到的素位而行的传统文化的熏陶有巨大关系的。

　　水的第四种美德是包容，横流污浊，坦然接纳，然后荡涤澄清，使之重新再生。

水"处众人之所恶，故几于道"，水不仅身处低处，而且也是身处污秽肮脏之处。过去，自然和人为产生的各种垃圾污秽之物，都是排到江河里去，成为人们所鄙夷的污泥浊水。水无条件接纳所有这些垃圾污秽，不仅如此，水"浊以静之徐清，安以动之徐生"（《道德经》第十五章），经过自己全身心无私的包容、洗涤和转变，垃圾污秽等最终化害为利，变废为宝，成为自然再生的有益资源。北宋文学家周敦颐写下《爱莲说》，颂扬"出淤泥而不染"的君子操守，仔细想来，濂溪先生的这篇颂词，的确献错了对象。与其献给招摇于池塘的莲花，不如直接献给默默奉献、自己改造淤泥以养育荷莲的那一池静水。

水德的宽容和广博的品质，源于它从不执着、不拘泥于自身，不患得患失，瞻前顾后，斤斤计较，相反，它不遗余力地用自己的身体、自己的力量去服务天下，去融入自然。这样一来，它不仅没有丧失自己，丢掉自我，反而因此使自己获得了真正的价值和意义，能真正将自己寄托于天下。人的生活也是如此，乐于奉献的，表面上看，好像总在付出，其实却能收获丰厚；而那些盯着脚尖走路，算盘顶在头上打的，见什么都想捞一把的人，最终总是竹篮打水一场空。只有用自己的一切去奉献社会、服务天下的人，才能最大程度地展示和体现自身的价值，才能真正获得安身立命的精神家园。他的生命和价值，将寄托于天下，自我这一小世界才能融汇于大世界，与天下融合为一个有机的和谐的整体。

水的第五种美德是柔弱胜刚强。

"贵柔"是老子哲学的基本观念之一。在老子看来，"柔弱"是"道"的基本表现和作用。水是古人看得见的物质中，最柔弱的东西。但是，正是通过水，老子发现了柔弱胜刚强的真理。他说：

天下之至柔，驰骋天下之至坚。无有入无间，吾是以知无为之有益。不言之教，无为之益，天下希及之。

——《道德经》第四十三章

意思是：天下最柔弱的东西，却可以腾越穿行于最坚硬的东西中；无形的力量可以穿透没有间隙的东西。我因此认识到看不见的力量的益处。"不言"的教导，"无为"的益处，普天之下少有能赶上它的了。

老子还说：

> 天下莫柔弱于水，而攻坚强者莫之能胜，以其无以易之。柔之胜刚，弱之胜强，天下莫不知，莫能行。

> ——《道德经》第七十八章

天下没有比水更柔弱的，但攻坚克强却没有什么能胜过它，因为没有什么可以替代它。柔能胜过刚，弱能胜过强，天下没有人不知道，却没有人能实行。

老子通过水推而广之，发现自然界中，凡坚硬的，便必定是脆弱的；柔弱的，反倒是有韧性的。他总结说：

> 人之生也柔弱，其死也坚强。草木之生也柔脆，其死也枯槁。故坚强者死之徒，柔弱者生之徒。是以兵强则灭，木强则折。坚强处下，柔弱处上。

> ——《道德经》第七十六章

人活着的时候身体是柔软的，死了以后身体就变得僵硬。草木生长时是柔软脆弱的，死了以后就变得干硬枯槁了。所以坚强的东西属于死亡的一类，柔弱的东西属于生长的一类。因此，用兵逞强就会遭到灭亡，树木强大了就会遭到砍伐摧折。凡是强大的，总是处于下位，凡是柔弱的，反而居于上位。

在没有发明纸张和书籍之前，古人有把重要文字刻在各种青铜器皿上的习惯。孔子时代，在周王朝的太庙中，就保存有刻有铭文的金人，孔子曾专门去观读，并把金人上的铭文誊录下来，这就是《金人铭》。《金人铭》中有两句话叫"强梁者不得其死，好胜者必遇其敌"，应该是对"柔弱胜刚强"思想的最早记录。孔子这次去周都，就是专门去拜周朝守藏使老子为师的。他也一定会就《金人铭》中的"强梁者不得其死"的内容就教于老子。这也说明，在老子之前，古人很早就注意到了"柔弱胜刚强"这一自然界中的显著规律。战国时期的典籍《慎子》也记载说，老子的老师商容就向老子传授过这一思想，其记载是这样的：

> 商容有疾，老子曰："先生无遗教以告弟子乎？"容张口曰："吾舌存乎？"曰："存。""吾齿存乎？"曰："亡。""知之乎？"老子曰："非谓其刚亡而弱存乎？"容曰："嘻，天下事尽矣！"
>
> ——《慎子》

商容得了很重的病，恐不治，老子前去探望，问商容道："先生没有什么遗言要嘱咐学生的吗？"商容张开嘴，张大了嘴巴，然后说道："我的舌头还在吗？"老子答说："在。"商容又问："我的牙齿还在吗？"老子回答说："不在了。"商容说："你知道这其中的道理吗？"老子回答说："这不是说刚强的东西丧失了，而柔弱的东西还仍然存在着吗？"商容说："唉，天下的事理全在这里了！"

有人考证过，商容是商纣王时代的人，而老子五百多年后才出生，所以不可能是老子的老师，但老子是否师从过商容，这个不重要，重要的是他的思想给我们的启示作用。"老子问道商容"这个小故事形象地把柔弱和刚强的关系进行了阐释，让所有人都能感同身受。

舌存齿堕这个典故后来被很多文人用到，南宋豪放派大词人辛弃疾就专门以"齿落"为题写了一首《卜算子》，内容是这样的：

> 刚者不坚牢，柔者难摧挫。
>
> 不信张开口了看，舌在牙先堕。

已阙两边厢，又豁中间个。

说与儿曹莫笑翁，狗窦从君过。

这首词几近白话，还不失风趣幽默，只言片语就让"柔弱胜刚强"的哲学思想跃然纸上。

柔韧可以制胜，并不是刻意贬低对手的强大。柔韧之所以一定能立于不败之地，是因为它能销蚀强大对手于无形之中，这里包含了妥协、借力、让位、迂回、转接、稀释等"斗争艺术"。中国后来的兵家哲学，乃至柔道太极，中华武术等，都与这种思想存在着历史和逻辑的有机联系。

历史上"柔弱胜刚强"的案例很多，这里仅举一例。汉朝立国之后，总结历史经验，觉得秦朝所以亡国快，是因为中央权力过于集中，地方无力来护卫中央。但是如果按照周朝那样分封诸侯的话，又会造成地方太强，各自为政，乃至国土分列，权力分散。于是汉朝中央政府就"中庸"了一下，在加强中央集权的同时加分封外藩。"藩"者，墙也，意思是外藩像围墙一样护卫中央。但是中央对外藩尤其是实力强的外藩不放心，一些被借故贬抑的外藩对中央也不满意，宿怨慢慢积攒，矛盾逐渐显现，于是中央就开始有削藩的声音，其代表人物就是晁错。

外藩中实力最强的就是吴王刘濞，他把儿子送到京城陪伴太子刘启，其实就是变相地做人质。结果两个孩子下棋发生争执，太子失手拿棋盘打死了吴王之子。汉文帝把尸首送还给吴王，吴王又把尸体退回京城，说普天之下皆王土，埋哪儿都一样。后来七国造反，就是刘濞起的头。削藩一旦发动，各个国王怕的不只是削藩，更怕中央得寸进尺，再来个撤藩，撤藩之后再找借口来个诛杀，那真是越想越怕。于是七国以"清君侧"为名，发动了反叛。

"吴王之子被误杀事件"的始作俑者汉景帝一听发生了七国之乱，病急乱投医，听从了与晁错不和的袁盎的怂恿，腰斩了晁错。但是七国所谓的"清君侧"只是个借口，哪里会轻易罢兵，后来还是周亚夫出马才荡平了叛乱。但叛乱虽平，藩国"尾大不掉"的问题并没有解决。中央要硬来，还是会造成地方军事反弹。最后，这个棘手的问题还是被汉武帝解决了，他采纳了大臣主父偃的建议，实行"推恩令"，规定王公过世以后，原本土地、爵位只能传给嫡长子，往后每个儿子都有继承权，有多少儿子就分成几份。在"推恩令"之前，如果王侯没有儿子，死后的土地可以由义子继承。今后取消这一条，没有亲儿子的，中央直接收回土地。儿子死后，其名下土地再分给孙子，推而广之，就是子孙越多，每人分得的土地就越少，最后甚至出现了没有土地可分的情况，比如三国时的刘备号称是中山靖王刘胜之后，但到他那时，早已没有土地可分，就只好卖草鞋为生了。比较起来，晁错的"削藩策"是刚性的、强制的，引发了直接对抗，而汉武帝的"推恩令"是柔性的，受到了原来没有继承权的王公子弟的拥护。

汉朝初时诸侯王林立的情况与后来的明朝初时非常相像，但是明朝就走了一条相反的道路。年轻的建文帝登基后，身边的大臣以齐泰、黄子澄、方孝孺等儒臣为主，想问题比较简单，在削藩问题上采取了比较激烈的急迫的夺取方式，甚至出现了湘王朱柏不堪凌辱举家自焚的极端事件。急迫削藩的结果，就是导致了燕王朱棣的反叛，他同样以"清君侧"为旗号，发动"靖难之役"，夺了侄子的天下。

中国的传统文化与西方文化相比，讲究一个"柔"字。明代高僧憨山大师曾作过一首《警世歌》，里面有两句话："从来硬弩弦先断，每见钢刀刃易伤。"周殿富在《生命美学的诉说》一书中说："檀香木虽软，但是可以雕成佛龛，大家便都去叩拜；榆木疙瘩不是硬吗？那就把它砍成门槛，人人都可以踢踩一脚。"

柔另外一个意思是缓，凡事三思而后行，中国人言行之涵养都体现在这个"缓"字上。

柔还包括"退"，唐末的布袋和尚和农夫一块下田插秧，忽然有所感悟，作诗一首，流传至今：

> 手把青秧插满田，低头便见水中天。
>
> 六根清净方为道，退步原来是向前。

退，可以远祸。学一分退让，讨一分便宜，增一分享用，添一分福泽。

柔还包括舍，因为舍，可以养福，满则招损。物忌全得，事忌全美，人忌全盛。

柔还包括"忍"。据说玉皇大帝的俗家名字就叫张百忍。关于忍的故事可谓举不胜举。有副名联说得好：

> 家风传百忍；
> 世道敬四知。

佛教里面有首偈子说：

> 人来谤我我何当，且忍三分也无妨。
> 却为儿孙榜样计，只从柔处不从刚。

《开元天宝遗事下》记载：

> 光禄卿王守和，未尝与人争，尝与几间大书"忍"字，至于帷幌之属，以绣画为之。明皇知其姓字，非时引对，问曰："卿名守和，已知不争，如书忍字，尤见用心。"奏曰："臣闻坚而必断，刚则必折，万事之中，忍字为上。"

唐玄宗时，光禄卿王守和从未与人有过争执，但还是手书大字"忍"挂在书房里，甚至让人把字绣在卧室的帷幔上。唐玄宗经常召对王守和，有一次就问他："爱卿你已经叫守和了，已是不争之意，再书'忍'字，足见你用心良苦。"王守和说："臣听说坚硬的东西一定会折断，刚强的东西一定会折掉，万事之中，忍字为上。"

中国人通过忍让来保全自我，这是无数教训后得出的生活经验，这不是退缩，更不是懦弱。忍让的目的是以可以接受的代价保全更重要的东西，当这个最重要的东西都不能保护或者超出了忍耐的极限时，忍让也就没有意义了，就像你把再柔韧的藤条反复挼搓抻拧，藤条也会折断。所以，中国文化讲柔，但不是逆来顺受。

自强自立

孔子在为《周易》乾卦作注解时，说过这样一句话：

天行健，君子以自强不息。

——《周易·象传·乾卦》

这句话的意思是：宇宙万物不停运转，永不止息，人应该效法天地，不断地自强奋进。老子和孔子是中国文化的两座伟大的里程碑，在我看来，他们共同的伟大之处就在于把宇宙发展规律用于人类社会的发展实践。我们常说"天生地长"，然而即使是伟大的地球母亲要想长养万物，也要依赖老天爷的风行雨施，四时轮回。然而老天爷靠谁？谁也靠不了，只能自正性命，自行其道，只能自强自立。

国学大师南怀瑾先生在《孟子旁通》中引用了清人的两句诗"莫言利涉因风便，始信中流立足难"。在我以为，越是条件好的家庭，越是要从小跟孩子讲这么两句话："始信中流立足难"，什么意思？你成年了，走向社会了，就像船行到大河中流；"溯洄从之，道阻且长；溯游从之，宛在水中央"（《诗经·国风·秦风·蒹葭》），往上走举步维艰，往下走就是随波逐流，怎么办？这个时候你才会知道在社会上立足乃至成为中流砥柱是多么难。

西汉典籍《韩诗外传》中记载了一件事，史称"五不足恃"。魏文侯是战国初期"三家分晋"后的首位魏王，魏国百年霸业的开创者，狐卷子是他的大臣。魏文侯向狐卷子列举了五种人，分别是父、子、兄、弟、臣，问假如这些人都德行好、有本事的话，靠不靠得住？结果狐卷子一个个都给反驳回去了，没一个靠得住。魏文侯登时脾气大发，问是何原因？狐卷子答说：

> 父贤不过尧，而丹朱放；子贤不过舜，而瞽瞍顽；兄贤不过舜，而象傲；弟贤不过周公，而管叔诛；臣贤不过汤、武，而桀、纣伐。望人者不至，恃人者不久。君欲治，从身始，人何可恃乎！
>
> ——《韩诗外传·卷八·五不足恃》

狐卷子回答得清楚：要说为父之贤，没有人比得过唐尧，但是他的儿子丹朱却因为做坏事而被虞舜流放；要说为子之贤，没人比得过虞舜，但是他的父亲瞽瞍却是品行顽劣；要说为兄之贤，也没人能同虞舜相比，但他弟弟象却是傲慢无礼；要说为弟之贤，没人比得过周公，但他却有个因叛乱而伏诛的哥哥管叔；要说臣子之贤，没人比得过商汤和周武王，但是他们辅佐的夏桀和纣王都是昏君因而分别遭到前二人的讨伐。所以，如果谁把希望全部寄托在别人身上，那这个人一定会失望；谁对别人过度依靠，那这个人一定会失去依靠。所以，国君要想治理好国家，只能身体力行，别人谁也指望不上。

唐代著名诗人张谓有诗《题长安壁主人》：

> 世人结交须黄金，黄金不多交不深。纵令然诺暂相许，终是悠悠行路心。

明人葛一龙根据张谓的这首诗也写了首《然诺行》：

> 古人之交交以心，一语不出然诺深。今人之交交以面，然诺虽深中易变。古人不可作，今人难重陈。与君相见但饮酒，酒尽俱为行路人。

这两首诗的意思差不多，就是说，这个世道交朋友是需要花钱的，没有钱铺路，即使人家答应你办什么事，那也是空话一句，靠不住的。

当代大儒爱新觉罗·毓鋆，清朝皇室后裔（末代礼亲王诚厚之子），少年时伴读宣统皇帝溥仪，师从末代帝师、著名学者陈宝琛，后受业于王国维、康有为、梁启超等名儒，青年时还曾留学德国和日本。有道是"百年尘事真梦寐"（刘基《为启初门和尚题山水图》），"城头变幻大王旗"（鲁迅《无题》），在毓鋆106年的人生中，他目睹了清朝覆亡、民国乱世、抗日战争、解放战争和蒋家王朝倾覆等重大历史事件，经历了从皇亲贵胄到平民百姓的身份的落差、从钟鸣鼎食到粗茶淡饭的转变，遭遇了从遗老遗少的殷实安稳到颠沛流离于台湾一隅的挫折，也演绎了潜心国学研究三十年，开展儒学教育六十载，弟子门生遍布世界的人生辉煌。他把自己这传奇的一生总结为一首四言诗：

> 人生在世，升沉孰意？
> 前途如何，在乎自立。

人生的起起伏伏、上上下下谁也无法预料，自己的前途当然还是自己负责。

无私和公平

孔子的一句著名格言，今天几乎妇孺皆知，那就是：

大道之行也，天下为公。

这句记载于西汉礼学家戴圣所编的《礼记·大同篇》的一句话，字面意思是在大道施行的时候，天下是人们所共有的。这句话被孙中山先生和毛泽东主席都奉为圭臬，成为国共两党创建时的共同口号和共同的行动准则。国民党背弃了这一信条，而中国共产党则是坚定地维护和执行了这一信条。

《礼记》里还有这样一段记载：

子夏曰："三王之德，参于天地。敢问：何如斯可谓参于天地矣？"

孔子曰："奉三无私以劳天下。"

子夏曰："敢问何谓三无私？"

孔子曰："天无私覆，地无私载，日月无私照。奉斯三者以劳天下，此之谓三无私。"

——《礼记·孔子闲居第二十九》

子夏是孔子最重要的学生之一，那句"四海之内皆兄弟也"的名言就出自他，曾协助孔子编撰《春秋》。有一次，子夏问孔子："人们都说，夏禹、商汤、周文王的德行，与天地并列。那么请问怎样的德行才可以称作是与天地并列呢？"孔子答道："要遵奉'三无私'的精神，以服务天下的百姓。"子夏接着问道："什么叫作'三无私'呢？"孔子答道："就是像上天那样无私地覆盖万物，像大地那样无私地承载万物，像日月那样无私地照耀万物。按照这三条来服务天下百姓，就叫作'三无私'。"

这段话在孔子研究中有着举足轻重的作用，是儒家大公无私、天下为公思想的滥觞。大家知道，孔子曾求学于老子，老子著了一本书《道德经》。所谓道，按《道德经》的解释，就是宇宙万事万物运行的根本规律，而德就是人们按照宇宙规律指导自己的行为和社会生产实践和生活。这种思想肯定深刻地影响了孔子。既然天道是无私的，大地是无私的，日月是无私的，那么人们向天道、老天爷学习的就该是这种无私的精神。

再说公平。老子在《道德经》中说：

> 天地不仁，以万物为刍狗；圣人不仁，以百姓为刍狗。
>
> ——《道德经》第五章

所谓"刍狗"，指的是用来祭祀的手扎草狗。祭祀前被尊为神物，披红挂彩，祭祀后则被视为弃物，随意拆散，任人践踏。"天地不仁"，是说老天无所偏私，对任何人、任何物都一视同仁。老子还说：

> 天地相合，以降甘露，民莫之令而自均。
>
> ——《道德经》第三十二章

云行于上而变化四时，雨施于下而滋润万物，万物各取所需，自得自长；百姓雨露均沾，没有分别。后世人们把公正无私的官员称为"青天"，估计就是这个道理。

老子的思想在庄子及其后学那里得到了进一步的阐释和升华，他们提出了在中国哲学乃至世界哲学思想领域都举足轻重的理论——"齐物论"。"道通为一"（《庄子·内篇·齐物论》），"天地与我并生，而万物与我为一"（《庄子·内篇·齐物论》），从天道的层面看，万事万物本质是相同的、平等的；"以道观之，物无贵贱"（《庄子·外篇·秋水》），这比佛教提倡的众生平等更彻底；"天地虽大，其化均也"（《庄子·外篇·天运》），天地平等对待芸芸众生、世间万物，包括每一滴水、每一朵花、每一株草、每一只昆虫、每一头动物、每一条生命。那么，人向天道学习，也必须做到平等对待万事万物，公平看待每个生命个体，无论他是穷困潦倒、鳏寡孤独、老弱病残，还是帝王将相、皇亲国戚、才子佳人、智者圣人，本质上都是一样的。

生生不息

大家都知道《易经》这部书，孔子在给《易经》所作的注解《系辞传》中提出一个观点——"天地之大德曰生"。为什么呢？"天行健"，宇宙从大爆炸后那一刻起就是不停运转、永不止息的，在这个过程中，不断孕育出新的宇宙物质系统、新的星系、新的事物；地球形成后，经历了长达四十六亿年的演进过程，才有了人类文明。宇宙也好，天道也好，是无时无刻不在变化和演进的，我们学习天道，也要学习这种生生不息的精神，并把这种精神用于我们的生产和生活实践。

生生不息的精神信条深深刻在中华民族的骨血里，我们这个伟大的民族和国家，我们这个伟大的文明能够历五千多年而一以贯之，延续至今长盛不衰，离不开这个精神信条的强大的激励作用。先民们日出而作，日入而息，刀耕火种，开荒拓土；"愚公"们筚路蓝缕，胼手胝足，焚膏继晷，锱积铢累，滴水穿石，无怨无悔，移山填海，造就了无数像邗沟、驰道、郑国渠、栈道、秦始皇陵、都江堰、大运河、长城等这样的今天看仍是叹为观止的伟大工程；历朝历代的军士们戎马倥偬，前赴后继，驰驱疆场，以血肉之躯抵御了几千年里如走马观花一样不断变换的外敌的入侵，牢牢守护住了我们的生存家园；无数智者圣人、文人墨客、志士仁人著书立说，兼收并蓄，立德、立言，而且一代一代师承不绝，薪火相传，不断发扬光大，共同成就了今天傲立于世界的独树一帜、辉煌灿烂的华夏文明。

生生不息的精神理念体现在社会生活实践上，就是只要一息尚存，就奋斗和学习不止。熟悉中国传统文化的人可能都知道"炳烛"这个典故，说春秋时期晋国国君晋平公有一次问自己的宫廷乐师师旷，他已经七十岁了，这个时候要是学习学问的话，是不是太老了。师旷就说，"何不炳烛乎"，为什么不点着火把（注意不是蜡烛，唐朝以后才有蜡烛）来学习呢？晋平公说，你一个做臣子的怎么能戏弄你的国君。师旷说，我一个盲人（春秋时期乐师很多都是盲人）怎么敢戏弄国君您呢，师旷接着说：

> 臣闻之，少而好学，如日出之阳；壮而好学，如日中之光；老而好学，如炳烛之明。炳烛之明，孰与昧行乎？
>
> ——《说苑·卷三·建本》

师旷说：我听说，少年的时候喜欢学习，就像初升的太阳的光明一样；中年的时候喜欢学习，就像正午太阳的光芒一样；晚年的时候喜欢学习，就像点燃火把一样明亮。点上火把走路和在黑暗中走路哪个好呢？

师旷这段话把中国人要生生不息，活到老、学到老的精神信条阐释得非常生动。而真正把这一信条奉为圭臬而终生践行的就是孔子。他"十五而志于学"，终身学习不断，不仅向书本学习，同时也向社会学习，向身边的人学习，为此还提出了一个观点"三人行，必有我师焉；择其善者而从之，其不善者而改之"（《论语·述而》）。学习有时很枯燥，孔子的学生子贡对此有埋怨，就对孔子说："愿有所息"，想放松一下。孔子直截了当地说："生无所息"，人只要活着就别想着放松休息。子贡急了，诘问孔子："然则赐息无所乎？"孔子说："有焉耳，望其圹，皋如也，宰如也，坟去也，鬲如也，则知所息矣。"（见载于《说苑·建本》、《韩诗外传》第八章、《荀子·大略》、《列子·天瑞》等）孔子的观点非常直白，就是活到老、学到老，不到入土那一天，就不能停止学习。

生生不息的理念体现在社会生活实践上，就是创新。《礼记》载：

> 汤之《盘铭》曰："苟日新，日日新，又日新。"……《诗

曰："周虽旧邦，其命维新。"

——《礼记·大学第四十二篇》

商汤是商朝的开国君主。他让人把一句箴言刻在自己的浴盆上，用来每天提醒自己，这句话就是"苟日新，日日新，又日新"，意思就是如果能够一天创新，就应保持天天创新，新了还要更新。天津有一家报纸，叫《每日新报》，据说就是根据商汤这句话起的名字。关于"日新"，孔子进一步阐释说"日新之谓盛德，生生之谓易"（《易经·系辞传上·第五章》），意思是创新是最大的德行，生生不息就是易经的精髓。《诗》就是《诗经》，其中《大雅·文王》中的第一句就是"文王在上，于昭于天。周虽旧邦，其命维新"，意思就是周文王禀受天命，昭示天下，周虽然是古老的邦国，但其使命在革新。我们今天仍在用的"维新"这个词就是从这儿来的。

生生不息的理念用于我们自身修为上，就是厚生。厚生一词源出《尚书》：

禹曰："於！帝念哉！德惟善政，政在养民。水、火、金、木、土、谷，惟修；正德、利用、厚生，惟和。……"帝曰："……六府三事允治，万世永赖，时乃功。"

——《尚书·虞书·大禹谟》

大禹对舜帝说，您一定要记住，为帝（当时指部落联盟大首领）之德在政清人和，在于蓄养民众。水、火、金、木、土、谷，这是百姓生活必需的六种生产和生活资料，要时时置备；正德、利用、厚生这三件事，要做到和谐平衡。正德，就是正身以德，为首领的要给百姓做出榜样；利用，就是利民以用，要让百姓做事得到利益；厚生，就是厚民以生，要爱惜和体恤民生。这九件事被舜帝总结为"六府三事"，并且说这件事办好了，就是万世都可以依赖的功业。

厚生又可以分为两种，厚己之生和厚人之生。厚己就是爱自己，也就是贵身，这是中国传统文化特别是道家哲学里的一个非常重要的概念。老子说：

> 宠辱若惊，贵大患若身。何谓宠辱若惊？宠为下，得之若惊，失之若惊，是谓宠辱若惊。何谓贵大患若身？吾所以有大患者，为吾有身，及吾无身，吾有何患？故贵以身为天下，若可寄天下；爱以身为天下，若可托天下。

——《道德经》第十三章

这段文字里，"身"出现了六次，这段文字的核心也就在这个"身"字。这个"身"，就是身体。著名学者陈鼓应先生在《老子今注今译》中，对这段文字的翻译是：

得宠和受辱都感到惊恐，重视身体就像重视大祸患一样。什么叫得宠和受辱都感到惊恐呢？得宠（本质上）是卑下的，得到宠爱感到惊恐不安，失去宠爱也感到惊恐不安，这就叫得宠和受辱都感到惊恐。什么叫重视身体像重视大祸患一样？我所以有大祸患，是因为我有这个身体，如果没有这个身体，我还会有什么祸患呢？所以，能够看重自己的身体，并以这种态度去处理事情的人，才可以把天下托付给他。

佛家讲，人之所以痛苦，是因为有一个臭皮囊，这个东西有感觉，能感知到痛苦，如果没有这个东西，也就没有痛苦了。有些人认为老子的"吾所以有大患者，为吾有身，及吾无身，吾有何患"就是这个意思，理解成老子希望人弃身、轻身或忘身的意思。有些思想偏狭的人甚至以此作为摆脱人生痛苦、轻生赴死的理论依据。我们先不说佛家和道家谁影响谁，至少老子的这句话没有让人轻生的意思，而恰恰相反，老子及道家从来没有让人弃身、轻身或忘身的思想，相反地，它却要人贵身，即看重和珍惜自己这个身体，甚至要将身体看得跟整个天下一样重要，甚至更重要。试问，一个不爱惜自己的人，怎么可能关爱别人，爱护社会，敬爱国家？历史上的昏王暴君，乱臣贼子，哪个不是骄奢淫逸、暴虐成性、荒淫无道、魂不守舍，继而祸乱朝堂和国家的呢？

老子贵身的思想在《道德经》里多次体现，在第四十四章，老子说：

> 名与身孰亲？身与货孰多？得与亡孰病？甚爱必大费，多藏必厚亡。

名誉与生命比起来，哪一个更亲？生命与财产比起来，哪一个更重要？获得名利与失去生命，哪一个更有害？因此，太爱惜名望必定付出更多的代价，过多敛藏财物必然招致更惨重的损失。

老子贵身的思想在庄子那里得到了更好的发扬。《庄子·让王》里有这样一个故事：

> 韩魏相与争侵地。子华子见昭僖侯，昭僖侯有忧色。子华子曰："今使天下书铭于君之前，书之言曰：'左手攫之则右手废，右手攫之则左手废，然而攫之者必有天下。'君能攫之乎？"昭僖侯曰："寡人不攫也。"子华子曰："甚善！自是观之，两臂重于天下也，身亦重于两臂。韩之轻于天下亦远矣，今之所争者，其轻于韩又远。君固愁身伤生以忧戚不得也！"

韩魏因为土地纠纷，两国要打仗。为调停争端，一个叫子华子（与孔子同一时期的思想家，一般被归入道家，著有《子华子》）的人去谒见韩国国君昭僖侯。他说：假设我叫天下各国国君一起签约，左手拿这个契约，右手就要砍掉；右手拿契约，左手就要砍掉；但是拿到契约的人就是天子，这样你还要不要当天子？昭僖侯说："我不干。"子华子趁机劝诫说："由此而言，自己的双臂比天下重要，自己的身体比双臂当然更重要。韩国较之天下微不足道，今天您和魏国所争夺的土地与韩国相比微不足道，您为这点微不足道的东西而忧心不已，乃至伤及比天下还重要的身体，是多么不值当啊！"

庄子进一步深入阐释道：

> 道之真以治身，其绪余以为国家，其土苴以治天下。由此观之，

帝王之功，圣人之余事也，非所以完身养生也。……今且有人于此，以随侯之珠弹千仞之雀，世必笑之，是何也？则其所用者重而所要者轻也。夫生者，岂特随侯之重哉！

　　文中提到的"随侯之珠"，是与和氏璧齐名的古代珍宝。这段话的意思是：大道的真谛可以用来养身，大道的剩余可以用来治理国家，而大道的糟粕才用来统治天下。由此观之，帝王的功业，只不过是圣人剩余的事，不是可以用来保全身形、修养心性的。如今却有这样的人，用珍贵的随侯之珠去弹打飞得很高很高的麻雀，世上的人们一定会笑话他，这是为什么呢？乃是因为他所使用的东西实在贵重而所希望得到的东西实在微不足道。至于说到生命，其贵重程度又岂是随侯之珠可以相提并论的？

　　这个故事堪称对《道德经》第十三章的精妙解释。叫我当帝王，我很乐意；但如果要我损失一只手，倒不如不当。以损耗身体来追求甚至像天下这样的身外之物，无异于"以随侯之珠弹千仞之雀"，用宝贵的东西换取廉价的东西，完全得不偿失。

　　《诗经》上说："既明且哲，以保其身。"（《诗经·大雅·烝民》）这个身，就是我们的身体。但是人们却很少明白这一点，有多少人为了点蝇头小利、名誉头衔、身外之物而宵衣旰食、夜不能寐，耗损体力和元气，热衷于做些得不偿失的愚蠢行为？

　　除了要贵身爱自己，厚生的另一个含义是爱人，中国传统思想流派中，儒家和墨家对此有更多的论述。爱人，就是仁。大家看仁这个字，就是两个人在一起，只要是两个以上的人在一起，就构成了社会，就需要互相体谅，互相关爱，道理很简单，人是社会性动物，在社会中生存，社会成员之间有竞争，但更多是共生关系，社会的稳定首先来自社会成员关系的和谐。

　　仁的文化含义，孔子说得非常明确，《论语》载：

樊迟问仁，子曰："爱人。"

——《论语·颜渊篇》

那么，爱谁呢？孔子说：

泛爱众，而亲仁。

——《论语·学而篇》

爱人，就是爱所有的人。孔子还说："道千乘之国，敬事而信，节用而爱人，使民以时。"（《论语·学而篇》）就是说一个大国的为政之道，就在于办事认真，恪守信用，同时还要节约器用，爱惜百姓，役使民众时，要注意不违农时。孔子还勾勒了一个理想的大同社会，在那里，"人不独亲其亲，不独子其子，使老有所终，壮有所用，幼有所长，鳏、寡、孤、独、废疾者皆有所养"（《礼记·礼运篇》），人们不只是爱自己的亲人，爱自己的孩子，也爱别人的亲人，爱别人的孩子，使老年人都有人尊敬奉养，成年人都能发挥自己的作用，小孩子有人抚养长大，使老而无妻的人、老而无夫的人、幼年丧父的孩子、老而无子的人以及残疾人都能得到供养。孔子更是提出了"圣人耐以天下为一家，以中国为一人"的理念（《孔子家语·礼运》）。孔子在研究天道、学习天道的基础上提出了这一伟大设想，是中华民族共同体思想的滥觞，是孔子留给我们的最宝贵的精神遗产之一。

第二章　学习篇

知行合一

前面我们讲人类要向老天学习，学习其运行规律，这就是天道，是真理。然而学习真理，并非目的，把形而上的真理用于形而下的社会生产和生活实践，这才是关键，才是我们学习天道的意义所在。怎样认知真理和如何践行真理，成为几千年来中国知识分子皓首穷经、孜孜以求的课题，也是其终其一生的使命。

孔子的孙子子思说：

> 博学之，审问之，慎思之，明辨之，笃行之。
>
> ——《中庸·第二十章》

一口气说了五个"之"，但前面四个都是说要怎么求知，要博学，要细问，要深思，要分辨，只有最后说了要"笃行之"，就是要切实实践。总结来说，前面四个都是"知"，最后一个是"行"。知和行，哪个重要，中国历代文人墨客对此争论不已，传统学派普遍认为行更重要，研究学问的目的就是要付诸实践，《尚书》有"非知之艰，行之惟艰"（《尚书·商书·说命中》）之说，《左传》有"非知之实难，将在行之"（《左传·昭公十年》）之语，孔子有"力行近乎仁"之言（《礼记·中庸》），《荀子》有载"君子之学也，入乎耳，著乎心，布乎四体，形乎动静。"（《荀子·劝学》），意思是说所学的东西一定要落实到行动当中去。唐太宗李世民也说过：

非知之难，惟行之不易；行之可勉，惟终实难。

——《帝范·崇文第十二》

宋代思想家朱熹虽然主张在知和行的关系上，"论先后，知在先"，更看重知识的学习，但他也承认"论轻重，则行为重"。

明代思想家王阳明认为把知和行分割开来而偏重一边，是不对的，因而提出了知行并重、知行合一的观点，在明清学术界，乃至在今天都产生了巨大的反响。

如果大家把"知"简单理解成"知识"，就流于肤浅了，"知"应该是知识和智慧的统称。有知识不代表有智慧。学知识很容易，能背会记就可以了，而智慧是在应对实际的事情中磨炼出来的。王安石有诗曰："事变有万殊，心智才一曲。读书谓已多，抚事知不足。"知识是死的，事情千变万化，是活的。读书虽然很多了，但是在应对具体事件的时候常常还是感到力不从心，只有多在事上磨，才能真正地增长智慧。

分析事物应该是什么样，说明你是个有知识的人；了解事物实际上是什么样，说明你是个有经验的人；清楚事物为什么是这样，说明你是个有文化的人；懂得怎样使事物变得更好，才说明你是个有智慧的人。联合国前秘书长达格·哈马舍尔德说："永远不要把知识与智慧混为一谈。知识帮助你谋生；智慧令你不枉此生。"清代学者申居郧在《西岩赘语》中说："能读不能行，所谓两足书橱。"这都是大实话。凡是可以传授的东西，大多是纸上谈兵；真正管用的东西，都没法传授，要靠自己在实践中摸索和总结。杂交水稻之父袁隆平说他带研究生，首要一条就是要和他一起下田，否则就不带。袁隆平每年手里宽裕的时候掌握着几千万元科研经费，生活却极其简朴，他没有名车豪宅，与五十多名工作人员吃住在水稻实验基地。在这里没有职位高低，院士、研究员、博士、研究生一律下田。袁隆平说电脑里是种不出庄稼的。

在实际生活和工作中，知行不合一，尤其是看重知识学习忽视社会实践的现象屡见不鲜。当年蔡元培先生做北大校长，破格聘用最高学历为前清秀才的陈独秀担任北大文科长，只有中学文化的刘半农任预科国文教授，时年只有二十四岁、中专学历的北大落榜生梁漱溟为印度哲学教授等，这种不拘一格"拔"人才的做法为中国培养出了一批震古烁今、空前绝后的学术大师。

知和行从来不是对立关系，而是统一关系，知识和智慧从实践中总结而来，并在实践中进一步完善和发展。明代小说《警世通言》中记载了一个"黄州菊案"的故事，就很能说明这个问题。苏东坡和王安石这两位北宋时期的大文豪虽然在政见上时有不和，但是彼此对对方的才华都很钦佩，因此私交甚笃，在一起论诗谈词也是常有的事。有一回，苏东坡去王安石家里拜访，恰好王安石在忙着招呼其他客人，就让他在书房里稍等。苏东坡看到书桌的镇纸下面压着两句诗，显然还没有写完，这两句诗是：

昨夜西风过园林，吹落黄花满地金。

苏东坡看了之后，觉得这两句诗真是可笑，心说秋菊哪里会像春天的花那样，一夜之间就花瓣满地呢？他于是提笔在后面补了两句：

秋花不比春花落，说与诗人仔细吟。

借此来嘲谑王安石没有生活常识。后来，由于"乌台诗案"，苏东坡被王安石贬谪到湖北黄州任团练副使。一个秋天的晚上，刮了一夜大风。第二天，苏东坡发现后院的菊花被吹得满地都是，满地铺金，他顿时想起当年在王安石家续诗的事来，不禁目瞪口呆，半晌无语，为自己的阅历不深、见识短浅而深感惭愧。

南宋爱国诗人陆游在《冬夜读书示子聿》中写道：

古人学问无遗力，少壮功夫老始成。
纸上得来终觉浅，绝知此事要躬行。

一个人要想对一件事情有切实的体验，非得亲身实践不可。宋代诗人林光朝也有诗曰：

南人偏识荔支奇，滋味难言只自知。

刚被北人来藉问，香甜两字且酬伊。

——林光朝《答人问忠恕而已矣》

可见很多事情还得自己实践、领悟，光凭听说是无法体会的，那就只能像陆游在《读史》诗中说的："南言莼菜似羊酪，北说荔枝如石榴。"没有吃过羊酪的南方人，认为羊酪的味道和莼菜是一个味，而只吃过石榴的北方人却说荔枝和石榴的味道差不多。王阳明也有一首诗曰：

哑子吃苦瓜，与你说不得。

尔要知我苦，还须你自吃。

——《传习录上》

清代思想家魏源说：

披五岳之图，以为知山，不如樵夫之一足；

谈沧溟之广，以为知海，不如估客之一瞥；

疏八珍之谱，以为知味，不如庖丁之一啜。

——《默觚·学篇》

大概的意思就是说，翻阅五岳的地图，就以为了解了大山，其实还不如打柴人到山上走一遭知道得多；高谈阔论沧海的广阔，就以为了解了大海，其实还不如行船的商人放眼一瞥知道得详细；能够了解八种珍贵的菜谱，就以为懂得了菜肴的调味方法，其实还不如厨师亲口尝一尝来得准确。

元代著名诗人元好问写道：

眼处心生句自神，暗中摸索总非真。

画图临出秦川景，亲到长安有几人？

——《论诗三十首》之十一

意思就是说写诗要亲眼所见亲身体会，写出来的诗句才有灵魂有生命力。靠"暗中摸索""闭门造车"写出来的东西一定让人觉得不真实，就好比画画，把八百里秦川画出来的人很多，但是其中亲自到长安实地考察的人能有几个？

知行合一虽然是由明代思想家王阳明明确提出的，但他提出这个命题的历史背景恰恰是长期以来，中国社会政治动荡，改朝换代频繁，封建士大夫群体在政治上、思想上摇摆不定，伪道学、假仁义、终南客、伪君子横行，知和行脱节，甚至严重对立。大家都知道西晋时有个大名鼎鼎的美男子潘岳，字安仁，所以也被称作潘安，是当时的文坛领袖之一，"沈腰潘鬓消磨"（李煜《破阵子·四十年来家国》）中的"潘鬓"说的就是他，年纪轻轻却长着一头雪白的头发，格外英俊，每当出门，连老妇人都为之着迷，把花果投掷到他的车上，这还有个专有名词，叫"掷果盈车"。但就是这么个人，一方面处处标榜自己想当个隐士，为此专门写了篇华丽的大赋《闲居赋》，另一方面却主动去攀附权臣贾充的外孙韩谧（贾谧），没事就堵在其家门口，一看见这位公子哥的车驾出来，就和有西晋首富之称的石崇一起"望尘而拜"。元代大诗人元好问写诗对此进行了辛辣的讽刺：

心画心声总失真，文章宁复见为人。

高情千古闲居赋，争信安仁拜路尘。

——《论诗三十首》之六

当时像潘安这样巴结韩谧的还有著名文学家陆机、左思、刘琨等，号称"金谷二十四友"。

西晋经八王之乱后，偏安于江南，北方被五胡占据，南方统治者一直试图恢复中原，但很多时候都是流于口号，雷声大，雨点小。北宋诗人石延年有一首《南朝》就是讽刺这种情况的，诗曰："南朝人物尽清贤，不是风流即放言。三百年间却堪笑，绝无人可定中原。"像这样知行脱节、表里不一、空喊口号、鲜有实操的知识分子，只能成为历史的笑柄。

北宋后期，宰相张商英也曾讲过："高行，微言，所以修身。"少说多做才是真的修行。务实做事的人，有可能成事；坐而论道的人，却很难得道。唐时有位鸟巢禅师，白居易问他佛教的精义是什么？鸟巢禅师十六个字答复他："诸恶莫作，众善奉行，自净其意，是诸佛教。"白居易一听就笑了，这就是佛教的精义？三岁小孩都知道。老和尚说：三岁小孩都知道，八十岁老翁做不到。道理大家都知道就是做不到，知行不一，这是从古至今中国很多知识分子面临的最大的问题。南怀瑾先生在《答问青壮年参禅者》中讲：

> 我有十二字的咒语："看得破，忍不过；想得到，做不来。"不管是出家在家，人生都犯了我这十二个字的戒律。道理上看得破，但是忍不过。这一忍好难哪！想得到，理论上懂，做不来。

我们都听说过"口头禅"这个词，是说很多和尚喜欢把阿弥陀佛挂在嘴上，但心里无禅，行动上更是与禅完全背离，是典型的知行不一。苏东坡我们都很熟悉，自视甚高，儒释道皆通，但在《东坡志林》这本书里却记载了他的一件糗事，他所谓的参禅悟道，被其好友佛印和尚反驳了。话说苏东坡这天写了一首自认为颇有道行的诗，诗曰：

> 稽首天中天，毫光照大千；
> 八风吹不动，端坐紫金莲。

"天中天"指的是如来佛祖；"毫光照大千"是说起修行已经很高了，高到什么程度呢？到了"八风吹不动"的地步。所谓"八风"，佛经《大智度论》说："利、衰、毁、誉、称、讥、苦、乐；四顺四违，能鼓动物情。"指的是利益、霉衰、诋毁、赞誉、称赞、讥讽、遭苦、逢乐，真正道高之人会认为这八样东西都是空相，而能够做到宠辱不惊，不受丝毫干扰。苏东坡自以为已经到了这个境界，就写了这首诗，让书童坐船过江，送给对面金山寺的佛印禅师点评。结果佛印禅师在东坡的诗后写了两个字："放屁！"苏东坡看到后顿时一股怒气黑风般直冲脑门，像发疯的罗刹一样亲自过江找佛印理论。佛印看到发怒的苏东坡后微微一笑，说了句："八风吹不动，一屁过江来。"苏东坡登时哑口无言。

无独有偶，南宋著名学者、经学"横浦学派"创始人张九成也与苏东坡有个相似的经历。张九成和临安径山寺主持妙喜禅师是好朋友，这一天一大早，张九成兴冲冲来到寺庙拜见妙喜，见面第一句就对老和尚说："打死心头火，特来参喜禅。"妙喜禅师看他这个样子，就不像是悟道之人，还停留在门头禅阶段，就故意回答："缘何起得早，妻被别人眠？"张九成一听，"心头火"果然蹿了起来，回怼道："无明真秃子，焉敢发此言。"妙喜禅师："轻轻一扑扇，炉内又起烟。"这么容易就被激怒，说明这个时候的张九成离参禅悟道还远着呢。

苏东坡和张九成，一个是大文豪，一个是大学问家，但他们也都在知行问题上做不到合一，更遑论普通人。今天连小朋友都会背《弟子规》中的"不力行，但学文；长浮华，成何人"，但多少人能做到呢？曾国藩告诫自己的子女说："天下事知得十分，不如行得七分。"

"漫道故语徒前训，须知躬行不负人"，前面我引证了大量资料来论述知行合一的重要性和方法，归根结底还是想告诉青年朋友们，"吾生也有涯，而知也无涯"（《庄子·内篇·养生主》），要活到老学到老，更要实践到老。不要说前人讲的话或者说经典上的话都过时了，都老掉牙了，真正去亲身实践，你们会发现，有些真理永远不会过时，昔圣先贤诚不我欺。

读书人生

　　中华民族是一个有着读书、爱书、著书、藏书传统的民族。要论中国著书第一人，当仁不让非思想家、教育家孔子莫属。孔子主持编纂和创作的《尚书》《春秋》《诗经》《易经系辞传》等，奠定了中国文化的基础。另一个在中国文明史上地位和作用与孔子相颉颃的人就是孔子的老师老子。老子当时是西周守藏史，用今天的话说就是国家图书馆馆长，能够看到很多普通人看不到的史料、书册和档案，这些资料为孔子编纂那几部经典经书起了决定性的作用。老子也给后人留下了一部永恒的哲学经典《道德经》，这是一部世界上迄今为止发行量无可匹敌的宝典。

　　战国时期，政治动荡，邦国林立，政治上大一统国家的强制力还没有形成，人们的思想因而不受约束，自由发展，百家争鸣，出现了道家、儒家、墨家、兵家、法家、纵横家、阴阳家、名家、农家、杂家、方技家、小说家等各种思想流派。所有流派都著书立说，互相之间不管是在各国朝堂还是民间学宫都进行论战，有些人还"学好文武艺，货与帝王家"，出将入相，甚至如张仪连横，连秦魏各国于股掌；苏秦合纵，合六国相印于一身，引得天下文人争相仿效，结果是出现了中国历史上第一次思想文化大爆发。

　　这次思想大爆发的另一个影响至今的成果是，中国知识分子阶层作为决定性的不可或缺的一股力量登上了中国历史和文化的舞台。这个阶层从其诞生的时候起，就把"三不朽"奉为圭臬，并至死不渝。哪"三不朽"？《左传》载：

太上有立德，其次有立功，其次有立言，虽久不废，此之谓不朽。

——《左传·襄公二十四年》

立德就是向老子、孔子那样树立真理、是非和道德标准，垂范万世；立功就是建功立业。如果这两点做不到，那知识分子就会想办法立言，就是著书立说，总之，总要为这个世界留下点什么。现在，大家可能就明白了为什么我们从古至今，典籍汗牛充栋，学问浩如烟海了。

面对昔圣先贤留给我们的文化遗产，我们应有的态度是，尽管是文山书海，卷帙浩繁，但是没有一个字是多余的，都是极其珍贵的，是中华文明的重要组成部分。我们很多人一辈子可能都读不完二十五史，这又如何？我的回答是，读多少是现象问题，读不读是本质问题。

为什么要读书？很简单，这是普通中国人改变命运的主要方式，毕竟像刘老三（刘季，发达后改名为刘邦）和朱重八（明太祖原名，从军后由其义父郭子兴改名为朱元璋）那样，靠造反来改朝换代改变命运的是极少数。在中国古代，至少是南北朝之前，读书还是贵族的特权，所以孔子倡导有教无类，是一个非常伟大、非常前卫的设想。但孔子穷尽一生，也只培养了七十二贤人，所谓三千弟子的说法，可能只是虚指。

孔子没有完成的普天之下莫非读书人的心愿，居然在隋朝实现了。在隋朝之前，官员选用都是沿袭汉代以来实行的"九品中正制"，由是导致门阀世家垄断朝政，有所谓"王与马，共天下"的夸张说法，就是说两晋司马氏王朝中的很多官员都是出自著名的世家大族琅琊王氏。世家大族的人出任政府官员，不是通过考试铨选，而是通过所谓举荐。书圣王羲之曾出任过右将军，故又称王右军；竹林七贤中的嵇康，当过中散大夫，所以又被称为是嵇中散；以"青白眼"闻名于世的阮籍，就因为他家附近的兵营里有酒，就申请到那里做了步兵校尉，所以世上就多了个阮步兵。这些人的官都不是考来的。隋朝建立后，一方面是因为隋朝的基础是鲜卑族创建的北魏、北周，汉族世家大族影响有限；另一方面是因为隋朝的建立者杨坚，也包括李唐王朝的建立者李渊，祖上都是北方边境的寒门军人，属军功世家，靠实力起家，对世家大族那套非常不感兴趣，所以他们更亲近寒门庶族，希望从中选拔官吏。隋文帝开皇末年，科举制横空出世。从今天的角度看，无论怎么积极评价科举制都不为过，它没有改变一个王朝的命运，却改变了中国的命运，改变了千千万万中国人的命运。

科举制最伟大之处在于为广大普通人通过读书考取功名改变命运提供了可能性。知道今天，我们还在享受这一可能性带来的福报。孔子的理想"有教无类"，在科举制度保障下，才算得到了实现。在科举制护持下，中国知识分子数量迎来了全面的大爆发，中国文化也在隋唐、两宋迎来了历史性的巅峰时刻。

抗英禁烟民族英雄邓廷桢没有科举及第之前，穷困潦倒，曾写过一副对联：

> 满盘打算，绝无半点生机，饿死不如读死；
> 仔细思量，仍有一条出路，文通即是运通。

如果不是最后考上进士，那么大清王朝就少了一位封疆大吏，中国就少了一位民族英雄。

丽江华坪女子高级中学校长张桂梅，呕心沥血四十年，创办全国第一所针对贫困山区家庭困难女孩的高中，让一千六百多名贫困女子圆梦大学，改变人生。这些孩子当然应该感谢严厉又慈爱的"张妈妈"，但是她们还要感谢这个知识改变命运的制度。

我们不否认读书之风在中国的盛行与其功利性目的有关，但也必须要说，正是这因为这一点，读书成为社会时尚，受到追捧，读书人受到尊敬，也因此读书逐渐成为中国人的一种生活方式，"耕读传家久，诗书继世长"成为中国人的新的精神信条。唐代大书法家颜真卿说："三更灯火五更鸡，正是男儿读书时。"（《劝学》）过去的小孩子可不像今天这么幸福，鸡叫头遍、天还没亮时就得起床读书了，这叫早课。北宋诗人王禹偁说：

　　无花无酒过清明，兴味萧然似野僧。

　　昨日邻家乞新火，晓窗分与读书灯。

——王禹偁《清明》

　　古人过的清明节，也叫寒食节，家里不留火，要等这一天过了，再由皇宫赐火，这就是"日暮汉宫传蜡烛，轻烟散入五侯家"（韩翃《寒食日即事》），拿到火种第一件事干什么呢？"晓窗分与读书灯"，点燃油灯，就着窗前熹微的晨光，开始晨读。晚上也不闲着，还是读书，穷得没有油灯怎么办，"囊萤映雪""凿壁偷光"，借萤火虫之光和白雪的反光，甚至把自己家的墙壁凿个孔，"偷"邻居家的光来读书。这个其实有点夸张了，但是唐代大诗人孟郊借月光来读书，"夜贫灯烛绝，明月照吾书"（孟郊《北郭贫居》），这句还是可信的。

　　在古人眼里，读书跟吃饭一样，饭可以三日不吃，书不可以三日不读，北宋大诗人、"苏门四学士"之一的黄庭坚说：

　　士大夫三日不读书，则义理不交于胸中，对镜觉面目可憎，向人亦语言无味。

——《苏轼文集·记黄鲁直语》

　　少年时用功读书，可以理解，为求取功名嘛，但是老了，养成读书习惯了，还是离不开读书，唐朝诗人王建说"因依老宿发心初，半学修心半读书"（《寄旧山僧》）；陆游说"白发无情侵老境，青灯有味似儿时"（《秋夜读书每以二鼓尽为节》）；"灯前目力虽非昔，犹课蝇头二万言"（《读书》）；人老了，眼花了，油灯也不亮了，但这位陆老夫子仍像儿时那样喜欢读书，还是每天要读两万字，"不是爱书即欲死，任从人笑作书癫"（陆游《寒夜读书》），实在是已经到了书痴的地步。

　　"一年之计在于春"，春天更要读书，"读书不觉已春深，一寸光阴一寸金"（王贞白《白鹿洞二首·其一》）；夏天呢，还是读书，"高树凉风落翠阴，古诗三百治平音"（郑文康《夏日读书树下》）；秋天来了，凉快了，那正好安闲地读书，"数间茅屋闲临水，一盏秋灯夜读书"（刘禹锡《送曹璩归越中旧隐诗》）；冬天农闲，没什么事干，干什么呢，还是读书，"寒夜读书忘却眠，锦衾香尽炉无烟。美人含怒夺灯去，问郎知是几更天！"（袁枚《寒夜》）

与纪晓岚齐名的清代大才子袁枚冬天晚上读书读到兴致处，老婆忘了也就算了，居然炉火灭了都不知道！但是，读书之趣尽在其中矣。北宋著名文学家欧阳修说："至哉天下乐，终日在书案。"（《读书》）明末收复台湾的民族英雄郑成功说："养心莫善寡欲，至乐无如读书。"（《自勉读书联》）郑成功是一代名将，但也有如此体会，难能可贵，正说明读书的乐趣早已广泛深入人心。

古人读书一开始可能是出于功利性的目的，但是读了书，习惯了读书，把读书作为生活的一部分后，他们发现读书还有很多意想不到的功效。首先，英国哲学家培根说"读史使人明智"，而我要说读书使人明智。现代诗人闻一多曾说："个人可以无师自通，却不可无书自通。"读书是天下最占便宜的事情。三国时蜀汉皇帝刘备临死前给儿子刘禅留的最后几句话，除了那句著名的"勿以恶小而为之，勿以善小而不为"，就是要多读书：

可读《汉书》《礼记》，间暇历观诸子及《六韬》《商君书》，益人意智。

——《诸葛亮集·卷一·为先帝与后帝遗诏》

刘备给儿子的遗言很朴实，没有政治交代，可能他也预见到了个性暗弱的儿子以后不会有什么作为，能读点书，做个太平乡公就好。他的这个愿望后来证明还是实现了。

书籍是前人智慧的集成，读书就相当于快速吸收前人智慧的精华。我的第一本书《春华秋实：50堂生活国学课》出来的时候，有位老兄一个晚上就读完了，居然告诉我，赵老师，你的书我一夜没睡就读完了。我心里想，为了写这本书，积累了十年，写得我腰椎间盘都突出了，而你一个晚上就读完了。读书真的是占便宜，读者只要花一包烟钱，就把我所有的东西都吸收进去了。在讲课时，我常常问听众，哪位听过毛主席讲话？哪位听过钱锺书讲课？哪位听过季羡林讲课？这些伟人大师，你不要说他已经走了，就是活着，你也请不到。但你只要到图书馆借他们的书，一下就把他请出来了，想让他怎么讲他就怎么讲，想让他讲多少遍就讲多少遍。还有比这件事情更占便宜的事情吗？

人活到最后其实是活出两种人来，一种人活在空间里，今天这里转一转，明天那里玩一玩，活在空间里，就如孔子说的那样："饱食终日，无所用心，难矣哉"（《论语·阳货篇》），"群居终日，言不及义，好行小慧，难矣哉"（《论语·卫灵公篇》），意思就是整天吃饱了饭，什么心思也不用，整天聚在一起，废话连篇，喜欢卖弄小聪明，这样的人是很难有所成就的。

但是也有另一种人，他们是活在时间里，没事就在时间的长河里徜徉，与古人神交，向先贤讨教，诚如明末清初史学家、文学家张岱所言，世界上很多闲适的事情，比如泛舟、游览、饮酒、下棋，都需要有玩伴偕同，"唯读书一事，止须一人，可以尽日，可以穷年，环堵之中而观览四海，千载之下而亲面古人，天下之乐无过于此！"（《快园道古·言语》）。现代教育家吴伯箫先生曾讲："书，什么不给你呢？足不出户，而卧游千山万水；素不相识，可以促膝谈心。"（《吴伯箫文集·书》）这可以看作对张岱先生前番话的完美解释。当代著名学者周国平先生在《人生哲思录》里讲得好："阅读是与历史上的伟大灵魂交谈，借此把人类创造的精神财富'占为己有'。"我们现代有个词叫"穿越"，什么叫穿越？你读《道德经》，就等于穿越了两千五百多年，就教于鹤发童颜、慈眉善目的老子座前；读李白的"且乐生前一杯酒，何须身后千载名"（《行路难》之三），就好像是来到一千三百年前的长安胡姬酒坊，与太白诗仙推杯换盏；读王阳明的书，你就飞到了五百年前的贵州龙场，与阳明先生进行思想的碰撞。

法国哲学家笛卡尔说得好："读一些好的书，就是和许多高尚的人说话。"所以说，读书这个司空见惯的平凡事情，实质上是人的心灵和上下古今一切民族的伟大智慧相结合的过程。某种程度上来说，读书其实培养的是一种眼光和定力。不读书的人对过去，对未来乃至对当下都没有一颗敏感的心，他们只活在一个个短暂的生活目标当中。读书多的人则会把世界装在心中，懂得人性，能以一种全局观来看待发生的一切，能正确地处理好自己与他人、世界的关系，对人生的荣辱成败看得很豁达。

读书除了让人广见识、长智慧，还有一个好处，我们几乎凭一双眼睛就可以看得到，那就是读书可以改造人的精神气质。曾国藩有言：

> 人之气质，由于天生，本难改变，惟读书则可变化气质。古之精
> 相法者，并言读书可以变换骨相。
>
> ——《曾国藩家书·读书篇·谕纪泽纪鸿》

变换骨相似有夸张，但是读书能改变人的气质却是千真万确的。这是为什么呢？荀子说过一句话，"玉在山而草木润，渊生珠而崖不枯"（《荀子·劝学》），意思是山里埋有宝玉，则山上一定草木茂盛；深潭里藏着珍珠，则岸边一定绿树成荫。晋代诗人陆机借荀子的这个创意在其名作《文赋》里说："石韫玉而山辉，水怀珠而川媚。"其中蕴含的道理是一样的：山有底蕴，芳草芊芊；潭有底蕴，波光粼粼；而人有底蕴，那一定是风度翩翩。

民国时期，清华大学的首任校长罗家伦就曾讲过，一个学者要有"振衣千仞岗，濯足万里流"（左思《咏史》）的心胸和"珠藏泽自媚，玉韫山含辉"（薛瑄《薛子道论·中篇》）的气质。大家都知道，《论语》是孔子和他的弟子及后学的言论集，其中的《乡党篇》记载了孔子的威仪，均是孔子气度的自然表露，绝无一点刻意造作，所以南宋经学家张九成有诗云："一篇《乡党》尽威仪，夫子寻常岂自知。若使区区故如此，其劳终亦不胜为。"孔子平时的威仪都是内在修养的自然流露，若是造作表现，就是十个孔子也累死了。

南朝时期，侯景叛乱，当叛军打进南朝都城建康（今江苏省南京市）台城宫殿的时候，但见梁武帝萧衍端坐在龙椅上，毫无惊慌之情，还很有涵养地问候了侯景一句："卿在军中日久，无乃为劳！"侯景虽然身边有甲士五百人，

仍战战兢兢，"不敢仰视，汗流被面"。面见完，侯景忙不迭逃之夭夭，对部下说：

> 吾常跨鞍对阵，矢刃交下，而意气安缓，了无怖心；今见萧公，使人自慑，岂非天威难犯！吾不可以再见之。
>
> ——《资治通鉴·梁纪十八·高祖武皇帝十八太清三年》

意思是，我经常跨上马鞍与敌人对阵，面临刀光剑影，心绪平稳如常，一点儿也不害怕；今天见到萧公，心里竟然不由自主地恐慌起来，这难道就是天子的威严难以触犯吗？我不能再见他了。我读到这段史料的时候，相信萧衍当时的表现绝不是故作镇静，而是平时内在修养的真实体现，用《庄子·在宥》里的话说就是："尸居而龙见，渊默而雷声。"虽然坐在那里寂然不动，却像一条巨龙要腾飞起来；虽然一句话都不讲，但是表现出来的状态就像打雷一样令人震撼。

唐代大文学家韩愈说："人之能为人，由腹有诗书。"（《昌黎先生集·符诗书城南》）后来苏东坡大概是受了韩愈的这句话的启发，写了两句名诗，叫"粗缯大布裹生涯，腹有诗书气自华"（《和董传留别》）。人的样貌是先天成就，而气质则是后天养成，这很大程度上要归功于博览群书而生成的文化底蕴，可以说书籍不仅是人类进步的阶梯，也是最美的化妆品。北宋易学大家邵雍写过一首《善赏花吟》：

> 人不善赏花，只爱花之貌。人或善赏花，只爱花之妙。花貌在颜色，颜色人可效。花妙在精神，精神人莫造。

这首诗告诉人们，一个人真正的美是在于内在的气质和精神，而不是外貌，就如《圣经》里也讲："妇女美貌而无见识，如同金环带在猪鼻上。"外貌大家都可以模仿，精神内涵却是装不出来的，正如王安石所言："糟粕所传非粹美，丹青难写是精神。"（《读史》）明代诗人钱琦说："独有书可医胸中俗气。"林语堂也曾讲过："读书的主旨在于排脱俗气。"

《广东省全民阅读指数（2021）》报告中数据显示，广东成年人上网时长是纸质阅读的三倍之多。由此可知，电脑屏幕的这个小框框已经成为我们了解世界的新窗口，但我们获取的碎片化信息是不会带给我们整体性思考的，不能像读书那样进行精神洗礼，当键盘、屏幕代替了纸笔和书香，我们离世界越来越近，但是离自己似乎越来越远，我们似乎忘记了捧着一本书静静思索人生时的状态。但是，冰冷的数码载体，永远代替不了纯粹的书卷；手指翻过纸页那一道美丽的弧线和那一张清脆的纸声，仍温暖着我们的心灵。让一个民族富裕要靠经济，让一个民族获得尊严只能靠文化，让我们回归阅读时代，回归心灵港湾，为了让自己变得更好，也为了让中国变得更强大！

蒙以养正

　　"蒙以养正"这个教育界常用的成语大家都耳熟能详，但到底是什么意思呢？我们就来谈一谈。首先，蒙是启蒙，即开启蒙昧的意思。过去常常称呼一个刚刚入学的小孩叫蒙童，对学童进行启蒙教育的老师被称为蒙师。用现在的话来说，启蒙者叫教师，被启蒙者就叫学生。不管启蒙者也好，被启蒙者也罢，目标都是养一个"正"字。

　　这个"正"字其实很有讲究，它是上面一个"一"，下面一个"止"。在中国文化里，"一"就代表天，天就是道，老子说"道生一，一生二，二生三，三生万物"（《道德经》第四十二章）；《淮南子》载"一也者，万物之本也"（《淮南子·诠言》）；东汉时期著名的经学家、文字学家许慎的解释是："一，惟初太始道立于一，造分天地，化成万物。"（《说文解字》卷一·一部）"止"就是停止。合起来，"正"的意思就是维天所止，意即天道所能运行的最远的地方。最远的地方在哪儿？无边无际。中国的汉字是古老且有智慧的文字，这个"正"字中就包含了中国文化的最基础的哲学理念。

　　这个正字后来被以伏羲、周文王、周公和孔子为代表的易学大师们拿过来，用以阐释宇宙真理和正道规律。我们都知道，国民党领袖蒋介石，也叫蒋中正。这个中正就是易经用语。我们以八卦中的第一个卦乾卦为例，乾卦是六个阳爻的纯卦，分为上下两卦。那么中就是上下两卦中的中间的那个爻，也就是九二和九五。但是，中国文化里奇数为阳，偶数为阴。在这个卦里，只有既在中间，又是奇数的阳爻，才叫正。所以，乾卦里，满足又是奇数位，又居中两个条件的爻，就是九五；初二爻只能叫中。中也不错，但比起九五来，那差得就远了。九五的爻辞是"飞龙在天，利见大人"。我们今天把皇帝称为"九五之尊"，也是从这来的。

从上面解释，我们就可以看出"正"的真正意思来了，那就是既中又合乎正位，后人就因而用为"正确""公正""合乎天理""不偏不倚""纯正""正直""正派""正义""正当""刚正"等意思。老子说：

> 以正治国，以奇用兵。
>
> ——《道德经》第五十七章

就是以公平、公正的正道来治理国家，以奇巧、诡诈的方法来用兵。

治国要正，做人也要正，孔子说：

> 其身正，不令而行；其身不正，虽令不从。
>
> ——《论语·子路篇》

正直的人，就算他不发号施令，人们也会看他行事；而不正直的人，就算他有权发号施令，人们也不会服从他。历史上符合孔子的这个标准的人，司马迁说了一个，他就是汉代名将李广：

> 太史公曰：传曰："其身正，不令而行；其身不正，虽令不从。"其李将军之谓也。余睹李将军，悛悛如鄙人，口不能道辞。及死之日，天下知与不知，皆为尽哀。彼其忠实心诚信于士大夫也。谚曰："桃李不言，下自成蹊。"此言虽小，可以谕大也。
>
> ——《史记·李将军列传论》

在司马迁看来，李广这个人忠厚老实，像个鄙俗的农民，不善言辞，更不擅长自我吹嘘。但他死时，天下人不管知不知道他，都表现出巨大的哀痛。他还引用"桃李不言，下自成蹊"的民谚，认为虽然命运不公，"李广无功缘数奇"（王维《老将行》），但公道自在人心。

"蒙以养正"的正，就是老子、孔子、司马迁说的这个"正"，就是公平、公正、正义、正确、正直、正派。教育的本质就在于，把孩子从小培养成具有这些品德的人。

具体而言，启蒙者也就是教师，要培养学生三个"正"，即正确的学习态度，正确的三观和正确的行为习惯。

所谓正确的学习态度主要是两条，一是诚恳，二是谦虚。

关于诚恳的学习态度，历史上的例证很多，譬如中国佛教禅宗的鼻祖达摩祖师在少林寺面壁时，二祖慧可足足在雪地里站了三天三夜，最后用戒刀断臂来证明自己学道的诚心，终于得到达摩印心，得授衣钵。再如儒家也有著名的"程门立雪"的典故，说宋代的杨时考到进士后不愿做官，专心研究学问。他起先在颍昌拜理学家程颢为师，学到了不少知识。程颢死后，四十多岁的杨时又和同学游酢一起到洛阳请教另一位有名的理学家程颐（程颢的弟弟）。他们到程颐家时，程颐正在打瞌睡。两人不敢惊动他，就侍立在门口。程颐醒来后发现门外的雪已下了一尺多深。（事见《宋史·列传·卷一百八十七·道学二》）

关于谦虚的学习态度，清朝学者张月楼晚年写过一首《自忏》，诗曰："自家谩诩便便腹，开卷方知未读书。最羡两堤杨柳树，看它越老越心虚。"这首诗的意思很简单，年轻的时候读了点书，很傲慢，就开始自诩自己学问五车，才高八斗。结果后来真正要用到学问的时候，才发现自己其实读的书太少了，还是有蒙昧不懂的地方，许多好书根本都没有接触过。看到堤坝两边的杨柳树真是值得学习，年头越久越是枝繁叶茂，反而长出来的柳条垂得更低，更表现得非常虚心谦卑。清代大诗人、大画家郑板桥，最善画竹、梅，别人都认为竹清高，梅孤傲，但是郑板桥的笔下的竹和梅却是"虚心竹有低头叶，傲骨梅无仰面花"（《竹梅图对联》），是谦谦君子的形象代表。

接着讲一下培养学生正确的三观。所谓三观就是人生观、价值观和世界观。什么是人生观？就是我们人活着的目的和意义，对人生道路、生活方式的总的看法和根本观点。周国平先生在《人生哲思录》里面讲："人是唯一能追问自身存在之意义的动物。这是人的伟大之处，也是人的悲壮之处。"有个国王临终前问他的宰相，人生的价值到底是什么？他的宰相念了一首诗：

乾坤一戏场，人生一悲剧。
自家受的苦，他人莫继续。

人生观当然要追求一个"正"字。前面说过，正者，止于一。这个一，就是天道，正确的人生观符合天道和客观规律。比如说，天行健，天道酬勤，正确的人生观就应该是自强不息、自食其力、发愤图强、百折不挠。现在社会上有些人幻想不劳而获、投机取巧、巧取豪夺，违背公序良俗，挑战道德底线，这种人一般都是失败的教育的产物。人之初，性本善，人本性其实没有好坏之分，天性纯良，所谓"天命之谓性，率性之谓道，修道之谓教"（《礼记·中庸》第一章），正是由于后天教育缺失，才导致一张干净的白纸被污染，再也无法回归本色。中国文化里有个"墨子悲丝"的典故，说墨子有一回看到工匠染丝，大为感慨，他说：

染于苍则苍，染于黄则黄，所入者变，其色亦变，五入必，而已则为五色矣。故染不可不慎也。

——《墨子·所染》

这段文字很浅显，就不再赘译，道理就是一个，近朱者赤，近墨者黑，所以，对孩子们的教育绝对不可以大意，要从小就让孩子们树立正确的人生观，不要让其纯良的天性被歪门邪道污染。

正确的价值观是内圣外王。梁启超曾说过："内圣外王之道，一语，包举中国学术之全部。"尽管这个词不是儒家发明的，但概括了儒家的基本精神，所以被儒家学者采纳，用来表述孔子"修己安人"的思想。所谓"内圣"，就是好好充实自身的品德，正如曾子所说：

　　吾日三省吾身：为人谋而不忠乎？与朋友交而不信乎？传不习乎？

——《论语·学而》

　　"外王"就是为人民服务。杜甫有两句话非常了不起："安得广厦千万间，大庇天下寒士俱欢颜。"（《茅屋为秋风所破歌》）他的伟大就在这个地方。很多人都很佩服杜甫，不是因为"会当凌绝顶，一览众山小"，也不是因为"七龄思即壮，开口咏凤凰"，而是因为他有心系苍生的家国情怀。范仲淹的"先天下之忧而忧，后天下之乐而乐"，激励了无数的读书人。他的学生张载也有著名的四句名言："为天地立心，为生民立命，为往圣继绝学，为万世开太平。"

　　赵朴初先生的书斋名叫"无尽意"，赵老曾经解释道："作为一个人，就应该报人民大众的恩。'无尽意'三字是说报众生恩的心意无有穷尽。我是用这三个字来提醒自己、鞭策自己，作为努力的目标的。"记住，人一辈子要把自己施舍出去，为大众服务，这是我们人生的价值和意义。抗战时期，爱国企业家卢作孚先生创办的民生公司的船舱和职工宿舍的床单上印着卢作孚创作的一副对联："作息均有人群至乐，梦寐勿忘国家大难。"卢作孚还说过这样的话："人生的快慰不是享受幸福，而是创造幸福，不在创造个人的幸福，供给个人欣赏，而在创造公众幸福，与公众一同享受。最快慰的是且创造，且欣赏，且看公众欣赏。这种滋味不去经验，不能尝到。平常人以为替自己培植一个花园或建筑一间房子，自己享受是快乐的，不知道替公众培植一个花园或建筑一间房子，看着公众很快乐地去享受，或自己亦在其中，便快乐！"（《中华读书报·一个没有钱的大亨》，2013年11月20日第16版）

　　马克思在17岁时写的一篇作文里就说过："为人类福利而劳动、为大家而献身的人是最幸福的人。"当代作家潘灯在《悟：开启心灵之门》中讲道："人生的两端——'出生'与'死亡'，都完全是处于被人服务中的，所以，为了感恩，为了回报，人在活着的时候，最应该做的事情就是服务。为人服务，为更多的人服务，并且还要加上'全心全意地'。毛泽东的'全心全意为人民服务'，绝不仅仅是一句口号，这九个字里面浓缩了全部的人生成功哲学。"

翻译家傅雷先生1961年7月7日给儿子傅聪的信中这样写道："人的伟大是在于帮助别人，受教育的目的只是培养和积聚更大的力量去帮助别人，而绝对不是盲目地自我扩张。"正确的世界观是大同。正如《礼记》讲的那样：

> 大道之行也，天下为公。选贤与能，讲信修睦，故人不独亲其亲，不独子其子，使老有所终，壮有所用，幼有所长，矜寡孤独废疾者皆有所养，男有分，女有归。货恶其弃于地也，不必藏于己；力恶其不出于身也，不必为己。是故谋闭而不兴，盗窃乱贼而不作，故外户而不闭，是谓大同。
>
> ——《礼记·礼运篇》

它描绘了孔子理想中的世界。在这个大同世界里，天下是大家的天下，大家推选道德高尚的人，举荐有才能的人。所有人都诚信和睦，因此人们不只是敬爱自己的父母，不只是疼爱自己的子女，而且使所有老年人都能得到善终，青壮年人能充分施展其才能，少年儿童可以成长成才。老而无妻者、老而无夫者、少而无父者、老而无子者，都有供养他们的措施。男人有职务，女人有夫家。财物，人们厌恶它被扔在地上遭到浪费，但不认为这些都该藏在自己家里。力气，人们恨它不从自己身上使出来，但不一定是为了自己。因此奸诈之心都闭塞而不产生，盗窃、造反和害人的事情不会出现，因此每家每户都是夜不闭户。这就是高度和谐、团结的大同世界。

《尚书·秦誓》载：

> 人之有技，若己有之；人之彦圣，其心好之。

人家有本事，就好像我自己有；人家道德高，我也由衷地感到高兴。社会学家费孝通先生在八十岁生日那天，也写下了自己理想中的世界，即"各美其美，美人之美。美美与共，天下大同。""各美其美"就是不同文化中的不同人群对自己传统的欣赏。这是处于分散、孤立状态中的人群所必然具有的心理状态。"美人之美"就是要求我们了解别人文化的优势和美感。这是不同人群接触中要求合和共存时必须具备的对不同文化的相互态度。"美美与共"就是在"天下大同"的世界里，不同人群在人文价值上取得共识以促使不同的人文类型和平共处。

最后，关于培养正确的行为习惯，古希腊哲学家亚里士多德说："人的行为总是一再重复。因此，卓越不是单一的举动，而是习惯。"马克思曾说："良好的习惯是一辆舒适的四驾马车，坐上它你就跑得更快。"演讲家爱默生也曾讲过："习惯若不是最好的仆人，便就是最差的主人。"1978年，来自全世界的75位诺贝尔奖获得者齐聚巴黎。有记者问其中一位："您在哪所大学、哪所实验室里学到了您认为最重要的东西呢？"出乎众人意料，这位须发皆白的学者答道："在幼儿园。"记者又问："在幼儿园里学到了什么呢？"学者答："把自己的东西分一半给小伙伴们，不是自己的东西不要拿，东西要放整齐，饭前要洗手，午饭后要休息，做错事要表示歉意，学习要多思考，要仔细观察大自然。从根本上说，我学到的全部东西就是这些。"这位学者的回答，代表了与会专家的普遍看法：成功源于良好的习惯。这个故事使我想起了德国思想家保罗的一句话："人在生后三年所学的事，比成年后在大学所学的量更多。"

我常常讲，教育的关键不是孩子们分数考得有多高，而是要他们养成几个好习惯，下面我就提出三个习惯供各位读者作参考，这三个习惯即早起、做家务和读书。

第一个好习惯是早起。有句谚语叫："早起的鸟儿有虫吃。"养生也好，做事业也好，要学会跟着太阳的节奏。太阳升得起来，你爬得起来，太阳落得下去，你睡得着。《景行录》中讲："观寝兴之早晚，可以识人家之替兴。"意思是说，看一个家庭的兴衰，主要看这家人是早起还是晚起。曾国藩就将早起作为家训之一，他曾在家书中提醒家人，看一个家族兴败，看三个地方：第一，子孙睡到几点，假如睡到太阳都已经升得很高的时候才起来，那代表这个家族会慢慢懈怠下来；第二，看子孙有没有做家务，因为勤劳、劳动的习惯影响一个人一辈子；第三，看后代子孙有没有在读圣贤的经典，"人不学，不知道"。早起后来也成为曾氏一门的传统家风。我们读小学的时候，读过鲁迅先生的《从百草园到三味书屋》，书里说有一次鲁迅因为上学迟到被寿镜吾先生批评，鲁迅就用小刀在课桌上刻写了一个"早"字，从此再也没有迟到过。

要从小培养孩子的第二个好习惯是做家务。法国思想家伏尔泰说："劳动可以使我们摆脱三大灾祸：寂寞、恶习、贫困。"根据美国哈佛大学对四百五十六个孩子跟踪调查二十年后发现，爱做家务的孩子和不爱做家务的孩子差别很大，失业率是一比十五，犯罪率是一比十，收入相差百分之二十，而且，爱做家务的孩子离婚率也低，心理健康。

二十世纪九十年代，曾有这么一个孩子在两岁时就能认识一千来个汉字，十三岁就读了大学，十七岁考入中科院硕、博连读。令人遗憾的是，这个孩子在中科院仅仅读了三年，二十岁的时候就辍学回家了，从此也失去了神童的光环，原因是生活自理能力、人际交往能力太差。关于被劝退的原因，某报有一段报道是这样写的："他完全无法安排自己的学习和生活：热了不知道脱衣服，大冬天不知道加衣服，穿着单衣、趿着拖鞋就往外跑；房间不打扫，屋子里臭烘烘的，袜子脏衣服到处乱扔；他经常一个人窝在寝室里看书，却忘了还要参加考试和撰写毕业论文，为此他有一门功课记零分，而没写毕业论文也最终让他失去了继续攻读博士的机会。"他的母亲后来也非常后悔地说："都怪我从来没有让他做过一件与读书学习无关的事，从小到大，他的头发都是我给洗的。"

请读者记住一句话，劳动产生爱，劳动产生慈悲。我们对一样东西从来没有付出过劳动，从来没有付出过心血，你说你珍惜它，你说你爱它，我们绝对不相信。战国时期的史典《国语》里面记载了这么一个小故事，说鲁国有一个大夫叫公父文伯，他的母亲叫敬姜，有一天公父文伯下班看到母亲在织布机上织布，公父文伯就让母亲不要那么辛苦。这个敬姜就给公父文伯讲了下面这段话：

劳则思，思则善心生。逸则淫，淫则忘善，忘善则恶心生。

——《国语·鲁语下》

意思是，一个人亲自参与了劳动，他就会"思"，就能体会到个中不易，有了体验，就自然会同情别人的感受，他的善心就生出来了。譬如说一个小孩子从来没有做过饭，突然他今天做了一顿饭，他会反思了，原来妈妈那么不容易，他对妈妈的态度会改变的。"逸则淫"，什么叫逸？安逸，一个人太舒服了，淫不一定是色，是放荡的意思，一个人生活太安逸了，太舒服了，容易放荡。"淫则忘善"，其实每个人的本质都是好的，它只是被一些恶习掩盖掉了。"忘善则恶心生"，一个人善心被遮蔽，邪恶就会表现出来。譬如说一个人在外面赌博，太放荡了，赌博到最后搞得倾家荡产，他会觉得整个社会都在欺骗他，大家都在合伙骗他的钱，他就要报复，他就要杀人，为了要翻本，他就要抢劫。你说一个人一开始就坏吗？他那个恶从哪里出来的？从太安逸开始。假设一开始劳动，很多事情让他去参与，他这个善心自然就出来。我们建设家风也好，建设家教也好，从哪里开始？从让孩子亲自参与劳动开始，不可以让他太舒服，能做的让他去做。记得有人讲过这么一句话："劳动有战胜欲望，磨练精神，创造人性的效果。"有两句大家都耳熟能详的话："百善孝为先，万恶淫为首。"后来这两句话被梁启超改为："百善业为先，万恶懒为首。"

要从小培养孩子的第三个好习惯是读书。有的人认为自己工作太忙，没有时间读书，其实这都是借口。我常常讲，我们再忙有毛主席忙吗？据说毛主席一生读了九万多本书，平均每天读书三本左右。我们的很多时间被浪费掉了，就如宋朝诗人席振起在《守岁》中所言：

相邀守岁阿咸家，蜡炬传红映碧纱。

三十六旬都浪过，偏从此夜惜年华。

大概意思是说，除夕夜，伙伴们约起来一起到阿咸家去守岁，红蜡烛就这样映照着碧绿的纱窗烧了一夜。唉，一年三百六十天都被喝酒打牌跳舞给浪费掉了，为啥今天夜里才想起来珍惜光阴啊！

读书是一种清福。我常开玩笑说，现代社会让一个人一天一本书，一杯茶就在房间里安静地读书，估计很少有人能坐得住。读书喝茶本是清福，但一般人真的受不了，清福都享受不了，还能享受得了洪福？读书这种清福，穷人没时间享，富人不懂得享。

读书是一种资本。法国社会学家布迪厄讲，一个人想在社会上站得住脚，三种资本起码需要一样。三种资本即社会资本、经济资本和文化资本。但是普通百姓大多都没有社会资本和经济资本，普通人家的子弟想要在社会上立足，非读书不可。当然这里的读书除了学习考试之外，也是日后参加工作之后所养成的向上进步的一种习惯。

上面说完了需要培养学生的三点"正"，教师自身作为启蒙者也需要存养三点"正"，即正坐、正行、正义。

先说正坐。过去佛家讲人的威仪是坐如钟，站如松，行如风，卧如弓。作为教师也当像钟那样，稳稳地坐在那里等待学生来敲门。清代大诗人黄景仁的一首关于教师危坐讲学的诗是笔者的最爱之一，诗曰："先生执拂谈经处，坐觉凉秋六月生。多少聚嚣门外客，一声钟后更无声。"一个老师坐在那里很有威仪地讲课，使人如六月里吹秋风，清凉而欢喜，同时也让人敬畏而不敢造次。

《礼记·学记》谈到教学有一个撞钟理论，是这样说的：

> 善待问者如撞钟，叩之以小者则小鸣，叩之大者则大鸣，待其从容，然后尽其声。不善答问者反此。此皆进学之道也。

"善待问者如撞钟"，教师要等待学生发问，《论语·述而》里面讲：

> 不愤不启，不悱不发，举一隅不以三隅反，则不复也。

意思是，若学生不来发问，就绝不主动告诉他答案，因为学生没有问题意识，老师主动给答案是没有意义的，效果也不好。《礼记·曲礼》里面也讲道：

礼闻来学，不闻往教。

教师是钟，要等待"知之者不如好之者，好之者不如乐之者"（《论语·雍也篇》）的好学生来扣来撞，不撞不响，遇到有深度的问题就精彩回应，遇到愚蠢的问题就干脆闷声不响。《吕氏春秋·劝学》里面也讲：

故往教者不化，召师者不化。

主动去教，不仅教学效果不好，而且教师也没有尊严。对"召师者不化"，我也感受很深。这么多年讲学下来，我有个粗浅的体验，一家单位要组织学习，拉出去学习的效果要比在家里等老师上门的效果强很多。老师主动送上门来，反而学员们不在意，甚至不在乎。

所谓正行，是相对于邪行来说的。随着网络的普及化，教师办校外辅导班、教师骚扰自己的学生等负面消息屡见不鲜，对教师形象造成了极大的破坏。教育家陶行知先生说："学高为师，身正为范。" 北京师范大学的校训是："学为人师，行为世范。"两段话的意思相仿，作为一名合格教师，除了要有深厚的专业知识，较高的文化水准外，更重要的是要时刻注重自身的社会形象，行出教师的样子，以自己的正言正行来潜移默化地影响学生，成为学生的楷模和社会的典范。我常说一个老师专业水平差一点不要紧，学生将来可以通过自身努力补回来。要是碰到一位道德水平差的教师，尤其是在童蒙阶段，那对孩子的负面影响有时甚至是一生的。

《犹太五千年智慧》中有句话讲得好："学校不是做研究的地方，学校是个瞻仰伟人人格的地方，教师就是活生生的最佳教材。"犹太民族非常尊敬师长。在希伯来语中，山被称作"哈里姆"，双亲为"郝里姆"，教师为"奥里姆"，同山的发音非常相似。犹太人一向认为双亲和教师都像是巍峨的高山，比普通人高出许多。犹太人还有句格言说："假如父亲和教师两人同时坐牢而又只能保释一个人出来的话，做孩子的应先保释教师。"

清朝雍正皇帝时的大将军年羹尧家里请了个教书先生，年羹尧对这位先生很尊重，第一次见面请老师吃饭，厨房里新做的盐卤豆腐，烧了一盘端上来。结果大概是因为教书先生平时生活太苦，好长时间没有吃上像样的饭菜了，见豆腐端上来，吃得着急了点，结果把嘴烫着了。年羹尧一看，居然烧豆腐把先生的嘴给烫着了，就怪罪厨师，结果把厨师的手剁了下来。当然这个故事可能为了说明年羹尧对先生的尊重有点夸张的成分。不过尊重归尊重，年羹尧对不合格的先生也不客气，据说年羹尧在孩子读书的房间门外贴了一副对联：

不敬师尊，天诛地灭；

误人子弟，男盗女娼。

谈到"误人子弟"，笔者想到明代野史《尧山堂外纪》里的一个故事。话说南宋初年，一位乡村塾师教学生读"郁郁乎文哉"（《论语·八佾篇》）时，竟误为"都都平丈我"，学童们自然照读可也。一位书生听到以后，好心地跑去纠正，殊知学童们反以为他是错的，哄然逃出课堂。当时有人为此吟了一首打油诗：

都都平丈我，学生满堂坐。

郁郁乎文哉，学生都不来。

当时还有人画了一幅《村学图》来展现私塾的状况，诗人曹祖（字元宠）在其上题诗一首：

此老方扪虱，众雏争附火。

想当训诲间，都都平丈我。

——《元宠词·题村学堂图》

这是"劣币驱逐良币"的典型。人们认假不认真，正确读法反而不被接受。开蒙老师对学童影响甚大，先入为主，有的终其一生都难以改正。后人有诗云："此言真与我心同，择傅宁能忽训蒙。今日非无村塾老，'都都平丈'教儿童！"给小孩选择开蒙老师必须谨慎，教师绝对不可以误人子弟。

教师要养的第三个"正"是正义。平时遇到调皮捣蛋，学习不认真的学生，教师当然可以义正词严地批评甚至是惩罚。但是即使是再差的学生遭到外界的侵犯乃至遇到自然灾难的时候，作为教师也要勇敢正义地站出来保护学生。这里讲一个关于陆游的故事。某年一个秋日的下午，陆游在午睡，隔壁书馆的小孩子们吵得要命。陆游火了，大喊，吵什么吵？这个教书的有骨气，扶着桌案，怼回去：老陆你有什么了不起的，你不就个当官的吗，不要瞧不起教书的，我吃饭又不求你，你嚷嚷啥……骂得陆游一点儿脾气都没有，反而觉得这个教书先生蛮有意思。于是陆游就写了一首诗，这首诗流传下来很有名：

儿童冬学闹比邻，据案愚儒却自珍。

授罢村书闭门睡，终年不著面看人。

——《秋日郊居》

冬学不是晚上点灯学习，而是冬天农闲了，小孩子们没有事干，四五家、五六家请一个先生来教孩子们读写，冬天农闲上学那个叫冬学。读这首诗的时候，这位私塾老先生耿直又护学生的形象立马浮现在面前。放到现代，如果社会上有人来侵犯他的学生，相信这位老师也一定会挺身而出保护学生吧。

快乐人生

　　现在社会上有些年轻人，本应该是踏实学习、努力奋斗的年纪，但看到社会上一些成功人士光彩照人，众星捧月，招摇过市，锦衣玉食，住别墅开豪车，没事儿到国外旅游，自己也汲汲于过上这样的日子，于是就打起了歪主意，干一些不正当的职业，甚至有女大学生为了一只名牌皮包不惜出卖自己的肉体。他们暂时获得的这种快乐我称作浮乐，这种快乐是没有根基的，难以长久的，是愚乐。还有一些年轻人只知道做"月光族""啃老族"，不懂得幸福是奋斗出来的这个道理，这种人最后的人生结局一定是很悲惨的。记住贝多芬的名言："通过苦难，达到欢乐。"《增广贤文》里面有段话我蛮喜欢："未曾清贫难成人，不经打击老天真。自古英雄出炼狱，从来富贵入凡尘。"

　　若干年前我在某书中读到这么个故事：有一个大学生已经毕业两年了，依旧在社会上闲晃，还写信向父亲要钱。他的父亲在给儿子的回信中只写了十一个字："天赐食于鸟，而不投食于巢。"意思是老天爷饿不死小鸟，但不能指望天上掉馅饼。年轻的朋友们请记住：眉毛上的汗水和眉毛下的泪水，你必须选择一样，二者的化学成分虽然基本一样，但是活出来的生命质量绝对不一样，用泪水永远换不到汗水所能换到的东西。我愿意用胡适一首诗里的两句话送给年轻人，叫"一点一滴努力，满仓满屋收成"。

　　还在读书阶段的年轻人，要懂得少娱乐多预乐。《礼记·中庸》中说："凡事预则立，不预则废。"世人常言："未穷而先穷，可以不穷；未富而先富，必不能富。已富而不富，可以久富；已穷而不穷，必致大穷。"我们有些年轻人就是"未富而先富"，当然最后的结局就是"不富"，我用八个字形容他们就是"志向短浅，前途有限"。年轻人千万不要好高骛远，要好好珍惜每一寸光阴，好好长本事，以免将来后悔。

著名文化人甘草在《自然心：草木哲思》中讲："据称，竹子用四年时间，仅仅长了三厘米，在第五年开始，以每天三十厘米的速度疯狂生长，仅仅用六周时间就长到了十五米。其实，在前面的四年，竹子将根在土壤里延伸了数百平方米。做人做事亦是如此，人生需要储备。没熬过那三厘米，又如何纳到空中的明月清风？其实，那三厘米也未必是辛苦地熬，而是快乐地磨炼心性的时光。"

唐朝大诗人元稹，出身鲜卑没落贵族，年轻时曾有过非常穷困的时期，但因为才学出众，太子少保韦夏卿将小女儿韦丛嫁给了元稹。夫妻的生活过得非常窘迫。文人都好喝点酒，但家里经常滴酒不剩，元稹就时不时缠着妻子变卖家里的东西，连她头上的金钗都卖掉了。最惨的时候，吃不起菜，只能吃野菜和豆叶，没有柴火，只能仰仗大槐树每天掉落的叶子当柴火。韦丛和元稹一起度过了最艰难的日子，但可叹的是，她没能等来元稹发迹的那一天，二十七岁时就去世了。元稹非常难过，写了很多诗来纪念妻子，其中除了那句流传千载的"曾经沧海难为水，除却巫山不是云"（《离思五首》之四），还有就是著名的《遣悲怀》，其第一首是：

> 谢公最小偏怜女，自嫁黔娄百事乖。
> 顾我无衣搜尽箧，泥他沽酒拔金钗。
> 野蔬充膳甘长藿，落叶添薪仰古槐。
> 今日俸钱过十万，与君营奠复营斋。

这首诗详细描述了元稹夫妇当年穷困潦倒的生活。正是因为妻子的鼎力扶持，不离不弃，始终不懈地陪伴，不遗余力地鼓励，元稹才能刻苦读书，发愤图强，最终一举登科及第。我们很难想象，如果元稹年轻时没有这么一段穷困的日子，没有这么一位贤淑的妻子，他日后的飞黄腾达，拜相封疆是不可想象的。

湖北省仙桃市的聚奎书院有一副对联："尝胆卧薪，每饭不忘天下事；断齑画粥，读书休负少年时。""尝胆卧薪"这个成语大家很熟悉，这里不赘述。"断齑画粥"这个成语取自宋朝魏泰《东轩笔录》，说的是一代名相范仲淹少年时读书的故事。范仲淹幼时家贫，寄读于一家僧舍，每天"惟煮粟米二升，作粥一器，经宿遂凝，以刀画为四块，早晚取二块，断齑数十茎，酢汁半盂，入少盐，暖而啖之"。头一天晚上，范仲淹煮两升（原文如此，但从生活常识看这个分量疑有误——编者注）小米，做成一锅粥，晾一晚上，待粥凝固成团，用刀划分成四份，早晚饭时各取两份，再切上数十根荠菜，放上半勺醋和少量盐，热一下就吃了。

无论是元微之的"野蔬充膳甘长藿"，还是范文正公的"断齑画粥"，都一进步验证了孟子的那句名言——"天将降大任于是人也，必先苦其心志，劳其筋骨，饿其体肤，空乏其身"（《孟子·告子下》），苦难是成功的先决条件。年轻时候积累了本事，老了才有快乐的资本，这叫先苦后甜。元代著名杂剧作家白朴在《阳春曲·题情》中说："从来好事天生险，自古瓜儿苦后甜。"革命烈士李家秾生前撰写过这样一副对联："吃苦是良图，做苦事，用苦心，费苦劲，苦境终成乐境。偷闲非善策，说闲话，好闲游，做闲事，闲人就是废人。"

宋代笔记著作《法藏碎金录》里有段话讲得好：

> 世间人中颠倒者十有八九。少而当勤，以图身计，而反放逸，老而无成。故古人有诗云："少年轻岁月，不解早谋身。晚岁而无益，低眉向世人。"

这段话用汉代的一句诗就可以概括，这就叫"少壮不努力，老大徒伤悲"（汉代乐府《长歌行》）。伤悲的不是本事不够，伤悲的是年龄一大把，还要仰人鼻息，溜须拍马。

其实人生真正的快乐是找到自己愿意一辈子为之奉献的事业，这个事业是人生的"定海神针"。何以知道自己一生追求为何事？其实很简单，就是做这件事的时候可以乐此不疲，越做越能体会到其中无穷的乐趣，这就是《论语》中所讲的："知之者不如好之者；好之者不如乐之者。"（《论语·雍也篇》）作家潘灯在《悟：开启心灵之门》中讲得好："游戏是孩童的事业，事业是成人的游戏。成人做事业的心态一定要像孩童做游戏一样，充分保持无限的乐趣和热爱！实际上，任何领域的高手做事业都如同孩童做游戏一样，享受其中的乐趣。"

　　一个人如果找到了自己真正的"乐事"，他就具备了一种"其介如石"的精神。这个词出自《易经》中的豫卦的爻辞，意思是心志操守，坚如磐石。当一个人做一件事一心一意，百折不回，他一定是乐在其中。我的一位朋友曾跟我讲过，赵老师您就是看电影、逛公园，也是在传播国学。我想讲的是，一个人只有找到了自己真正的"乐事"，才会真正树立起自己笃定的人生信念，完善自己的人格，用孔子的话说就是"上交不谄，下交不渎"（《易经·系辞传下·第五章》），与上层交往，不谄媚，不失人格；与基层交往，不亵渎正义。清代笔记著作《两般秋雨庵随笔》中记载了这么个故事：几个办案人员要出差办案，临走前问新来的长官有何指示，长官讲了十四个字，众人皆服。这十四个字就是："出去不可使人怕，归来不可使人笑。"这就是"下交不渎"。各位读者，不管您的"乐事"是什么，毕竟靠自己真本事吃饭的人才是堂堂正正的人，才能真正赢得别人的尊重，难道这件事情不快乐吗？

观察者

大概人类最早的学习方式就是观察了：

> 古者包牺氏之王天下也，仰则观象于天，俯则观法于地，观鸟兽
> 之文与地之宜。近取诸身，远取诸物，于是始作八卦。
>
> ——《易经·系辞传下·第二章》

意思是说，古时伏羲氏治理天下，上则观察天上日月星辰的运行现象，下则观察大地万物的生长规律，又观察鸟兽羽毛长的样子与山川水土的内在关系；他近则察人，远则察物，于是发明了八卦。《易经》中还有两句话：

> 刚柔交错，天文也；文明以止，人文也。观乎天文以察时变，观
> 乎人文以化成天下。
>
> ——《易经·贲卦·彖传》

这里的天文可不是我们今天说的天文学那个天文。这两句话的意思是说，自然界里阴阳交错，刚柔相济，男女交合，这是天道；人类据此而结成夫妇，一对对夫妇组成家族，一个个家族组成社会，一个个社会组成国家，一个个国家组成天下，这是人文。我们要做的就是通过观察天道的运行规律，把握事物的当前变化和发展趋向；通过观察社会中的人伦秩序的情况，教化人类世界成

为文明社会。

美学家朱光潜先生在《谈修养》一书中讲过这样一段话："孔子引《诗经》'鸢飞戾天，鱼跃于渊'二句加以评释说：'言其上下察也。'这'察'字用得好，能'察'便能处处发现生机，吸收生机，觉得人生有无穷乐趣。世间的人的毛病只是习焉不察，所以生活枯燥，日流于卑鄙污浊。'察'就是'静观'，美学家所说的'观照'，它的唯一条件就是冷静超脱。哲学家和科学家所做的功夫在这'察'字上，诗人和艺术家所做的功夫也还在这'察'字上。人生冷静时静观默察，处处触机生悟，便是'地行仙'。有这种修养的人才有极丰富的生机和极厚实的力量！"

尽管古人很早就开始了观天察地，但从古至今的人类实践证明，很多事情，不是单用眼睛就能看到、看清、看明白的。中国人有句老话，叫"当局者迷，旁观者清。"局外人观察事物是小葱拌豆腐———清（青）二白，当事人则往往看不清楚状况，用苏东坡的两句诗就是："不识庐山真面目，只缘身在此山中。"但清朝诗人赵翼却提出相反的看法，认为是"当局者清，旁观者迷。"他的《庐山杂诗八首其四》说得清楚：

> 一重一掩隔红尘，深入方知景色新。
> 山外何由见真面，东坡谰语究欺人。

"谰语"就是妄语的意思。赵翼认为东坡先生是妄语胡扯，只有深入山中才能观察得清楚。

其实东坡先生和赵翼说得都没错，只是观察角度、高度和观察者的角色定位不同，观察目的有所选择而已。东坡先生想回答的是观察事物的局部和全貌的差异，远看庐山，我们能看到庐山的云，"云横九派浮黄鹤，浪下三吴起白烟"（毛泽东《登庐山》），能看到庐山的瀑布，"飞流直下三千尺，疑是银河落九天"（李白《望庐山瀑布》），但看不到晋代高僧昙诜所栽的老态龙钟的"三宝树"，看不到汨汨的虎溪水流过苔痕满布的河心石，"水本无心作浪波，经行偶与石相磨"（范成大《虎溪》），看不到暮春四月才盛开在大林寺的桃花，"人间四月芳菲尽，山寺桃花始盛开"（白居易《大林寺桃花》）。东坡先生想表达的是，他身在庐山，但看不到庐山壮观的全貌；赵翼说的是，他在庐山深处看到了"一花一世界，一叶一如来"（唐英《题庐山虎溪三笑亭联》）。这就是王羲之所说的"趣舍万殊，静躁不同"（《兰亭集序》）吧，他们都看到了，他们又都没看到，如此而已。

不过赵翼的"一重一掩隔红尘"倒是给我们以另外的启迪，那就是人在观察时，很容易被事物的外表、假象所蒙蔽。赵翼说"旁观者迷"，是说旁观者觉得事不关己，所以不会去做更深入的观察，认为眼前看到的就是真相。

这世间什么最难看清，孔子老先生的答案是：人心。他说：

> 凡人心险于山川，难于知天。天犹有春秋冬夏旦暮之期，人者厚
> 貌深情。
>
> ——《庄子·杂篇·列御寇》

"厚貌深情"，就是人外表不动声色，内里却深有城府，高深莫测。观察人，比观察山川风物景色还难，甚至比领悟天道还难，天有四时轮替、朝往暮来的规律可循，而人却变幻莫测，心口不一。孔子接着列举了"厚貌深情"的几种人：一种是貌似老实却内心骄溢，一种是貌似敦厚实际却心术不正，一种是外表拘谨内心急躁但却通达事理，一种是外表坚定却懈怠涣散，一种是表面温和沉静而内心却很强悍固执。真到了有事的时候，"故其就义若渴者，其去义若热"，当初怎么如饥似渴追求仁义道德的人，现在就怎么像抛弃烫手山芋一样抛弃仁义道德。

"人心险于山川"，那么要怎么识别人心之险呢？白居易说了一点，那就是"日久见人心"，他说：

> 赠君一法决狐疑，不用钻龟与祝蓍。
>
> 试玉要烧三日满，辨材须待七年期。
>
> 周公恐惧流言日，王莽谦恭未篡时。

向使当初身便死，一生真伪复谁知？

——《放言五首》其三

　　周公辅佐成王的时候，外面都风传他要谋反，周公因此非常害怕；王莽没有篡政的时候，表现得谦恭有礼，连亲儿子杀人都格杀勿论，大义灭亲。如果当时两人早早地就死掉了，谁是真拥主谁是真叛逆哪个分得清呢？

　　一个好的观察者，一定是个内观者，而不是以貌取人的外观者。什么是内观者？顾名思义，就是能通过现象看清本质的人，看透别人内心的人。洪承畴这个人很多人都知道，本是明朝蓟辽总督，名副其实的封疆大吏，是崇祯皇帝最后的依仗。松锦之战，明军大败，洪承畴被俘，皇太极想收降他，但洪承畴绝食数日，拒不肯降。皇太极仍不死心，就派汉人大臣范文程去探监摸情况。范文程至，洪承畴跳脚怒骂，而范文程装没听见，与他谈古论今，同时悄悄地察言观色，时"梁间尘偶落，着承畴衣，承畴拂去之。文程遽归，告上曰：'承畴必不死，惜其衣，况其身乎？'"（《清史稿·卷二百三十七·列传二十四》）这段文字堪称神来之笔，范文程注意到梁上落下来一块灰尘，掉在洪承畴的衣服上。洪承畴一面说话，一面"拂去之"。这个细节让范文程一下子看到了洪承畴的本性，知道他并不是真的想死节，试问一个要想杀身成仁的人还会在意衣服上落不落尘土吗？果然，皇太极听范文程介绍完情况，立刻亲自到牢里探望，并把身上的貂皮衣给洪承畴披上，后者"乃叩头请降"。我们说，范文程就是个"内观者"。

　　生活中我们常会遇到看走眼的情况，这就说明可能我们看人的角度、位置出了问题。中国人有一句歇后语叫："门缝里看人 —— 把人看扁了。"借用易经的概念，我把这样的观察称作窥观，也就是从门缝里看东西，只看到一点点，局限性很大。人在没有得势的时候，往往连至亲都会门缝里看人，譬如战国时期的苏秦，没有得势的时候，那个倒霉样谁都瞧不起，"妻不下纴，嫂不为炊，父母不与言"（《战国策·秦策一》）。苏秦从秦国回到家，老婆在织布，看都不看他一眼，嫂子做饭宁愿喂狗，父母也懒得搭理他。后来苏秦游说赵王成功，做了赵国的宰相，准备到楚国游说楚王，路过洛阳。他的父母听到这个事情之后，赶紧张罗欢迎仪式，"清宫除道，张乐设饮，郊迎三十里"，家外三十里地黄土垫道，净水泼街，不但家里备好酒宴，还请专业乐队助兴。"妻侧目而视，倾耳而听"，他老婆都不敢抬眼看他，就像一个怕随时挨揍的小孩那样侧身缩站在那里；"嫂蛇行匍伏，四拜自跪而谢"，嫂子更夸张，像蛇一样爬到他脚下，三拜再加一拜，磕头如捣蒜地不停道歉。苏秦就问："嫂何前倨而后卑也？"嫂子啊，前些时候你那么高傲，今天怎么这副德行了。嫂曰："以季子（苏秦字季子）之位尊而多金。"这个嫂子也是个实在人，说了句大实话，这不是小叔子你有权有钱了嘛！苏秦曰：

嗟乎！贫穷则父母不子，富贵则亲戚畏惧，人生世上，势位富贵可忽盖可乎哉！

再譬如明代文学家冯梦龙在《喻世明言》中讲的一个西汉武帝时期朱买臣的故事。买臣夫妻俩住于陋巷蓬门，每日买臣向山中砍柴，挑至市中卖钱度日。买臣性好读书，手不释卷。结果在四十三岁那一年，其妻实在无法忍受这个又酸又穷的半吊子书生，一定要离婚。买臣感慨不已，题诗四句于壁上云："嫁犬逐犬，嫁鸡逐鸡。妻自弃我，我不弃妻。"买臣到五十岁时，值汉武帝下诏求贤，老乡严助极力向天子推荐朱买臣。汉武帝知买臣是会稽人，必知本土民情，即拜为会稽太守，驰驿赴任。会稽地方官，听说新的太守要来了，赶紧征用民间劳力架桥修路。买臣妻的后夫亦在役中，其妻蓬头跣足，随伴送饭，见太守前呼后拥而来，从旁窥之，乃故夫朱买臣也。买臣在车中一眼瞧见，还认得是前妻，赶紧使人把他们夫妻两人召到府中说话。到府第中，故妻羞惭无地，叩头谢罪，估计肠子都要悔青了，表示自悔有眼无珠，愿降为婢妾，服侍终身。买臣命取水一桶泼于阶下，向其妻说道："若泼水可复收，则汝亦可复合。念你少年结发之情，判后园隙地与汝夫妇耕种自食。"其妻随后夫走出府第，路人都指着说道："此即新太守前夫人也。"于是羞极无颜，到于后园，遂投河而死。有诗为证："漂母尚知怜饿士，亲妻忍得弃贫儒？早知覆水难收取，悔不当初任读书。"还有一首诗来讽刺朱买臣前妻的，诗曰：

"束薪行道自歌呼，越女安知有丈夫。一见印章惊欲倒，相看方悔太模糊。"

俗话说，画虎画皮难画骨，知人知面不知心。既然人心难测，察人道深，那么就没有什么好的方法解决这个问题吗？孔子给出了他的方法，至少可以察清九种人坏人的面目，即：

> 故君子远使之而观其忠，近使之而观其敬，烦使之而观其能，卒然问焉而观其知，急与之期而观其信，委之以财而观其仁，告之以危而观其节，醉之以酒而观其侧，杂之以处而观其色。九征至，不肖人得矣。

——《庄子·杂篇·列御寇》

这段文字的大意是：因此君子总是让人远离自己去任职而观察他们是否忠诚，让人就近办事而观察他们是否恭敬，让人处理纷乱事务而观察他们是否有能力，对人突然提问而观察他们是否有心智，交给期限紧迫的任务而观察他们是否守信用，把财物托付给他们而观察是否清廉，把危难告诉给他们而观察是否持守节操，用醉酒的方式而观察他们的仪态，用男女杂处的办法而观察他们对待女色的态度。上述九种表现一一得到证验，不好的人也就自然被挑拣出来了。

我之所以把孔子的这段话收录在这里，是因为孔子的这九种察人法，在今天仍然有效，有朋友专门抄写下来，放在镜框里，置于自己的书桌上，每日提醒自己，要学会察人识物，不要被人蒙蔽。

当然了，《庄子》中出现的孔子，未必是真的孔子，而更可能是庄子及其后学借孔子之名气。不过，孔子本人也确实说过察人的方法，这就是"视其所以，观其所由，察其所安"（《论语·为政篇》）。意思就是，看一个人的所作所为，考察他处事的动机，了解他心安于什么事情。

必须特别指出的是，有些时候，我们看人失准，也不一定是别人的原因，很大程度上可能是自己的原因，即我们在看人的时候，心态是否正，是否本身就存在偏见。比如射箭，如果弓本身就是歪的，怎么指望箭能射到靶子上呢？

这就是孔子所说，"射有似乎君子，失诸正鹄，反求诸其身"（《礼记·中庸第十四章》）。同样的道理，孟子也讲过，而且讲得更具体，他说：

> 爱人不亲，反其仁；治人不治，反其智；礼人不答，反其敬。行有不得者皆反求诸己，其身正而天下归之。《诗》云：永言配命，自求多福。
>
> ——《孟子·离娄上》

孟子说，如果爱别人却得不到别人的亲近，那就应反问自己的爱是否是仁爱，而不是小恩小惠；管理别人却不能够管理好，那就应反问自己的管理方法是否明智；礼貌待人却得不到别人相应的对待，那就应反问自己的礼貌是否是恭恭敬敬的而不是虚情假意的。凡是行为得不到预期的效果，都应该反过来反省自己，自身行为端正了，天下的人自然就会归服。《诗经》说：常思虑自己的行为是否合乎天理，自求老天多多降福。

孔子也好，孟子也罢，都把察人与察己联系在了一起。其实真正的观察不是观人，而是要回头"观我"，要学会自观内察，自观者深。《列子》中有句话叫"务外游不如务内观"。陆游，字务观，本此。《论语·学而》中也记载了曾子的内观自省之道："吾日三省吾身，为人谋而不忠乎？与朋友交而不信乎？传不习乎？"《论语·季氏》中孔子也说：

> 君子有九思：视思明，听思聪，色思温，貌思恭，言思忠，事思敬，疑思问，忿思难，见得思义。

这里的九个"思"就是内省，是自我剖析的意思。结合曾子的三省，我称为"三省九思"。佛家讲止观，就是止欲内观。儒家的《大学》也讲这套功夫，说："知止而后有定，定而后能静，静而后能安，安而后能虑，虑而后能得。"一个环节扣着一个环节，都是内观的功夫。

不管是旁观学习也好，内观自省也罢，其实所有的"观"都是为了

"行"，为了更好地为广大人民群众服务。真正的观察者不能总是袖手旁观，甚至是冷眼旁观，他一定还是个热心的行动者。过去皇帝微服私访的目的就是想观察民间百姓最真实的生活状况，以检验国家政策是否实行到位，是否需要调整。现在也是一样，中央领导常常回到地方上视察调研，亲临实地考察人民的生活状况，倾听最基层的老百姓对目前制度政策有何看法，回去之后反省检讨施政、教化方式，让决策真正地可以惠民。

周朝就专门设有采风官，主要职责就是观察、收集民情，了解民风，通过民歌了解百姓思想。《春秋公羊传》记载，当时朝廷规定，男子六十岁、女子五十岁倘若无子女的，由官方发放生活费，"使民间求诗"——让他们从当年十月到第二年的正月深入民间收集诗歌。可以说如此安排，是非常合理且有智慧的。首先，男子六十岁、女子五十岁而无子女，一则有大把空余时间，二则无人赡养，让他们为政府做点事情，一是以工代赈，二是愉悦身心；其次，人到了这个年纪，心态也比较平和，没有利益纠葛，也不会有偏好倾斜，能保证收集到的资料相对客观；最后，是从十月到来年正月，正是农闲时间，没有农忙干扰，人家也愿意接受"采访"，这个时间段是采集民歌的最佳时间。《诗经》里有十五国风，因为民风不同，所以每个国家的教化方式也就不同，施政策略也就不同。

一阳来复

中华民族关于"阳"的词汇很多，譬如"三阳开泰""阳春白雪""九九艳阳"等。再譬如我们今天要讲的"一阳来复"。宋代诗人王炎在有两句词："恁是一阳来复后，梅花柳眼先春发。"（《满江红·至日和黄伯威》）是说冬至时，阳气开始复生，梅花和柳叶迫不及待地就开始发芽生长。这里的"复"起码有三个含义，一是恢复，一是复正，一是依附。

先说"恢复"。冬至这一天，白天最短，物极必反，阴气重到极点的时候，阳气就开始逐渐生发了，阳气一来，万物就有恢复生机的希望，正如《道德经》里面讲的："万物并作，吾以观复。"这个时候虽然外面依然寒冷，可是大地内部已经开始孕育无限的生机了。唐朝白居易有一首《邯郸冬至夜思家》，写得感人肺腑，诗曰：

邯郸驿里逢冬至，抱膝灯前影伴身。

想得家中夜深坐，还应说着远行人。

冬至是人体养精蓄锐、恢复生机的时候，这个时候是"至日闭关，商旅不行，后不省方"，意思是古代君王效法天地的自然法则，每年在一阳初复、万物将苏的冬至日，关闭边界的关口，禁止商旅往来，以保持安宁，恢复精神。"后"在这里不是先后中后的意思，是其本意君主的意思，君主在此时也不再巡视四方，而是潜居深宫，静养身体。古人的年假是从冬至开始的，一直要过到正月十五才结束，那时候是农业社会，这段时间不仅休耕，还休兵，上至官府衙门，下至蓬门陋巷，大家通通"窝冬"养神。"窝冬"到什么时候？大家打开日历，每年的冬至都是十二月二十二日，从冬至这一天开始数，要数九九八十一天，数完了，春天就来了。老百姓还有数九的谚语："一九二九不出手，三九四九冰上走。五九和六九，沿河看杨柳。七九河冻开，八九燕归来。九九加一九，耕牛遍地走。"康熙四十六年，太子胤礽被废，到康熙四十八年开春，又重新复立。从康熙四十七年冬至那天开始，这位戎马一生的老皇帝心境极为复杂地在乾清宫的书桌上铺了一张宣纸，他每天在纸上写一笔，一共写了九九八十一天，共写了九个字，每个字都是九画，这九个字是："亭前垂柳珍重待东风"。字写好了，春天也来了，宣告太子复立。

我们有冬至，也有夏至，但是中国人为什么只过冬至，不过夏至呢？冬至一阳生，阳气代表正能量，代表君子；夏至一阴生，而阴气代表衰落，代表小人。中国人喜君子恶小人，所以中国人过冬至，也有恢复正能量、恢复天真本性、做正人君子的意思。在抗战时期，人称"现代三圣"之一的马一浮先生就在四川乐山乌尤寺创办了一个"复性书院"，所谓"复性"，就是恢复人性中最正能量、最纯洁的东西，这样人生才能真正地光明。所谓修道，无非就是把这颗心修得圆满。所谓圆满就是充满正能量而已。就如王阳明临终前弟子问他还有何遗嘱要交代，王阳明却说："此心光明，亦复何言。"他已经复性了，没有必要多讲什么了。清代诗人龚自珍说：

> 少年哀乐过于人，歌泣无端字字真。
> 即壮周旋杂痴黠，童心来复梦中身。
>
> ——《己亥杂诗》第一百七十首

年少的时候很单纯，想哭就哭，想笑就笑。年纪大了，到了社会学会戴假面具了，只有做梦才能恢复那本真的人性。

次说"复正"。"复正"者，改过也。意思是改掉过错，恢复正常健康的人生轨道。人生总有犯错的时候，然而知错能改，善莫大焉。靠什么改？靠

"一阳"来改，这里的"一阳"就表示正确的轨道，所谓"一阳来复"，就是通过正确的轨道来复正错误的轨道。鲁哀公问"弟子孰为好学？"孔子对曰："有颜回者好学，不迁怒，不贰过。"（《论语·雍也篇》）在孔子的眼里，颜回最好学，所谓好学就是学到的东西行得出来，行得好。主要表现在两个地方，一是不把不良情绪转嫁到别人身上，二是知错就改，绝不犯第二次。《系辞传》中记载了孔子的另一段话：

> 颜氏之子，其殆庶几乎？有不善未尝不知，知之未尝复行也。
>
> ——《系辞下传·第五章》

颜回最了不起的是知过能改，绝不重犯。所以颜回被尊称为"复圣"，因为他从起心动念到言行举止有任何一点不合礼，有任何一点不符合正轨，他都会立刻敏感地觉察到，而且立即改正，绝不会偏差第二次，真的达到了知行合一的境界。颜回在孔庙配祀的规格历来都是很高的，如今在山东曲阜孔庙的不远处，便专门有一座祭祀颜回的庙。由此可见中国人对知过改过的重视。《资治通鉴·唐纪四十五》："惟以改过为能，不以无过为贵。"明朝姚舜牧在《药言》中也讲："一部《大学》，只说得修身；一部《中庸》，只说得修道；一部《易经》，只说得善补过。"《阎锡山日记》中多次提到"改过"，如："改过为修正处人处事之唯一方法，亦为做人良好阶梯。改到无过的时候，就是做人做到了顶上的时候。改过其难乎？非智无以知过，非仁无以认过，非勇无以改过。改过其难乎！"

再说"依附"。我常说人生要找一个"太阳"去追，所谓太阳就是圣贤、榜样，就是标杆。如果说"一阳来复"中的"一阳"代表圣贤、榜样的话，"来复"就是来依附，中国字同音同源，复者，附也。我颇喜欢一句话："阴处之树长得既高且直，为求太阳也。"王安石曾写过一首《孟子》，诗曰：

> 沉魄浮魂不可招，遗编一读想风标。
>
> 何妨举世嫌迂阔，故有斯人慰寂寥。

意思是，孟子已逝，《孟子》尚在。孟子的思想和品格是我的"风标"，也就是榜样，孟子是我的"太阳"。我现在极力推行"王道政治"与当年孟子的"保民而王"的思想都被看成迂阔空论，虽然如此，但"故有斯人慰寂寞"，有孟子的精神在安慰我，给我温暖，给我力量，所以才有王安石那样的"天变不足畏，祖宗不足法，人言不足恤"（《宋史·列传·卷八十六》）的勇气去变革朝政。

再譬如各行各业都有一个祖师爷，这就是"一阳来复"，或者也可以叫"一阳来附"，如蚕农敬蚕神嫘祖（黄帝的正妃），工匠、石匠、木匠往往以鲁班为祖师，乡医奉医王伏羲，药商敬扁鹊，铁匠尊尉迟恭为祖师，金银匠以太上老君为炉火神，裁缝奉黄道婆，织工以张衡为机神，捕鱼人以妈祖为水神，梨园敬唐明皇为保护神，鼓书艺人以周庄王为鼻祖，笔工奉蒙恬，纸业奉蔡伦，漆工敬葛洪，文昌神在近代受到刻字匠、印字匠、锦匠、冥衣匠、裱工匠的崇拜，书吏以仓颉为神，帮佣女以王三奶奶为保护神，制饼师以汉宣帝为饼师爷，近代上海钟表业还尊意大利传教士利玛窦为祖师，甚至行窃者也有行业守护神宋江，娼妓业以白眉神（盗跖）为偶像，等等。

启功先生曾将《兰亭集序》的内容总结成一联：

　　能与诸贤齐品目，
　　不将世故系情怀。

启功先生说的"诸贤"就是我们要依附的"一阳"。譬如每当我传播国学感到疲惫的时候，我常常会读一些国学大师的著作或者看一些国学大师留下的影像或者纪录片，以此来给自己提气，补充正能量。譬如南宋民族英雄文天祥在《正气歌》中所言：

　　哲人日已远，典刑在夙昔。风檐展书读，古道照颜色。

　　这里的"哲人""典型"指的是孔子和孟子，他们就是文天祥的"一阳"，文天祥一生以孔仁孟义来标格自己。再如明末抗清名将张煌言是浙江宁波人，崇祯时举人，官至南明兵部尚书，一生以岳飞和于谦为榜样，有诗："国破家亡欲何之？西子湖头有我师。日月双悬于氏庙，乾坤半壁岳家祠。"（《甲辰八月辞故里 》）

　　《论语》里讲"里仁为美，择不处仁，焉得知"（《论语·里仁篇》），要住在有仁风的地方，和有正能量的人做邻居。如果不亲近善知识，不居住在有仁风地方，哪里能得到智慧呢？孟母所以要三迁，无非就是希望孟子可以有个"一阳"来"附"！

多识前言畜其德

清代诗人龚自珍有一首诗曰：

虽然大器晚年成，卓荦全凭弱冠争。

多识前言畜其德，莫抛心力贸才名。

——《己亥杂诗》第三〇二首

我常常说大器一定是晚成的，即使是小器，只要不是粗制滥造，想做得精致，也要花费大量功夫的，何况是大器呢？历数那些晚年功成名就的人物，哪一个不是早在青少年时代就立大志发大愿，悬梁刺股，扬鞭奋蹄，付出艰辛的？

"多识前言畜其德"这句话取自《易经·大畜·大象》，原文是：

天在山中，大畜。君子以多识前言往行，以畜其德。

"前言"指的是前人的智慧、思想或言论，"无古不成今，观今宜鉴古"，这是中国文化非常重要的一个特点，也是老百姓常讲的："不听老人言，吃亏在眼前。""往行"就是要把学到的思想真正地落实到实践当中去，这样一来，它才能变成我们自己的智慧。

我在给大家讲国学的时候常常提醒大家，国学不是拿来听的，而是拿来行的。"漫道故语徒前训，须知躬行不负人。"不要说前人讲的话都是陈芝麻烂谷子的东西，要知道你真的亲身去做，古人是不会欺骗我们的。就如苗族民间流行一句话："前人不摆古，后人忘了谱。""多识"的"识"不是"知识"的"识"，而是念成"志"，如《论语·述而》中记载：

子曰："默而识之，学而不厌，诲人不倦，何有于我哉？"

有些人对"默而识之"的理解很肤浅，以为是默默地记住所学的知识，把"识"当成口耳之学，其实如果孔子学的只是这些记问之学的话，是不足以为人师表的，那样学的东西都是"死东西"。其实"识"就是融会贯通、心领神会，然而这些东西是"默"的，也就是无法用言语表达的，因为"道可道非常道"，然而这些"识"的东西确实已经变成了人生的智慧。

我们当代人"多识前言往行"，目的是见贤思齐，通过古人的智慧激发我们自身的智慧。我们现在提倡学习国学，并不是发思古之幽情，而是要把经典中的智慧融入我们自身的学识当中来，真正地为这个时代服务。"以畜其德"就是"日新其德"的意思，每天都有进步，每天都在成长，《礼记·大学》里面讲："苟日新，日日新，又日新。""新"就是精进的意思。《诗经·周颂·敬之》中也讲："日就月将，学有缉熙于光明。""缉"就是"集"，"熙"即微光，"光明"就是正能量。意思就是一天天、一月月地做学问，就像从大光明中每天取一点点微光积攒起来，最后自己也变成了光明体，可以照耀众生万物。有点类似于佛门语："欲做佛门龙象，先做众生牛马。"

"莫抛心力贸才名"意思就是说不要把心力用在虚头巴脑的名头上。到了近代，著名的哲学家冯友兰先生就用"莫抛心力贸才名"作为首句写了一首诗，诗曰：

莫抛心力贸才名，七字堪称座右铭。乐章奏到休止符，此时无声胜有声。

　　"莫抛心力贸才名"提醒人们不要投机取巧，要学会下笨功夫。虽然有时候因为投机获得了一些成绩，但是这样的状态是维持不久的。王阳明曾说："为学大病在好名。"过去有两句话讲得好："劝君莫要镌顽石，路上行人口似碑"，意思是不要给自己歌功颂德了，人民群众的眼睛是雪亮的，大家的口碑才是最重要的。年过八旬的中国药学家屠呦呦，凭借"拯救全球数百万人生命"的青蒿素，也凭借着一百九十次失败后的不放弃，迎来了"迟到的荣誉"。屠呦呦讲过一句话我印象深刻："科学研究不是为了争名夺利。"但越是像屠先生这样不为名不为利，人们反而越忘不掉她。

　　宋代无名氏在旅馆墙壁上题写了一首诗：

　　　　一团茅草乱蓬蓬，蓦地烧天蓦地空。
　　　　争似满炉煨榾柮，慢腾腾地热烘烘。

　　意思就是说一团乱蓬蓬的干茅草被点着后，忽然间烈焰冲天，映红半边天，顷刻间又火灭烟消。倒不如那炉子里煨火的木头块子，慢腾腾地烧着燃着，满屋子都暖和。据说有一次司马光路过这家旅馆，看到墙壁上的这首诗，颇为欣赏。虽然诗的水平不高，但话糙理不糙，告诫人们不要急功近利、投机取巧。名心盛者必作伪，于是为了保留这首诗提醒人们，司马光在诗后写了四个字："勿毁此诗"。

　　《荀子·劝学》中有言：

　　　　无冥冥之志者，无昭昭之明；无惛惛之事者，无赫赫之功。

　　意思是说，没有深深海底行，哪来高高山顶立。不在背后受罪，哪会人前显贵。

　　唐朝诗人吕温有首诗写道：

　　　　匠意方雕巧，时情正夸淫。

生材会有用，天地岂无心。

——《赠友人》

意思是社会上流行奇淫巧计，大家都以投机取巧为能事。但是如果老天爷真的开眼的话，我相信真正有才能的人一定有发展的机会的。

北宋有个叫杨朴的隐士，大概是看到了人间太多的投机取巧吧，宁愿选择做隐士也不愿意出来为官，甚至宋真宗亲自请他也不为所动。杨朴有一首著名的《七夕》：

未会牵牛意若何，须邀织女弄金梭。
年年乞与人间巧，不道人间巧已多。

诗的意思很简单，就是讽刺人间的机巧太多，也反映了杨朴对北宋朝廷的失望。俗话说："鹦鹉能言争似凤，蜘蛛虽巧不如蚕。"同样也是在北宋，宰相王溥也写诗对社会上的一些华而不实的行为进行了批评。诗名叫《咏牡丹》："枣花至小能成实，桑叶虽粗解吐丝。堪笑牡丹如斗大，不成一事又空枝。"王溥是个实干朴素的人，也是个厚道的人。所谓"枣花至小能成实，桑叶虽粗解吐丝"。但是他的父亲王祚的一些轻浮甚至是夸张的做法实在让人不敢恭维。

《资治通鉴》上记载，王祚在安徽阜阳做一个民兵副团长的时候，他的儿子王溥已经是当朝宰相，官位可谓是云泥之别。但是王祚每次在宴客的时候，总要王溥站在旁边陪着，不仅如此，还非要王溥穿上宰相的官服。被请的客人一看宰相站在那里，当然不敢无礼，都站起来向宰相行礼。王祚却让大家别理睬王溥"这个猪狗一样的东西"。这是典型的借儿子的光来提升自己。一个人与其在最后用机巧掩饰自己的失败，何不在当初就踏踏实实花笨功夫一步一个脚印地走向成功呢？在人生的道路上永远记住一个朴素而简单的真理，就是"勤能补拙"。用《中庸》的话说就是：

人一能之，己百之；人十能之，己千之。果能此道矣，虽愚必明，虽柔必强。

——《礼记·中庸第二十章》

人一遍就会的，我十遍还不懂，那就来个一百遍。人家十遍就搞懂的，我就再努力一百倍，花笨功夫，来个一千遍把它搞懂。"此道"就是戒巧守拙，如果一个人能花这样的笨功夫，这样下去一定成功！记住，历史上的成功者，往往凭的不是才干，凭的是笃实。最后写一首华罗庚先生的诗来和读者朋友们共勉："妙算还从拙中来，愚公智叟两分开。积久方显愚公智，发白才知智叟呆。埋头苦干是第一，熟练生出百巧来。勤能补拙是良训，一分辛劳一分才。"

好学上进

　　宋朝诗人谢涛写有一首《梦中作》："百年奇特几张纸，千古英雄一窖尘。惟有炳然周孔教，至今仁义浸生民。"这首诗的意思讲得简单点就是：一个人活了一辈子，再如何了不起，换来的无非是几张奖状和几本证书，再大的英雄再大的爵位最后也是黄土一堆，只有周公孔子仁义的光辉思想，至今还在熏陶着黎民百姓。

　　孔子已经死了两千五百多年了，至今人类还要跟着他老人家的思想跑，这才是真正的时髦、流行。孔子从汉平帝刘衍追封为"褒成宣尼公"开始，一直到清顺治二年（1645），加号封为"大成至圣文宣王"，顺治十四年（1657）又复称"至圣先师"，其间屡次受到国家统治者的加封。历代王朝都为他的封谥选择了最高赞誉的用字，可见对孔子思想学说的尊崇。如果孔子的光辉思想是果的话，那么他的好学就是因。古人有言："木无枝谓之瘣，人不学谓之瞽。"瘣，音磊，内病的意思，瘣木就是生病长了结块的树木，长不出树枝来；瞽，就是盲人。《论语·为政篇》中讲：

　　　子曰："吾十有五而志于学，三十而立，四十而不惑，五十而知
　　天命，六十而耳顺，七十而从心所欲，不逾矩。"

孔子还说：

十室之邑，必有忠信如丘者焉，不如丘之好学也。

——《论语·公冶长篇》

意思是道德水准和我相当的人很多，至于好学上进嘛，大概是我第一了。孔子的好学到了"入太庙，每事问"（《论语·八佾篇》）的程度。所以子贡问老师，后人该如何评价定位他的时候，孔子讲了八个字："学而不厌，诲人不倦。"（《论语·述而篇》）孔子是这么说的，的确也是这么做的。《论衡·别通》记载："孔子病，商瞿卜，期日中。孔子曰：'取书来，比至日中，何事乎？'"孔子知道自己快走了，于是让跟随自己学习易经的商瞿占卜临终时辰，结果占出来是中午走。一般占卜都是一大早占卜，这样比较灵验。早上占的卜，直到中午才走，这段时间如果放在一般人身上大概是流几滴别离泪，交代一下遗嘱，分配一下遗产。但孔子没有这样做，而是让商瞿拿书来读，临终都在读书学习，这就是所谓的"宣尼临没，手不释卷"（刘昼《刘子·崇学》）。孔子一生大概最痛恨的就是自甘堕落、不求上进的人。《论语·公冶长篇》中记载宰予昼寝，也就是白天躺在床上睡大觉。过去坐着打瞌睡叫"睡"；闭上眼睛，但不一定睡着叫"眠"；躺在床上睡觉叫"寝"；伏在矮几上睡觉叫"卧"；睡着了叫"寐"；睡醒了叫"觉"或"寤"。宰予并不是打个盹就算了，而是四平八稳躺着睡，所以孔子就大骂宰予："朽木不可雕也，粪土之墙不可圬也！"

鲁迅在去世两个月前写的一封信中有这样两句话："假如我还能活下去，我当然要学下去。"冯玉祥出身行伍，却酷爱读书。这引起了战友们的反感，大家都是粗人，他却偏要装成文化人，于是就借口"晚上点灯睡不着觉"，想让冯玉祥死了读书的心。冯玉祥干脆找来锤子、凿子，在紧靠自己铺位的墙上凿出一孔，放上油灯，拉上布帘，照常读书不辍。冯玉祥担任旅长时，驻军湘南常德，每日早晨读英语两小时。学习时，关上大门，门外悬一块牌子，上面写"冯玉祥死了"，拒绝外人进入。学习完毕，门上字牌则换成"冯玉祥活了"。南京政府成立之初，厘定官员薪级。冯玉祥当时任军政部长，级别是特级，月薪八百元，公费一千元。冯认为太多了，只要二百元，余款一千六百元捐充图书馆费用。

列宁说人一生有三大任务——学习、学习、再学习。日本著名的企业家稻盛和夫先生在《活法叁：人生的王道》中写道："我年轻时起，就习惯在枕边放上几十本有关哲学和宗教的书籍，每晚临睡前都要翻阅几页，不管多晚回家，都要翻上一两页。因为从年轻时开始就这样度过自己的每一天，所以，或许不太谦虚，我把自己的前半生归纳为'不断提升理念的每一日'。"写到这里，突然想起邹韬奋先生在《孙中山先生的生平》中讲的一句话："人物愈伟大，好学愈迫切。"

或许有人抱怨年纪大了，记忆力不好，再想上进已经晚了。其实只要一个人想进步，随时都可以学，永远不晚。活到老，学到老，学到老，活到老。我们前面讲过炳烛的典故，大家估计都知道闻鸡起舞的故事，后人根据这两个典故，编了一个劝学联云：

趁青春未老，炳烛破夜；
当年华正茂，闻鸡起舞。

正如清代文学家张潮所说的：

少年读书，如隙中窥月；中年读书，如庭中望月；老年读书，如台上玩月。皆以阅历之浅深，为所得之浅深耳。

——张潮《幽梦影》

宋朝文莹撰写的《玉壶清话》记载了这么个故事，宋太祖曾经对宰相赵普说：

卿苦不读书。今学臣角立，隽轨高驾，卿得无愧乎？

用现在的话歪解一下就是，爱卿你最大的问题就是读书太少了，现在这些大臣，都是饱学之士。而你肚子里这么点墨水，却享受那么多高规格的待遇，你脸不红吗？据说，赵普听了宋太祖的话，从此手不释卷，好好学习。宋太祖本人其实也是好学的典范，史书上说他是"广阅经史"。他的弟弟赵光义也是好学的典范，常常在马上读书。

或许有人抱怨太忙了，学习时间不够，没有工夫充电进步。三国时曹魏官员董遇给出的答案是，读书"当以三余"。"三余"就是：冬者岁之余，夜者日之余，阴雨者时之余。岁之余是冬闲，不干活；日之余是夜晚，不干活；时之余是阴雨天，也可以不干活。这三个闲在的时间，为什么不能用来读书？

针对"董遇三余"，清朝大学者魏源总结说："志士惜年，贤人惜日，圣人惜时。"（《默觚·学篇三》）可是我们现在不读书的理由太多了，就像有一首打油诗讲的那样，"春日不是读书天，夏日南风正好眠。秋多蚊虫冬又冷，一心收拾待来年"。其实有时候不是缺少时间，也不是缺少努力，而是缺少一颗平静的心。心真的可以静下来，随时随处都可以学习。前面我们提到了古今中外那么多伟人学习的故事，他们比我们普通人要忙得多，照样抽出时间来读书学习，可见他们的心是平静的，一颗平静的心是可以成就大事的。梁晓声在《国人辩论的表情》中讲得好："为什么一个国家读书人口的多少也标志着该国的文明程度呢？因为读书不但需要闲暇的时间，同时需要人在那一时段有静好的心情。故读书人口多了，间接证明一个时代，一个社会本身是静好的时代，静好的社会，静好的国家。反之反证。"

欧阳修曾言：

> 余平生所作文章，多在三上，乃马上、枕上、厕上也。
>
> ——《归田录》

我常说，一个人有看手机的时间就一定有学习的时间。胡适曾说过，看一个国家的文明程度，只须考虑三件事：第一，看他们怎样对待小孩；第二，看他们怎样对待女人；第三，看他们怎样利用闲暇时间。过去有句俗语叫："人非有品不能闲"，没有品的人一旦闲暇下来，不是去玩，就是去挥霍，造很多孽，最后没有不害惨自己的。闲暇时间最好的生活方式就是学习，听讲座也好，读书也好，参加沙龙讨论也好，这些健康的生活方式没有祸害，没有弊病，还有利于自己成长。

清代雍正朝大学士张廷玉的书房里挂着这样一副对联：

> 读不尽架上古书，却要时时努力；
> 做不尽世间好事，必须刻刻存心。

大诗人陶渊明的曾祖父、东晋著名将领陶侃曾对人言："大禹圣者，仍惜寸阴，至于众人，当惜分阴。"（《晋书·陶侃传》）后来就衍生出一个成语叫"禹寸陶分"，就是规劝人们要珍惜时光。

好多读者拿我的书让我在书上写句话，我给年轻的朋友常写这样一副对联：

> 麟角凤毛期造诣，寸金尺璧惜光阴。

我在很多场合演讲的时候都让年轻人记住两首《劝学诗》，一首是唐代颜真卿的《劝学诗》，他说：

> 三更灯火五更鸡，正是男儿读书时。
> 黑发不知勤学早，白首方悔读书迟。

还有一首是南宋朱熹的《劝学诗》：

> 少年易老学难成，一寸光阴不可轻。
> 未觉池塘春草梦，阶前梧叶已秋声。

张学良将军在一次招待青年学生的茶话会上赠给学生们一首七言诗，旨在鼓励青年珍惜时光，努力上进。诗曰：

> 大好河山夕照中，国人肩负一重重。
> 男儿正要闻鸡起，一寸光阴莫放松。

古人有妙联：

> 好（hǎo）读书时不好（hào）读书；
> 好（hào）读书时不好（hǎo）读书。

它告诉我们青春年少珍惜时光的重要性，毕竟人生就如唐朝诗人唐彦谦所说的："无情最恨东流水，暗逐芳年去不还。"南宋诗人蒋捷说："流光容易把人抛，红了樱桃，绿了芭蕉。"（《一剪梅·舟过吴江》）明代诗人文嘉提醒人们：

> 今日复今日，今日何其少。
> 今日又不为，此事何时了。
>
> ——《今日歌》

鸳鸯蝴蝶派代表作家，被尊称为现代文学史上的"章回小说大家"的张恨水先生，原名张心远，"恨水"是笔名。在成名之后，人们对"恨水"这个笔名的来历和含意就多有猜测，有人联想到《红楼梦》中说女子是水做的骨肉，推测张恨水年轻人爱过某位小姐，后来情场失意，遂用"恨水"这个笔名。为此，张恨水曾公开辟谣说："许多人对我的笔名有种种揣测，尤其是根据《红楼梦》女人是水做的一说，揣测得最多，其实不是那回事。""恨水"其实出自南唐后主李煜的词《乌夜啼》：

林花谢了春红，太匆匆。无奈朝来寒雨晚来风；

胭脂泪，相留醉，几时重。自是人生长恨水长东。

张恨水自幼爱吟诵诗词，尤其对李煜的这首词情有独钟，他从这首词中领悟到了光阴的宝贵，于是从中截取了"恨水"作为笔名，用以提醒自己珍惜时光，好学上进，不要让光阴像流水一样白白逝去。

补读斋，是著名画家齐良迟的书斋名，位置在北京跨车胡同13号，这个宅子是他的父亲齐白石于80多年前买下的。齐良迟先生是齐白石先生的四子，有人问他斋名的来历，齐良迟先生说："我十三岁时开始跟父亲学白描，也就是国画的线条；而后又去北京辅仁大学美术系读本科。继而在徐悲鸿先生领导的国立北平艺术专科学校教书，1956年遵周总理之嘱托，辞职侍奉在父母身边，直至今日。父亲给自己的书斋起了个（名字叫）'悔乌堂'，我那时极年轻，便向父亲讨教，父亲说他年轻时离开父母，没有尽到孝心，乌鸦尚有反哺之情，他还不如乌鸦。我让父亲给我的书斋起一个斋名，父亲说，你太爱玩了，许多该读的书都没有去读，就叫补读斋吧。我很不服气，便不挂父亲题的几个字，父亲故去后，我渐渐体会到父亲的苦心，便很大方地亮出了自己的斋名。"

《诗经》有句诗叫"夙兴夜寐，毋忝尔所生"（《小雅·小宛》），什么意思呢？晚晚地睡，早早地起，努力啊努力，不要辜负自己美好的一生。《诗经》里还说："风雨如晦，鸡鸣不已。"（《国风·郑风·风雨》）这句话给我们很大的启发，不管外在环境如何变化，我们都要坚持学习，坚持进步，毫不动摇，不要浪费宝贵的生命，不断提升人生的境界。

言行与家教

司马光在《家范》一书中指出：

> 为人母者，不患不慈，患于知爱而不知教也。古人有言曰："慈母败子"。爱而不教，使陷于不肖，陷于大恶，入于刑辟，归于乱亡。非他人败之也，母败之也。

> ——《家范·卷三·父母/父/母》

意思是说，做母亲的，我们不担心她不慈爱，担心的是她懂得慈爱却不懂得教育。古人曾说过："慈母败子。"慈爱却不教育，使子女不成才，堕落成为坏人，甚至犯下大罪，身首异处。导致其败亡的，正是他母亲，而不是别人。

西班牙作家塞万提斯在《堂吉诃德》中说："做父母的有责任，从小就训练他们的好品德，好仪容，使他们深明大义、严守纪律，那么等他们长大成人，他们就成了老年父母的支柱，后代子孙的光荣了。"法国文豪卢梭在《爱弥儿》中说："母不母，则子不子。他们之间的义务是相互的，如果一方没有很好地尽她的义务，则对方也将不好好地尽他的义务。"《邵力子文集》有言："生了子女，不能教养，是很大的痛苦，也是很重的罪恶。"这些名言警句都告诉我们家教是何等的重要。

有人问我在家里如何教育好自己的孩子，我想八个字就解决了："身教者从，言教者讼。"你做得到的，你身体力行的，孩子自然听你的，有样学样。你自己一天到晚看手机，反而让孩子读书，那他一定和你吵。哪一个家长不希望自己的孩子读清华、北大？但是清华、北大在北京吗？不完全在北京，也在你家里。各位读者请记住，我们让小孩子读清华、读北大，读的是清华的氛围、北大的精神，只要把你们家营造成清华的读书氛围、北大的学习环境，你们家就是清华、北大，你的小孩子小学一毕业就是清华毕业的。或许有人认为我是开玩笑，我做一个极端的假设，假设你的小孩子真的到清华大学读书了，报名了，住宿住进去了，在里面打了四年麻将，也毕业了，你敢说他是清华毕业的？

有的家长也说要给孩子做榜样，结果怎么做的呢？回家把书拿过来，手机塞在里面，手机塞就塞吧，书拿倒了。孩子就问他爸在干什么？书怎么倒过来了？这就是所谓的榜样，我讲句难听的话，现在很多父母不是家长，只是大人。什么叫大人？个子比孩子高、拳头比孩子硬的人。你自己不读书，但是你可以令他读书，他不听你的，你就要揍他，这是大人。父母自己不干让孩子干，你打他的时候，他心里就一句话，什么话？等我长大你就知道了！一定是这样。现在很多的父母只是大人而已，不是家长，什么叫家长？这个家凭什么你当家长？你有榜样作用，大家服你，这叫家长，我们以后不要再做大人了，要做家长，你做得到的可以命令他，你自己做不到的不要讲了。

俗话说："老子终日凫水，儿子变成溺鬼。老子偷瓜盗果，儿子杀人放火。"生错了时代，不是父母的罪过；生错了家庭，却是父母的责任。只有不成才的父母，没有不成才的孩子。孩子的习惯，来自自己的"习"和父母的"惯"，为人父母者，千万不要对自己的恶习不以为然。阎锡山说："父母的言行即儿童的模子。好就印个好，坏就印个坏。上等人家的儿子不会骂人，中等人家的儿子不会打人。"（《阎锡山日记·九月二十五日》）《中庸》中说：

庸德之行，庸言之谨，有所不足，不敢不勉，有余不敢尽；言顾行，行顾言，君子胡不慥慥尔！

——《礼记·中庸·第十三章》

意思就是，平日行为当谨慎，说话之前思三分。做不到的当勤奋，做得好的更认真。言行一致来修身，君子从不失分寸。明朝大将军袁崇焕有一副自警联说得好："心术不可得罪于天地，言行要留好样与儿孙。"

家庭是子女的第一所"学校"，父母是孩子的第一个"老师"，父母的一言一行所形成的潜移默化的家风，将会影响到子女的道德品质、法纪观念、人生观等的形成。

《韩非子》记载了一则曾子杀猪的故事：

> 曾子之妻之市，其子随之而泣。其母曰："汝还，顾反为汝杀彘。"妻适市来，曾子欲捕彘杀之，妻止之曰："特与婴儿戏耳。"曾子曰："婴儿非与戏耳。婴儿非有知也，待父母而学者也，听父母之教。今子欺之，是教子欺也。母欺子，子而不信其母，非所以成教也。"

——《韩非子·外储说左上》

曾子的妻子要上街，小儿哭闹着不让去。为了甩掉拖油瓶，她诓骗儿子说回来杀猪给他解馋。妻子逛完回家后，曾子当时就把猪头往地上按准备杀之。妻子着急问做什么？开句玩笑还真杀！那曾子说话不简单："小孩懵懂真可怜，父母言行是标杆。今天你对他谎言，是教他以后把人骗。儿子信任若沦陷，以后教他何颜面？"

或许大家会觉得曾子有点小题大做，其实在封建社会，女主内、男主外，在家教方面，母亲的言行尤为重要。南宋著名学者陆九渊的弟弟陆九韶写过一本家庭教育读物，叫《居家正本制用篇》，其中记载："居家之病有七：曰笑、曰游、曰饮食、曰土木、曰争讼、曰玩好、曰堕慢。"其中第一条的"笑"就是开玩笑、戏谑。曾子的妻子严格讲就是犯的这个毛病。"游"就是不务正业，"饮食"就是大吃大喝，"土木"就是大兴土木，"争讼"就是打官司，"玩好"就是吊儿郎当、提笼架鸟，"堕慢"就是懒惰散漫。过去还有"七出"的说法，所谓"七出"就是妻子有七条当中任意一条，丈夫都可以把她休掉。这七条是：不顺父母、无子、淫僻、嫉妒、恶疾、多口舌、盗窃。就是放在今天的社会，除了"无子"和"恶疾"可以除外的话，其他五条也没有过时，因为如果这样的女人当家主内的话，她的言行会给孩子造成很坏的熏染和影响。所以过去有"妻贤夫祸少""娶女不当，会影响家族九代""妻贤何愁家不富，子孝何须要严父""妻贤子孝一身福，风调雨顺万事足""秧好一半谷，妻好一半福"等说法。

过去父母叫严君，"君"就是家长的意思。"严"不是严厉、整天板着脸，那样做人也太累了。鲁迅教育子女虽严，但不是还写过一首《答客诮》吗？诗曰：

> 无情未必真豪杰，怜子如何不丈夫？
> 知否兴风狂啸者，回眸时看小於菟。

於菟，南方人称老虎。大丈夫又怎样，一样儿女情长舐犊情深；大老虎又怎样，走路时不是还要经常回头看顾自己的小家伙吗。所以"严"不是装腔作势，在无知的孩子面前，可以把自己装扮成神，孩子长大了，如果还继续装，那就是装神弄鬼。这个"严"是以身作则、克己复礼、敬慎不怠的意思，这样的"严"自然就会有一种气象，如曾国藩在《求阙斋日记类抄》中所言："家人，上九曰：'有孚威如。'《论语》曰：'望之俨然'，要使房闼之际，仆婢之前，燕昵之友，常以此等气象对之方好。"这里的"家人"是八卦里的"家人卦"。家人卦上九的爻辞是"有孚威如"，就是诚实有信，树立威信。"望之俨然"出自《论语·子张》，是"君子三变"之一，意思就是看上去很有威严。曾国藩的意思是，在妻室、下人和关系亲密的好友面前，也要是一副庄重的样子才好。

中国人，特别是有老师、领导、长辈身份的人一般常给人拘谨、严肃、不苟言笑、衣冠楚楚、正襟危坐的印象，这其实与我们受到的儒家传统教育有关，不管是在家里还是在学校里，我们受到的教育都是要站有站相，坐有坐相。《左传·哀公十五年》曾记载了孔子的弟子子路之死，怎么死的呢，"正冠"而死。当时卫国发生内乱，孔子的另一个学生子高一见不妙，马上逃出了卫国，而当时在外的子路却为了救自己的主公返回卫国，只身与叛军交战，结果被杀，连帽子上的缨子都被砍断了。临死之际，子路做的最后一件事竟然是把自己的冠扶正，到死都不忘要有一个好的君子形象。不愧是与子路师出同门，曾子临死前记挂的也是"形象之事"，他说：

> 鸟之将死，其鸣也哀；人之将死，其言也善。君子所贵乎道者三：动容貌，斯远暴慢矣；正颜色，斯近信矣；出辞气，斯远鄙倍矣。
>
> ——《论语·泰伯》

曾子说，君子应当重视的道有三点：使自己的容貌庄重严肃，这样就可以避免别人的粗暴和怠慢；使自己的面色端庄严正，这样就容易使人信服；讲究言辞和声气，这样就可以避免粗野和错误。

曾子的这几句话其实对家长特别有警示作用，一个家长的外在穿着、做事态度还有言辞说话都特别重要。一个穿着正规，做事认真，说话谨慎的家长会给孩子一生带来积极的正面的影响。在这里，我突然想起南开大学的四十字的容止格言：

> 面必净，发必理，衣必整，钮必结，头容正，肩容平，胸容宽，背容直。气象勿傲勿暴勿怠，颜色宜和宜静宜庄。

这段格言大概就来自曾子的这几句话。作为一家之长，倘若自己全无修养，全靠大人式的暴力管理，那孩子是不会真服气的。长期以来我们都有一种错误的说法叫严父慈母，过去称呼自己的父亲叫"家严"，称呼自己的母亲叫"家慈"，过去礼俗，父亲往生称"严制"，母亲往生叫"慈制"。严格说这样的说法有问题，"严君"不分父母，都得"严"，父也严，母也严。但严不是非打即骂式的严格管教，而是严以修身，严于律己，父母统统包括在内。只要是家长，不管谁主内，在孩子面前，都必须言行谨慎。一个人先修好自身德行，继而成为家庭榜样。

大概天下父母都望子成龙、望女成凤。北宋靖康之变后，徽钦二帝和数千皇族宗室被掳往北方。曾经的一代奸相蔡京的儿子蔡絛也在被掳的这群人中。他把这一路的所见所闻写成一本书《北狩行录》，其中记载了太上皇赵佶在惊惶未定、一路颠簸的路上仍"不忘教子以义方之训"，就是教儿子们做人的规矩，每次诸王子来问安，一定让他们留下来跟自己吃个饭，一起探讨赋诗属对。赵佶出上联："方当月白风清夜。"三儿子郓王赵楷对曰："正是霜高木落时。"赵佶又出上联"落花满地春光晚"问第十二子莘王赵植，赵植答："芳草连云暮色深。"父亲亲自关心儿子的课业，这本是天下最温馨的场面，但是一想到赵佶此时的身份和处境。赵佶曾有一首诗描述了被俘路上的境况，诗曰："彻夜西风撼破扉，萧条孤馆一灯微。家山回首三千里，目断天南无雁飞。"在这么艰苦的条件下，还依然和孩子们赋诗作对，亡国之君不忘为父之义，以自己实际的言行来影响孩子，谁又能说这不是榜样教育呢？

父母除了严以律己，靠言行来浸染、影响孩子外，还必须主动地去矫正、教育孩子的言行，毕竟孩子的自觉性没有那么高，用老百姓一句土话来讲就是："棍棒底下出孝子。"西方也有类似的谚语云："舍不得用板子，便会纵坏了孩子。"《圣经·旧约·德训篇》里讲："疼自己的儿子，应经常鞭打他，能因他将来而高兴，免得他将来沿街讨饭。"明代典籍《尧山堂外纪·卷四十四》记载：

> 寇莱公少时，不休小节，颇爱飞鹰走狗，太夫人性严，尝不胜怒，举秤锤投之，中足流血，由是折节从学。及贵，母已亡，每扪其痕，辄哭。

俗话说："淘小子出好的，淘女孩出巧的"，寇准从小就很调皮，但是也非常聪明，据说七岁时其师引他登华山即吟诗一首："只有天在上，更无山与齐。举头红日近，回首白云低。"其师奇之，谓其父曰："令郎开口如是，怎不是个宰相气度。"盖谓天为君象，只有天在上。所谓一人之下，万人之上者。但是好景不长，后来寇准父亲过世，人生遂跌入谷底，全靠母亲织布度日，寇母常常于深夜一边纺纱一边教寇准读书，督导寇准苦学成才。但是寇准太调皮了，不守规矩，整天追鹰逐狗。有一次寇老夫人气急眼了，拿个秤砣就扔过去，结果砸在寇准脚上，当时就鲜血直流，结果这一砸把寇准砸醒了，从此刻苦学习。以后每次摸着脚上的疤痕，寇准就想起母亲，总是泪流满面。

后来寇准进京应试，得中进士。喜讯传到家乡，寇母正身患重病，临终时她将亲手画的一幅画交给仆人刘妈说："寇准日后必定做官，如果他有错处，你就把这幅画给他。"后来，寇准做了宰相，为庆贺自己的生日，他请来了两台戏班，准备宴请群僚，刘妈认为时机已到，便把寇母的画交给他。寇准展开一看，见是一幅《寒窗课子图》，画幅上面写着一首诗：

孤灯课读苦含辛，望尔修身为万民；
勤俭家风慈母训，他年富贵莫忘贫。

赫然是母亲的遗训，寇准再三拜读，不觉泪如泉涌，于是立即撤去寿筵。此后专心料理政事，成为宋朝一位有名的贤相。

第三章　事业篇

贪黩六害

　　翁礼华先生在《县官老爷——解读县史两千年》一书中写道："对地方官考察的标准在明初是'老疾、疲软、贪酷、不谨'四条，以后改称'八法'：年老、有疾、浮躁、才力不及、疲软、不谨、贪、酷。"不论如何，"贪"都是必考的项目之一。东汉刘熙在《释名》中解释道："贪，探也。探入他分也。"方大湜在《平平言》中，就归纳了贪黩行为六个方面的危害，来说明"官不可贪"的道理：

　　一是"坏心术"，就是失去了良知，扭曲了人性。南宋诗人杨万里有一次夜宿灵鹫禅寺。因为是夜里投宿，杨万里对禅寺周围的情形并不清楚，其房间外有一条山溪，终夜奔鸣，杨万里还以为是外面下了一夜的雨，结果第二天推门一看，原来是山溪在鸣响，于是杨万里写了一首《宿灵鹫禅寺》：

　　　　初疑夜雨忽朝晴，乃是山泉终夜鸣。

　　　　流到前溪无半语，在山做得许多声。

　　这首诗的后两句就很有哲理性，如果用官场生态来套，"在山"就表示一个人在野，没有做官掌权的时候；"流到前溪"就是走到前台，开始掌权了。"流到前溪无半语，在山做得许多声"，意思是说，在野做普通百姓的时候，整天叫嚷骂别人腐败，等到自己走到前台做官的时候，贪得比别人还凶，于是"无一语"了，一句话都没有了。唐人王镣亦有两句诗曰："今日朱门者，曾恨朱门深。"今天当官掌权的，过去是最恨当官掌权的。正所谓"未做官，说千般；做了官，都一般"。

这里写一首秋瑾的诗送给各位读者：

> 冰姿不怕雪霜侵，羞傍琼楼傍古岑。
>
> 标格原因独立好，肯教富贵负初心？

——《梅十章》其十

在党校课堂上，我常常提醒年轻干部，很多人在没有正式走到领导岗位时，是满怀政治抱负的理想家，但等到掌权之后往往经不住诸多蛊惑诱惑，就会很快腐败掉，政治抱负会变成政治投机，理想家也会蜕变为政客掮商。换句话说，没有经过考验的抱负理想是值得怀疑的。

贪黩行为的第二个危害是"败风俗"，就是污染社会风气，扰乱社会秩序；

明代汪天锡在《官箴集要》卷之上写道：

> 故为政者，以正为本，以廉为先。夫所谓廉者，岂特不通贿赂而已？凡小人欲献其小惠者，屡以珍羞奇异之物投其所好，如官人好饮，即投之美味酒馔；好色，即投之以容貌娟优；好文，即投之以诗文词章；好戏弄，即投之以器皿书画；好花木，即投之以奇花异草。小人惟窥伺其嗜好性格。如正己者，必无偏私之病，稍有私欲，鲜有不堕其计而为所迷惑矣。

这段文字略长，但是不难懂，核心就一个，执政以正直为根本，首先是廉洁。但是廉洁，可不是简单地拒绝贿赂那么简单。小人行贿，就是一个原则，投其所好，你好酒，就给你玉液珍馐；你好色，就给你国色天香；你好附庸风雅，就给你诗词歌赋；你好文玩四宝，就给你古董书画；你好养花种草，就给你奇花异草。小人的心思就是花在揣摩你的喜好上。正直的君子，绝不能有私欲，否则难免深陷小人布下的陷阱中不能自拔。

清末光绪时期，江西巡抚德馨和其女都是戏迷，衙门里天天演戏取乐，且所演的多为低级趣味的戏。而新建知县汪以诚为奉迎这位上司，到处请名伶，一天到晚在巡抚衙门张罗戏班子，县里的公事全丢给下属去办。对这种卑劣行径，有人拟联骂道：

> 以酒为缘，以色为缘，十二时买笑追欢，永夕永朝酣大梦；
> 诚心看戏，诚意看戏，四九旦登场夺锦，双麟双凤共销魂。
>
> ——曾朴《嘲巡抚德馨、知县汪以诚联》

这位江西巡抚德馨，差点成为光绪皇帝的老丈人。光绪在选妃时，本来看上的是德馨的大女儿，后来被慈禧干预，硬是选定了其侄女隆裕。不知道德馨的这位喜欢唱戏的女儿是不是就是光绪当初看上的那个。反正就是父女都是戏迷。据清末宜黄欧阳显《见闻琐录》记载，新建知县汪以诚就投其所好，专门把南昌的一个叫四九的女旦请过来，这还不止，还专门从上海请了两个女戏子双麟、双凤，几个人天天不务正业，就在巡抚衙门里开锣唱戏。巡抚就是今天的省长。如此高级别的官员如此荒唐，晚清政治之腐败可见一斑。光绪二十一年（1895），德馨有罪被褫职，汪以诚也受牵连被纠，寻欢作乐的大梦由此告终。

贪黩的第三个危害是"损名声"，就是贪墨之名，喧嚣道路，声名狼藉，人所不齿。清代小石道人辑《嘻谈续录》里记载了一个"五大天地"的笑话，话说有个贪官，只知道搜刮钱财，不知道给地方上办事，老百姓恨之入骨。后来他的任期满了，老百姓凑钱给他送了一块匾，上面写了四个大字："五大天地。"这个贪官不懂，便问这四个字是什么意思。老百姓解释说："大人一到任，便是金天银地；在内衙里，大人是花天酒地；坐堂问案时，昏天黑地；老百姓无辜含冤，不由得恨天怨地；如今大人就要卸任，真是谢天谢地。"清代的宋荦在《筠廊偶笔二笔》中也讲了个故事：一年老令君大书县治之前曰"三不要"。注之曰："一不要钱，二不要官，三不要命。"次早视之，每行下添二字："不要钱"曰"嫌少"，"不要官"曰"嫌小"，"不要命"曰"嫌老"。清代石成金在《笑得好》里讲了个《夫人属牛》的笑话：一官寿诞，里民闻其属鼠，因而公凑黄金铸一鼠，呈送祝寿。官见而大喜，谓众里民曰："汝等可知道我夫人生日，只在目下，千万记着夫人是属牛的，更要厚重实惠些；但牛像肚里，切不可铸空的。"

上述所讲，虽未必是真事，但反映了百姓对贪官的憎恶之情，对贪官的丑相刻画得入木三分。

遍览大清朝，就没有清官吗？至少有一个，康熙朝时的江苏巡抚张伯行。康熙南巡时，曾赞扬张伯行是"江南第一清官"。他在江苏巡抚任上，曾发布一份安民告示，即《禁止馈送檄》：

> 一丝一粒，我之名节；一厘一毫，民之脂膏。宽一分，民受赐不止一分。取一文，我为人不值一文。谁云交际之常，廉耻实伤，倘非不义之财，此物何来？

张伯行从福建巡抚调任江苏巡抚的路上，据说只花了一两银子，对自己严苛如此，当时就有官员认为是有矫枉过正之嫌，但其清廉的形象却在百姓心目中刻下来，成为大清官场的一面旗帜。

贪黩的第四个危害是"干国法"，就是贪赃枉法，法所不容，一味视国法为儿戏，最后终于难逃国法之严惩。"贪"字形状近似"贫"字，其中有深刻的含义：贪得无厌的结果往往会导致一贫如洗。唐末差役出身的宿州太守陈璠，因贪赃被处死时，索笔题诗：

> 积玉堆金官又崇，祸来倏忽变成空。
> 五年荣贵今何在？不异南柯一梦中。
>
> ——《临刑诗》

最好的东西贪得过多就变成最坏的东西，古今皆是如此。古代衙门的影壁上，都画着"贪"，形象是一只怪兽，四蹄似牛，头上长角，身上有鳞，尾巴翘得很高，嘴巴张得很大，两眼突出，身上挂满了宝贝还不满足，恨不得把太阳吞下去，足见其欲望和野心有多大，主要是警诫官员要克己奉公，清正廉洁，不要贪赃枉法，否则会自取灭亡。

我有一次受邀到衢州市讲学，当地的朋友就特意带我到南宗孔庙去参观。这是一处家庙，家庙照壁上画的就是一个"贪"的形象。据我的朋友说，孔氏家族只要有人外出做官的，都要在这个照壁前正正衣冠，方可出门，意在警醒自己外出当官要时时小心，处处谨慎，不可贪赃枉法。照壁对面的门上有一副对联，上联是"学之方解纵横理"，下联是"退而应省是非心"，提醒人们要时时是非分明，不可糊涂处事，对于做官者更是如此。

明太祖朱元璋曾经实行过贪污六十两银子就"剥皮楦草"的残酷刑法，据说这是当时的宰相胡惟庸发明的。所谓"剥皮楦草"，具体做法就是将贪官置于水缸的架子上，然后用桐油灌入腹中，再用炒热的河沙淋身，其皮即硬浮起，然后将人的皮活剥下来，再经过拼缝后，里面充填草物，使这个人四肢和身腰再恢复生前的基本形态。头皮是不剥的，以识其人。行刑后，将充草的人皮袋子悬挂在官府衙门一旁，用刑和剥皮之各种器械列为仪仗，摆放在人皮袋子下面，以此警诫官员。

新中国成立后出现的干部贪腐问题，我们一般认为都是近些年才比较突出，但是在看了新中国成立初期的档案后，我们发现这一问题在当时也是比较严重的。1952年6月22日，中央纪律检查委员会公布的一份报告指出：建国后三年中，三百多万党员干部及工作人员中，共有贪污行为者一百多万，占39%；受到刑事处分者，近六万人，占2%，可见当时中央政府惩治腐败的严厉；"开国第一刀"对张子善、刘青山案件的处理，人们还记忆犹新。（见《新华文摘》2001年第1期）

古人云："贪如火，不遏则燎原；欲似水，不遏则滔天。"（《韩非子·六反》）然而一切还得从根本上、源头上解决，那便是对人心的管理，对人性的教育，对制度的敬畏。

贪黩的第五个危害是"辱祖宗"，辱没祖宗的名声，玷污家族的声望。

南宋笔记著作《能改斋漫录》中记载了包拯遗言："后世子孙仕宦，有犯赃滥者，不得放归本家。"宋代俞文豹在其著作《吹剑录》中也同样记载，包孝肃公（包拯谥号孝肃）训其子曰："后世子孙，仕宦犯赃滥者，不得放归本家，死后不得葬大茔之侧。"规定贪黩者不入祖坟，包拯可算是中国第一人。

贪黩的第六个危害是"毒子孙"，就是一旦事情败露，不仅个人身败名裂，而且辱及先人，贻害子孙。过去安徽徽州歙县县署有副对联："最防官折儿孙福，难副人称父母名。"明代宋纁在其著作《古今药石》中提醒人们多藏不义之财的危害：

> 金藏于土，则草木不生。人犹草木，积金之多，则生竟渐绝，子孙必微，身亦不能永久。何不悟此而惟金之贪乎？
>
> ——《古今药石·卷下·续自警编》

贪腐获财的危害正如一首童谣所唱的那样："种田钱，万万年；做工钱，后代延。经商钱，三十年；衙门钱，一蓬烟。"

曾国藩在《曾国藩家书》中讲：

> 仕宦之家，不蓄积银钱，使子弟自觉一无可恃，一日不勤，则将有饥寒之患，则子弟渐渐勤劳，知谋所以自立矣。
>
> 吾细思凡天下官宦之家，多只一代享用便尽，其子孙始而骄佚，继而流荡，终而沟壑，能庆延一二代者鲜矣。商贾之家，勤俭者能延三四代；耕读之家，勤朴者能延五六代；孝友之家，则可以绵延十代八代。

曾国藩把拒绝做贪官，同子孙后代延嗣联系起来，与包拯拒绝贪黩者入祖坟是一个道理。

为官之守：清

上面谈了贪污腐败的种种影响，那么该如何预防贪污腐败，做一个本分尽职的官员呢？南宋诗人、词人、道学家吕本中给出的意见是：

> 当官之法，唯有三事：曰清，曰慎，曰勤。知此三者，则知所以持身矣。
>
> ——吕本中《官箴》

后世相沿群奉"清、慎、勤"为"当官三字诀"。明清时，一些衙署的大堂，多悬挂"清、慎、勤"三字之匾。清康熙且御书此三字赐臣下，以为激励。曾国藩曾经在同治元年九月十四日《日记》中写道：

> 欲求行愾于心，不外"清、慎、勤"三字。因将此三字多缀数语，为之疏解。"清"字曰名利两淡，寡欲清心，一介不苟鬼伏神钦；"慎"字曰战战兢兢，死而后已，行有不得，反求诸己；"勤"字曰手眼俱到，心力交瘁，困知勉行，夜以继日。此十二语者，吾当守之终身。

宋代吕本中写了个著名的《官箴》，讲到当官必须注意三事：清、慎、勤。我想，假如我们赋予时代的内容，这也应该是对领导干部最基本的要求：

即一要"清"，公正廉洁，两袖清风；二要"慎"，周密考虑，谨言慎行；三要"勤"，勤奋好学，兢兢业业。

下面我们就对"清、慎、勤"三字逐一进行浅谈。我们先来说"清"。我有个好朋友，是一所中学的校长，为人中正廉洁，甚至连他母亲都骂他榆木脑袋，他周围的朋友也提醒他有权不用，过期作废。他有一次向我诉苦，这样坚持廉洁到底对不对？我就写了两句话送给他，这两句话是山东大学易学专家刘大钧教授说的，内容是："数术不演仁者寿，龟筮岂卜贤人愚。"什么意思呢？就是仁者的福报和贤者的纯善都不是普通人用术数或龟甲、蓍草可以推算出来的，不可以用世俗的眼光来看。像我那个朋友，他母亲都骂他笨，骂他有权不用，过期作废。我跟他说不要紧，当所有人都骂你是笨蛋的时候，你就成功了。大家都知道，郑板桥有四个字叫"难得糊涂"。郑板桥为了解释"难得糊涂"，下面还有一段话：

> 聪明难，糊涂尤难，由聪明转入糊涂更难。放一着退一步，当下心安，非图后来福报也。

意思就是说脑袋灵光很难，一般人爱耍小聪明，这个不容易。但是小聪明后面的那个觉察更难，意思就是大智若愚更难。一个人耍小聪明习惯了，让他收敛一点，变得好像愚笨一点，那是难上加难。《红楼梦》里有一副对联写得好：

> 身后有余忘缩手；
> 眼前无路想回头。

——《红楼梦》第二回智通寺对联

一个人能做到"身后有余"，换句话说，一个人能把日子过得很富足了，这个人当然是聪明人，但有智慧的人懂得知止，及时收手，就是"放一着，退一步"，不该收的钱不收，不该拿的东西不动，表面看起来这个人好像是糊涂愚笨，其实是大智慧，因为"当下心安"，当时并不是为了将来可以被提拔，只是图一个良心安稳，晚上可以睡个好觉，但是这样的"糊涂"人往往后面会有更加美好的发展。一般人表面上很聪明，贪求无度，但等到"眼前无路想回头"的时候已经晚了，还谈什么后来的福报呢？那到最后可真是应了张学良先生说的一副对联：

> 两字听人呼不肖；
> 一生误我是聪明。

人家张学良先生这两句话是自谦，而有些人那是真的"聪明"，也是真的"不肖"了。提到了郑板桥的"难得糊涂"，就顺便讲讲郑板桥的为官之道，据说郑板桥做官一心为民，两袖清风。乾隆十七年，山东潍县发生了大灾，郑板桥因申请救济而触怒上司，结果被罢了官，就这样结束了十二年的县令生涯。临行前，潍县父老都来为郑大人送行，郑板桥雇了三头毛驴，一头自己骑，一头让人领路，一头驮着行李，郑板桥为了感谢乡亲们的情谊，赠画留念，画上题了一首诗，诗曰：

> 乌纱掷去不为官，囊橐萧萧两袖寒。
> 写取一枝清瘦竹，秋风江上作鱼竿！
>
> ——《予告归里画竹别潍县绅士民》

金钱的诱惑力还是很大的，但真正有抵抗力的人，是可以抵挡住金钱诱惑的。

下面就讲三个"不爱钱"的人物，第一个是南宋抗金名将岳飞，西湖边上的岳王庙里镌刻着他的名句：

> 文臣不爱钱，武臣不惜死，天下太平矣。

曾国藩后来添了一点，说："能做事、不爱钱、不怕死，三者具备而后才能称为中国有人才。"清人有联云：

> 天下太平，文官不爱钱，武官不惜死；
> 乾坤正气，在下为河岳，在上为日星。
>
> ——《杭州岳王庙楹联》

第一联是化用岳飞名句，第二联是引用文天祥名诗。

第二个不爱钱的当属明朝的大忠臣杨继盛，他有一首诗是这样说的：

> 读律看书四十年，乌纱顶上有青天。
> 男儿欲画凌烟阁，第一功名不爱钱。
>
> ——杨继盛《言志诗》

"凌烟阁"是什么地方？唐太宗李世民为了纪念和他一起开国的功臣，搞了一个建筑，这个建筑叫凌烟阁，请画师阎立本按照真人大小画了二十四位功臣的肖像，这是国家的最高荣誉。这首诗非常直白，男人要想建功立业，博取功名，首要之务是做个廉洁之人，不贪财，不爱钱。

不爱钱，很多人说得出，但根本做不到。西方有句谚语：金钱的力量比上帝还强大，事实也的确如此。

第三个不爱钱的就是张学良先生。张学良有一首诗很有名，他说："不怕死，不爱钱，丈夫绝不受人怜。顶天立地男儿汉，磊落光明度余年。"

为官之守：慎

我们再来谈当官之法的第二字"慎"。在儒家最为看重的个人行为方面，慎几乎就代表慎独。"慎独"一词语出《中庸》：

> 莫见于隐，莫显于微，故君子慎其独也。
>
> ——《礼记·中庸》

所谓"慎独"，是指一个人在独处的时候，即使没有人监督，也能严格要求自己，自觉遵守道德准则，不做任何不道德的事。紫禁城养心殿后殿东里间西墙两边有一副对联：

> 修身先谨懔幽独；
> 读书在培养本源。

此联语为光绪皇帝所书写。这是按照《大学》的意思撰写的，《大学》说：

> 自天子以至于庶人，壹是皆以修身为本。……此谓诚于中，形于外，故君子必慎其独也。
>
> ——《礼记·大学》

意思是，先要谨慎敬畏地幽独、慎独，再"修身"，"读书"则"培养本源"。《楚辞·橘颂》有言："闭心自慎，不终失过兮。秉德无私，参天地兮。"小心谨慎，终不会犯大错。公正无私，可以和天地齐德。

《左传·襄公十五年》讲了一个子罕洁身自好、拒绝别人宝玉的故事。故事说，宋国有个人得到一块宝玉，拿来贿赂宋国的建设部部长子罕，子罕坚辞不受。献宝玉的人信誓旦旦说这个是经过专家鉴定过的，绝对是宝玉，所以才冒昧地呈送给子罕，但是子罕却说：

> 我以不贪为宝，尔以玉为宝，若以与我，皆丧宝也。不若人有其宝。

这句话很有意思，子罕说：我以不贪为宝，你以美玉为宝，你要是把宝玉送我，你丢了你的宝，我也丢了我的宝，你老兄还是拿回去，你保住了你的宝，我也留住了我的宝。

这是用玉来行贿的，《韩非子》里则记载了一个用鱼来行贿的故事，也很有意思。故事讲，春秋时鲁国宰相公孙仪（《史记·循吏列传》作公仪休）喜欢吃鱼，鲁国上下很多人争着买鱼送给他，公孙仪不接受。他的弟子就问："您爱吃鱼，别人想送，您为什么不接受？"公孙仪说：

> 夫唯嗜鱼，故不受也。夫即受鱼，必有下人之色；有下人之色，将枉于法；枉于法，则免于相。虽嗜鱼，此不必致我鱼，我又不能自给鱼。即无受鱼而不免于相，虽嗜鱼，我能长自给鱼。
>
> ——《韩非子·外储说右下》

这段话，有点绕口，但是很有意思，文字直白而意义深刻。公孙仪说："就是因为我爱吃鱼，所以才不接受啊。收了人家的鱼，就要看人脸色，为人办事，就容易违法犯纪，到时候宰相的职务也丢了，那时就是再爱吃鱼，也没有办法了。而只要我不接受别人的鱼，就不会危及相位，那么我爱吃鱼，总能给自己弄到鱼的！"

前面说了子罕拒玉，公孙仪拒鱼，下面再讲个杨震拒金。杨震是东汉大儒，博学多识，人品高尚，被人们赞誉为"关西孔子杨伯起"（杨震字伯起）。杨震曾举荐一个叫王密的荆州秀才担任昌邑令，有一次杨震路过昌邑，王密"至夜怀金十斤以遗震"，登门将白银十斤赠送给杨震，以表达当年的举荐之恩。杨震很吃惊，就问：

> "故人知君，君不知故人，何也？"密曰："暮夜无知者。"震曰："天知，神知，我知，子知。何谓无知！"密愧而出。
>
> ——《后汉书·卷五十四·杨震列传》

杨震说："作为老朋友，我了解你，但是你却不了解我，这是为什么？"王密说："大晚上的，没人能知道。"杨震说："天知，神知，我知，子知，怎么说没人知道！"王密羞愧而出。这里的"天知""神知"，其实就是指天地良心的意思，实质上是要告诫自己和他人应常怀一颗对法律的敬畏之心，就如《诗经》所说，"战战兢兢，如临深渊，如履薄冰"（《诗经·小雅·小旻》），以此来恪守自我的道德操守。此"四知"，成为警醒人们"慎独"的箴言，成为流传千年的佳话。

杨震严于自律，"性公廉，不受私谒"，对家人也是约束甚严，史载：

> 子孙常蔬食步行，故旧长者或欲令为开产业，震不肯，曰："使后世称为清白吏子孙，以此遗之，不亦厚乎！"
>
> ——《后汉书·卷五十四·杨震列传》

大概是杨震的日子太清苦了，连子孙都改吃素了，出门也没个车驾，只能步行。于是过去的老朋友、老前辈想给杨家开点副业，杨震却不干，他说让后世都称他们是清官的子孙，这才是给他们的最大的遗产。

杨震有一个儿子叫杨秉，"少传父业，兼明《京氏易》，博通书传，常隐居教授"，四十岁才应召为官。他秉承乃父之风，刚正清廉，每当朝廷政事有过失时，他都会竭尽忠诚地进行劝谏。他担任刺史、二千石之职，总是"计日受俸，余禄不入私门，故吏赍钱百万遗之，闭门不受，以廉洁称"。老爹有"四知"，儿子也有"三不惑"，《后汉书》载：

> 秉性不饮酒，又早丧夫人，遂不复娶，所在以淳白称，尝从容言曰："我有三不惑，酒、色、财也。"
>
> ——《后汉书·卷五十四·杨震列传》

论及慎独功夫，杨秉相较于其父有过之而无不及，杨震不贪财，至于不昧暗室，而杨秉则酒色财均避之唯恐不及，已经到了执念的地步。在封建时代的官场，杨家父子堪称清流。对于我们今天的干部队伍的培养，他们仍不失为典范。

除了慎独，为官之慎还在于谨慎。为与唐太宗李世民的《帝范》相配，武则天让人编写了《臣轨》一书，其中提到了谨慎的三个层次：

> 大慎者闭心，次慎者闭口，下慎者闭门。
>
> ——《臣轨·卷下·慎密章》

关于闭心，《楚辞》有载：

> 闭心自慎，终不失过兮。
>
> ——《楚辞·九章·橘颂》

虽然是两千两百多年前的文字，但屈原的这句话我们今天的人仍能读得明白：把事情深藏在内心，小心谨慎，能始终不犯过失。有人把闭心解释为闭目塞听，不思不想，比如"闭心塞意，不高瞻览者，死人之徒也哉"（王充《论衡·卷十三·别通篇》），这里的闭心就是这个意思。但是，这里这个"闭"在行为趋向上，是主动行为，自己把心关上。问题是，生活里，喧嚣混乱，柴米油盐，鸡飞狗跳，俗务缠身，钩心斗角，很多时候，我们的心，是你想关关不上的。我们今天想讨论的是另一种闭心，是让我们的心无所挂碍，无欲无求，把世俗烦恼摒除在外。这种闭心更像是一种空性澄明的状态。对这种状态最好的描述应该是老子说的"虚心"，《道德经》载：

> 不尚贤，使民不争；不贵难得之货，使民不为盗；不见可欲，使民心不乱。是以圣人之治：虚其心，实其腹，弱其志，强其骨。
>
> ——《道德经》第三章

在老子看来，所谓"贤""难得之货"，还有我们之前提到过的"五色""五音""五味""驰骋畋猎"，都是"可欲"，能够勾起人的欲望，令人"行妨"，那么怎么办，"虚其心，实其腹""为腹不为目"。这个"虚其心"就是闭心，无欲无求，无情无义。这里的无情无义不是我们今天理解的那样，庄子说：

> 吾无所谓无情者，言人之不以好恶内伤其身，常因自然而不益生也。
>
> ——《庄子·内篇·德充符》

庄子说的无情，就是老子说的"宠辱不惊"。在"虚心"的状态下，宠辱、好恶、好坏、是非等这些主观的评价都没有意义；所谓义，包括儒家所称的仁、礼、智、信，按照老庄的说法，就是人为设置、创造、生搬硬造出来的东西，是对天性的禁锢。虚心的人就是这种无情无义的人，庄子称为"真人"，并且非常形象地把他们描述为"形固可使如槁木，心固可使如死灰"（《庄子·内篇·齐物论》）。

"大慎者闭心"，这种大慎者应该就是庄子说的真人，但与其说世界上真有这样的人，不如说是古人创造出来的让我们高山仰止的楷模。

闭心不容易，那我们再来看看为人之慎的第二个层次，闭口。

老子说："多言数穷，不如守中。"（《道德经》第五章）孔子说："君子食无求饱，居无求安，敏于事而慎于言。"（《论语·学而篇》）"古者言之不出，耻躬之不逮也。"（《论语·里仁篇》）"君子欲讷于言而敏于行。"（《论语·里仁篇》）鬼谷子说："言多必有数短之处。"（《鬼谷子·中经》）。《菜根谭》说："十语九中，未必称奇；十谋九成，未必归功。君子所以宁默毋躁，宁拙毋巧。"俗语则说，言多必失，祸从口出，所有这些，都说明了"贵言"的重要性，就是不可以逞口舌之快，起口舌之争，说话要慎重，没有把握的话不说，没有确切证据的话不说，时机和场合不对不说，废话不说，华而不实、言不及义的话不说。

历史上，因逞口舌之快而倒霉的人很多，最典型的有两个，都出在曹操手下，一个是杨修，一个是祢衡。杨修是名门出身，其高祖父正是前面提到的东汉大儒杨震，从杨震到杨修的父亲杨彪，号称"四世太尉"。杨修才学过人，非常聪明，关于这一点，《世说新语》曾记载过一件事：

> 魏武尝过曹娥碑下，杨修从。碑背上见题作"黄绢、幼妇、外孙、齑臼"八字。魏武谓修曰："卿解不？"答曰："解。"魏武曰："卿未可言，待我思之。"行三十里，魏武乃曰："吾已得。"令修别记所之。修曰："黄绢，色丝也，于字为'绝'；幼妇，少女也，于字为'妙'，外孙，女子也，于字为'好'；齑臼，受辛也，于字为'辤'；所谓'绝妙好辤'也。"魏武亦记之，与修同，乃叹曰："我才不及卿，乃觉三十里。"
>
> ——刘义庆《世说新语·捷悟》

曹娥是东汉时期有名的孝女，曾与父亲驾船在江中参加迎神活动，曹父不幸落水溺亡。曹娥当时年仅14岁，昼夜在江中寻找父亲。后来，曹娥自己也跳进江中，花了三天才把父亲的尸体从水中抱出来。这个行为受到世人敬仰，这条江也因此被改名为曹娥江。曹娥去世以后，当地官员为彰显孝烈，为曹娥建立墓地，安排人写了墓志铭。文学家蔡邕（就是写《胡笳十八拍》的蔡文姬的父亲）路过之时，看到墓志铭后，感叹之余为其题词：黄绢幼妇，外孙齑臼。

　　不久，魏武帝（后谥）曹操和杨修路过此地，看见石碑上刻字，曹操就问杨修："你可知是什么意思？"杨修说，知道。曹操："你先别说答案，让我琢磨一下。"走了三十里，曹操说："我知道了。"让杨修把他的答案写出来，杨修写道："黄绢是色丝，就是个'绝'字；幼妇是少女，就是个'妙'字；外孙是女子，就是个'好'字；齑臼是用来研磨辛辣的东西的，写出来就是个'辞'字。合起来就是'绝妙好辞'的意思。"曹操拿出自己写的答案，与杨修一样，但也明白自己与杨修的差距，赞叹杨修道："我的才能不如你啊，我想了三十多里才想出答案来。"

　　后来还发生了两件事，让杨修的聪明给曹操留下了更深刻的印象。有一次，曹操造了一所后花园。落成时，曹操去观看，在园中转了一圈，临走时什么话也没有说，只在园门上写了一个"活"字。工匠们不了解其意，就去请教杨修。杨修对工匠们说，门内添活字，乃阔字也，丞相嫌你们把园门造得太宽大了。工匠们恍然大悟，于是重新建造园门。完工后再请曹操验收。操大喜，问道："谁领会了我的意思？"左右回答："多亏杨主簿赐教！"还有一次，塞北有人给曹操送了一盒精美的酥（奶酪）。曹操尝了一口，突然灵机一动，想考考周围文臣武将的才智，就在酥盒上书写了"合"字，让使臣送给文武大臣。大臣们面对这盒酥，百思不得其解，就向杨修求教。杨修看到盒子上的字，竟拿取餐具给大家分吃了。大家问他："我们怎么敢吃魏王的东西？"杨修说："是魏王让我们一人一口酥嘛！"在场的人都拍案叫绝。曹操知道后，虽然表面高兴，但心里已经有了别的想法。

　　曹操多疑，生怕人家暗中谋害自己，常吩咐左右说："我梦中好杀人，凡是我睡着的时候，你们切勿近前！"有一天，曹操在帐中睡觉，故意落被于地，一近侍慌取被为他覆盖。曹操即刻跳起来拔剑把他杀了，复上床睡。睡了半天起来的时候，假装做梦，佯惊问："何人杀我近侍？"大家都以实情相告。人们都以为曹操果真是梦中杀人，唯有杨修指着近侍尸体而叹惜说："丞相非在梦中，君乃在梦中耳！"曹操听到后心里是五味杂陈。

如果杨修只是耍小聪明，曹操还能忍，但他卷进曹丕和曹植的储位之争，就不是曹操能忍的了。其实在继承人问题上，曹操早就有了答案，他安排司马懿、陈群、吴质给曹丕做谋士，就已经再明白不过了。但是杨修为了显示自己的聪明和与众不同，多次帮助曹植通过父亲的测试，这就让曹操极为反感了。

过了不久，曹操出兵汉中进攻刘备，困于斜谷界口，欲要进兵，又被马超拒守，欲收兵回朝，又恐被蜀兵耻笑，心中犹豫不决，正碰上厨师进鸡汤。操见碗中有鸡肋，因而有感于怀。正沉吟间，夏侯惇入帐，禀请夜间口号。曹操随口答道："鸡肋！鸡肋！"夏侯惇遂传令"鸡肋"为暗号。行军主簿杨修一听，便教随行军士收拾行装，准备归程。有人报知夏侯惇。夏侯惇大惊，遂请杨修至帐中问道："公何收拾行装？"修说："以今夜号令，便知魏王不日将退兵归也，鸡肋者，食之无肉，弃之有味。今进不能胜，退恐人笑，在此无益，不如早归，来日魏王必班师矣。故先收拾行装，免得临行慌乱。"夏侯惇说："公真知魏王肺腑也！"遂亦收拾行装。于是寨中诸将，无不准备归计。曹操得知此情后，唤杨修问之，修以鸡肋之意对。操大怒说："你怎敢造谣言，乱我军心！"喝刀斧手推出斩之，将首级号令于辕门外。

杨修被杀，可不是曹操临时起意，是多次不满累积后的爆发。杨修就死在太聪明上，聪明也就算了，还要总说出来，就是死在聪明的脑袋上和这张口无遮拦的嘴上了。

与杨修一样因一张嘴而倒霉的还有祢衡。祢衡年少时就有文采和辩才，但是性格刚直高傲，喜欢指摘时事、轻视别人。当时的名士，像陈群、司马朗、荀彧、赵融等都被祢衡贬损得够呛，祢衡只看得上孔融和杨修两个人。孔融深爱他的才华，多次向曹操称赞他。曹操估计早就听说了祢衡的德行，所以对他很不感兴趣，碍于孔融的面子，还是以祢衡擅击鼓为名，任命他为鼓史（鼓吏）。祢衡心中不平，击鼓时故意找碴，直接跟曹操起了冲突。《三国演义》对此进行了精彩的描述：

旧吏云："挝鼓必换新衣。"衡穿旧衣而入。……左右喝曰：

"何不更衣！"衡当面脱下旧破衣服，裸体而立，浑身尽露。坐客皆掩面。衡乃徐徐着裤，颜色不变。操叱曰："庙堂之上，何太无礼？"衡曰："欺君罔上乃谓无礼。吾露父母之形，以显清白之体耳！"操曰："汝为清白，谁为污浊？"衡曰："汝不识贤愚，是眼浊也；不读诗书，是口浊也；不纳忠言，是耳浊也；不通古今，是身浊也；不容诸侯，是腹浊也；常怀篡逆，是心浊也！吾乃天下名士，用为鼓吏，是犹阳货轻仲尼，臧仓毁孟子耳！欲成王霸之业，而如此轻人耶？"

——罗贯中《三国演义》第二十三回

这段就是著名的"击鼓骂曹"，很多戏种都有这个折子戏。祢衡骂曹操是痛快了，但是自己离倒霉就不远了。但曹操还不想让祢衡成全了他的名声，脏了曹操自己的手，就把祢衡送给了荆州牧刘表。祢衡死性不改，又侮辱、轻慢刘表，刘表深感耻辱，不能容忍，认为江夏太守黄祖性情急躁，所以把祢衡又送给黄祖，就是想借刀杀人。果然，祢衡又对黄祖表示不敬，黄祖才不吃这套，当即就把祢衡杀了。

杨修和祢衡都很有才华，但都管不住自己的一张嘴，不能做到为人待物谨慎之道中的"闭口"，都是悲剧人物。

为官谨慎之道中的第三个层次是"小慎者闭门"。东汉桓帝灵帝时期的大辞赋家赵壹性格耿介狂傲，特立独行，铮铮铁骨，不畏权势，在官场上屡屡得罪人，幸得友人相助，几次幸免于死，索性回归田园，谢绝朝廷征召，"闭关却扫，非德不交"（司马彪《续汉书》）。古时没有今天的柏油路，每家门前都是土路，如果主人好客，或者出入的客人经常很多，主人时不时地就要把门前的路扫一扫，如果不扫，那就是主人谢客不见人。赵壹真的是看破了俗世的一切，深知以自己孤高耿直的性格，必难以苟活于世，"宁饮寒于尧舜之荒岁兮，不饱暖于当今之丰年"（赵壹《刺世疾邪赋》），所以选择了远离官场，闭门谢客，以求自保，朝廷后来十几次致礼命聘征召他，都被谢绝。赵壹活到了七十五岁，在古代算是高龄了，以他孤高倨傲、与俗世格格不入的性格来说，活这么大已经算是不小的奇迹了。

赵壹之后，因为各种原因想仿效他的人不少，但除了陶渊明这样的真隐士，很多人都是无奈的选择，目的不在于闭门而隐，还是希望闭门而出，盼望有一天东山再起。能够领悟到赵壹闭门而安的真谛的，有一个——唐朝开国名将、百姓心里的"武门神"尉迟恭。作为"凌烟阁二十四功臣"之一，尉迟恭一生战功赫赫，玄武门之变中，射杀齐王李元吉，救驾秦王李世民，居功至伟，官至右武侯大将军，封鄂国公。李世民即位后，与很多功臣一样，尉迟恭也时不时摆出一副居功自傲的样子，屡屡犯事，引起李世民不满，就敲打他这个粗人，更是借机敲打别人，他对尉迟恭严厉地斥责道：

> 朕见汉高祖诛灭功臣，意常尤之，故欲与卿等共保富贵，令子
> 孙不绝。然卿居官数犯法，乃知韩、彭菹醢，非高祖之罪也。国家纲
> 纪，唯赏与罚，非分之恩，不可数得，勉自修饬，无贻后悔！
> ——《资治通鉴·唐纪十·太宗文武大圣大广孝皇帝上之下贞观六年》

李世民说："我发现汉高祖的功臣得善终的很少，对此曾责怪过他。我一直想保全功臣，与他们子孙后代共享富贵。可你身居高位却数次犯法，我终于明白韩信、彭越的死，不是汉高祖的错。国有国法，必要赏罚分明，法外之恩，不可能总有，希望你要严格要求自己，别做后悔不及的事。"

这番话任谁听了，都得是一身冷汗。尉迟恭内心极度恐惧，之后战战兢兢，谨小慎微过了十来年，终于在贞观十七年（643），尉迟恭请求致仕，归家养老，时年五十八岁，对一个武职官员来说正当年。之后他每日闭门谢客，不问政务，修身养性，操琴弄曲，陶冶情操，还建设亭台楼阁，悠闲自乐，过着四平八稳的生活。公元649年，李世民病逝，太子李治登基为帝，尉迟恭更是完全闭门不出，断绝了和一切政客的往来。公元658年，尉迟恭寿终正寝，享年七十四岁，李治辍朝三日亲自前去祭奠，追封司徒，令陪葬昭陵。尉迟恭死后，他的后代享受了两百年的福泽。

与尉迟恭命运截然相反的是凌烟阁第一功臣，李世民的妻弟、长孙皇后

的亲哥哥长孙无忌，功盖于天，李世民说"我有天下，无忌力也"。李世民死后，长孙无忌几乎以一己之力扶持李治登上皇位。但令人嘘唏的是，长孙无忌最后还是因为反对李治改立武则天为皇后，被武则天所忌恨，以莫须有的"谋反"罪被削职流放，后被逼自缢身亡，近支亲属都被流放岭南为奴婢。

从上面几个案例我们可以总结，封建时代，文人墨客和官员选择闭门却扫，闭的是什么？是灾祸，是是非。给我们今天的启迪是，不管是江湖处世，还是庙堂为官，都要懂得这个"闭"字，如果不能做到闭心，把滚滚红尘完全关闭在心门之外，至少要将滚滚红尘中的危险、灾祸和是非关在家门之外。

为官之守：勤

最后我们再来谈一下为官三条中的"勤"字。

周武王即位后，把大臣都宣上殿来，问他们："有没有一句很简单，但可以应用很广，并且可以让子孙万世永远铭记的话？"亚父姜子牙回答说："有啊，丹书上写着呢：'敬胜怠者吉，怠胜敬者灭，义胜欲者从，欲胜义者凶。'"（据《纲鉴易知录·周纪》）这句话什么意思呢？就是：恭敬胜过懈怠的人，事业就能昌盛；懈怠胜过恭敬的人，事业就会衰亡；公义胜过私欲的人，事业就能顺利；私欲胜过公义的人，事业就要受到挫折。武王听了之后，高度警惕，退朝之后，让人把这几句话刻得周围到处都是，甚至在桌椅板凳、茶几、拐杖、洗漱用品、衣服、鞋子、窗户、门板甚至刀、剑、弓、矛等东西上都写上这几句格言，要求自己，也要求臣子去努力做到。

武王之子成王对父亲的治国理念照单全收，他对大臣们说：

> 戒尔卿士，功崇惟志，业广惟勤。
>
> ——《尚书·周书》

告诫诸位大臣，想功劳高，就要志向远大；想业绩多，就要勤于政务。

中国古代从周王朝时就将朝会制度固定下来，形成礼制，上至天子，下至臣工，每天都要很早起床，上朝议政，《诗经》里有很多诗篇是描述官员们上朝的情景的，如这一首：

夜如何其？夜未央，庭燎之光。君子至止，鸾声将将。

夜如何其？夜未艾，庭燎晣晣。君子至止，鸾声哕哕。

夜如何其？夜乡晨，庭燎有辉。君子至止，言观其旂。

——《诗经·小雅·庭燎》

这首诗三节，描写了官员们上朝的三个时间段，"夜未央"，这个词我们今天还在用，就是半夜，子时前后；"夜未艾"，是夜晚将尽未尽，估计是凌晨三四点的时候；"夜乡晨"，天色熹微，晨光初露的时候。这三个时间段应该是普通人睡得最熟的时候，但是大臣们一个个却点着火把，赶着上朝；朝堂内此时也是火把通明，相映生辉。早起的鸟儿啾啾鸣叫，官员们身上佩戴的玉珮叮当作响，晨风中的旗帜猎猎飘扬。

这首诗写得很美，美得让我们忽略了对官员早朝的辛苦的体会。那么，我们再来看一首直接表达对早朝的抱怨的：

嘒彼小星，三五在东。肃肃宵征，夙夜在公。寔命不同。

嘒彼小星，维参与昴。肃肃宵征，抱衾与裯。寔命不犹。

——《诗经·国风·召南·小星》

译谓：小小星辰光朦胧，三个五个闪天东。天还未亮就出征，从早到晚都为公。彼此命运真不同；小小星辰光幽幽，那是参星和昴星。天还未亮就出征，抛撇香衾与暖裯。命不如人莫怨尤。

这里出现的成语"夙夜在公"，我们今天也在用。诗人抱怨"寔命不同""寔命不犹"，谁让我是这个国家的官员呢，与别人不同，我就是个操劳的命，怨天尤人有什么用。其实最该抱怨的不是官员，而是官员的家属，丈夫三点上朝，老婆就得两点起床准备早饭。夏天还好，冬天时候从温暖的被窝出来，"抱（抛）衾与裯"，那才真叫一个难受，李商隐说，"无端嫁得金龟婿，辜负香衾事早朝"（《为有》），估计千百年来官员们的妻子都有同感。

古代的官员为什么这么勤奋，除了他们以为的命该如此，当官就是个受累的命，更重要的是他们奉守的为官信条，那就是食君之禄，忠君之事。西汉学者刘向在其著作《说苑》中有一句话：

> 食其食者死其事，受其禄者毕其能。
>
> ——《说苑·立节》

唐代著名学者韩愈也讲过：

> 食焉而怠其事者，必有天殃。
>
> ——《圬者王承福传》

拿着工资不干事，必遭老天爷报应。但往往很多情况就如《说苑》所载：

> 官怠于宦成，病加于小愈。祸生于懈懒，孝衰于妻子。
>
> ——《说苑·敬慎》

没有得到这个职务的时候很认真，很勤奋，一旦得到这个职务，就开始懈怠变懒；病刚刚有点起色，却又放松警惕，麻痹大意，导致病情更加严重；工作马虎大意，做事懒惰放松，自然会出大问题；没有结婚的时候，许诺将来如何如何孝敬爸妈，一旦结婚生子，心思都放在了老婆孩子身上，把二老丢到一边去了。

明代晚期著名学者吕坤著有语录体、箴言体的小品文集《呻吟语》，其中有这样一句话：

> 无功而食，雀鼠是已；肆害而食，虎狼是已。士大夫可图诸座右。

把无功而食等同于虎狼侵害，这才是诛心之论，振聋发聩。

清朝顺治皇帝曾经"钦定"过一部《御制人臣儆心录》，提出"四戒"："一曰戒贪，一曰戒伪，一曰戒骄，一曰戒怠。"其中"戒怠"就是提醒为官要勤，不可以懈怠。傅斯年先生曾在《中国人的德行》一书中写道："'惠而不知为政'的一个教训，是一切执行政务和做政务设计的人应该时刻记住的。"所谓"惠而不知为政"，就是光拿钱不出力。韩非子说：

古者有谚曰：为政犹沐也，虽有弃发必为之。

——《韩非子·六反》

为政做事就犹如洗头发，明知道会掉头发，头发该洗还是要洗。做官明知道会耗精损神，但是责任所在，该做的还得去做，不能偷懒。

"疲"是居官大病。雍正、乾隆时期担任过重要官职的孙嘉淦，史称"直谏有声"。他提出"慎戒三习"，一是"耳习于所闻"，二是"目习于所见"，三是"心习于所是"。一个领导干部最怕的就是"麻木"，所谓"麻木"就是孙嘉淦所说的三点，即耳熟能详、司空见惯和习以为常。

清人李岳瑞在笔记小说《春冰室野乘》中讲，在嘉庆、道光两朝久任军机大臣的曹振镛，晚年更是"恩遇极隆，身名俱泰"。他的一位门生问官运亨通的秘诀，曹回答说："无他，但多磕头少说话耳！"真是没有耽误父母给他起的名字：整天平庸。这样的官员不求有功，但求无过，是典型的庸官、旷官。

官有六正

俗话说："人无头不行，鸟无翅不飞。"某种程度上来说，一个群体发展的好坏除了硬件条件外，主要取决于领导者的能力和水平，更高层次来讲就是领导者的智慧。

为官首要是心正。《尚书》载：

> 文王惟克厥宅心，乃克立兹常事司牧人，以克俊有德。
>
> ——《尚书·周书·立政》

意思是周文王十分重视考察官员们的心地，根据这一点选拔官员担任常事、常司、牧人等重要职务。古人讲究修心，目的是正心，校正自己的心态是不是符合天意、事理、纲常、人伦。心正则身正，身正则影直；心不正看什么都是斜的，干什么都是歪的。

唐太宗李世民以骑射取得天下，平生所爱，一是宝马，有所谓"昭陵六骏"；二是硬弓，如用柘木做的长弓——惊鸿弓，一般人根本拉不开，李世民天生神力，曾用它射杀突厥第一勇士。这样的好弓，他收藏有十几把。有一次，李世民得意地请制作弓箭的师傅欣赏，没想到师傅说"皆非良材"，也包括李世民最钟爱的那把惊鸿弓。李世民不解，工匠就说了一句话：

> 木心不直，则脉理皆邪，弓虽动而发矢不直。

——《资治通鉴·唐纪八·太宗文武大圣大广孝皇帝上之上贞观元年》

弓箭师傅说：木纹的重心都不在正中，所以它的纹路也是不正的，这样的弓虽然刚劲有力，但射出去的箭却不直。包括惊鸿弓在内的那些所谓名弓其实是有缺陷的，只是其缺陷被使用人的膂力和技巧给掩盖了。天下第一弓尚且如此，何况其他。由弓及人，李世民从中悟出了治理国家、选用人才的道理，那就是要"心正"。

贞观十四年，尚书省侍中魏徵上疏唐太宗，引述西汉政论集《说苑》中关于"人臣六正"的表述，提出选拔官员的标准：

六正者：一曰萌芽未动，形兆未见，昭然独见存亡之几，得失之要，预禁乎不然之前，使主超然立乎显荣之处，天下称孝焉，如此者圣臣也；

二曰虚心白意，进善信道，勉主以体谊，谕主以长策，将顺其美，匡救其恶，功成事立，归善于君，不敢独伐其劳，如此者良臣也；

三曰卑身贱体，夙兴夜寐，进贤不解，数称于往古之德行事以厉主意，庶几有益，以安国家社稷宗庙，如此者忠臣也；

四曰明察幽，见成败早，防而救之，引而复之，塞其间，绝其源，转祸以为福，使君终以无忧，如此者智臣也；

五曰守文奉法，任官职事，辞禄让赐，不受赠遗，衣服端齐，饮食节俭，如此者贞臣也；

六曰国家昏乱，所为不道，然而敢犯主之颜面，言君之过失，不辞其诛，身死国安，不悔所行，如此者直臣也，是为六正也。

——《说苑·臣行》

这段文字比较长，这里就不赘译了，总结来说就是能高瞻远瞩，防患未然的，为"圣臣"；虚心尽意，扶善除恶的，为"良臣"；夙兴夜寐，进贤不懈的，为"忠臣"；明察成败，转祸为福的，为"智臣"；恪尽职守，廉洁奉公的，为"贞臣"；刚正不阿，敢诤敢谏的，为"真臣"。

纵观贞观一朝，名臣济济，猛将如云，六正官员随处可见，著名的"凌烟阁二十四功臣"多数都可归为六正之列，文有赵国公长孙无忌、莱国公杜如晦、郑国公魏徵、梁国公房玄龄、申国公高士廉、宋国公萧瑀、郧国公殷开山、永兴郡公虞世南等，武有河间王李孝恭、鄂国公尉迟敬德、卫国公李靖、褒国公段志玄、蒋国公屈突通、陈国公侯君集、卢国公程知节（就是大名鼎鼎的程咬金）、英国公李勣、胡国公秦叔宝等。其中，尉迟敬德和秦琼还被李世民封为门神，从此取代古老的神荼郁垒，成为华夏民族家家户户的守护神。上述这些能臣干将为唐初政治稳定，经济繁荣，国泰民安都做出了杰出的贡献。

有了六正官员，相应的也就有六邪官员，他们都有什么特征呢？《说苑》载：

六邪者，一曰安官贪禄，营于私家，不务公事，怀其智，藏其能，主饥于论，渴于策，犹不肯尽节，容容乎与世沈浮上下，左右观望，如此者具臣也；

二曰主所言皆曰善，主所为皆曰可，隐而求主之所好即进之，以快主耳目，偷合苟容与主为乐，不顾其后害，如此者谀臣也；

三曰中实颇险，外容貌小谨，巧言令色，又心嫉贤，所欲进则明其美而隐其恶，所欲退则明其过而匿其美，使主妄行过任，赏罚不当，号令不行，如此者奸臣也；

四曰智足以饰非，辩足以行说，反言易辞而成文章，内离骨肉之亲，外妒乱朝廷，如此者谗臣也；

五曰专权擅势，持招国事以为轻重于私门，成党以富其家，又复增加威势，擅矫主命以自显贵，如此者贼臣也；

六曰谄言以邪，坠主不义，朋党比周，以蔽主明，入则辩言好辞，出则更复异其言语，使白黑无别，是非无间，伺候可推，而因附然，使主恶布于境内，闻于四邻，如此者亡国之臣也，是谓六邪。

贤臣处六正之道，不行六邪之术，故上安而下治，生则见乐，死则见思，此人臣之术也。

——《说苑·臣行》

同样，我们总结六邪官，那就是安官贪禄，不务公事，此为"具臣"，也就是备位充数之臣，即庸官；溜须拍马，曲意逢迎，此为"谀臣"；巧言令色，嫉贤妒能，此为"奸臣"；巧舌如簧，挑拨离间，此为"谗臣"；专权擅势，结党营私，狐假虎威，狗仗人势，此为"贼臣"；幕后指挥，兴风作浪，黑白不分，是非不论，陷君主于不义，此为"亡国之臣"。

可以归入六邪臣的有害死唐太宗钦点的凌烟阁第一功臣、为高宗即位立下大功的长孙皇后的哥哥长孙无忌的"千古第一阴臣"许敬宗，他等于陷太宗、高宗两代帝王于不义，让高宗承担害死亲舅舅和大恩人的千载骂名。此外还有"笑里藏刀"的李义府、"口蜜腹剑"的奸相李林甫、叛变宰相陈希烈、祸国国舅杨国忠、失节文人宋之问、武皇面首张昌宗和张易之，还有武则天提拔的诸位酷吏，如周兴、来俊臣、索元礼、万国俊等。

"六正""六邪"对官员的总结，鞭辟入里，振聋发聩，虽然是西汉人的总结，但历经两千多年而不衰，在今天仍有其鲜明的现实意义。如果可能，我会建议国家行政学院、中国社会主义学院、中央党校专门开设六正六邪课，让所有未来的国家高级公务员和党的中高级领导都能出口成诵，牢记在心，并请书法大师书写成幅，张贴于大堂和办公室，时时警醒自己，要做造福人民的正官，不要做危害人民的邪官。

为官之要：不载空言

作为一个成功的领导者，其领导艺术还有一点很重要，那就是不载空言，就是不说空话，什么时候讲话都要掷地有声，言之有物。老子说过很精辟的一句话：

> 夫轻诺必寡信，多易必多难。
>
> ——《道德经》第六十三章

我们其实在生活里也经常能碰到这样的人，动辄就许诺、发誓，结果基本不兑现。这种人毫无信义可言，被列入失信人名单的，十有八九就是这种人。

《史记·太史公自序》记载了孔子的一句话：

> 我欲载之空言，不如见之于行事之深切著明也。

意思很简单，与其放空炮，不如真实行。对此，孔子有过精彩的评述：

> 子贡问政。子曰："足食，足兵，民信之矣。"子贡曰："必不得已而去，于斯三者何先？"曰："去兵。"子贡曰："必不得已而去。于斯二者何先？"曰："去食。自古皆有死，民无信不立。"
>
> ——《论语·颜渊篇》

这段论述非常著名，孔子把诚信置于比吃饭、打仗还重要的位置，甚至比生命还重要。诚信是我们中国人做人的根本，更是为官的根本。做领导最忌讳空许诺，唱高调。我们现在有个词叫"语言腐败"，是英国作家乔治·奥威尔在二十世纪中叶率先提出来的，之后便成为政治哲学中的一个惯用术语，其主要特征是讲假话、放空炮、说大话、讲套话等不良话风成为自上而下广泛流毒的一种风气。《礼记》中说：

> 口惠而实不至，怨菑及其身。是故君子与其有诺责也，宁有
> 己怨。
>
> ——《礼记·表记》

总是开空头支票，最后一定殃及自身。所以君子与其答应人家又难以实现，以致受到责备，宁可一开始就不允诺而被人怨恨。

清代的清官赵慎畛在桂林府衙所写对联，表达了身为父母官就要少说空话，为民办实事的决心：

> 为政不在言多，须息息从省身克己而出；
> 当官务持大体，思事事皆民生国计所关。

同样，清代武承谟任无锡县令，在接印前一日就悬挂了两副对联，其中衙前照壁上的是：

> 罔违道，罔怫民，真正公平，心斯无怍；
> 不容情，不受贿，招摇撞骗，法所必严。

他的办公大堂联为：

人人论功名，功有实功，名有实名，存一点掩耳盗铃之私心，终为无益；

官官称父母，父必真父，母必真母，做几件悬羊卖狗的假事，总不相干。

作为基层官员，赵慎畛、武承谟能有这样的见识，殊为难得。作为父母官，最好也能每日提醒自己，自己的身份是什么，这个身份该干什么，不该干什么。

为官之要：以百姓心为心

领导者要有爱民之心、亲民之情、利民之举，这一点什么时候说、说多少遍都不为过，与其说这是领导智慧，不如说这是为官信条。

喜欢古典文化的朋友大多读过《礼记·大学》，其第一段话就是：

> 大学之道，在明明德，在亲民，在止于至善。

有些学者认为"亲"在这里应该是"新"，古文中确实存在两个字混用的情况。但我更愿意相信就是亲，亲民就是亲近百姓，关爱百姓。孔子说，"泛爱众，而亲仁"；孟子说"仁者爱人""民为贵，社稷次之，君为轻"，亲民是儒家思想的重要内容，是中国文化的核心价值观。2014年5月4日，习近平总书记在北大发表纪念五四运动九十五周年重要讲话，他说：

> 人类社会发展的历史表明，对一个民族、一个国家来说，最持久、最深层的力量是全社会共同认可的核心价值观。核心价值观，承载着一个民族、一个国家的精神追求，体现着一个社会评判是非曲直的价值标准。古人说："大学之道，在明明德，在亲民，在止于至善。"核心价值观，其实就是一种德，既是个人的德，也是一种大德，就是国家的德、社会的德。国无德不兴，人无德不立。

"明明德、亲民、止于至善"被宋代思想家朱熹总结为"三纲"（注意不是"三纲五常"那个"三纲"）。在习近平总书记看来，这"三纲"就是德，而且是大德，是国家的德、社会的德。

我们过去说到亲民，往往跟体察民情、与民同乐、为民做主、体恤民生、贴近群众、访贫问苦等联系起来。这些也算是亲民，但不是我主张的亲民。当我们"体察民情""贴近群众"时，我们是站在一个什么角度上呢？俯视，是高高在上的青天大老爷对草民的垂青和怜悯。真正的亲民，应该是真情实感、不动声色、不着痕迹、无声无息、自然而然、水到渠成、潜移默化的，在亲民时没有亲民的主动意识，百姓们也没有被亲到的感觉，这才是真的亲民。庄子在表达什么是真的孝时，是这样说的：

> 以敬孝易，以爱孝难；以爱孝易，以忘亲难；忘亲易，使亲忘我难；使亲忘我易，兼忘天下难；兼忘天下易，使天下兼忘我难。
>
> ——《庄子·外篇·天道》

这段文字有点拗口，但句句真理。什么是真的孝？凡是以别人可以觉察到的方式来表示孝，那就是不是真的孝，用表达敬重来行孝容易，用爱来行孝难；用爱来行孝容易，行孝时，你自己感觉不到是在行孝，这个就难了；你自己感觉不到是在行孝，这个不难，使父母感觉不到你在行孝，这个难；使父母感觉不到你在行孝，这个容易，让父母不牵挂我难；让父母不牵挂我容易，使天下百姓都安适自在难；使天下百姓都安适自在容易，让天下根本想不起我的存在难。

庄子所说的行孝是有层次的，如果我们把庄子说的行孝改成亲民，那就是亲民的不同层次。当亲民是潜意识里的一种自然的情感，官员与百姓相忘于江湖，百姓感受不到官员的刻意和付出，"功成事遂，百姓皆谓'我自然'"（《道德经》第十七章），这才是最高层次的亲民。

在历史发展的现阶段，在天下为公，大公无私还是基本停留在纸面上的阶段，我们希望官员们亲民能达到较高的层次，那是强人所难，也是一种刻意，但至少我希望我们的官员能够做到"权为民所用，情为民所系，利为民所谋"，把百姓当成自己的亲人，尽到为官的本分。

权为民所用，就是官员的权力是人民赋予的，官员本分是服务于人民、造福于人民。西门豹这个人大家都知道，他是战国时期魏国人。当时邺地是魏都大梁的重要门户，且是战略要地，但天灾人祸不断，民不聊生。魏王派西门豹去邺县收拾烂摊子。他到邺地后，微服私访，查询百姓疾苦，利用"河伯娶媳妇"事件，智惩三老、廷椽和巫婆，用事实教育百姓，破除迷信。同时，修建漳河十二渠，治理漳河水患，发展农业生产，使邺地百姓逐步富庶起来。西门豹以雷霆手段破除河伯娶妇恶习，组织大量民役开沟挖渠，开始时百姓一定是啧有烦言，但西门豹清楚，只要权力用对地方，用之于民，而不是用之于私，百姓一定有理解的那一天，"今父老子弟虽患苦我，然百岁后期令父老子孙思我言"（《史记·滑稽列传第六十六》）。事实也正是这样，漳河十二渠建成当时，百姓就大获其利，河渠两岸成鱼米之乡，之后很长时间里，也都一直坐享其成。到汉朝建立时，地方官吏认为十二条河渠上的桥梁截断了御道，彼此相距又很近，想要合并渠水，邺地的百姓不干了，他们拒绝服从，认为那些渠道是经西门先生规划开凿的，是不能更改的。地方长官终于听取了大家的意见，放弃了并渠计划。西门豹死后，邺地百姓专门为他在漳水边建造了祠堂，四季供奉。

今天说起杭州，都知道是"东南形胜，三吴都会，钱塘自古繁华"（柳永《望海潮》），这个"自古"从什么时候开始算呢？恐怕得从白居易主政杭州时算起。公元822年，白居易出任杭州刺史，任职前后二十个月左右。在杭州刺史任上，他主持疏浚六井，以解决杭州人饮水问题，又组织民力，疏浚西湖，建造堤坝，以利灌溉。今天的西湖，如苏东坡所言，"欲把西湖比西子，淡妆浓抹总相宜"（《饮湖上初晴后雨二首》其二），成了杭州的名片、驰名中外的旅游胜地，都要拜白居易所赐。离任时，杭州百姓不分男女老幼，箪食壶浆，守候在路旁，就为看万民爱戴的父母官最后一眼，白居易深有感触，留下了著名的诗篇《别州民》：

耆老遮归路，壶浆满别筵。

甘棠无一树，那得泪潸然。

税重多贫户，农饥足旱田。

唯留一湖水，与汝救凶年。

白居易这不是留下了一湖水，这湖水也不只是为救民所用，他是把"水光潋滟晴方好，山色空蒙雨亦奇"的（苏轼《饮湖上初晴后雨二首》其二）的湖光山色，把"乱花渐欲迷人眼，浅草才能没马蹄"（白居易《钱塘湖春行》）的诗情画意，把"香消了六朝金粉，清减了三楚精神"（王实甫《西厢记》第二本第一折）的一座历史文化名城留给了人民，权为民所用到这个程度，算是用到极致了吧。

情为民所系，就是为官者要心系百姓，与民共情，同甘共苦，想民所想，急民所急，忧民所忧，能设身处地为百姓考虑。老子有言：

圣人无常心，以百姓心为心。

——《道德经》第四十九章

什么是圣人？圣人是从来没有自己私心的人，他们以百姓的意志为意志。这不就是我们今天说的"情为民所系"吗？

孟子也讲过：

乐民之乐者，民亦乐其乐；忧民之忧者，民亦忧其忧。

——《孟子·梁惠王章句下》

意思就是，做让人民高兴的事，人民也会快乐着你的快乐；为人民分忧解难，人民也会忧愁着你的忧愁。

战国末期，楚国内有靳尚、子兰、郑袖等奸臣宵小之忧，外有秦国崛起，张仪连横，蚕食六国之困，屈原的强国富民的政治理想遭受严重挫折，他被逐出郢都，流放江南，辗转流离于沅、湘之间。在这期间，他目睹了底层百姓生活的艰辛，痛心疾首，忧心忡忡，而自己根本无力改变，于是由衷地发出了"长太息以掩涕兮，哀民生之多艰"（《离骚》）的悲鸣。公元前278年，秦国名将白起攻破郢都，屈原悲愤难挨，遂自沉汨罗江。"哀民生之多艰"，对腐朽的楚国贵族政治，屈原生无可恋，他至死放不下的是这些哀哀黎民。

屈原的痛也像一根芒刺，两千三百年来扎在无数文人墨客的心头，甚至成为我们文化的一部分。真正关心民生疾苦，对百姓苦难感同身受，为改善民生不遗余力，成为衡量一个官员是否称职的标准。在我的心目中，宋代大文豪苏东坡当仁不让就是这样的人。他为官之际，国家政治处在摇摆之中，改革派和保守派互相倾轧，而他不阿附任何一方，因此受到两派轮番排挤和打击；他官场数次浮沉，朝堂几度出入，人生颠沛流离，"问汝平生功业，黄州惠州儋州"（苏轼《自题金山画像》）。儋州位于海南西北部，宋代时可以说是一片蛮荒之地，气候湿热，人烟稀少，文明未开，是当时流放官员的地方。时年六十三岁的苏轼也确实是带着回不去的打算到儋州的，他说：

> 今到海南，首当作棺，次便作墓，庶几延陵季子嬴博之义。……乃留手疏与诸子，死则葬海外，生不契棺，死不扶柩，此亦乃东坡之家风也。
>
> ——《与王敏仲八首》之一

这段文字是苏轼留给儿子的遗书，既悲凉，但也不失疏阔旷达。延陵季子又名季札，是春秋时吴国国王寿梦的四儿子，很贤能，父亲曾想把王位传给他，季札不同意。父亲死后，季札的三个哥哥商量王位传承兄终弟及，最终要按照父亲的意愿，把王位传给季札，季札遂决定终生不入吴国。季札的儿子死后也没有葬在故乡，而是葬在了齐国的嬴和博两个地方之间，后以"嬴博"为葬于异乡的典故。在这封信里，苏轼告诉儿子，我到了海南，先准备棺材，再准备坟墓，做好了像季札父子那样分葬于海外异乡的打算，活着不用你们替我准备棺材，死了也不必护送灵柩，死哪葬哪，这就是你们父亲东坡的家风。

苏轼之所以如此叮嘱后事，是因为他的政敌、时任宰相章惇就是想往死里整他。他作为一个贬官被流放海南，头上挂着"琼州别驾"的头衔，实际上没有什么实权。不仅如此，有关方面还给他下了"三不"禁令：不得食官粮、不得住官舍、不得签公事。然而，这一切对苏轼来说，都不算事，《中庸》里那段著名的格言——"君子素其位而行，不愿乎其外，素富贵，行乎富贵；素贫贱，行乎贫贱"（《礼记·中庸第十四章》）用到苏轼身上正合适，不让住官舍，他就只能住到一座破庙里；不让吃官粮，他与小儿子苏过就亲自耕作，种菜种粮。为了衣食之用，他卖光了珍爱的酒器，只留下一个制工精美的荷叶杯自娱自乐；不得签公事，他倒没有因此就闲着什么也不干，而是私办公事。

没了官员的身份，苏轼很容易就与当地百姓打成一片，他说，自己"上可以陪玉皇大帝，下可以陪卑田院乞儿"。他和当地的读书人、村妇匹夫在一起，没有高低贵贱之分；与他们闲谈时，他常常席地而坐，听他们讲话。他还经常带着一条海南种的大狗"乌嘴"，到处闲逛。他学当地人吃槟榔，从"始嚼或半吐"到"滋味绝妩媚"（苏轼《食槟榔》）。他赞美黎妹，"暗麝着人簪茉莉，红潮登颊醉槟榔"，说黎族女子头戴茉莉，散发着淡淡的香气，满脸红晕，就像吃槟榔吃醉了一样。有一次，苏轼喝醉了找不着家，一位黎族兄弟告诉他，踩着牛屎走就行了。他回去提笔就把这段经历以幽默的口吻记了下来：

半醒半醉问诸黎，竹刺藤梢步步迷。

但寻牛矢觅归路，家在牛栏西复西。

——《被酒独行遍至子云威徽先觉四黎之舍三首》之一

苏轼还跟去田里给丈夫送饭的农妇开玩笑，说人家"头发蓬松口乌乌，天天送饭予田夫"，农妇当即反讽他"是非皆因多开口，记得君王贬尔乎"，苏轼听了哈哈大笑。这样的苏轼让我们联想到一个生活在农村的乐天幽默不失顽皮的老农民形象，让人觉得特别亲切。

与百姓在一起不分彼此，也让苏轼对百姓的疾苦有了更多的理解，竭尽所能为他们解决实际问题。他教会人们挖水井，使当地流行病极大程度地得到缓解；他教黎族百姓耕种粮食，改变了单纯靠狩猎谋生的原始的生活方式；他教人们用药材，祛疾病，改变了人们单纯靠巫术来抗衡自然疾病的状况；更重要的是，他大力开展基础教育，创建私塾，要求塾师用中原语言来教学，提高了人们和中原文化交流的能力。在苏轼的努力下，孩子们读书求学蔚然成风，他欣喜地写道：

幽居乱蛙黾，生理半人禽。

凳然已可喜，况闻弦诵音。

儿声自圆美，谁家两青衿。

且欣集齐咮，未敢笑越吟。

九龄起韶石，姜子家日南。

吾道无南北，安知不生今。

海阔尚挂斗，天高欲横参，

荆榛短墙缺，灯火破屋深。

引书与相和，置酒仍独斟，

可以侑我醉，琅然如玉琴。

——《迁居之夕，闻邻舍儿诵书，欣然而作》

我野居荒村，每日里群蛙乱鸣，人禽杂处，听见有人走过，也觉得亲切，何况读书声近在耳旁。稚气的童声这样圆润，两个青衿学子是谁家儿童？读书声这样令我欢欣，又怎能笑他们浓重的乡音？韶石、日南都是岭南热土，哺育出了名士张九龄、姜公辅；为学之道不在于居处南北，海南怎么可能出不了杰出人物？辽阔的海上北斗高悬，高远的夜空参星横出；透过荆榛短墙的缺口，犹见灯光荧荧在茅屋。我拿起书本与他们齐诵唱和，喜得我举起杯来自斟自酌；诵读声声令我陶醉，如听清圆的琴韵优美的歌吟。

苏轼把读书的风气带到了海南，从此改变了海南的命运。《琼台记事录》中说：

宋苏文忠公之谪儋耳，讲学明道，教化日兴。琼州人文之盛，实自公启之。

琼州人姜唐佐从苏轼学，后来科举及第，成为海南第一位进士。

苏轼留给海南的精神遗产是十分丰富的，而他之所以能在那么艰苦的条件下做出那么多丰功伟绩，我认为最主要的是他能同海南人民打成一片，结成同呼吸共命运的关系。

苏轼的经历告诉我们，无论处于哪个层级的领导者，对待广大的民众，一定要有真感情。清朝诗人、画家郑板桥说：

衙斋卧听萧萧竹，疑是民间疾苦声。
些小吾曹州县吏，一枝一叶总关情。

大意就是说，我虽身处县衙，但心在人民，心里面还惦记着百姓的疾苦。我虽然只是个芝麻小官，但是人民的事无小事，一件事情处理不当都会伤害到人民的感情。

明代著名思想家王阳明，正德年间任"都察院左都御史，巡抚南赣汀漳等处"，相当于现在的监察部部长兼江西省长，曾经把官员出行时的"肃静""回避"牌去掉，另举二牌，一个牌上写"愿闻己过"，一个牌子写"求通民情"。他解释这样做的原因是：

肃静欲使无言，闻过则招之使言；
回避欲其不见，通情则召之来见。

意思就是，亮出"肃静"的牌子就是打算让百姓闭嘴，何不"愿闻己过"，让老百姓给自己提提意见呢？"回避"的牌子就是让老百姓离开，何不"求通民情"，让老百姓汇报下民间的情况呢。

河南内乡县一座古县衙有这么一副对联：

> 得一官不荣，失一官不辱，勿道一官无用，地方全靠一官；
> 穿百姓之衣，吃百姓之饭，莫以百姓可欺，自己也是百姓。

上联说的是做官要有一个平和的心态，这个上联使我想起了李鸿章在晚年写的一副对联，这副对联也表达了"拼命做官"的李鸿章晚年对官职的一个态度，联曰：

> 享清福不再为官，只要囊有钱，仓有米，腹有诗书，便是山中宰相；
> 祈寿年无须服药，但愿身无病，心无忧，门无债主，可为地上神仙。

穿百姓之衣，吃百姓之饭，莫以百姓可欺，自己也是百姓。说明了官民关系其实是鱼水关系，做官不能脱离群众。

"以百姓心为心"，与百姓共情，同呼吸共命运，这一点说起来容易，做起来很难，但正是这一点，是衡量一个官员称职与否的硬性指标。官民不能做到二元一体，官是官，民是民，甚至官是高官，民是下民，那么这个官员一定是不称职的，为官如此不如无。

利为民所谋，是说为官者在利益面前，要有清醒的头脑，要时刻警醒自己的身份，要懂得利从何出，利为谁用。首先一点，为官者要清楚，想逐利就不要做官。或者我们换一种说法，为官者的利，与百姓的利不同，不是物质利益，而是道德利益，所以为官者要追逐的利，不是功利，而是公义。关于这一点，《大学》里的一段话说得很清楚：

> 孟献子曰："畜马乘，不察于鸡豚；伐冰之家，不畜牛羊；百乘之家，不畜聚敛之臣。与其有聚敛之臣，宁有盗臣。"此谓国不以利

为利，以义为利也。长国家而务财用者，必自小人矣。彼为善之，小人之使为国家，菑害并至，虽有善者，亦无如之何矣。此谓国不以利为利，以义为利也。

——《礼记·大学》

中国有句古话："庆父不死，鲁难未已。"这个庆父是鲁国贵族，鲁桓公（其妻就是著名的文姜，与兄长齐襄公产生乱伦之恋）之子，先后杀掉自己身为国君的两个兄弟，造成鲁国动乱，历史评价很低。他的两个后代却很贤能，一个是他的孙子孟献子，一个是他的十二代孙，战国时期的伟大思想家孟子。孟献子说，既然你已经养得起马车了，养鸡养猪的钱就让别人去挣；你家已经有钱到夏天有冰用了（古代特别有钱的人家，会在冬天把大冰块存贮到地窖里面，夏天拿出来制冷。冰块的伐取、运输、储藏都非常费钱），你就别抓着养牛羊的产业不放手了；要是你家都能养得起上百辆马车了，就不要去养那些搜刮民财的家臣了。与其有这些搜刮民财的家臣，还不如有偷盗东西的家臣（偷盗只是失小义，而与民夺利是失大义）。《大学》的作者曾子借孟献子的这段言论说，一个国家不应该以财货为利益，而应该以仁义为利益。做了国君却还一心想着聚敛财货，这必然是有小人在诱导，而那国君还以为这些小人是好人，让他们去处理国家大事，结果是天灾人祸一齐降临。这时虽有贤能的人，却也没有办法挽救了。所以，一个国家不应该以财货为利益，而应该以仁义为利益。

《韩诗外传》说得更明确：

天子不言多少，诸侯不言利害，大夫不言得丧，士不言通财货，不为贾道；故驷马之家，不恃鸡豚之息，伐冰之家，不图牛羊之入。千乘之君不通财货，冢卿不修币施，大夫不为场圃，委积之臣不贪市井之利，是以贫穷有所欢，而孤寡有所措其手足也。

——《韩诗外传》卷四

简单说就是，为君者、为官者不言利，其志不在此。

我们前面提到过春秋时鲁国宰相公仪休爱吃鱼，但坚拒别人鱼贿的故事，就是这位老先生，因为自己的夫人在家里织布而一怒之下把妻子赶出家，据史载：

故公仪子相鲁，之其家见织帛，怒而出其妻，食于舍而茹葵，愠而拔其葵，曰："吾已食禄，又夺园夫红女利乎！"

——《汉书·卷五十六·董仲舒传》

"食禄者不得与下民争利，受大者不得取小"（《史记·循吏列传》），公仪休不是恼怒妻子在家织布和吃自家园子种的菜，而是恼怒这么做，就不用去买百姓织的布，不用去买百姓种的菜，如果为官者人人都这么做，这是抢百姓的饭碗，从我们今天的角度看，会觉得公仪休有点偏激了。但是，我下面讲一个因为与民争利而失国的故事，你就不会觉得这是小题大做了。

大家都知道，春秋战国时期有个齐国，同一个国家，国王前后有两个姓，前期姓姜，开创者就是大名鼎鼎的姜尚姜子牙，后期姓田，而且还称了王。田氏是怎么取代姜氏的，答案其实也很简单，一个是与民争利，一个是让利于民。姜齐为什么失国，首先要面临的问题是高税赋。齐桓公刚即位时，在管子的建议下，实行轻徭薄赋的政策，据史载：

桓公践位十九年，弛关市之征，五十而取一。赋禄以粟，案田而税，二岁而税一。上年什取三，中年什取二，下年什取一，岁饥不税。岁饥弛而税。

——《管子·大匡》

意思是，桓公在位十九年，放松了关卡和市场的赋税，只征收五十分之一。农业的赋税以粟米计算，考察田地的肥瘠收税。两年收税一次，上等年景收十分之三的税，中等年景收十分之二的税，下等年景收十分之一的税，饥荒年不收税，待饥荒过后再收税。

然而，到了齐景公时期，税收变得很重，"民参其力，二入于公，而衣食其一"，百姓辛苦所得三分之二归公家，自己只剩三分之一。此外，国家控制一切资源，如当时的齐国相国晏婴所说：

> 山林之木，衡鹿守之；泽之萑蒲，舟鲛守之；薮之薪蒸，虞候守
> 之。海之盐蜃，祈望守之。
>
> ——《左传·昭公二十年》

山林中的树木，由守山林的人看守它。洼地里的芦苇，舟鲛看守它。草野中的柴火，虞候看守它。大海中的盐蛤，祈望看守它。

当紧俏的国家资源都被国家和贵族士大夫掌握，那给老百姓的生存空间就少得可怜了，他们能不怨声载道，心怀不满吗？

相比齐国政府的所作所为，田氏齐国的开创者田和的曾祖父田成子，就是"窃钩者诛，窃国者侯"的那位，却非常有心机地采取"以大斗出贷，以小斗收"（《史记·田敬仲完世家》）——用大斗借粮食给百姓，百姓还的时候用小斗来回收的做法，让利于民，对此百姓非常感激，还编了歌谣歌颂田成子："妪乎采芑，归乎田成子！"意思就是老太太采点芑菜，也送到田成子家去，足见民心所向。

总结来说，以义为利，让利于民，不与民争利，在封建时代，是牵系国家根本利益的大事，像国君、诸侯、卿大夫、士人，他们掌握国家资源和各种便利条件，想发财太容易了，但不能这么干，得给广大民众留活路，他们才是国家赖以生存的基础，与民争利，就是动摇国本。我们常说，中国古代的政治思想中一个很大的特点是重农轻商，现在看来，其思想根源就在于此。

为官者以义为利，这个道理在今天仍然不过时。改革开放初期，我们某些官员钻国家政策漏洞，"前衙后企"，丈夫在政府部门当官，妻子或家人在后面开办相关企业，"肥水不流外人田"，这实际上已不只是什么与民争利的问题了，而是涉及国有资产流失，与监守自盗无异。后来党和政府认识到这个问

题的严重性，加大了追责和惩处力度，并在制度上予以保证。亡羊补牢，犹未为晚。希望我们的政府官员、国家公务员都能吸取古人以义为利的为官原则，凡是符合人民利益诉求、符合市场经济需要的工作，如经济调节、公共管理、社会服务、市场监管等要有大作为。相反地，寻租权力、公饱私囊、有违公利、有悖正义的坚决不为；要公私分明、先公后私，真正做到让利于民，为民谋利，藏利于民，不与民争利。如是，则国民之大福，国家之大幸。

为官之要：智者不惑

所谓"智者不惑"有两层含义，第一层意思是运筹帷幄，知人善任。《论语·子罕》中有言："知者不惑。"知者，智也。《老子》也说："知人者智，自知者明。"一个领导一定既要有自知之明，也要有知人之智，这样才能知人善任。《中庸》有言："唯天下至圣，为能聪明睿智，足以有临也。"意思是唯有耳聪目明，明察秋毫的智慧圣人，方能领导群伦。

《史记·高祖本纪》中汉高祖总结自己的成功经验时说：

夫运筹帷幄之中，决胜千里之外，吾不如子房；镇国家，抚百姓，给饷馈，不绝粮道，吾不如萧何；连百万之众，战必胜，攻必取，吾不如韩信。此三者，皆人杰也，吾能用之，此吾所以取天下也。项羽有一范增而不能用，此其所以为我擒也。

用干部尤其要谨慎。清朝官场流行一句谚语，叫作"莫用三爷，废职亡家"。"三爷"指的是："子为少爷，婿为姑爷，妻兄弟为舅爷。"

"智者不惑"的第二层含义就是冷静理性，情绪可控，不可以态度前后有别，对人忽冷忽热。《礼记》讲：

子思曰："古之君子，进人以礼，退人以礼，故有旧君反服之礼也；今之君子，进人若将加诸膝，退人若将队诸渊。毋为戎首，不亦善乎！又何反服之礼之有？"

——《礼记·檀弓下》

子思说："古代的国君，在用人时是以礼相待，在不用人时也是以礼相待，所以才有旧君死时为旧君服丧之礼。现在的国君，需要用人时，就像要把人家抱在膝盖上，亲热得无以复加，不需要用人时，就像要把人家推入深渊，必欲置之死地。这样对待臣子，臣子不带领他国军队前来讨伐就不错了，哪里还谈得上旧君死时还为旧君服丧呢？"

作为一个领导，如果也像上面提到的这位国君一样反复无常，喜欢一个人想把他引进来放在身边工作的时候，巴不得将身体给他当作坐垫；但是当讨厌这个人的时候，就对他冷眼相向，爱答不理，这样的领导谁愿意跟着他？正如《韩非子》所言：

有爱于主，则智当而加亲；有憎于主，则智不当见罪而加疏。

——《韩非子·说难》

得到领导青睐的时候，每一句话都是对的，越走越近乎；一旦得罪了领导，每一句话都被见怪，彼此之间渐行渐远。《论语》说：

爱之欲其生，恶之欲其死，既欲其生，又欲其死，是惑也。

——《论语·颜渊篇》

跟着这样一位喜怒无常、情绪不稳定，一会儿爱得要命，一会儿恨得要死，让人迷惑不解、无所适从的领导，岂不是倒霉了吗？

有一个跟随唐太宗打天下的将军，但不知什么原因，唐太宗就是不喜欢他，这位将军总是升不了官，《中庸》讲"喜怒哀乐之未发谓之中"，但这位在中国历史上赫赫有名的帝王居然情绪化地对这位跟随多年的下属说了句："待予心肯日，是汝运通时。"意思就是等我心情舒畅之日，就是你运气通达之时。

唐朝张鷟《朝野佥载》中还记载过一个唐太宗不能管理情绪的故事，说有一天，唐太宗与吏部尚书唐俭下棋，起了争执，太宗大怒，当即下令把唐俭贬到潭州。唐太宗和唐俭关系好的时候，在食堂吃饭，唐俭不来，唐太宗都不吃饭。可是因为一棋之胜负，李世民不仅要把唐俭弄走，甚至动了杀心，还要让尉迟敬德去搜罗罪名，非要置唐俭于死地不可。李世民是情绪失控，失去了理性，尉迟敬德心里却跟明镜似的，他知道唐俭没有罪，所以李世民让他去调查时，他也只是嘴上应付下。尉迟敬德没有查出问题，李世民连问了几遍，尉迟敬德仍说不知道。李世民气坏了，一把将玉笏扔到地上，摔个粉碎，拂袖而入内廷去了。过了不久，唐太宗终于想明白了，遂让人安排酒食，请三品以上官员都来吃饭。席间，唐太宗郑重跟大臣们说：

> 敬德今日利、益者各有三，唐俭免枉死，朕免枉杀，敬德免曲从，三利也；朕有怒过之美，俭有再生之幸，敬德有忠直之誉，三益也。赏敬德一千缎，群臣皆称万岁。

李世民说，今天尉迟敬德做了件事，眼前好处有三，长远好处也有三：唐俭免于枉死，我免于枉杀之名，尉迟敬德也免于委曲顺从，这是三条眼前的好处；因为这件事，成全了我怒过就改的美德，唐俭获得再生，而尉迟敬德获得了忠诚正直的美誉，这是长远的三条好处。所以，我奖赏尉迟敬德绸缎一千匹。群臣听了都高呼万岁。

历史上类似于唐太宗这种情绪化的帝王很多，俗话说"伴君如伴虎"，在这样的帝王领导下，哪来的理性可言，哪来的制度可言。从上面的例子可以看出，冷静理性、情绪稳定是一个领导者应该具备的一项非常重要的素质。

为官之要：大德敦化

《中庸》里面有句名言：

> 小德川流，大德敦化，此天地之所以为大也。
>
> ——《礼记·中庸第三十章》

小德如大川河流，滋养地方；大德如春风化雨，育养万物。"敦"是仁厚温柔的长者境界，对教化社会、矫正风气有极大的正面作用。《论语》里面讲：

> 季康子问政于孔子曰："如杀无道，以就有道，何如？"孔子对曰："子为政，焉用杀？子欲善而民善矣。君子之德风，小人之德草，草上之风，必偃。"
>
> ——《论语·颜渊篇》

季康子把持鲁国国政，问孔子如何治理政事，说："如果杀掉无道的人来成全有道的人，怎么样？"孔子说："您治理政事，哪里用得着杀戮的手段呢？您只要想行善，老百姓也会跟着行善。在位者的品德好比风，在下的人的品德好比草，风吹到草上，草就必定跟着倒。"

道理就是我们俗话说的上行下效。孔子认为，为官者道德好坏，不仅影响国家的兴衰存亡，还直接影响着民德、民风。古人云："日月两轮天地眼，诗书万卷圣贤心。"一个伟大的领导是天地之眼，像日月一样，万民仰望，是万民的榜样，正如《论语》中子贡所言：

> 君子之过也，如日月之食焉；过也，人皆见之；更也，人皆仰之。
>
> ——《论语·子张篇》

子贡说："君子的过错好比日月蚀。他犯错，人们都能看见；他改正过错，人们都对他仰望。"

一个智慧的领导一定有一颗圣贤之心，视人民群众为子女，处处教化，时时保护，如《周易》所说：

> 君子以教思无穷，容保民无疆。
>
> ——《周易·临·象》

君子能够不断以思想道德教育民众，以博大而没有边界的胸怀容纳保护民众。

正位凝命

《易经》里面有个卦叫鼎卦，鼎卦的卦象有四个字很要紧——正位凝命。意思就是说，只要你能把你的位置摆正了，找到自己正确的位置，定位好了自己的人生，换句话说你这辈子来干什么的你自己很清楚，你的命就固定了，你就把握住了自己的命运。

日本本田汽车创始人本田宗一郎在《匠人如神》一书中说："能够作为事业的工作，每个人一辈子也只有一个选择。在我看来，教育的一大功能，就是使学生能够发现自己喜欢的领域，找到未来想从事的职业的方向。"

关于"正位"也就是摆正自己的位置，这个大家好理解。关于"凝"字，《中庸》里面有句话说："苟不至德，至道不凝焉。"意思就是说一定要用至高的德行来落实至高的道。所以"凝"有把握、落实的意思，一个人找准了自己的位置，也就落实了自己的命运。要有"计利当计天下利，求名应求万世名"（1961年于右任赠蒋经国的对联）的胸襟，虽不能至，但要心向往之，就如宋末元初的学者谢叠山所说的：

> 大丈夫行事，论是非，不论利害；论顺逆，不论成败；论万世，不论一生。
>
> ——黄宗羲《宋元学案》

台北故宫博物院第一任院长蒋复璁先生在晚年的时候写有这么一副对联，

可以说是他一生的总结：

> 碌碌无能，一生只做一桩事，尝尽酸甜苦辣；
>
> 劳劳不惜，终岁难偷半日闲，浑忘喜怒哀乐。

"一生只做一桩事"就是正位凝命。说到"尝尽酸甜苦辣"，我这里很有感触，其实做人做事就要酸甜苦辣咸，什么意思呢？酸是心肠酸，一个人要有同情心、慈悲心；甜是嘴巴甜，对人态度平和、讲话和气；苦是学吃苦，要在苦中历练人生；辣是做事辣，干净利索，辣人眼、醒人目；咸是做人咸，像耶稣说的那样做世上的盐，为社会做贡献。

说到盐，我又想到读过的一则小故事：有一位做淮扬菜的大厨，一辈子都在探求世界上最美的味道，最后突然发现世界上最美的味道其实就是盐。直接用盐腌制出来的东西最好吃。像我本人最喜欢吃老娘烧的鱼，原因就是老娘每次都用盐把鱼的腥水给腌出来，这种鱼吃起来很嫩很香。为什么盐腌的食物特别香呢？因为盐的味道是最朴素的味道，也是最强烈的味道，这就符合了道家的思想。

有人问我，赵博士，那你一辈子干什么？我一辈子就是为了把我的生活国学传播到全世界的华人圈中，用黄遵宪的诗来表达我的理想就是：

> 列国纵横六七帝，斯文兴废五千年。
>
> 黄人捧日撑空起，要放光明照大千。
>
> ——《赠梁任父同年·其一》

一辈子就这个理想。或许有人会问我，你要传播不到全世界怎么办？红口白牙，丢不丢人？不丢人。法国大文豪维克多·雨果，世界名著《悲惨世界》的作者，于1833年7月25日，给他的一个叫帕维的朋友写了一封信，信中写过这么一句话，他说："我对自己的前途很清楚，因为我抱有信仰，我每天注视着目标在前进，或许我会倒下，也是向前倒下。"俄国大文豪托尔斯泰在《不可

楚。做包子你也可以卖出个狗不理包子，磨剪刀你也可以磨出个张小泉，烤鸭子也能烤出个全聚德，卖布的也能卖出个瑞蚨祥。总而言之，贵在哪里？贵在摆正位置，坚持到底。根据自己的德行、智慧和能力找准最适合自己的正业，持之以恒全力为之，最后自然就有品牌，自然就高贵了。爱新觉罗·毓鋆在《毓老师说人物志》中说："成功，乃是有能耐，一辈子干一件事。就是卖馒头的，卖一辈子，也盖了四栋楼。"

《孟子·尽心下》里面有段话讲得好：

> 可欲之谓善，有诸己之谓信，充实之谓美，充实而有光辉之谓大，大而化之之谓圣，圣而不可知之之谓神。

什么是"善"？换句话说做什么事情对于你来讲是对的，这个没有标准，用古希腊哲学家德谟克利特在《随感录》中所讲的话就是："快乐和不适构成了那'应该和不应该做的事'的标准。"你"可欲"的事情就是对的，不干这件事情就牵挂、不舒服，做了这个事情哪怕待遇低点也不要紧，也不会受外面的诱惑。一个人找到了"可欲"的东西，就算找回了他自己，算不自欺了。做自己喜欢做的事情，生活自然充实而美好，自然充满阳光，事情也会越做越好。这样自然周围的人（尤其是同行）会越来越多受你的影响，开始对你敬重，把你当作这个行业的代表人物（圣人），当你影响的人不计其数的时候，你就会登上祭坛，变成这个行业的祖师爷受人朝拜。一句话，人性的光辉发挥到了极致就具备了神性。这就是《大学》里所谓的"无所不用其极"，每个人都可以找到自己的"所"，每个人在自己的"所"上都可以把自己的特长发挥到极致。

"性痴志凝"一语，出自蒲松龄的《聊斋志异》：

> 性痴而志凝。故书痴者文必工，艺痴者技必良。世之落拓而无成者，皆自谓不痴者也。

意思是：神情痴迷，才能使志向专注。所以对读书痴迷的人，文章必然漂亮；对艺术痴迷的人，技艺必然上乘。世界上穷愁潦倒、一无所有的人，都是一副精明外露、无所不知的样子。

俗话说："不成疯魔不成活。"意思是想做成一件事，往往需要一种如疯似魔的劲头。俗话又说："一事能狂便英雄。"所谓英雄，就是能专注一事。做事仅仅靠"性痴"还不够，如果朝三暮四、浅尝辄止，那什么事都做不成，那样就会像俗语说的："又开药铺又打铁，件件生意都不热。"所以还需要"志凝"，需要把精力和心思集中到一个志向上来，这个志向就是自己的"正位"，一旦人生准确定位，锁定目标，就要用"咬定青山不放松""不到黄河心不死"的坚韧不拔的精神来实现志向，志指引的方向就是命运行的方向，这就是"凝命"，这就是命运。

有一次，孔子到楚国去，路上看见一个驼背老人正用竿子粘蝉，就好像在地上拾取一样，孔子说："先生真是巧啊！有什么门道吗？"驼背老人说："我有我的办法，经过五六个月的练习，在竿头累起两个丸子而不会坠落，那么失手的情况就很少了；叠起三个丸子而不坠落，那么失手的情况十次不会超过一次了；叠起五个丸子而不坠落，也就会像在地面上拾取一样容易。我立定身子，犹如临近地面的断木，我举竿的手臂，就像枯木的树枝；虽然天地很大，万物品类很多，我一心只注意蝉的翅膀。从不思前想后左顾右盼，绝不因纷繁的万物而改变对蝉翼的注意，为什么不能成功呢！"对此，孔子深有感慨，他说：

> 用志不分，乃凝于神，其痀偻丈人之谓乎！
>
> ——《庄子·外篇·达生》

运用心志不分散，高度凝聚精神，用一个成语来说，就是聚精会神，说的是这位用竹竿粘蝉的驼背老人，但何尝不是说给我们每个人听的至理名言呢？

《荀子》所说的"目不能两视而明，耳不能两听而聪。"《阴符经》所说的"瞽者善听，聋者善视。绝利一源，用师十倍"等，讲的都是"性痴志凝"。

　　台湾傅佩荣先生在《人性向善》一书中有这么一段话："经常有人问我：平常要教书，一年大约有两百场演讲，还不断写书出版，怎么会有那么多的时间？我的回答是，因为我努力做到'四不、一没有'：不碰政治、不上电视、不应酬、不用计算机以及没有手机。因为我'有所不为，才可以有所为'，把这些时间省下来，才可以专心从事教学、研究、写作以及演讲。"

　　举一个历史上的例子，大家都知道，所谓"苏门四学士"，就是苏东坡有四个特别优秀的学生，其中有一个人叫张耒。张耒做过太常少卿，相当于现在的中央纪检纪委书记和党组书记这个职位。他家隔壁有个卖烧饼的，五更鼓一敲完，这个卖烧饼的吆喝声就准时出来了。五更天是凌晨三点到五点，按理正是人睡得最熟的时候，但为了生计，不得不出摊叫卖了。后来张耒有感触，就专门写了首诗鼓励他儿子，诗曰：

> 城头月落霜如雪，楼头五更声欲绝。
>
> 捧盘出户歌一声，市楼东西人未行。
>
> 北风吹衣射我饼，不忧衣单忧饼冷。
>
> 业无高卑志当坚，男儿有求安得闲。

——《示秬秸》

　　"城头月落霜如雪"，城头上的月亮落下来了，"霜如雪"，什么时候有霜啊？初冬。说明天气很冷。那个银色的月光，一照那个霜啊，就好像地面下了雪一样。"楼头五更声欲绝"，那个钟楼敲了五更鼓的声音刚刚结束，这里指的是凌晨三点，这个卖饼的就出来吆喝了，就"捧盘出户歌一声"，他老兄三点钟准时出来卖早点。但"市楼东西人未行"，街上没有人，还没有人出来。"北风吹衣射我饼"，北风就是冬风，就是寒风的意思。这个同样的北风，吹到衣服上叫"吹"，吹到饼上，他要用"射"这个词。感情程度就不一样。为什么用词不同，一个用"吹"一个用"射"呢？因为他"不忧衣单忧饼冷"，不担心衣服穿得薄，而担心不能为顾客提供热饼，你看一个卖饼的心思。最后两句话很要紧："业无高卑志当坚"，业就是工作。工作没有高低贵贱，关键要有持之以恒的志气和决心。王阳明有两句诗说得好："贤圣可期先立志，尘凡未脱漫言心。"（《忆别》）虽然只是个卖饼小哥，但这辈子却坚定不移地立志要把饼子卖好，一样能成圣成贤。"男儿有求安得闲？"怎么可以说我有什么清闲的时间？我现在听到一些人说，这个时间要怎么打发，我就冒出一个念头，时间是可以来打发的吗？时间是可以来消磨的吗？我们时间都不够用的，他居然要打发时间。我们经常提一个词叫暴殄天物。最大的天物是谁呀？是我们自己。我们好不容易活一辈子，过几十年就没了，绝对的天物，不要白白浪费。好好的青春，好好的年华，最后被浪费掉太可惜了！"安得闲"哪里有那么空闲的时间？一个卖饼的都可以做到这样，是不是可以给我们大家在工作生活上有一些启发？

知止的智慧

人生其实三个字就讲完了，即"上、止、正"。水往低处流，但是人是要往高处走的。可人生在上升的过程中，一定要懂得知止。止者，置也，所谓知止就是找到属于自己的位置，这个位置就是自己一辈子要坚守的"一"，止一为正，这样人生才会"正"，人才会走向正途。

《周易》里面有一句话说：

> 乾道变化，各正性命，保合太和，乃利贞。
>
> ——《易经·乾卦·象传》

"乾道变化"，就是整个宇宙的变化；"各正性命"，就是每个事物都有它适当的位置，也就是天命，譬如我当老师，就在教师的位置上好好教学，医生就好好在医生的位置上救死扶伤；"保合太和"，大家都有了适当的位置，就可以保持最完满的和谐，"太和"是最完满的和谐。"乃利贞"，"贞"者，正也。一切都在正的轨道上运转，事事通畅。

关于知止，《大学》里载：

> 诗曰："缗蛮黄鸟，止于丘隅。"子曰："于止，知其所止，可以人而不如鸟乎？"
>
> ——《礼记·大学》

意思就是说，一只黄雀都知道止在山冈上，难道人还不如鸟吗？明代刘伯温在《郁离子》里面讲："人无问智愚，惟知止则功完而不毁。"无论什么人，只要能找到属于自己的位置，懂得知止，都可以成就功业。

散文家冰心的祖父谢子修在书房悬挂了这样一副对联：

知足知不足；

有为有弗为。

上联的第一个意思是对形而下的物质要懂得知足。关于知足，明代官员杜静台写过一副对联：

无求胜在三公上；

知足尝如万斛余。

——李乐《见闻杂记》卷之五

意思是，无欲无求，堪比三公自在；知足常乐，胜有万斛余粮。

谢家对联上联第二个意思是，对形而上的道要不知足，要一辈子坚守。清代孙承泽在《藤阴劄记》中说得好：

处世不可无知足心，不知足，有苦日而无乐日；

读书不可存自足心，一自足，有退境而无进境。

谢家对联的下联是另一个话题，我们在下一节讲。

有为有弗为

散文家冰心的祖父谢子修写的对联下联是"有为有弗为"。所谓"有为"就是做自己该做的事情，就是找到自己的位置，就是《礼记》中所说的：

在官言官，在府言府，在库言库，在朝言朝。

——《礼记·曲记》

"有弗为"就是《论语·泰伯》中所说的"不在其位，不谋其政"的意思，留点事给别人做，做好自己的本职工作就是最大的安分，也是最大的智慧。所以荀子讲：

大巧在所不为，大智在所不虑。

——《荀子·天论》

"大巧"其实就是熟能生巧，只专注做一件事而已；"大智"其实就是深思熟虑，没有分心考虑其他事情而已。这也就是孟子所说的：

人有不为也，而后可以有为。

——《孟子·离娄下》

三亚南峙公园古松下，有个石碑，碑上刻着这样一句话：

木以不材得终其天年，人因无为而事有所成。

第一句源自《庄子·外篇·山木》。意思就是说有的树因为不成材，才幸免于人类的刀斧之苦，从而自然成长到终年；第二句是说人因为不与他人争名夺利，做自己本分上的事，顺其自然，反而有所成就。

中国近代著名哲学家、思想家熊十力在《十力语要》中讲得好：

为人之道，志必欲高，而脚必欲低，两者不可任失其一。志欲高者，不昵于世间荣华，而尝存乎远大，不为物引，不为境移，超然万物之表。脚欲低者，审才智之所堪，得自处之善道，尽性安分，循实而行。唯有超然之志，故无出位之思焉。

佛教里有句话叫"人不为己，天诛地灭"。这里的"为"的读音与"围"相同，而不是读成与"卫"相同的音。很可惜，我们很多人往往会读错，然后拿这句话来作为个人自私的理论根据。这句话的本义是说，一个人如果不做回你自己，就天诛地灭了。佛说"天上地下，惟我独尊"，惟我独尊者，不自暴弃之谓也，此自得师之基也，岂妄自尊大之谓乎？

日本企业家松下幸之助在《人生心得贴》中说："让我们更认真地去思考自己与他人的不同之处，不要去模仿他人，而要凭自己的力量走好自己的道路，这才是通往幸福与繁荣的道路所在。"

作家贾平凹在《五十大话》中讲过这样一段话："当五十岁的时候，不，在四十岁之后，你会明白人的一生其实干不了几样事情，而且所干的事情都是在寻找自己的位置。造物主按照这世上的需要造物，物是不知道的，都以为自己是英雄，但是你是勺，无论怎样地盛水，勺是盛不过桶的。"

法国思想家罗曼·罗兰也曾说过："英雄就是做他能做的事，而平常人就往往做不到这一点。"这句话就是《庄子·列御寇》中所讲的：

　　圣人安其所安，不安其所不安，众人安其所不安，不安其所安。

　　庄子这段话讲得简单点就是，圣人心安理得，凡夫失魂落魄。

　　我常常问大家："人到底有没有灵魂？"好多人不知怎么回答。我的答案是肯定的，人是有灵魂的。但灵魂是什么呢？借用挪威人的一句谚语就是："人的灵魂表现在他的事业上。"就是我们这辈子来到这个世界上要找准自己的位置，这个位置就是我们的分，就是我们要奋斗的岗位，而这个岗位或者说事业就是我们灵魂诗意的栖息地。托马斯·摩尔在《心灵书》中说："当我们灵魂中独特的一面与我们所从事的工作相融合时，我们发现本性与勤奋结出的是甜蜜的果实，它可以医好一切创伤。"

　　我常常讲，什么叫压力？所谓压力就是灵魂和肉体的对抗。我们很多人干工作的时候，身体在干，灵魂一万个不愿意，因为那个岗位根本就不适合自己，只是为了糊口，干起来当然感到累了。

　　有的人一辈子干了很多工作，但可能不是自己喜欢干的，不是自己这辈子的志向，不过没有办法，人总要吃饭。就如唐朝大诗人岑参在《初授官题高冠草堂》中所言：

　　　　三十始一命，宦情多欲阑。
　　　　自怜无旧业，不敢耻微官。
　　　　涧水吞樵路，山花醉药栏。
　　　　只缘五斗米，辜负一渔竿。

　　大意是说，三十而立公务员，万丈激情快烧完。家无门路也无钱，普通岗位凑合干。五加二来白加黑，没有时间出去玩。只是为了混口饭吃，撑着苦干无休闲。

　　《凯尔特的智慧》一书中有句话很有启发，它说："工作是富有诗意的成长。许多对工作感到疲倦的人，从来没有给自己时间，或从工作中抽出时间，来让他们的心灵赶上步伐。"好多人只是使用了生命，但不曾享受生命。鸡蛋，从外面打破是蛋黄蛋清，从内部啄破是生命生机。人生亦是如此，从外面施加的是压力，从内部自发的是成长。当一个人等待别人来敲打时，那么他就注定是一个任人煎炸的鸡蛋，如果自我从内部突破，那么你就会发现自己的成长是一种新生。

一个人的工作是否值得尊敬，取决于他完成工作的精神而非行为本身。这里讲个故事，一天，有人问三个砌砖工人："你们在做什么？"第一个工人说："干什么？我倒霉啊，人家都在办公室喝茶看报纸，这么热的天，我还在这里砌砖啊。要养活老婆孩子啊！"这种人在有些单位其实还是有的，整天抱怨，哀叹自己的命运不好！第二个工人说："我正在赚工资。换钱花啊！工作不好找，凑合着干吧！"这种人有些单位也有，他们虽然也是心里叫苦，但是为了熬职务、评职称，都在苦苦支撑着，因为换了别的工作可能什么也干不了了！第三个工人说："我正在建造世界上最有特色的房子。"第三种人有些单位也是有的，他们不计较工资是不是绩效考核，不在乎什么荣誉奖项，只在乎工作本身，每天只充满激情地干着自己喜欢的工作。三种回答，使三个人的人生态度了然分明：第一个工人是为工作而工作；第二个工人是为赚钱糊口而工作；第三个工人则是为实现理想而工作。据说到了后来，前两人一生都是普普通通的砌砖工人，而第三个工人则成了杰出的建筑师。很多人把这个故事当成寓言来看，我却不这样看，我宁愿相信这是个真实的故事。很多人认为泥瓦匠这么苦的差事，一定是苦的，哪有第三种人？不，我相信，再苦的工作也能干出乐趣，平凡的岗位也可以干得出伟大的境界，陆九渊有两句诗说得好："易简工夫终久大，支离事业竟浮沉。"（《鹅湖和教授兄韵》）

孟子讲"人皆可以为尧舜"，不是说人人都能做像尧舜那样的帝王，而是说人皆可以达到像帝王尧舜那样的思想境界和道德境界，至于人生是否能成为帝王的尧舜，却因运势的不同而有不同的表现，也许你不会成为帝王的尧舜，但你成了某个行业的尧舜、某个地区的尧舜，甚至某个平凡岗位中的尧舜。比如说，你是个理发师，但你的精神境界与精湛的技术即使尧舜在你的岗位上也不过如此。同样你是个医生，你会成为医生岗位上的尧舜。你是个司机，你会成为司机岗位上的尧舜。帝王的尧舜实际上在他们没有成为帝王之前，在精神让渡的审判：托尔斯泰人心天堂焦虑集》中说："信仰既不是希望，也不是轻信，而是灵魂的一种特殊状态。信仰是一个人认识到他在世界上所处的地位而不得不去做某些事情……"日本企业家稻盛和夫在《活法贰：成功激情》中讲得好："有没有值得终生投入的工作可做，是人生幸与不幸的关键，但首先要找到工作的意义。"所以好多人学易经，都想学占卜来预测自己的命运。其实不用占，你这辈子只要能找到你一生要干的事情，你的命就定了。

不过需要提醒各位读者的是，"正位"不一定是"高位"，孔子在《易经·系辞传》中说道：

德薄而位尊，智小而谋大，力小而任重，鲜不及矣。

位置尊贵但德行浅薄，谋划很大却头脑空空，责任很重可能力不足，这样下去早晚会出问题。孔子的这段话就是提醒人们要懂得德要配位，位置高并不就代表品行高、智慧高和能力高，这些和位置没有必然的关系。明朝张令夷编了一本叫《迁仙别记》笑话故事集，其中一篇叫《矮坐头》。故事说："家有一坐头，绝低矮。迁公每坐，必取片瓦支其四足。后不胜其烦，忽思得策，呼侍者，移置楼上坐。及坐时，低如故。乃曰：'人言楼高，浪得名耳。'遂命毁楼。"这位迁老兄想通过改变位置的办法来达到改变事物本质的目的，令人可发一笑，可是细想想看，世上这样的迁公又何止他老兄一个？

台湾佛光大学艺术研究所所长林谷芳先生在《归零》中说："五十岁后，我更喜欢说的是，世上其实也只有两种人，一种是位子坐得对的人，一种是位子坐不对的人。毕竟，穿透纷繁外象看本质，会发现有些人之所以做错事，只因为位子坐得不对。所以说，现代人讲人际关系，常只强调人跟人的关系，实际不如先反观自我，看自己摆在什么位置。"各行各业都是平等的，没有高低贵贱之分。梁启超先生在《为学与做人》中讲得好："我常说天下事业无所谓大小，士大夫济天下和农夫善治十亩之田所成就一样。只要在自己责任内，尽自己力量去做，便是第一等人物。"

有人问我，他这一辈子怎么知道自己来干什么的？我的答案是，自己最清上、能力上已经在他们平凡的岗位上具备了与帝王岗位上的尧舜同样的道德与智慧。帝王、理发师、司机、医生仅仅是分工的不同而已。有些岗位在别人看来或许很平凡，对于自己却是天堂，因为灵魂在里面可以得到安宁！

至诚

《山海经》里精卫填海的故事，大家都耳熟能详：

> 发鸠之山，其上多柘木，有鸟焉，其状如乌，文首，白喙，赤足，名曰"精卫"，其鸣自詨。是炎帝之少女，名曰女娃。女娃游于东海，溺而不返，故为精卫，常衔西山之木石，以堙于东海。
>
> ——《山海经·北山经》

精卫是炎帝的小女儿女娃的精魂所化。女娃在东海边游泳，不幸淹死了。愤愤不平的女娃的魂魄就化成一只像乌鸦一样全身乌黑但头上有纹饰、白嘴、红爪的鸟，因为发出"精卫精卫"的悲鸣，所以被人们称为精卫鸟。精卫鸟每天都从西山衔着石头木块丢到东海里去，希望有一天能把夺走她生命的东海填平。

唐朝大文豪韩愈有一首诗专门赞扬精卫填海的这种精诚精神：

> 鸟有偿冤者，终年抱寸诚。
>
> 口衔山石细，心望海波平。
>
> 渺渺功难见，区区命已轻。
>
> 人皆讥造次，我独赏专精。
>
> 岂计无休日，惟应尽此生。

何惭刺客传，不著报雠名！

——《学诸进士作精卫衔石填海》

　　寸诚就是真诚、至诚的心。大家读《西游记》，孙悟空去学艺，那个菩提老祖住在"灵台方寸山，斜月三星洞"，这指的就是心。"鸟有偿冤者，终年抱寸诚"，是说精卫鸟为抱生前无辜被害的冤仇，以后生生世世就抱着一颗坚定至诚的心来填海。它"口衔山石细，心望海波平"，虽然每次口衔的石头很小，但一心盼望大海早日填平。"渺渺功难见，区区命已轻"，大海一望无际，扔进几个小石头根本于事无补，与之相比，生命太过渺小和短暂。正因为如此，才"人皆讥造次"，就是笑话精卫鸟太轻率，太自不量力，"我独赏专精"，只有我韩愈欣赏它这种专一的精诚精神。"岂计休无日"，精卫鸟哪里还会计较有没有休息之日呢？"惟应尽此生"，它唯一要干的，就把整个生命都拿来干这个事情。"何惭刺客传，不著报雠名"，精卫鸟信念如此至诚，意志如此坚决，《刺客传》上不载它的英名，它也毫不惭愧。

　　精卫填海的精神比《列子》里面记载的愚公移山的故事更让我们的心灵震撼，事实上愚公移山是对华夏民族的祖先在上古时期生产力低下的情况下，为生存而改造自然环境的一种不懈而顽强的努力的反映，不完全是神话，而精卫填海更多的是具有象征意义，代表了一种专注、执着、倔强、坚忍、永不屈服的精诚的信念和精神。不管是愚公还是精卫，他们这种明知不可为而为之的信念是我们中华民族历五千年而不衰的根本原因，用晚清诗人黄遵宪的两句诗来说就是："杜鹃再拜忧天泪，精卫无穷填海心。"（《赠梁任父同年》）

　　庄子讲过一句话：

真者，精诚之至也，不精不诚，不能动人。

——《庄子·杂篇·渔父》

　　精诚就是抱定一个信念，永远不动摇。我们现在常说，"精诚所至，金石为开"，就是只要诚信和努力到极致，也就是至诚，任何事情都能做成。《中庸》里至少三次提到至诚：

> 唯天下至诚，为能尽其性；能尽其性，则能尽人之性；能尽人之性，则能尽物之性；能尽物之性，则可以赞天地之化育；可以赞天地之化育，则可以与天地参矣。
>
> ——《礼记·中庸》第二十二章

> 故至诚无息，不息则久，久则征，征则悠远，悠远则博厚，博厚则高明。
>
> ——《礼记·中庸》第二十六章

> 唯天下至诚，方能经纶天下之大经，立天下之大本，知天地之化育。
>
> ——《礼记·中庸》第三十二章

三段话的字面意思分别是：

只有天下最为诚心的人，才能够完全发挥自己的本性；能够完全发挥自己的本性，就能够完全发扬别人的本性；能够完全发扬别人的本性，就能够完全发扬事物的本性；就可以帮助天地的演化和养育万物；可以帮助天地的演化和养育万物，就可以和天地配合成三位一体了。

诚心到极点就没有止息。没有止息就是长长如此，长久如此即有征显，征显多了就会影响深远，影响深远就会广博深厚，广博深厚就会高大光明。

只有天下的至诚，才能成为治理天下的崇高典范，树立天下的根本法则，深谙天地化育万物的道理。

怎么做到至诚呢？两个字："无妄。"《易经》中第二十五卦就叫无妄，"无妄，元亨利贞"，无论什么事情均专心致志，没有杂念，就亨通顺利。无妄，就是放下各种纷乱的情绪欲望，达到忘我无他的境界，从而顺化内外之物。理学家程颐在解释无妄卦时说："无妄者，至诚也。"能够做到无妄，才是至诚。清朝末代大学士、近代社会活动家江湘岚曾写过一副对联：

> 至诚从无妄二字做起；
> 众善皆不忍一念发生。

当年雍正皇帝也曾亲自为皇子们书写了一副对联以示教诲：

> 立身以至诚为本；
> 读书以明理为先。

中国现代思想家、诗人和书法家马一浮先生曾说："天地之道只是个'至诚无息'，圣人之道只是个'纯亦不已'。"譬如我们举孔子为例，孔子一生为了恢复周礼，可以说也是有一种明知不可为而为之的精卫填海精神，胡适有一首写孔子的诗："知其不可而为之，亦不知老之将至。认得这个真孔丘，一部论语都可废。"胡适虽然是打倒"孔家店"的急先锋，但必须说他对孔子的评价可谓技经肯綮，一语中的。

低调人生

北京大学中文系教授李零在《鸟儿歌唱：二十世纪猛回头》中说："读《老子》，我的正标题是'人往低处走'，副标题是'《老子》天下第一'。《老子》用妇女、小孩、玄牝、溪谷和水解释大道，都是强调低调。我是学古文字的，牝字的本义是'牛×'。低调，才是最牛的思想。"就如清代郑燮写的那首《竹》所言：

> 一节复一节，千枝攒万叶。
> 我自不开花，免撩蜂与蝶。

"一节复一节，千枝攒万叶"，表示有实力、真本事，所以说不是人人都能够活得低调，可以低调的基础是随时都能高调。"我自不开花，免撩蜂与蝶"，所以低调做人，只是不想沾惹不必要的麻烦而已。正如一句谚语所说的："水煮得越开，声音反而越小。"鲁迅先生说，猫比较有力量，所以它不叫，老鼠没有力量，所以它"吱吱"叫；大象很有力量，所以它的耳朵总是垂着的；兔子没有力量，它的耳朵老是翘起来。

南宋诗人范成大有一首描写蟋蟀的诗《蛩》，是这样写的：

> 壁下秋虫语，一蛩鸣独雄。
> 自然遭迹捕，窘束入雕笼。

"蛩"就是蟋蟀，也就是我们常说的蛐蛐。秋天的夜晚，蛐蛐在墙根底下鸣叫不停，其中有一只蛐蛐叫得尤其响亮。人们循着蛐蛐声音的方向，自然就将它抓住了，投入到事先准备好的漂亮笼子里，这只蛐蛐再无半点生气，呈现出一副颓废的窘态。太高调的下场就是最先被抓到。

爱新觉罗·毓鋆在《毓老师说人物志》中讲："儒家最高手是把肉埋在碗里吃，自己达到香的目的。达到目的，千万不要叫人感到你很愉快，会令人起反感。到手的东西，又何必显出来？"老百姓也有句谚语说得好："埋头汉，搭耳狗，口头不说心里有！"中国人讲"枪打出头鸟""出头的椽子先烂"，其实并不是教人们要滑头，做缩头乌龟，而是告诫人们要学会谦卑、低调，枪本来就打出头鸟，出头的椽子本来就是先烂的，因为太张扬太外露了。

毛泽东有一句有名的话叫作："卑贱者最聪明，高贵者最愚蠢。"这话是毛泽东为辽宁省安东市安东机械厂自力更生研制出我国第一台轮式拖拉机而作出的批示。其实毛泽东这两句的意思就是老子说的"大智若愚"的意思，也就是我们常说的"高手藏在民间"，越是低调不露头的人才越是真正有本事的人。俗话说："当了宰相不提权，亿万富翁不提钱；老将军不谈兵，老和尚不说禅。"其实这四句俗语表达的是一个意思，就是真正有实力的人常常表现得反而很低调、不张扬。这就是所谓的真人不露相，露相不真人。日本有句谚语叫"雄鹰藏利爪"，可以说低调是一种贵族精神！贾平凹在《说花钱》说："金口玉言的只能是皇帝而不是补了金牙的人，浑身上下皆是名牌服饰的没有一个是名家贵族，领兵打仗了大半生的毛泽东主席从不带一刀一枪，亿万富翁大概也不会有个精美的钱夹装在身上。"贾平凹的这段话是上面这四句俗语的生动注解。

春秋时期宋国大夫正考父是几朝元老，但是官做得越大，就越低调，《左传·昭公七年》这样描述他几次升官后的状态：

一命而偻，再命伛，三命而俯，循墙而走，亦莫余敢侮。

正考父三次受命，第一次是弯腰受命，第二次是鞠躬受命，第三次是俯下身子受命，循着墙根走，一次比一次谦卑，但即使这样，也没人敢轻慢他。

《吕氏春秋》中记载：

> 孙叔敖疾，将死，戒其子曰："王数封我矣，吾不受也。为我死，王则封汝，必无受利地。楚、越之间有寝之丘者，此其地不利，而名甚恶。荆人畏鬼，而越人信禨。可长有者，其唯此也。"孙叔敖死，王果以美地封其子，而子辞，请寝之丘，故至今不失。孙叔敖之知，知不以利为利矣。知以人之所恶为己之所喜，此有道者之所以异乎俗也。
>
> ——《吕氏春秋·卷十·孟冬纪·异宝》

孙叔敖是楚庄王时的宰相，以贤能闻名。孙叔敖在病死之前，告诫儿子说："大王已经封赏我土地好几次了，我都没有接受。这次因为我的死，大王一定还会封你土地，记住千万别接受良田沃土。楚国和越国之间有个地方叫'寝之丘'，这个地方很不吉利，名字（意思就是乱葬场）更是不好听。楚国人怕鬼，越国人迷信，所以谁都不会对这块地感兴趣，你要想长时保有一块土地，那就是这里了。"后来的事情也正如孙叔敖所料，楚王果然要赏赐孙叔敖儿子土地，孙叔敖的儿子谨遵父嘱只要寝之丘而身家得以保全。孙叔敖的智慧之处在于，他懂得不以大家公认的利益为利益，他喜欢的正是别人厌恶的东西，这样的人才真是有道者。

明朝政治家、文学家、思想家吕坤有一首《示儿》云：

> 门户高一尺，气焰低一丈。
> 华山只让天，不怕没人上。

吕坤刚正不阿，为政清廉，被誉为明万历年间天下"三大贤"之一。在儿子的教育上，他也很有心得，经常嘱咐儿子行事要低调，官位越高，气势要越低。你高还能高过华山吗？没见没多少人爬上去过吗？明万历年间，奢靡之风比较普遍，有人觉得在物质方面稍不及人，就愧耻得不行，认为低人一等，吕坤专门写了篇《知耻说示儿》，告诫儿子要知耻，他说：

> 凡人家子弟，宫室车马，衣服饮食，僮仆器用，事事要整齐华丽，丰美充足。你看那老成君子，宫室不如人，车马不如人，衣服饮食不如人，仆僮器用不如人，他却学问强似人，才识强似人，存心制行强似人，功业文章强似人。较量起来，那个该愧耻！
>
> ——吕坤《知耻说示儿》

吕坤告诫儿子，真正有本事的人，在"宫室车马，衣服饮食，僮仆器用"这方面无所追求，低调处事，而是把精力用在精研学问、广博才识、锻炼心性和文章练达上。

北宋的时候，衢州出了一位了不起的铁面宰相叫赵抃，因为为官清廉，死后谥号清献。赵抃一辈子为官清正，到成都上任的时候，一头驴，一把琴，一只鹤，穿着破旧衣服。那些地方官都知道"市委书记"要来了，都到接官亭去等啊，赵抃骑着毛驴就从旁边过去了。人都是看衣裳的，稍微穿得差一点，人就不大在乎了。大家一看一个普通老头算什么。就没有在意。后来才知道这个老头就是"市委书记"赵抃同志。后来赵抃退休了回到衢州的时候，就是现在的柯城区，大家围着他问：皇上平时怎么吃饭的？皇上一顿吃几个菜？平时都怎么坐车的？安保是怎样的？大家都很好奇。赵抃就写了一首诗回复大家：

> 腰配黄金已退藏，个中消息也寻常。
>
> 世人欲识高斋老，原是柯村赵四郎。

黄金就是黄铜，古时的官印是黄铜做的，"腰佩黄金已退藏"，意思就是我退休了；"个中消息也寻常"，用现在的话说是我知道的新闻和平常人是一样的；"世人欲识高斋老"，大家都想看看这个在朝廷中央做过宰相的人是什么样？"原是柯村赵四郎"，我就是那柯村的赵老四。这是一个当官的人应有的心态，一个做领导的退下来应有的低调平和的心态。

北宋官员李庆孙曾经写过一首《富贵曲》，里面有两句："轴装曲谱金书字，树记花名玉篆牌。"短短的两句诗，里面又是金又是玉的。宰相晏殊读到这两句诗的时候，直接骂李庆孙一副乞丐相。晏殊说真正的富贵是"梨花院落溶溶月，柳絮池塘淡淡风"（晏殊《无题》），哪里会提什么金玉之类的俗物呢。

我常开玩笑说，真正的老板常常穿布鞋，骑自行车，西装革履那是业务员。好多真正富有的人不仅不提钱，相反还相当节约。

中国近代著名的实业家、教育家张謇，状元出身，主张"实业救国"，他一生创办了二十多个企业，三百七十多所学校，为我国近代民族工业的兴起，为教育事业的发展做出了宝贵贡献，被称为"状元实业家"。然而他的生活却非常节俭，平常的衣服起码都穿了十年八年，有几件甚至穿了三四十年之久，袜子、棉袄都是补丁摞补丁，实在没有办法再补了，才换新的。他每天的伙食也很简单，除了来特别的客人会杀鸡宰鸭以外，平常就是一荤一素一汤。给人家回信用的信纸，就是用来信的反面。有的时候包药的纸也舍不得扔，拿来写便条或者当草稿纸。寒天就用酒瓶子做汤婆子，也就是现在所谓的"暖宝宝"。平时看到一个钉子、一块板子都拾起来收着。常有一句话挂在嘴边："应该用的，为公益用的，一千一万都得用；自用的、消耗的，连一个钱都得考虑，都得节省。"

被毛泽东称誉为"华侨旗帜、民族光辉"的陈嘉庚先生将千万资产无偿捐献给祖国支持抗战、兴办教育和慈善，自己的生活却极端节俭，他限定自己的伙食费每月十五元，平均每日五角，交代炊事员严格掌握不得超过，将每月节省下来的五百余元，全数投入集美学村的建设。元代孔齐在《至正直记》中讲："人生虽至富贵，但住下等屋，穿中等衣，吃上等饭。"然而陈嘉庚不仅住下等屋，用旧家具，一袭旧蚊帐破了再补，补了再补；穿旧衣服，一件棉背心已多处绽露出棉絮还舍不得丢掉；上等饭更没有，平时就是粗茶淡饭，无烟无酒；身边没有妻妾，没有亲眷，过着苦行僧式的生活。

　　王永庆（1916—2008）是中国台湾巨商，被尊称为"产业之父""经营之神"。他从一文不名的农家子弟，到亿万富豪，成为中国台湾重要的企业领袖。但"勤劳朴实"却是王氏家庭的家训。据中国台湾《联合晚报》报道，王永庆拥有世人称羡的财富，却是真正少见的"刻苦耐劳、超级勤俭"的大老板。他一生以工作为重，鲜少玩乐，节省是出了名的。王永庆的"勤劳、节俭、务实"是台塑集团从上到下一致的精神指标。

　　曾任清代道光朝军机大臣、陕甘总督的沈兆霖曾写了副对联在江苏无锡梅园的诵豳堂，结果被争相传颂和抄录，对联是这样的：

　　　　发上等愿，结中等缘，享下等福；

　　　　择高处立，就平处坐，向宽处行。

　　李嘉诚位于香港的办公室里也挂有这副对联。

　　清朝有个很有名的女诗人，叫蔡琬。蔡琬的父亲蔡毓荣为清朝的开国元勋，出身汉军正白旗，曾率绿营兵征讨"三藩之乱"，数次击败吴三桂，曾任绥远将军，官至四川总督、湖广总督、云贵总督。清朝江山定下来，蔡琬的父亲就皈依佛门，捐建了一个寺庙。蔡琬长大后，到她父亲曾经修的寺院里看，已经是一片荒凉了。蔡琬就写了这么一首诗：

　　　　萝壁蓬门一径深，题名曾记旧铺金。

　　　　苔生阶砌无香火，经蚀僧橱有蠹蟫。

　　　　赤手屠鲸千载事，白头皈佛一生心。

　　　　征南部曲今何在，剩有枯蝉响旧林。

　　"萝壁蓬门一径深"，寺庙的土墙上爬满了爬山虎等藤蔓植物；"题名曾记旧铺金"，"旧铺金"是个典故，读过佛经的朋友都知道，过去印度有个舍卫国，这个国里有个很了不起的大富翁，叫须达多。须达多乐善好施，你家里没有钱他给你钱，没有粮油送给你粮油，你是孤寡老人，他盖孤老院抚养你。

故而，须达多这个老先生被人家取了个雅号叫给孤独长者，就是连鳏寡孤独的人他都给予帮助，都施舍。有一年，佛祖乔达摩·悉达多，也就是释迦牟尼佛到舍卫国的时候，须达多本身善根就很深厚了，看到佛不得了，就皈依他。释迦牟尼佛没有地方讲经说法，须达多就决定找一个地方，建一座精舍，让佛在那里讲经说法，结果看来看去，看去看来，舍卫国太子的那片树林地最好，就找人跟太子商量想买下那块地给老师盖一个讲经说法的地方。太子无论如何都不卖，除非是黄金铺地才卖。给孤独长者听后，变卖家产真的是把一车一车的黄金敲成黄金叶片往地上铺。最后这件事情震动了太子，把这块地给了须达多，但树不卖，地上的树由太子供养佛。蔡琬父亲当年也是为了弘扬佛法，到老了也是皈依佛法，也专门发功德心建了寺庙，碑文上还刻了他父亲的名字。这就是"题名曾记旧铺金"；"苔生阶砌无香火"，台阶上都是青苔，走在上面都打滑了，说明好久没有人来过了；"经蚀僧橱有蠹蟫"，蟫，白色的小虫子，蠹蟫，就是书虫。僧橱里的书已经都被书虫蛀啦。"赤手屠鲸千载事，白头皈佛一生心"，想当年年轻的时候怀千岁之志向，赤手"屠鲸"，那么大一个帝国就给他征服下来了，但是由于杀人太多，最后老了就放下屠刀立地成佛。最后两句很感慨，"征南部曲今何在"，当年跟他的那些部下都去哪儿呢？"剩有枯蝉响旧林"，只有周围老树上的蝉还在不停地声声叫着。讲到这里，我想到了元朝宋无写的一首《老将》，诗曰：

> 杀气消磨暗铁衣，夜看太白剑无辉。
> 旧时麾下谁相问，半去封侯半不归。

将军老了不谈兵，高僧老了不谈禅。某寺庙有一对联云：

> 非名山不留仙住；
> 是真佛只说家常。

真正的得道高僧不谈禅论道，只说家常话，说普通人听得懂的话。历史上有些高僧甚至连家常话也不说，疯疯癫癫的。唐昭宗时期，秭归郡也就是现在湖北宜昌市，有个叫怀濬的僧人，不知道哪里人氏，虽然疯疯癫癫，但是知来藏往，皆有神验。刺史于幼以其妖言惑众而拘捕之。结果是一问三不知，怎么问家乡住处也不说，只是写了首诗给于大人，诗曰：

> 家住闽山西复西，其中岁岁有莺啼。
>
> 如今不在莺啼处，莺在旧时啼处啼。

结果于幼看不懂，又再次逼问，复有诗云：

> 家住闽山东复东，其中岁岁有花红。
>
> 而今不在花红处，花在旧时红处红。

于刺史一看诗，知道这位僧人是个高人，于是二话不说，一笑释之。

其实"老和尚不说禅"是想告诉人们，真正有才学的人是不会卖弄自己学问的，凡是卖弄的，一定是个"半瓶子醋"。

从前有个酸秀才要买柴，看到卖柴的就喊："荷薪者过来。"卖柴的没文化，不知道"荷薪者"是个什么意思，但"过来"二字明白，于是就担柴到秀才面前。秀才又开始掉文："其价几何？"因为卖柴的听到"价"字，猜猜大概是问价钱，于是就说了价钱。酸秀才想省俩钱，就说："外实而内虚，烟多而焰少，请损之。"他这段话的意思就是说这个柴里面不实，空心多，而且泛潮，烟多火少，要求卖柴的减价。可是卖柴的根本听不懂他在嘀咕什么，挑着柴火就离开了。有人就批评这个秀才太咬文嚼字了，不知道在搞什么东西。

过去还有个当官的下乡去，见到父老就问："近来黎庶何如？"他其实想问的是近来老百姓生活得好不好，可是父老并不知道他的意思，就说："今年梨树很好，就是个别被虫子吃了些。"这个当官的和买柴的秀才差不多。

讲到这里，其实我本人也闹过这个秀才买柴的笑话，有一次我到某县的广播电视大学给家长们做家风讲座，去的时候我带了一拉杆箱书去。那晚讲座氛围、效果都很好，最后结束的时候，我说如果大家对我的生活国学感兴趣，可以读读我的拙作，待会儿有需要的家长，我可以签售。可是那晚过来听课的家长大多数是出门在外的务工人员，本身文化程度并不高，他们并不懂得"拙作"和"签售"是什么意思，只看到我台上的书，于是大家一拥而上，把我的书抢了个精光，然后纷纷散去，现在想起来也觉得蛮有意思的。

诗人樊发稼曾经拟写过一封情书，专门来讽刺那些故作高深学问者："你优美绰约的倩影早已在我多元的多视角的多方位的具像群中美好地定格，并悄悄地嬗变为我心灵的立体对应物。我常常痛苦地呕心沥血地反思这样一个关系到我未来生存方式的至关重大的失误：缘何未能成功地及时向业已成为我爱的偶像的你淋漓尽致地多层次多侧面地揭示和披露早已潜藏于我深层意识中的爱的信息……"其实这封信的意思简单得很，就是"我爱你，请回信！"但有的人就是要故作阳春白雪状，把一些华丽的辞藻堆砌在一起来吓唬读者，不断地绕圈子以导致读者莫名其妙，不知所云。其实这样的做法不过是浅薄无聊的文字游戏而已，毫无意义，俗不可耐！

曾经有位博导在一次学术会议上对上面这种现象讲了一句老实话："我的学生最大的本事，就是把大家都明白的道理，说得大家都不懂！"

《管子》里讲"论卑而易行"，将高深学问讲得通俗，最难！国学大师南怀瑾先生就曾讲，真正的学问就是用家常话把别人搞不懂的东西讲给人家听，让人家听得懂，这也是他一生用功最勤的地方。

身怀宝刀不杀人

俗话说："失败是成功之母。"但常常成功也是失败的开始。我们看失败是成功之母，还可以联想到成功是失败之母，还可以联想到失败是失败之母，一败涂地，我们还可以想到成功是成功之母，乘胜追击，我们还可以想到你成功你的，我失败我的，我们都考试，我考了四十分，你考了一百分，我们各考各的，没有关系。

在这里，写两句话与各位读者共勉："失败的时候要忍无可忍，成功的时候要笑里藏刀。"前一句的意思是说，我们在失败、逆境当中，要忍受常人无法忍受的困苦，抱着希望好好地走下去，这样才能走出逆境，走向成功，就如歌德所言："希望是不幸者的第二灵魂。"美国政治家、开国元勋之一本杰明·富兰克林在《穷理查年鉴：一生必知的智慧箴言》中说："世界上最美好、最普通的两样是扬帆的船只和怀胎的女人。"因为这两样东西都满怀着希望！

"成功的时候要笑里藏刀"，大家不要误会，这个笑里藏刀其实跟阴险一点儿关系都没有。你看我们提到笑里藏刀就想到三十六计当中的一计，实质上笑里藏刀它也是禅宗的语言。什么意思？就是你成功的时候你可以笑，成功不笑那不正常嘛，但是里面要藏一把刀，但这个"刀"不是杀人的刀，不是害人的刀，而是我们的机锋，我们的锋芒，我们的锐气。很多人有一点小小的成就，他就笑啊，他就高兴得不得了，然后就把这把"刀"丢掉了，他的机锋没有了，他的锋芒没有了。你看得一张小小的奖状，他就一蹦三尺高，那这个人还有什么前途？用《庄子》的话说就是"道隐于小成"，我们往往就是在这些小成就面前，因为忘乎所以，就裹足不前了。富兰克林在《穷理查年鉴：一生必知的智慧箴言》中说："成功毁掉了很多人。"人们在痛苦时，往往显得比较敏感、谨慎，而在成功快乐时则显得比较迟钝、大意，就容易"大意失荆州"，所以在成功快乐时要保持心里的机锋，也就是用当年那颗初心来看待这个世界。

明代的时候有一个著名的裁缝叫厉成，京城里面的大小官员都喜欢穿他做的衣服。为什么？因为穿上他做的衣服，不但合身得体，而且能彰显自己的个性。有一天厉成快退休了，京城里面的所有的裁缝得知到这个消息，都堵住他的家门口不让他退休回老家。他们只有一个要求，要厉成把做衣服的秘诀讲出来。厉成说，做衣服有什么秘诀？量体裁衣就好了。那所有的裁缝都不答应。你会量体裁衣，难道我不会量体裁衣？为什么京城里面大小官员都喜欢你做的衣服，为什么？你老实交代，你不讲，你干脆不要回老家。厉成实在没办法，这才把秘密讲出来。他说，各位老兄啊，我做衣服和你们做衣服稍微有点不同。裁缝们就很惊讶，你做衣服跟我们做衣服有什么不同？厉成就说，你们做衣服只是量体裁衣，而我做衣服不但量体裁衣，我还要看他的工作年限。所有的裁缝都糊涂了，不理解做衣服跟工作年限有什么关系？厉成说有很大关系。他说你们看，一个人在刚刚上班的时候，是什么样子的？那是提胸的，那是梗着脖子的，那是天是老大，我是老二，那是盯着领导的位置看的。所以这种人到我店里面做衣服，那个昂首挺胸的样子，我就前面给他留得比较长，后面给他剪得比较短，他一挺胸，好像前后一样长的样子。但是工作三五年之后，意气也退了，锐锋也消了，感觉自己好像也不过如此，那么这个时候他气平了，再到我店里做衣服，我就前后给他留得一样长。等到他快退休了，见谁都比较客气了，为什么，因为暮气沉沉了，多多少少给自己留点后路，也不要得罪什么人了，就这样平平安安退休就算了，所以见谁都客气。这个时候他再到我店里面来做衣服，我就前面给他剪得比较短，后面留得比较长，他一低头前后就一样长。这个时候裁缝们才知道厉成这种惊人的观察。

我讲一个实际的例子。我是我们市警校的特聘老师，我给我们很多警察上过课，但是由于人数比较多，再加上我的记性也不是很好，所以说很多警察的名字也记得不太清楚。但是只有一个警察，我想这辈子也可能忘不掉。有一次我在警校上课，课间休息的时候，一个警察过来找我聊天，这个警察个头不高，黑黑瘦瘦，看起来也很淳朴，他告诉我他是××派出所的所长。他说有的时候派出所的工作真的不好干。我说为什么？他说案子比较多，任务比较重，工作时间比较久，工资比较低，压力比较大，他说自己有的时候真的不想干了，真的想辞职，甚至真的想骂娘。不过他话锋一转，但是，赵老师，每当我有这样情绪的时候，我晚上回家就干一件事情，让我老婆把我在警校读书时候的被子拿出来给我盖。他说：那床被子已经盖了十五年了，被我老婆缝缝补补也五六次了。每次盖上那床被子，我就在想，当年我在警校读书的时候，当初我入警的时候，我的想法和现在一样吗？我那时候嫌弃工资低，嫌弃工作时间久，嫌弃压力大，嫌弃案子多，嫌弃这些吗？好像没有。所以赵老师，很奇怪，每次只要盖完那床被子，第二天早上我一上班，我就感觉到又回到当年刚刚当警察的状态。我当时马上就挑起大拇指，我说你了不起，你真的了不起，这个叫什么？这个就叫《华严经》里所讲的"不忘初心"。

　　一个类似的例子，是一个法官跟我讲的，他说赵老师，六年之前我刚刚当法官的时候，上班的前一天，我就把那个法官的衣服穿上，对着镜子看着自己，然后我就告诉自己，我明天开始将是一个正直的人民法官，我要为人民服务，不管任何黑恶势力的压力。但是赵老师，六年过去了，我现在已经不敢照镜子了。我说为什么？他说我已经不认识我自己了，那是什么意思？就是他的初心已经变掉了。我记得一个老学者讲过一句话，他说一个人年纪很大了还走在他年轻的时候所选择的道路上面，那么这个人的人生就是圆满的。坚持自己，坚持初心，短期来看或许不行，但长期来看就是一种成功！一切都要维持那颗初心才对。记得还读过另外一句有哲理的话，我们最先衰老的从来不是容貌，而是那份不顾一切的闯劲。成功的时候要笑里藏刀，要保持那颗初心，保持那股不顾一切的闯劲，就如《诗经》中所说的："中心藏之，何日忘之。"（《诗经·小雅·鱼藻之什》）

　　"身怀宝刀不杀人"是非常美好的境界。美国著名影星米高·霍士在获得人生的第一座艾美奖的时候，兴奋地将奖杯带回去向家人炫耀，并很得意地将奖杯放在一楼大厅最显眼位置的桌子上面。等到第二天早上米高·霍士下楼吃早餐的时候，猛然看到父亲的桥牌锦标、母亲的滚球锦标、弟弟的拳击锦标和他的艾美奖并齐地放在一排，一家人在一起吃早餐的时候，什么话也没有说。后来，米高·霍士经常向人们说起："如果成功冲昏了我的头脑，我的家人总有办法让我保持清醒。"在成功时要保持一颗警醒的初心，保持一种刀锋似的锐意精神，这种刀锋似的锐意精神不会让我们在虚名浮利中迷失自我。人一旦迷失自我，身怀的就不是"宝刀"，那种得意的神态、骄傲的语言就可能是一把把伤人害己的"恶刀"。

日本企业家稻盛和夫就曾经三次把"要谦虚，不要骄傲，要更加努力"作为京瓷的经营口号。"骄"，《说文》称："马高六尺为骄。"引申：骄恣、骄矜、骄傲。一个"骄"字害尽多少人！被称为"现代法国小说之父"的巴尔扎克说得好："自满、自高自大和轻信是人生的三大暗礁。"记住，人在失意的时候得罪了人，可以在得意的时候弥补；然而人在得意的时候得罪了人，却很难在失意的时候弥补。

唐代有个诗人，叫章孝标，曾经八试未第，但此人诗才十分敏捷，因此也小有名气。有一年初春大雪，淮东（扬州）节度使李绅举办宴会，特别邀请了章孝标赴宴。这位李绅就是写那首著名的《悯农》诗——"锄禾日当午，汗滴禾下土。谁知盘中餐，粒粒皆辛苦"的那位。席间，李绅要章孝标以"春雪"为题赋诗一首。章孝标少年天才，酒酣耳热之际，略加思索便缓缓吟道：

> 六出花飞处处飘，粘窗着砌上寒条。
> 朱门到晓难盈尺，尽是三军喜气消。
>
> ——《淮南李相公绅席上赋春雪》

"六出花"指的是雪花，因为雪是多呈六角形，像花。诗的意思很简单，主要是赞扬李绅这个军区总司令手下的将士士气高涨，把一夜的春雪都化掉了。李绅听后喜上眉梢，对章孝标大加赞赏，劝这位屡考屡败的老弟再接再厉，来年再考。章孝标也备受鼓舞，回去之后便更加努力备考，后来果然进士及第，授校书郎。据五代时王定保所辑《唐摭言》记载，章孝标及第后，寄诗给李绅曰：

> 及第全胜十政官，金鞍镀了出长安。
> 马头渐入扬州郭，为报时人洗眼看。

——《及第后寄李绅》

这首诗所表达的得意之情溢于言表，说考上进士心喜欢，十个大官都不换。土鞍镀了变金鞍，马头高昂回家转。各位路人抬眼观，新科进士好好看。这使人联想到诗人孟郊当年登科后写的一首著名的七绝：

> 昔日龌龊不足夸，今朝放荡思无涯。
> 春风得意马蹄疾，一日看尽长安花。

——《登科后》

李绅收到信后大为光火，为了打压这个后生的高傲气焰，写了首诗回复章孝标：

> 假金方用真金镀，若是真金不镀金。
> 十载长安得一第，何须空腹用高心。

——《答章孝标》

意思是，真皮从不上油漆，上油漆的是假皮。复读十年才考取，心虚才要扩音器。

过去有这么一段话讲得好："佛只是个了，仙也是个了，圣人了了，不知了；不知了了，是了了；若知了了，便不了。"用通俗的语言解释就是，佛很平凡，仙很平凡，圣人就是因为觉得自己平凡，所以才不断精进，做出不平凡的事。倘若自命不凡，那才是真的平凡；倘若晓得自己平凡，那就不平凡。国学大师南怀瑾先生走的那一年，曾在弟子手上写下"平凡"二字。南先生曾在讲学中多次讲过一句话，他说人生差不多只干三件事而已，哪三件事？就是自欺，欺人，被人欺，仅此而已。我们社会上自欺欺人的事情简直太多了，熊十力在《十力语要》中讲了一句老实话："吾老矣，唯觉人生不自欺诚难。"

我常讲，其实一个人晚上回家，躺在床上好好掂掂自己的分量，我敢说，没有一个人有资格骄傲的，人站起来不过一竖，躺下去不过一横，和宇宙大自然相比，该知道自己有多大，实在不必作践别人，更不必作践自己。禅门道学祖师达摩来到中国，别人问他："去干什么？"他回答说："找一个不骗的人！"人能够不骗，能够本本分分、如实如是，便是在真理上了。人一在真理上，有知识或智慧的，就不会自以为是，就不会违犯孔子所强调的"四毋"（毋意、毋必、毋固、毋我）了。正如作家老舍先生所说的那样："一个真认识自己的人，就没法不谦虚。谦虚使人的心缩小，像一个小石卵，虽然小，而极结实。结实才能诚实。"

其实一个人越有学问，越是取得大成就，他反而会越谦卑。著名学者钱锺书先生为人谦虚坦诚，从不摆大学者的架子。年轻人有问题向他请教，钱先生也总是热情地给予解答。他在赠书上常常签上"钱锺书敬奉"。有一次，一位名叫吴庚舜的青年写了篇关于《长恨歌》的论文，请钱先生指导。据说钱先生花了大量的心血帮助修改，后来吴庚舜恳请钱先生共同署名来发表这篇论文，钱先生在年轻人的再三请求下，答应署一个叫郑辛禹的笔名。钱锺书所署这个笔名有何缘由呢？原来，在《百家姓》中，"郑"在"吴"之后；在天干地支中，"辛"在"庚"之后；在古代圣贤中，"禹"在"舜"之后。合起来的"郑辛禹"，意思就是在吴庚舜之后。

民国艺术家李叔同先生，出家后法号叫弘一法师。但是弘一法师还有个自称的别号叫"二一老人"。"二一"是什么意思？第一个叫"一事无成人渐老"，第二个是"一钱不值何消说"。弘一法师的意思就是，我这辈子一事无成啊，我已经老了，白活了。第二个"一"是一钱不值啊，我就是个臭皮囊，你们认为我是大师，我差得远了。一事无成，一钱不值，所以他给自己取个别号叫二一老人。弘一法师有一副对联很谦虚：

> 事业文章俱草草；
> 神仙富贵两茫茫。

弘一法师还有一联曰：

> 凡事须求恰好处；
> 此心常懔自欺时。

很巧，我刚才提到的南怀瑾先生，他在晚年的时候总结这一辈子的时候，他就用了八个字——"一无所成，一无是处"，就是说我这辈子没有所长，没有一样是对的。我觉得两位老人可以说都是"二一老人"。他们真的是一无所长，真的是一无是处，真的是一钱不值，真的是一事无成吗？不是！他们认识到自己的不足，他们不自欺，他们才讲这个话。不像有些人，稍微有一点点成绩还不能算成就，就开始翘尾巴，就开始教训别人，那叫好为人师。其实孟子早就提醒我们，"人之患在好为人师"。

"一个人，如果总是喜欢站着说话，连狗都不会理你。"这是我到江西讲学的时候，听当地老百姓说的一句俗话，其意思就是说："一个人，如果不肯放下自己的身段，老是端着架子，不要说身边的其他人了，就连狗见了，都不愿意理睬他。"我们和别人见面握手时，常常会很自然地弯腰，目的就是把自己放低一点，让别人显得高一点，这是礼仪的本质。安德鲁·卡内基的座右铭是："不要把自己看得过于了不起，除非你希望被别人咒骂。"记住《歌德的格言和感想集》中的那句话吧："如果一个人不过高地估计自己，他就会比他自己所估计的要高得多。"

一个年轻人去拜访一个大和尚，他就跟和尚讲，他说大和尚，我是很想进一步提高我的画艺，我会画画，但是我很苦恼。大和尚说你苦恼什么？他说现在已经没有人教得了我了。然后这个大和尚说，是吗，你画得那么好？年轻人回答说，那当然，山水花鸟人物随便。老和尚就讲，不要画那么复杂，你看，我这有个杯子，有个茶壶，你就画杯子茶壶就好。这年轻人心想，这个算什么。年轻人就画了一个杯子，一个茶壶，准备往杯子里倒水，然后这个水流出来，给人一种很动态的感觉，惟妙惟肖。他很骄傲地拿给老和尚看，说大和尚你看一看，画得怎么样？老和尚一看，哎呀，年轻人，画错了，不对呀。年轻人说你这老和尚糊涂，怎么不对呢，哪里画错了？他说这个杯子应该在上面，壶应该在下面。年轻人就笑了，你老糊涂了吧，哪有杯子画在上面，壶画在下面，那个水怎么往里倒？难道要把杯子里面的水倒到壶里面吗？老和尚说：对呀，你也知道这是不对的，你呀，现在和这个状态是一模一样的。你是杯子在上面，把茶壶踩在脚底下，茶壶还怎么往杯子里倒水呀。就是说你已经感觉到自己很满了，很傲了，水怎么往里倒。年轻人才恍然大悟。

何以成功

美国著名歌手鲍勃·迪伦说："一个人如果能从早晨起来到晚上睡下，其间都在干他想干的事，而且不愁衣食，那么，他就成功了。"所以有人说，成功=知道自己想做什么事+热爱自己所做的事+全力投入这件事。一个人如何才能获得成功呢？美国研究发现，94%的人是做自己擅长的能干的喜欢的事情，因为喜欢所以无须扬鞭自奋蹄，你就有很大的动力。日本本田汽车创始人本田宗一郎在《匠人如神》一书中说："我一生中，从未在自己不擅长的领域开拓过事业。即使在自己擅长的领域，也是要经过99%的失败，才能获得1%的成功。像我这样，哪怕是在自己擅长的领域，也会经常碰壁，更不用说在不擅长的领域了，那注定是要失败的。"

"世界上最伟大的事，"法国思想家蒙田说，"是一个人懂得如何做自己的主人。"所以一个人倘若想成功，首先要认识自己。科学家测定，一棵树再怎么长，也只能长到122～130米，不是大地撑不起它，而是树本身撑不起自己。树的成长与人的成事是同一个道理，不是只要努力了就一定能得到相应的回报。何况，你也许只是那一种只能长到几米的树呢。何况，你还可能选错了努力的方向和路径呢。

我们每个人都要清楚地认识自己，意思就是要找到自己的根，找到自己的本分在什么地方。这也是我们幸福的根源之所在。"本"字就是一个人背起一个十字架，下面那一横就是他这辈子的根，就是一个人所以成为他自己的本因。李白讲"天生我材必有用"，挪威剧作家易卜生曾说："你的最大责任便是把你这块材料铸造成器。"每个人来到这个世界上都要背起自己的十字架，意思是每个人来到这个世界上都要肩负起对这个世界的责任和担当，但是不能背错十字架，首先要找到自己的根，才能找准自己的十字架，因为那个十字架的分量对你来讲是刚刚合适的。

李开复是前微软公司的副总裁，IT行业的语音系统识别方面研究的专家，是计算机硕士、博士，他写了一本书《做最好的自己》。书中，他在介绍他的人生发展时有这样一段话："我刚进大学的时候想从事法律或者政治方面的工作。"因此他考的是哥伦比亚大学，哥伦比亚大学法律系在全美排名第三，非常有名。"一年以后发现我对法律没有兴趣，学习成绩也只是中等，但我爱上了计算机，每天疯狂地编程，很快引起老师同学的重视。大二的一天我做出一个重大的决定，放弃此前一年多在哥伦比亚大学法律系修成的学分，到计算机系重新开始。"很多人不理解他，告诉他改换专业会付出更大的代价，但他告诉自己"人生只有一次，不应该浪费在没有快乐、没有成就感的领域"，如果你对一个行业没有激情、没有热爱、没有兴趣，是不可能做好的。

试想这样的人会幸福吗？即使很富有，会有成功的感觉吗？清朝的纳兰性德，大家都知道，著名词人，出身满洲正黄旗，官二代，父亲是宰相纳兰明珠。纳兰性德本人才华横溢，十八岁就做了举人老爷，二十二岁中了二甲进士，后来又受康熙皇帝赏识封为一等侍卫。按照我们普通人的想法，这样一个出身钟鸣鼎食之家，长于温柔富贵之乡，相伴大国天子的人，当是世界上最幸福的人，然而他三十一岁就过世了。为什么会这么早离世？一辈子没有做自己喜欢做的事，没有实现自己的立功立德的远大抱负，大概是其中一个很重要的原因。纳兰性德的知心好友顾贞观曾说纳兰性德是："所欲施之才百不一展，所欲建之业百无一副，所欲遂之意百不一酬，所欲言之情百不一吐。"纳兰性德自己也曾经写诗吐露：

　　　　我今落拓何所止，一事无成已如此。
　　　　平生纵有英雄血，无由一溅荆江水。

——《送荪友》

各位读者或许会说，做个一等侍卫不是挺好的吗，天天可以见到老百姓可能一辈子都见不到的皇帝，那还有啥好发牢骚的。其实纳兰性德太明白一等侍卫这种职务的工作实质了，清太祖努尔哈赤初兴之时，满洲大汗的侍卫就是由家丁或者自称奴才的奴仆来担任的，后来虽然由宗室、贵勋子弟来充任，但本质依然就是个打更听差的活计，随时听候皇上差遣驱使，是皇家的奴才。在纳兰心中，做个皇家侍卫，深入禁廷，实质上与困囚于笼中之鸟无异，难以施展自己的抱负，无法做自己真正喜欢做的事。他曾在一首《咏笼莺》中表达过这种壮志难酬的悲怆情绪：

何处金衣客，栖栖翠幕中。

有心惊晓梦，无计转春风。

漫逐梁间燕，谁巢井上桐。

空将云路翼，缄恨在雕笼。

"金衣公子"是黄莺的雅称，纳兰性德自喻为笼中黄莺，虽锦衣玉食，却被金锁银枷束缚着，每天恓恓惶惶、焦躁不安地被困在玉笼之中。虽然时常有冲破牢笼、飞向天空的梦想，无奈无计可施，就像中国台湾地区歌手赵传的一首歌的歌词说的那样，"我是一只小小小小鸟，想要飞呀飞却飞呀飞不高"，早就被人玩弄于股掌之间。真的羡慕追逐于平民屋梁之间的春燕，也眼馋饮水于百姓井台的桐花凤。看看自己空有一双翱翔云空的翅膀，却无法震碎雕笼，铿开金锁，只能默默地忍怨吞恨，抑郁而终。

唐朝大诗人岑参，有一首诗很有名，是这样写的：

三十始一命，宦情多欲阑。

自怜无旧业，不敢耻微官。

涧水吞樵路，山花醉药栏。

只缘五斗米，辜负一渔竿。

——《初授官题高冠草堂》

　　虽然是唐诗，但其反映的心理状况和现代人几乎是一样的。岑参说，我到了三十而立之年才谋得朝廷任命，当官的热情已经消磨殆尽。但我祖上没有什么产业，所以不敢嫌弃这微小的官职。看到涧水吞没了采樵的小路，美丽的山花醉倚在药栏，我就不由得感慨，只因为这五斗米的官俸，我竟然不能在这青山绿水里架起一根小小的钓竿。

　　这首诗其实就八个字就可以总结，叫"俗务相绊，未得清闲"，换句话说为了饭碗，牺牲了娱乐休闲时间。这是多么真实的情形，我周围的很多朋友真的就忙成这个样子，根本没有时间休闲。好多人都在言说焦虑、忧郁、忙碌。曾经读过一本很打动我的小说《我们无处安放的青春》，说它动人，就在于"无处安放"这四个字，道出了这个时代焦虑与内心动荡的实质。

　　我们现代人每天都生活得很忙碌，一代红顶商人胡雪岩曾讲要"人闲心不闲"，意思是内心充实，人却很闲舒、从容。现代人是刚好相反，是"人不闲心闲"，每天忙忙碌碌，内心却空落落的。有人无所事事，有人忙碌不堪。前者须熬时间来过日子，后者则抢时间来安排生活。现代人日益走的是第二条路，流行"无事忙"，结果由忙而盲，由盲而茫，一往无前，也一往无后，永远运动，也永远静止，就像在跑步机上跑步。所谓"忙"就是"心亡"，表示"心不见了"。一个无"心"的人，就是一个只知道按照程序忙碌的机器人。当一个人"心不见"的时候，逐渐就会变得很"盲目"，"盲"就是"目盲"，就是表示"眼看不见了"，也就是对很多事情变得很麻木，对很多事情变得"视而不见"。但一个人变得很麻木的时候，他就会感到"茫然"，内在的自我就不见了，失去了自我。这个时候，我们往往就只知道"我有什么"，而不知道"我是什么"了。但是很遗憾，"我有什么"并不等于"我是什么"。前者是一种向外的人生，是一种涂饰的人生；后者是一种向内的人生，是一种洗刷的人生。通常我们都认为，"我有什么"就是"我是什么"，但实际上你"有"的愈多，你"是"的可能就愈少。"有"跟"是"有时成反比，你拥有的是外在的，拥有的愈多，内在的自我往往愈茫然，不知道所拥有的是不是自己真的想要的，就像北宋易学大师邵康节写的一首诗那样：

> 水流任急境常静，花落虽频意自闲。
>
> 不似世人忙里老，生平未始得开颜。
>
> ——邵雍《天津感事二十六首其一》

其实，多么忙不重要，为什么忙才重要。蜜蜂整日忙碌，受到赞扬；蚊子不停奔波，人见人打。周国平先生在《人生哲思录》里说："对于忙，我始终有一种警惕。我确立了两个界限，第一要忙得愉快，只为自己真正喜欢的事忙，第二要忙得有分寸，做多么喜欢的事也不让自己忙昏了头。"

《孟子》一书中提出"天爵"和"人爵"的概念，这里我借用一下，所谓"天爵"就是你的天资禀赋，你最适合干什么。周国平在《人生哲思录》中说："真实的、不可遏制的兴趣是天赋的可靠标志。"天爵是内在的。而人爵就是社会所认可的外在东西，譬如职称、学位、职务等。很多人说，赵老师你好自在，每天读书、讲学，干自己喜欢干的事情。我说，你们只看到我自在，你们哪里晓得我丢了人爵，而充分发挥了天爵，我从小就希望有朝一日可以教书，甚至觉得自己天生就是教书的，觉得自己只适合教书。

周国平先生在《人生五十个关键词》一书中讲过："最好的职业是有业无职，就是有事业，而无职务、职位、职称、职责之束缚，能够自由地支配自己的时间，做自己喜欢做的事。"周国平先生在另一本书《人生哲思录》也说过类似的话："一个人不论伟大还是平凡，只要他顺应自己的天性，找到了自己真正喜欢做的事，并且一心把自己喜欢做的事做得尽善尽美，他在这世界上就有了牢不可破的家园。于是，他不但会有足够的勇气去承受外界的压力，而且会有足够的清醒来面对形形色色的机会的诱惑。""我走在自己的路上了。成功与失败、幸福与苦难都已经降为非常次要的东西。最重要的东西是这条路本身。"

央视《第一时间》曾报道：英国74岁的老人布莱恩默默无闻地做了一辈子的园丁。某天，他买的彩票中了2500万英镑的大奖。记者问："你会拿这些钱做什么？"老人的回答出人意料："我要用一部分钱雇一个胡萝卜专家，学习种胡萝卜！"原来，他一直想在菜园里种胡萝卜，但多年来都未成功，这成了他的一块心病。现在有钱了，他要实现自己的这个梦想。布莱恩因此被评为"最敬业的园丁"。照片上，老人白西装，白头发，精神矍铄，左手拉着爱妻，右肩扛着他的"老伙计"——四齿钉耙。他和妻子都在笑，是那种热情、积极向上、极具感染力的笑。钱多了不代表快乐，但拥有了自己热爱的工作一定是快乐的。布莱恩懂得自己真正喜爱做的是什么，所以感到特别满足和幸福！

"老干妈"陶华碧，这位在街边摆小吃摊起家的大妈，在1996年用自己的积蓄创立了辣椒制品品牌"老干妈"，产值也达到了上百亿的人民币。各种投资机构几乎都踏破了"老干妈"的门槛，但是陶华碧都拒绝了，她坚持自己的"三不原则"：不贷款、不融资、不上市。陶华碧只有一句话回答大家："我只晓得炒辣椒，我只干我会的。"

有时候课后学员也会向我抱怨，说赵老师，其实我们也想像您这样洒脱地生活，但是现实生活不允许啊。其实学员的抱怨我是可以理解的，因为这不是一个新问题。被日本人尊称为"国民大作家"的夏目漱石先生在他的小说《草枕》一书中曾经有这么一段文字："用智，易棱角毕露。随情，多身不由己。固执己意，总身陷困境。盖此，人世间，居不易。"这句话就是说，如果我们一味按照大多数人的想法去生活的话，就只能走一条随波逐流、自甘堕落的人生道路。但是，如果我们想要完全按照自身意愿来选择人生道路，则又会因为棱角过于鲜明而处处举步维艰。

薪尽火传

有一个成语，大家应该都知道，薪火相传，但估计很多人都不清楚，这个词出自《庄子·养生主》中的一个故事——"秦失吊丧老聃"。我们在前面第一章谈到过这个故事。秦失是老子的朋友，老子死后，秦失去吊丧，"三号而出"，就是感觉像走个形式，老子的弟子就有点不高兴，就问秦失，他这么敷衍地吊唁老朋友是不是不太合适？秦失就说，一开始我以为你们是老子的得意门生，尽得老子真传，现在看来，你们跟你们的老师比差得太远了。老子来，是顺时而来，老子去，是应势而往，一切都是天道。接着秦失就说出了下面这句著名的格言：

> 指穷于为薪，火传也，不知其尽也。
>
> ——《庄子·内篇·养生主》

"指"在这里可不是手指的意思，而是脂，烧火用的油膏。上古时期，我们的祖先都是聚群而居，一大家族人共用一堆篝火，这堆火就是全族人的生命之火，为了保护这堆火，部落首领指派专人来维护和保护，这就是祝融氏。当家族发展到一定程度，有人要另立门户的时候，他就带上自己的亲眷，再带上从家族大火堆里分出的火种，离开家族另谋新居。所有家族的发展遵循的是同样的模式。随着一代又一代，一个又一个火种的分出，也就意味着部落、氏族的血脉和文化在不断传承。这就是薪火相传的意义。

秦失说，你们的老师老子人不在了，但是他的精神会一代代传承下去，永远不会有结束的那一天。事实上也的确如此，在两千五百多年后的今天，全世界不知有多少人是老子哲学思想的信徒，当年那点星星之火，早已成了一片广袤无垠的火海。

1982年，美国哥伦比亚大学赠送冯友兰先生名誉文学博士学位，冯先生在出席赠送学位的仪式中，发表了一篇答词，并作了一首诗，其中有两句是：

智山慧海传真火，愿随前薪作后薪。

这两句诗后来被广泛用于文化单位新官上任、旧任离职的演讲词中，甚至文化人的葬礼悼词中，表达的仍然是人不在位，精神流传的意思。

国学大师饶宗颐先生曾有这么一首诗：

水彩山容尽敛光，灵薪神火散余香。
拈来别有惊人句，无鼓无钟作道场。

饶宗颐先生谦虚地说，他笔下的山光水色都是淡墨轻彩，飘逸轻灵，他只不过是把古人传下来的作画手法加以继承和光大而已，作画时心无定势，不落窠臼，没有执着，下笔自然随意，信手拈来，无处不是风景，无处不是道场。

不管是薪尽火传，还是薪火相传，核心在这个"传"字上。传的本意是古代各地传送信件和公文的驿车，其工作方式就是一站一站传递。传承，就是承于上，传于下，上一代人要做好的是对下一代人的提携与培养，下一代人要做好的是对上一代人交接下来的文化精神进行继承和发扬，正所谓"长江后浪推前浪""青出于蓝而胜于蓝"。

唐朝诗人刘禹锡有两句诗：

芳林新叶催陈叶，流水前波让后波。

——《乐天见示伤微之敦诗晦叔三君子皆有深分因成是诗以寄》

　　这说的与"长江后浪推前浪"是一个意思。唐朝著名诗人李商隐，有个外甥叫韩偓，是个神童，十岁就能作诗，李商隐对此激赏不已，他写诗道：

　　十岁裁诗走马成，冷灰残烛动离情。

　　桐花万里丹山路，雏凤清于老凤声。

　　——《韩冬郎即席为诗相送一座尽惊他日余方追吟连宵侍坐裴回
　　　　久之句有老成之风因成二绝寄酬兼呈畏之员外·其一》

　　李商隐赞叹韩偓学识出众，像东晋时大将军桓温的书记官袁虎一样，才思敏捷，倚靠着战马就能起草文件，立等可取。最为著名的是最后两句，他把韩偓比喻成雏凤，认为他的势头已经盖过他们这些老学究，前途一片光明。此后，雏凤就成了年轻优秀后学的代名词。

　　在提携后生这方面，杰出的政治家、文学家范仲淹堪称典范。范仲淹曾在睢阳（今河南省商丘市南，宋改南京）掌管府学，就是官办学校的校长。有个孙姓秀才有一次直接上门请范仲淹接济，范仲淹也很客气，赠送了一千个老钱给孙秀才。结果第二年，这位老兄又来上门求接济，范仲淹又送了他一千个老钱。范仲淹就问："这样辛苦讨钱所为是何？"不问还好，范仲淹这么一问，孙秀才悲从中来："家有老母在堂无法供养，倘若一天有一百个老钱，日子也就得过了。"范仲淹就说："我看你老弟说话做事不像个要饭讨钱的，这两年来这么东讨西要，能得几个老钱啊，大把的读书时间都浪费了。如果我让你到我这里读书，就按你说的，一天一百个老钱，一个月给你三千个老钱，你能安心读书学习不？"孙秀才一听大喜过望，赶紧叩头谢恩。于是范仲淹专门教他《春秋》，而孙秀才笃学不舍昼夜，为人也谨慎小心，范仲淹很是满意。结果第二年由于范仲淹调离睢阳，孙亦辞归。十年之后，他听说泰山下有孙明复先生以《春秋》教授学者，此人道德超迈，朝廷遂将其召至太学，结果正是过去向范仲淹讨钱的那位孙秀才。范仲淹感慨地说："贫困实在是一种可怕的灾难。倘若孙复一直乞讨到老，这杰出的人才岂不湮没沉沦？"

清朝赵翼有一首《论诗》，可谓妇孺皆知：

> 李杜诗篇万口传，至今已觉不新鲜。
>
> 江山代有才人出，各领风骚数百年。

一代代的人才辈出，一代代的薪火相传，才有了中国文化历五千年而不衰的奇迹。

一百多年前，著名的思想家、外交家黄遵宪曾写信寄六首诗给梁启超，其中一首是这样说的：

> 列国纵横六七帝，斯文兴废五千年。
>
> 黄人捧日撑空起，要放光明照大千。

六七个帝国主义国家在我们面前嚣张跋扈，面对的是一个经历了五千年兴衰荣辱的文明大国。黄种人一定会国运重启，如赫日当空，到时普天之下都将是一片光明。

这首诗虽然写于一百多年前，但是放在今天，依然有其非常重要的现实意义，在全面复兴中华优秀传统文化的今天，我们作为国学的传播者，也应该接着"捧日撑空起"，继放"光明照大千"，薪火相传，就如明代王阳明那两句名言所讲："须怜绝学经千载，莫负男儿过一生！"

文饰人生

常常有人把社会形容成一个大染缸，把每个人都染成五颜六色。其实社会是染缸倒未必，但每个人在社会中生活，为了适应这个社会，多多少少要主动地或者被动地社会化倒是真的。所谓社会化就是我们本文要说的文饰，文饰如果再讲得土一点就是包装。每个人都自觉不自觉地把自己最美好的一面文饰起来展示给他人看，把不是很好的一面遮掩起来。其实不要说成人了，就是小孩子年龄稍微大一点，就下意识地开始有文饰的行为了。

文的本义是交叉的线条，这种图形在自然界中到处可见，是汉字最原始的字形基础。后来演变成物体或动物身上的纹路、纹理、花纹的意思，再后来就有了表面能看得到的图案、外在形象的意思。与文相对的表示内在的根本的词，就叫质。相信大家都听过文质彬彬这个成语，这个词是孔子最先说的，据《论语》载：

子曰：质胜文则野，文胜质则史。文质彬彬，然后君子。

——《论语·雍也篇》

意思很简单，朴实胜过文饰显得没有教养，文饰超过朴实显得太过浮夸，只有质朴和文饰配合适当，才可能成为君子。

要说"质胜文则野"，用来说魏晋时期的文人恐怕是最合适的。这个时期，正处在一个中国历史上的大动荡阶段，南有曹魏、司马晋的王朝迭代之争，北有五胡纷乱、华夷血并；在华夏文化圈内部，还有传统世家大族和新兴庶族力量之间的明争暗斗。文人士大夫只好选择一种表面看似荒诞不经、荒唐颓废、装疯卖傻、懵懂纯真、不修边幅、不拘礼法、狂放不羁、任诞放达、不谙世事、恃才傲物、纵酒寻欢、特立独行、介然不群的形象示人，美其名曰"魏晋风骨"。这样的人是不为封建礼法所容的，而这正是这些人所要达到的目的，就是借此来祛祸避世，躲避政治危机。

这样的人，我们可以远远地欣赏，甚至可以有一点点的羡慕嫉妒，但真让你像他们一样，"山公倒载"（山简）、"东床坦腹"（王羲之）、"窃玉偷香"（韩寿）、"侧帽风流"（独孤信）、"扪虱问道"（王猛）、"脱衣裸形"（刘伶）、"醉卧邻妇"（阮籍）、"死便就埋"（刘伶）、"对青白眼"（嵇康）、"率意独驾"（阮籍）、"雪夜访戴"（王子猷）等，你肯定受不了。

中国当今社会，应该说还是以儒学思想为根基的，儒家注重的就是前面提到的"文质彬彬，然后君子"，讲求内外兼修，修身养性。孔子的著名弟子子路死前，还用最后一口气把自己的帽子扶正，说明儒家的人非常注重自己稳重的君子形象。藏族格言集《萨迦格言》中有句话说："即便学问满腹，服装褴褛也会受人欺；蝙蝠虽有本事，没有羽毛就被鸟遗弃。"这是说，穿衣打扮这些文饰很重要。虽然重要，但也不能过分。所以《中庸》中讲："衣锦尚絅，恶其文之著也。""絅"是单衣或外衣。绣有花纹的锦衣外面加上单衣，是嫌花纹太显露了，因此来说明君子之道应韬光养晦，内蕴深藏不露。浙江宁海有个前童村，村口建了一个"着衣亭"，在外地做官的官员回到家乡时，到了村口，先在着衣亭把官服换成布衣，然后下马下轿步行进村，这就叫不忘本，外面虽然是"粗缯大布"，但肚里都是"文韬武略"，这就是文质彬彬。

古人云："服之不衷，身之灾也。"说的是服装不合适，会招来大灾，今日看来，虽不致招来大祸，招来小麻烦却有可能。年轻时，相信"美是一种竞争力"，关键词是时髦。年轻人文饰打扮很正常，但由于性格张扬，常会出现文饰过度乃至"文胜质"的情况。元朝江西有位叫聂碧窗的道士写过一首诗《哀被掳妇》：

当年结发在深闺，岂料人生有别离。

到底不知因色误，马前犹自买臙脂。

意思是说，因为战乱，小媳妇与丈夫离散，漂亮的她被土匪抢走了，半路上看到有人在卖胭脂，她居然在土匪马前还去买胭脂。这个时候还能想着美颜美妆，心也是够大的，或者相反，说她没心没肺也不过分。

希腊神话中有一个故事，一位美少年纳西斯自己羡慕自己的美，常伏在井栏上俯看水里自己的影子，愈看愈爱，就跳下去拥抱那影子，因此就落到井里淹死了。其实我们都有几分"纳西斯病"，太过自恋而不自知。有些年轻人要面子，不惜代价来文饰包装自己，很多是死要面子活受罪。譬如我曾在网上看到一篇报道，当年苹果4手机在中国市场刚刚出现的时候，一个十九岁的高中生为了得到这款手机，通过黑中介，联系到了湖南的一家地下医院，不惜以两万多的价格卖掉自己一个肾。最后手机得到了，但却落下个三级残疾，以致生活不能自理。

记得我在读硕士研究生的时候，我们学校门口有个补鞋的大叔，有一次我到他那里补球鞋，他问我一个月的生活费是多少，我说我是靠国家补助吃饭的，一个月两百五十六块钱，我还告诉这位补鞋师傅我不能为父母挣钱，但是可以为父母省钱。他睁大眼睛看着我，告诉我他的女儿也在读大学，一个月的生活费居然要一千多块钱，上个月买一个包就花了三百多。无独有偶，我现在住在一个社区的四层老楼里，我们家住一楼，二楼住着一位水电工。他告诉我们，他一个月干水电再加上其他一些杂活，每个月的收入大约六千左右，但是他在外的女儿每个月的生活费居然高达三千元，他说再这么下去真的吃不消了。今年过年的时候，我们看到了他的女儿，身上的衣服很时尚，染着一头西方黄，人也白白胖胖的，和她穿水电服干瘪黑瘦的父亲真是皂白分明，对比强烈。这两个生活中的实际案例使我想起了《萨迦格言》中说的："无钱又想衣着华丽，向人乞讨又要傲气，不懂经典又想争论，三者是众人的笑柄。"

我现在偶尔会在大学给大学生们开讲座，我常常告诉学生们，不要太注重外表的华丽，生活当朴素，需要把更多的精力用在自己内涵的提升上。年轻人还没有到享受的时候，也没有享受的资格，追求时髦没有错，但如果把主要精力都用在追求时髦上，那这样的人生就太浅薄了，正如德国音乐家舒曼在《舒曼论音乐与音乐家》中说的那样："一切时髦的东西，总会变成不时髦的。如果你一辈子追求时髦，一直追求到老，你就会变成一个受任何人轻视的花花公子。"

中年时，是人生的黄金时期，就是俗话说的正当年，是最有能力文饰包装自己人生的时候，但他们知道美是奋斗出来的，他们不会因为富足而张扬，这个阶段的人生关键词是得体。相反在物质满足的情况下，他们开始转向自己内涵的提升，就如托尔斯泰自述所说的："随着年岁增长，我的生命越来越精神化了。"换句话说，"外包装"不重要了，开始注重"内装修"了，正如德国哲学家康德所言："要评判美，就要有一个有修养的心灵。"我分析下原因，大概有二，一是物质基础打好了，自然就如《管子·牧民》中所言："仓廪实而知礼节，衣食足而知荣辱。"《人生哲思录》说："钱够花了以后，给生活带来的意义便十分有限，接下来能否提高生活质量，就要看你的精神实力了。"二是中年阶段是人在江湖，身不由己。面对复杂的人际关系，为了保护自己，常常要谨言慎行，把自己的内心严严实实地"包"起来，还要"装"出大家能接受的样子，所以活得很累。工作本身不累，就是心太累，有些烦恼和压力常常不足为外人道也，手机里面的号码几百个，却发现没有人可以倾诉，正如辛弃疾所言：

> 饱饭闲游绕小溪，却将往事细寻思。
> 有时思到难思处，拍碎阑干人不知。
>
> ——《鹤鸣亭绝句四首》其一

国学里面的很多内容是讲人性人生的，可以直指人心，于是很多压力大的，也是把内心包裹得最严重的中年人就选择来听国学课，来去除内心的"包裹"甚至是污垢，这也是人们常言所说的，一个人的面相仪态、举止动作受内心修为的影响。法国启蒙思想家卢梭在《爱弥儿》中写道："一个女人可以用化妆品来使她出一出风头，但要获得别人的好感，还是要依赖她的人品。"其实男人亦复如是。十九世纪英国作家拉斯金在《随笔录》中写道："除真挚之心灵外，再没有高贵的仪容。"通过学习国学清澄烦浊，内观到自己最本真的一面，然后带着真挚的心灵，把人性最光辉美好的一面运用到工作学习当中去，从"人心不同，各如其面"的凶狠狰狞修养到"佛心圆满，其面相当"的圆融和谐，当一个人做到了心灵澄净，法相庄严，利益社会的时候，谁能说这不是文饰的最高境界呢？

老年时，不分贫贱，芳华远逝，容颜不再，如唐朝杜牧有诗所说"公道世间惟白发，贵人头上不曾饶"（《送隐者一绝》）。人生已经洗净铅华，外素内朴，这时候人生的关键词是自然。明代时，杭州一位叫朱桂英的老妇曾写了一首"白发诗"：

> 白发新添数百茎，几番拔尽白生还。
> 不如不拔由它白，哪得工夫与白争！

这诗通俗易懂，又包含人生哲理。人老了，光怪陆离、丰富多彩的人生都通通历练过了，人生的诸种绚丽统统融化到了这根根白发当中，可以说足足"文饰"了一辈子，这个时候也该歇歇了。是时候摘下人生的种种面具，不需要再费神讲假话了。这时候做人既不会像年轻时那样横冲直撞，也不会像中年时那样谨小慎微，而是处处体现出一种没有矫饰造作的天真，给人一种光而不耀的恬淡之感，就如清代张潮《幽梦影》中的一首诗所言：

> 幽梦一帘花影深，清风明月露天真。
> 山川万物皆文史，阅尽沧桑自在身。

北宋文学家黄庭坚，有一邻居叫孙君昉，原是太医，经常为士大夫发药，多不受谢，性格豁达，淡泊名利，晚年过着俭朴的生活，一有空闲，便在自家小园里看花赏鱼，自号四休居士。黄庭坚请其解释"何谓四休"，此人笑曰：

> 粗茶淡饭饱即休，补破遮寒暖即休，
> 三平二满过即休，不贪不妒老即休。

衣、食、住平平常常，满足于已有的名与位。

休，宋朝口语，就是今天的罢休、罢了之意。"三平两满"应该也是宋朝时的约定俗语，三平就是衣、食、住平平常常；两满就是名与位都获得满足。三平两满，用我们今天的话说就是马马虎虎，过得去的意思。辛弃疾在《鹧鸪天》里有两句词，"百年雨打风吹却，万事三平二满休"，表达的也是同样的意思。粗茶淡饭，如苏东坡所说"雪沫乳花浮午盏，蓼茸蒿笋试春盘，人间有味是清欢"（《浣溪沙·细雨斜风作晓寒》），吃饱就好；粗缯大布，如金朝诗人朱之才所说，"粗布可以御冬，不必狐貉蒙茸"，能御寒遮丑就好；日子过得平平淡淡，"但愿吾儿愚且鲁，无灾无难到公卿"（苏轼《洗儿》），儿女绕膝，含饴弄孙就好；不贪不妒，"为善无近名，为恶无近刑"（《庄子·内篇·养生主》），尽享天年就好。

如果说年轻时会"因色误"的话，老年时就会悟出"色即是空"。南宋禅僧绍隆写过一首诗《槿花》，诗是这样的：

> 朱槿移栽释梦中，老僧非是爱花红。
> 朝开暮落关何事，只要人知色是空。

其实不只是僧人，普通百姓到了垂老之年，也是"白发渔樵江渚上，惯看秋月春风"（杨慎《临江仙·滚滚长江东逝水》）了，对什么都不在意、不上心了。

如果说年轻时的文饰是"文胜质"的话，老年时就是由文返质，回归自然，回归生命本质，正如李商隐的两句诗所言："永忆江湖归白发，欲回天地入扁舟。"（《安定城楼》）这个时候的"由文返质"和"质胜文"不同，

"质胜文"的"质"是一张白纸，而"由文返质"的"质"是返璞归真的光明境界，用辛弃疾那首著名的"少年不识愁滋味"的词作刚好能说明：

> 少年不识愁滋味，爱上层楼。
>
> 爱上层楼，为赋新词强说愁。
>
> 而今识尽愁滋味，欲说还休。
>
> 欲说还休，却道天凉好个秋。
>
> ——《丑奴儿·书博山道中壁》

新加坡女作家尤今在散文集《玲珑人生》中记了一篇《饮料与人生》的文章，很有意思，文章中说："饮料与人生，有着不可分割的密切关系。少年多喜欢汽水。它甜，它变化多，少年不识愁滋味，人生的甜酸苦辣，他独独只尝到甜味。世界在他眼中，犹如味道各异的汽水，缤纷多彩。进入青春期，他工作了，他恋爱了。这时，他的口味已由汽水转向了咖啡。咖啡亦苦亦甜，也香也涩，有一种成熟的刺激感，符合了他复杂多变的心境。这时期，山和水在他眼中，非山亦非水。他有奋斗的野心和理想，他有成家的需要和欲望；但是，事业和爱情，都可能带给他一些小挫折；他有时在笑里流泪。有时却又破涕为笑。他患得患失，却又乐在其中。中年以后，多爱中国茶。中国茶那股若有若无的幽香，是深藏不露的，它恬淡而隽永，沉实而深刻。它绝不肤浅地刺激你的味觉。然而，喝了，缠在舌上的清香，却叫你回味无穷。江山已定的中年人，这时，见山又是山，见水又是水。对生活，他再也没有不切实际的憧憬，然而，他充分领略夕阳的绚烂难以久留的道理，所以，他珍惜生活里的每一寸光阴。他的每一个日子，都包裹在一个平淡而又平实的快乐里。老年人，喝白开水。白开水，不含糖精，没有咖啡因，更无茶碱。它极淡极淡，但若细细啜饮，却也能尝出一丁点儿的甜味来。人生的大风大浪，他看过了；人生的惊涛骇浪，他经历过了；成败得失，都成了过眼烟云。此刻，他安恬地坐在摇椅里，回首前尘，一切的一切，都淡淡如水、如水……"

第四章　社会篇

远 讼

　　远讼，就是远离诉讼，换句话说就是不见官、不打官司。中国人讲求"以和为贵""家和万事兴"，清代常存诚撰写过一副对联：

　　　　只耕田，只读书，方为本色事业；
　　　　不欠债，不健讼，即是快乐人家。

　　健讼就是热衷于打官司。如果不是大案、要案、凶案，古代法官庭外和解的绩效最高，断案多反而绩效不高。孔子曾做过鲁国的大司寇，就是鲁国的最高司法长官，《论语·颜渊》里面说："子曰：'听讼，吾犹人也，必也使无讼乎！'"意思是我孔丘审断案件和别人没有什么不同，但我的目的在于使人们不争讼。人们在发生纠纷时，主张利用传统的伦理道德观念来判断是非。中国人最注重"化"字，所谓"大事化小，小事化了"，一旦官司打起来，无论胜诉还是败诉，都必有损伤，就像战争一样，所谓杀敌一千，自损八百。过去有这么一首诗云：

　　　　些小言辞莫若休，不须经县更经州。
　　　　衙头府里赔杯酒，赢个猫儿输个牛。

　　这首诗告诫人们不要因为一些小言小语、鸡毛蒜皮的事情而引起不必要的争讼，最后即使是胜诉了，获得的赔款还不够诉讼费的零头。古谚讲"冤家宜解不宜结"与"两斗皆仇，两和皆有"，都是讲"化"的道理。一个人固然应该在自身正当权益受到侵害时要拿起法律武器来捍卫，但也不能放弃努力寻找和解的途径，"会打官司打半截"这句民谚讲的就是这个意思；和解是双赢，斗的结果常常是鱼死网破、两败俱伤。孔子虽然夸子路是"片言可以折狱者，其由也与"，说子路经验老到，是审判高手，三言两语间就可以根据有限的信息，推断整个事件的前因后果、是非曲直。但子路的审案水准比他老师孔子差了一个层次。当然，像孔子师徒这样的断案高手是世之所稀的，真的遇到诉讼，人们更多的是希冀遇到一个公正仁义的法官，譬如北宋赵令畤在他所写的文言逸事小说《侯鲭录》中写道：

> 平生当官有三乐：凶岁检灾，每自请行，放数得实，一乐也；听讼为人得真情，二乐也；公家有粟，可赈饥民，三乐也。

这位赵先生以听讼断案为乐事之一，但他不是糊涂官，能把案子审得水落石出，这种成就感估计才是让他快乐的地方。但是与其把希望寄托在清官的断案能力上，不如做事谋始，在事前慎重谋划思考，以防止争讼。那么该如何做事谋始以远讼呢？我想起码可以从以下三个方面来做参考。

首先，存心正。除霜容易解冻难，为了防止日后关系恶化甚至法庭上见，现代人往往先签合同来保障双方权益，而且签合同的时候，斟字酌句，生怕将来一旦有纠纷说不清楚。随着离婚率的逐年升高，甚至有人提出来婚姻也要合约化，一张结婚证书并不能保障彼此的权益，譬如在美国社会基本上是保障女方，一旦离婚，男方将要付出相当惊人的赡养费。但我想说的是，人毕竟是有情的动物，在签署这些合约之前，首先存心要正，不要存有损人利己之心。

清代张鉴在其著作《浅近录》里讲过：

> 古今教人做好人，只十四个字简妙直切，曰：君子落得为君子，小人枉费为小人。盖富贵贫贱，自有一定命数，做君子不会少了分

内，做小人不会多了分外。

其实这十四个字还可以做另一番解读，就是别人有多少福分是固定的，你害他，他的福分还是那么多，你帮他，他的福分还是那么多，那既然是这样，与其害他倒不如帮他，反而落得一个君子的名头。北宋诗论著作《西清诗话》（作者为蔡京之季子蔡绦）里记载了这样一件事，北宋初年著名文学家和书法家石延年在皇家图书馆当官，有一天他五更上朝时，看见两个举子被押在官兵的巡逻哨所，看见石延年就大呼救人。石延年停下马，把卒长招来，问是怎么回事，卒长回答说，昨天晚上有人娶妻，这俩小子半夜里扒门缝偷窥人家洞房，被巡夜兵丁当场抓获。石延年觉得这也不是什么大事，就替二举子求情，卒长勉强答应了。二人被放后，跪倒在石延年马前叩谢，石延年按着马鞍，口占一绝：

> 司空怜汝汝须知，月下敲门更有谁。
> 巨耐一双穷相眼，得便宜是落便宜。
>
> ——《调二举子》

石延年说，我可怜你们，但你们要清楚一点，能做出月下偷窥人家行房这种丑事的还有谁？你们白长了一双小眼睛，不知道占便宜就是吃亏这个道理？

还是鲁迅先生讲得好："唾沫还是静静地咽下去好，免得后来自己舔回去。"害人之心不可有，害人终是害自己。

唐伯虎有一首诗写得好：

> 万事由天莫强求，何须苦苦用机谋？
> 饱三餐饭常知足，得一帆风便可收。
> 生事事生何日了？害人人害几时休？
> 冤家宜解不宜结，各自回头看后头。
>
> ——《唐伯虎全集·卷二》

存心正，不存害人之心，不起是非心机，就可以"冤家宜解"，就可以少制造矛盾，自然也就达到了防讼、止讼的目的。

其次，不争强。清代笑话集《笑林广记·刚执》讲过一个故事，很有意思。说有一对父子，都脾气倔强，平素不肯让人。一天，父亲在家请客，让儿子进城买肉。儿子买了肉，将出城门，这是对面来了个人，两个人顶在一起互不相让。父亲老也不见儿子买肉回来，就跑去城里去找，看见儿子跟人顶牛，就对儿子说："你快带肉回家去，看我接着跟他杠。"

看了这则笑话，哂笑之余，也让我们思考，为毫无意义的事情争执，我们生活中还少吗？我们不是跟那对憨憨的父子一样无厘头吗？

著名历史学家陈旭麓在《浮想录》中感慨地写道："'无意苦争春，一任群芳妒。'陆游《咏梅词》中的这两句，好在一个'争'字、一个'妒'字，世间的许多杀机就是从'争'"和'妒'产生的。"讲到争强，这里说一个印度的寓言故事，说是有一个人特别要强，嫉妒心也很重，有一天上帝对他说：你这辈子没做啥伤天害理的事，我现在打算奖赏你，你要啥都可以。不过有个条件，就是我要给你邻居两倍你要的东西，譬如你要五万卢比，你的邻居就会得到十万卢比；你要一套别墅，你的邻居就会得到两套。结果这位老兄煞费苦心地琢磨了半天，最后脚一跺，心一横，牙一咬说："请上帝您老人家挖掉我一只眼吧！"上帝惊讶地问："为什么有这样的要求？"他在上帝面前不敢撒谎，就说："我最不能接受的事实就是邻居比我强，我宁愿您挖掉我一个眼珠子，那你就挖邻居两个眼珠子，这样他就彻底失明了，起码我还有一只眼可以看得见，我还比他强点。"

人是怎么样争起来的？历史上相州刺史吉顼和武则天的一段对谈可以给大家一些启发：

吉顼曰：水土各一杯，有竞乎？则天曰：无。合之为泥，有竞乎？曰：无。分为佛为天尊，有竞乎？曰：有。

吉顼问："水是水，土是土，二者有争执吗？"武则天说："没有。"吉顼又问："那二者合而为泥，有争执吗？"武则天说："没有。"吉顼再问：

"用这堆泥土，一个塑成佛，一个塑成天尊，他们有争执吗？"武则天说："有了。"

这段话虽然浅显，但寓意深刻。

苏轼的《东坡志林》记载了一则有趣的寓言。桃符仰见艾人而骂曰："汝何等草芥，辄居我上！"艾人俯而应曰："汝已半截入土，犹争高下乎？"桃符怒，往复纷争不已。门神解之曰："我辈不肖，傍人门户，何暇争闲气耶！"艾人就是农历五月初五端午节的门饰，流行于江淮一带，民众采集艾草，扎成人形，悬挂在大门之上，以辟毒气。桃符看到艾草人在自己头顶，就不服气，骂他区区草芥，居然高我之上。艾草人也不服气，骂桃符：你个要死的人，还争个什么高下。结果两个人吵个没完没了，门神受不了就说话了，我们都不咋的，傍人门户度春秋，哪来的工夫争闲气呢！

六尺巷的故事大家都耳熟能详，据《桐城县志》记载，清代（康熙年间）文华殿大学士兼礼部尚书张英的老家人与邻居吴家在宅基的问题上发生了争执，公说公有理，婆说婆有理，谁也不肯相让一丝一毫。张家人只好把这件事飞书京城，告诉张英。张英大人阅过来信，挥起大笔，一首诗一挥而就：

> 千里家书只为墙，让他三尺又何妨。
>
> 长城万里今犹在，不见当年秦始皇。
>
> ——《家书》

这首诗就是告诉家人要让，不要争。五代时人杨玢（曾任后蜀吏部尚书、后唐给事中等）告老回乡，他家的旧居有许多都被邻居侵占，子弟们打算去官府告状，杨玢在状纸下面写道：

> 四邻侵我我从伊，毕竟须思未有时。
>
> 试上含元殿基望，秋风秋草正离离。
>
> ——《批子弟理旧居状》

这首诗的大意是，四邻占我庄基且由他去，想想当初我们也是什么都没有，日子不是也照样过。你们站在含元殿（唐代的宫殿，唐高宗时建，后废弃）台基上放眼远望，茂盛的荒草在秋风中发出阵阵叹息，你能想到这里曾是当年那么辉煌的宫殿吗？一切都将化为尘土，所以现在争个高低又有什么用？子弟们见了这首诗便不敢再说话了。

古人讲："终身让路不枉百步，终身让畔不失一段。"明代大臣杨翥的邻家建房，房檐伸到他家甬道之上，一到下雨天，雨水正好流到他家庭院里，杨公并不介意，还说："天晴的时候多，下雨天毕竟很少。"邻家又侵占了他家的宅基地，他又说："普天之下都是君王的地盘，再多占一些也无关紧要。"

上面讲的那么多例子其实就是告诉大家一个简单的道理，就是不争强、学吃亏。俗话说："吃亏是福。"有一副对联说得好：

> 快乐每从辛苦得；
> 便宜多自吃亏来。

清代学者梁同书也写过一副对联：

> 能受苦方为志士；
> 肯吃亏不是痴人。

清代有位叫林退斋的人，临终前，子孙们跪在床边请求老人家遗训，他只说了一句话："无他言！尔等只要学吃亏！"我父亲在我六十岁时对我说："我活到六十岁，才明白什么是吃亏是福。原来不懂这个是什么意思，吃亏就是吃亏了，怎么会是福呢。"其实清代的郑板桥早就对"吃亏是福"作过注解，他说：

> 满者损之机，亏者盈之渐。损于己则益于彼，外得人情之平，内得我心之安，既平且安，福在即是矣。

自己吃点亏，得个心安，别人占点便宜，得个好心情，彼此无碍，没有冲突，当然平安，自然是福了。

《太平广记》中记载了周公对儿子伯禽的训诫，周公说：

> 君子力如牛，不与牛争力；走如马，不与马争走；智如士，不与士争智。
>
> ——《诫伯禽》

这段话的意思讲得简单点，就是不争强，示弱。你力大如牛又如何，你还能去跟牛角力？你跑得像马一样快又如何，你还能去跟马拼脚力？你聪明跟高士一样又如何，你还能去跟高士比智力？

晚清重臣张之洞尝云："平生三不争，一不与俗人争利，二不与文士争名，三不与无谓人争气。"国民党元老张群有句关于养生的名言："我在官场生活这么久，只学会了一种养生方法，就是凡事不与人争。"邓小平曾说，不搞争论，是我的一大发明。

有一则寓言故事，说俩人争论不休，一个说四七二十八，一个说四七二十七，俩人吵得很凶。后来决定找县太爷评理。县太爷一听，嘿嘿一乐："好好好，四七就是二十七。"说四七二十八这个人赶紧喊冤，县太爷又是嘿嘿一笑："那小子都四七二十七了，你还和他争个什么？你就是把他打死了，也没用。以后见着这类人，你掉头就走，别惹他，少跟这种人费口舌。让他一辈子都四七二十七。"

争强好胜往往是没有实力的表现，这和我们成人不会和小孩子去抢玩具是一个道理。很多人误解，那我们在这个竞争激烈的社会，不争怎么可能呢？其实我不是这个意思，我的意思是说，与其我们把精力和能量浪费在争强好胜上，倒不如好好地来提高自己的实力。这就是我们常讲的"不争之争"！王正龙先生在《治性书：儒学新用》中讲得好："中庸之道可以说就是中国文化，它绝不讲求'互相竞争'，而是讲求'精益求精'。"正如诵帚禅师有一首写菊花的禅诗说的那样：

> 篱菊数茎随上下，无心整理任他黄。
>
> 后先不与时花竞，自吐霜中一段香。

元朝诗人王冕《白梅》诗曰：

> 冰雪林中着此身，不同桃李混芳尘。
>
> 忽然一夜清香发，散作乾坤万里春。

这些诗词都表达了一种不争之争的人生智慧。

最后，不永事。不永事，出自《易经》讼卦的象传之词"不永所事"，意思就是不纠缠于争讼事端。很多大事都是由小事引起的，当事情很小的时候，不要把事态扩大化，小言小语忍耐一下就过去了。很多事情小到争吵大到争讼都是从小言小语开始的，譬如，很多夫妻俩吵架，开始可能是一句玩笑引起的，本来是玩笑，彼此也就口不择言，结果玩笑变成争论，你一言，我一语，添油加醋，火上浇油，吵到最后要到法院闹离婚分财产，离婚后才发现，原来都是一些不值一提的鸡毛蒜皮小事引起的，真的是得不偿失。所以在事情还在"鸡毛蒜皮"的阶段，千万不要拿着鸡毛当令箭，对方几句不太好听的话，忍一忍就过去了，一旦大打出手，造成的后果往往是不堪设想的，甚至比上法庭还严重。清代张英《张文瑞集》中有一篇《吃亏是福》，文曰：

> 天道有满损虚益之义，鬼神有亏盈福谦之理。自古只闻忍与让足以消无穷之灾悔，未闻忍与让反以酿后来之祸患也。欲行忍让之道，先从小事做起；每见天下大狱，多起于小事。故凡天下事，受得小气，则不至于受大气；受得小亏，则不致于受大亏。

唐代丁用晦创作的笔记小说《芝田录》里记载了这样一则故事：

西蜀有兄弟讼财者，狱久不决。毕构为廉察，呼其兄弟，以人乳
饮之。皆感悟，复同居。

亲兄弟乃一奶同胞，居然忽视亲情，为了几块钱闹到衙门。于是审判长毕构找来一个正在喂奶的奶妈，挤出来半碗人奶给他们两兄弟一起喝，结果二人突然意识到为了一点点财产就争讼不已，实在是对不起双亲，于是抱头痛哭，复归于好。

关于兄弟感情，过去有位法昭禅师写过两首偈子，其一曰：

同气连枝各自荣，些些言语莫伤情；
一回相见一回老，能得几时为弟兄？

其二曰：

兄弟同居忍必安，莫因毫末起事端；
眼前生子又兄弟，留给儿孙作样看。

明代官员徐祯稷说："夫妻交市，莫问谁益；兄弟交憎，莫问谁直。"夫妻俩本来就是一家子，是共拥财产，一起做生意发财了，别问谁赚得多。兄弟本来是骨肉，彼此争斗交恶，别问谁对谁错。

西汉宗室出身的著名学者刘向在《新序·杂事四》中讲了个小故事，这个故事可以说是"不永事"的典范。梁国（即魏国，因定都大梁，有此称）有一位叫宋就的大夫，曾在某边境县做过县令，此县和楚国相毗邻。梁国边防驻军和楚国边防驻军都各自种了一些瓜，梁国的戍边战士给瓜勤浇水、勤施肥，瓜儿长势喜人。而楚国的戍边战士却懒得要命，很少给瓜浇水、施肥，自然长出来就是歪瓜劣果。楚国的县令一看梁国的瓜长得好，肯定梁国今年的财政收入要翻倍，于是就责骂这些戍边战士没有把瓜种好，影响了地方财政收入。楚国

的兵士这时对于梁国就是羡慕嫉妒恨，于是半夜就跑到人家梁国的瓜地去偷偷地拔秧薅苗，结果梁国的瓜也都焦干枯死了。

　　梁国的士兵发现这件事后，就向县尉大人报告，想来个"以牙还牙，以眼还眼"。县尉就向宋就报告了这件事，宋就说："混账！咋能这么干，结小仇铸大祸，他坏你也坏，那不是黑碗打酱油——一路色嘛！按我说的办，每晚偷偷到楚国瓜地里去浇水，别让他们知道。"梁国戍边士兵也就照办了，楚国士兵一大早到瓜地一看，瓜一个个都鲜翠欲滴，长得一天好过一天。楚国士兵感到奇怪，结果一调查才发现是梁国士兵干的。楚国县令闻听此事是喜上眉梢，于是一五一十地把这事汇报给了楚王。楚王听完报告后，又犯难又惭愧，心里面堵了个疙瘩，交代主管官吏说："再查查那些到人家瓜地捣乱的家伙还干没干其他什么龌龊事，这是人家梁国暗里责怪我们哩。"于是，楚王拿出重礼向宋就表示诚挚的歉意，并请求与梁国进行友好外交。梁国和楚国的睦邻友好关系就是从宋就处理瓜田这点小事后开始的。

履道含和

　　我们在民间的一些春联、旧牌坊或者门楣上常会看到"履道含和"四个字，就是勉励人们行走在人生的道路上要处处以和为贵。《论语》载：

　　有子曰：礼之用，和为贵。先王之道，斯为美；小大由之。

　　　　　　　　　　　　　　　　　　　——《论语·学而篇》

　　有子名叫有若，是孔子的学生。孔子学生中能被称为"子"的，一般都是孔子最优秀的学生。有子说，礼的作用，以遇事都讲究和谐为可贵。古代君主的治国方法，可贵的地方就在这里。小到个人，大到团体国家，无论职务高低，如果统统走"和"的路线，那么就可以达到先王的治世理想了。

　　我们暂时撇开人与自然界的关系不讨论，就人类来讲，我们该如何走"和"的路线呢？我想从"与人和"与"与己和"两方面来阐述。

　　先说"与人和"。与他人的关系和谐了，我们的人生自然就亨通了。

　　围棋大师吴清源先生在下棋之前喜欢吟白居易的诗：

　　蜗牛角上争何事，石光火中寄此身。

　　随富随贫且欢乐，不开口笑是痴人。

　　　　　　　　　　　　　　　　　　　——《对酒五首》之二

蜗角之争出自《庄子·杂篇·则阳》：

> 有国于蜗之左角者，曰触氏，有国于蜗之右角者，曰蛮氏，时相
> 与争地而战，伏尸数万，逐北，旬有五日而后反。

在一只蜗牛的左角上有个国家叫触氏，右角上有个国家叫蛮氏。蜗牛才多大，触氏、蛮氏就更是微不足道了，但就是这两个豆粒之国，还经常互相战争。从我们的角度看二国之争，我们觉得好不值得，但是殊不知，我们平常做的很多事情跟这二国之争一样，毫无意义。既然毫无意义，人生苦短，不如大家和合为贵，不管是富贵还是贫贱，都要保持欢乐，笑口常开。

人家给吴先生介绍对象，面还没有见，当听说女方的名字叫中原和子时，吴清源立马就表示同意和女方交往。按照吴清源的说法，下围棋的最高境界不是赢，而是和。

我在课上也常常讲，所谓素质其实很简单，就是想着别人。《世说新语》记载一个故事，我们权称为"赵母嫁女"。女儿要出阁了，赵母告诫女儿说"慎勿为好！"女儿说："不为好，可为恶邪？"赵母说："好尚不可为，其况恶乎！"赵母是告诉女儿，不要急于表现，斤斤于为善之名，难免招人嫉妒，造成人际关系的不和谐，给自己带来不必要的麻烦。当然了，不求善名，更不能求恶名，凡是要讲求个度，这也是《庄子》所谓的"为善无近名，为恶无近刑"（《庄子·内篇·养生主》）的意思。

我们再说说"与己和"。一个人与自我关系和谐的人，一定是和乐喜悦的。《庄子·让王篇》里记载了这么一则故事，说楚国与吴国打仗，结果楚国战败，吴国攻占了楚国的国都郢。于是楚昭王带着流亡政府逃离了国都。有个叫说的杀羊的屠夫，名字不详，权称为屠羊说，也跟着楚昭王一路逃亡。后来楚国又复国了，楚昭王回到郢都后对一直追随自己的部下和百姓进行封赏，结果封赏到屠羊说的时候，屠羊说坚辞不受。甚至最后给他三公的位置，他还是不要。屠羊说的理由很简单，能安稳做屠夫是我最大的愿望，我只想把羊屠好，国家战败是你楚昭王工作没做好，后来复国了是大臣将军们工作做得好，

这些和我没有半点关系。现在我又可以屠羊了，愿望实现了，我又可以做我喜欢做的事情了，我只要素位而行就可以了，不要做尸位素餐的蛀虫。

读者可以从这个故事看得出来，屠羊说本色天真，真是履道坦坦，中不自乱，光明磊落，坦坦荡荡，面对外面的名利诱惑丝毫不动心。假如我们社会上的每个人都可以像屠羊说这样安心做好自己的本职工作，当然前提条件是这份工作是你喜欢愿意的，我们每个人都安悦于属于自己的事业，以喜悦平和的心态面对外界的种种变化，不会因为别人发财而忌恨，也不会因为别人升官而恼怒，就做好一个傻傻的无名小卒，我想这样的人生最后一定是圆满的，这样的社会一定是和谐的。

讲到屠羊说，突然想到曾国藩写给弟弟曾国荃的一首诗：

> 左列钟铭右谤书，人间随处有乘除。
> 低头一拜屠羊说，万事浮云过太虚。

曾国藩说，你知道我为何在办公室的左边摆满了朝廷的奖状，右边放了一大堆告发和咒骂我的信札吗？人世间的事本来就如天平一样，这头高了那头就低，既不因有了功就忘乎所以，也不能被人骂了就垂头丧气。只要效法"屠羊说"，乐观豁达，把一切看开了，荣誉也罢，诽谤也罢，都不过是蓝天上的一片浮云。

竺可桢的手杖

竺可桢任浙大校长时，时值抗战时期前一年，在一次毕业典礼上，学生们送手杖给竺校长，竺可桢则以手杖为比喻，根据当时的艰难形势，结合学生毕业情况，赋联一首：

> 危而不持，颠而不扶，则将焉用彼相矣；
> 用之则行，舍之则藏，惟我与尔有是夫。

这两句话分别出自《论语·季氏篇》和《论语·述而篇》，都是孔子的原话，意思是如果我们看到有人摇晃着要倒下也不去扶持，看到有人颤颤巍巍将要跌倒也不去搀扶，那么还要我们干什么？被任用就施展抱负，不被任用就藏身自好，只有我和你（颜渊）才能这样吧。

竺可桢写这副对联是针对明末清初时的"二臣"、所谓大儒钱谦益而说的。钱谦益既是学者又是高官，曾任南明弘光朝礼部尚书。清朝入关后，他丧尽民族气节，拱手称臣。传说他有一根手杖，爱如珍宝。拐杖上刻有"用之则行，舍之则藏，惟我与尔有是夫"之句。后来有人深恶钱的恶劣行径，就悄悄拿走他的拐杖，把原来的刻字削除，换上另外一句："危而不持，颠而不扶，则将焉用彼相矣。"

竺可桢借题发挥，是用这两句话告诫学生们，国家危难之际，我们不挺身而出，那岂不枉为国家栋梁？民族存亡之时，我们不尽心尽力，饱读诗书，学富五车，又与钱谦益之流何异？国家需要我们时，我们当仁不让，"用之则行"；国家暂时不需要我们，我们就洁身自好，等待时机，"舍之则藏"。

危难之际，"用之则行"，就是君子处于亡国灭种之非常时期，就要行非常之事，舍得一身剐，勇往直前，无所畏惧。女权运动家、民主革命家秋瑾先生有一首《对酒》大概可以表现这种浩然之勇，诗是这样写的：

> 不惜千金买宝刀，貂裘换酒也堪豪。
> 一腔热血勤珍重，洒去犹能化碧涛。

这首小诗成于1905年，即清光绪三十一年。从鸦片战争到庚子事变，中华民族面临着亡国灭种的危险，而清王朝腐败无能，像一座纸糊的空房子。鉴湖女侠于1904年变卖掉自己的全部首饰家当留学东洋以探求救国救民之道。她说：

> 人生处世，当匡济艰危，以吐报负，宁能米盐琐屑终其身乎？

在日本留学期间，她努力学习剑术、刀术和射击术，并以高价购得一口倭刀。1905年她从日本回国，走访上海好友吴芝瑛，几杯酒下肚，诗人拔刀起舞，纵情高歌。挚友吴芝瑛久知秋瑾有光复中华之大志，劝秋瑾多加保重。女侠则借用周朝的忠臣苌弘鲜血化碧的典故，阐明自己随时准备为崇高的革命事业抛头颅，洒热血的豪迈情感，"洒去犹能化碧涛"。相传春秋时，周朝大夫苌弘忠于故国，得罪了晋国，晋国迫使周王杀了苌弘。人民怜惜他，用石匣收藏起他的鲜血，三年之后，苌弘血化碧玉，后世常称烈士的血为碧血。秋瑾被清政府杀害后，清代女诗人谢香堂有一首七绝说：

> 倾城直欲作干城，忠孝由来出至情。
> 异代有人还继武，桃花马上请长缨。

这首诗赞扬了古代的两位女英雄，一位是咱们通过《木兰辞》熟知的北魏时期代父从军的花木兰，一位是明代末年驰驱南北、战功显赫的女将军秦良玉。诗的前两句说的是倾国倾城的花木兰出于忠孝至情，毅然决然男扮女装做"干城"武夫。"异代有人还继武"，到了后代有人跟着前任的步伐继续，这里的"武"是步伐的意思，"桃花马上请长缨"，美如桃花的秦良玉提起长缨枪做了上马将军。

这首诗放在秋瑾身上非常合适。谈到秋瑾，我又想起了革命烈士林觉民的《与妻书》，这是林觉民在1911年4月24日晚写给妻子陈意映的一封绝笔信，读这封信的时候一点儿也感受不到林觉民的恐惧，只觉得一股为国家为民族的"卒不忍独善其身"浩然正气跃然纸上。

瞿秋白最后要被枪决时，行刑者要求他转过身去，他答："不必。"就面对着枪口，唱着自己翻译的《国际歌》结束生命。这些革命者"临危不惧"的精神似乎不能完全用革命理性来表达，或许用生命激情来表述更合适。

所谓"舍之则藏"，指的是国家太平时，遁居山林，躬耕而食，绝不烦忧，用明代民族英雄、诗人于谦的一首诗《孤云》来表达最合适不过了：

> 孤云出岫本无心，顷刻翻成万里阴。
>
> 大地苍生被甘泽，成功依旧入山林。

当然，也有乱世，君子为了苟全性命而遁世的，但并不能证明他们无才，也不能单单用逃避现实来给他们戴帽子，只不过是由于小人道长，横行于世，君子自然只能道消了，就如明代文学家袁宏道在《偶成》中所说的"彭泽去官非为酒，漆园曳尾岂无才"，前一句指的是陶渊明，后一句指的是庄周。不过不管是身处何种世道，"遁世"的心态是平和的，正如《庄子·逍遥游》中所言：

> 举世誉之而不加劝，举世非之而不加沮，定乎内外之分，辩乎荣辱之境。

全世界都夸我，我不会欢欣鼓舞，全世界都损我，我也不会一蹶不振，我对自己该干什么很清楚，何为荣耀何为耻辱，我自有标准。"遁世"的生活是逍遥的，正如宋代名儒朱敦儒所言：

> 日日深杯酒满，朝朝小圃花开。
>
> 自歌自舞自开怀，且喜无拘无碍。
>
> 青史几番春梦，黄泉多少奇才。
>
> 不须计较苦安排，领取而今现在。
>
> ——《西江月》其一

"舍之则藏"是一种大智慧。孔子对这种智慧非常推崇。春秋时卫国大夫宁武子，很有才能，在卫文公时期，宁武子受到重用。他劝诫文公励精图治，努力生产，教导百姓务农，并采取措施便利商贾，给手工业者以优惠待遇，重视教化，奖励求学，任贤使能，与百姓同甘共苦，使卫国经济得以迅速恢复和发展。然而到了卫成公时代，成公又被一时的繁荣景象迷失了方向，荒淫而无道，卫国再次陷入了混乱之中。国内有识之士、有功之臣或遭受迫害，或离家出走，而宁武子则周旋其间，装聋作哑，自保其身，退居幕后装起糊涂，以便等待时机。对此，孔子评价说：

> 宁武子，邦有道则知；邦无道则愚。其知可及也；其愚不可及也。
>
> ——《论语·公冶长篇》

这里的"愚"可不是愚蠢的意思，而是装愚，装糊涂。孔子说，宁武子在国君有道、政治开明的时候，他就发挥聪明才智，全心全意为国家效力。当国君无道、政治昏暗的时候，他便装糊涂，对一切事不闻不问了。宁武子的聪明别人能够做到，可他那种以退为进的智慧却是一般人无法企及的。

　　"舍之则藏"在今天仍有其现实意义。这个"藏"有两个意思，一个是隐藏，一个是宝藏。一个人这一生，大部分时间可能都是默默无闻，你可以有两种选择，要么完全躺平，随大流，撞大运，要么蛰伏起来，暗地里做功课，不断充实和提升自己这个宝藏的价值，所谓"君子藏器于身待时而动"（《易传·系辞传下》第五章），厚积薄发，在寂寂无声中等待时机，"千红万紫安排著，只待新雷第一声"（张维屏《春雷》）。成功都是给有准备的人准备的，藏得深，积得好，就是为了将来出得高、出得快。

用晦而明

　　所谓"用晦而明"就是说要想取得"明"的结果，就要懂得"用晦"。"晦"就是昏暗、隐藏的意思。道家《参同契》中讲："至三十之夕，光尽体伏，故谓之晦。"每个月阴历三十晚上绝对没有月亮，这就叫晦，一点亮光都没有。"用晦"如果运用在生活上，说得通俗一点就是揣着明白装糊涂，《道德经》载：

　　　　知其白，守其黑，为天下式。

　　　　　　　　　　　　　　　　　　　　——《道德经》第十一章

　　意思是：内心虽然明白，却安于沉默，是天下通行的法则。
　　曾国藩曾讲过这样一段话：

　　　　大抵世之乱，必先由于是非不明，黑白不分，愿诸弟学为和平，
　　　学为糊涂。

　　　　　　　　　　　　　　　　　　　　——《曾国藩家书家训》

　　这里所说的"糊涂"，其实就是知白守黑。之所以要"学为"，是因为本来是聪明者，却要装出一副糊涂暗昧的模样出来，而且还得装得煞有介事，所以就有一个学习、习惯的过程，这个过程就是我们所谓的"韬光养晦"的过

程。但是"韬光养晦"，往往被人用作不干事的借口，其实，那应该就是办事者的行为方式——悄悄地进村，打枪的不要。不过，前提条件是手里要有枪才行。南宋学者朱熹，师事理学家刘子翚（字彦冲、文平，号屏山病翁）。刘子翚给朱熹起字曰元晦，并致祝词曰：

木晦于根，春容晔敷；人晦于身，神明内腴。

意在希望朱熹成为一个外表不露，道德内蓄之人，希望朱熹有所谓"良贾深藏若虚，君子盛德容貌若愚"（《史记·列传·老子韩非列传》）的味道。德国哲学家尼采有一段话和刘子翚给朱熹的取字祝词意思差不多，他说："一棵树要长得更高，接受更多的光明，那么它的根就必须更深入黑暗。"用晦而明是人生的智慧，对我们的现实生活依然有一定的借鉴意义。

其一，用晦而明是自保的智慧。历史上靠着"用晦"躲过灾难以求自保的事例数不胜数。"用晦"自保的方式常常有三种，一种是抱朴守拙，一种是装疯卖傻，一种是隐遁出家。

明朝刘伯温讲：

人有智而能愚者，天下鲜哉。夫天下鲜不自智之人也，　而不知我能，　人亦能也。……故智不自智，而后人莫与争智。

——《郁离子·羹藿》之二

意思是说，人有智慧而不图虚名的大智若愚者，天下少有。天下少有不自认为聪明的人，而不晓得自己聪明能干，其实别人也不是笨蛋啊。真正有智慧的人不会认为自己有什么智慧，表现得就很谦和，这样的话谁还会和他争巧斗智呢！

曾国藩说抱朴守拙是做人的最高境界。懂得抱朴，做人就不会太张扬，不会总觉得高人一等；学会守拙，就不会锋芒毕露，聪明外显。俗话说："包子有肉不在褶上。"就像印度诗人泰戈尔在《飞鸟集》中所说："刀鞘保护刀的锋利，它自己则满足于它的迟钝。"过去有一个古剑铭，是这样说的：

> 轻用其芒，动即有伤，是为凶器；
>
> 深藏若拙，临机取决，是为利器。

北宋大学者苏洵说：

> 轮辐盖轸，皆有职乎车，而轼独若无所为者。虽然，去轼，则吾
> 未见其为完车也。轼乎，吾惧汝之不外饰也。天下之车莫不由辙，而
> 言车之功者，辙不与焉。虽然，车仆马毙，而患亦不及辙，是辙者，
> 善处乎祸福之间也。辙乎，吾知免矣。
>
> ——《嘉祐集·名二子说》

苏洵是苏轼、苏辙兄弟的父亲，专门写了篇文章，叫《名二子说》，解释为什么给两个儿子起这样的名字。文章开头，说车上的各个部位"皆有职乎车"，都是车子不可或缺的部分。只有车轼"若无所为者"，好像没有什么用处。但车轼并非真没有用处，它是车子露在外面用作扶手的横木，可扶以远瞻，故苏轼字"子瞻"。车轼的突出特点是露在外面，因此苏洵说："轼乎，吾惧汝之不外饰也。"他担心苏轼不会隐藏自己的锋芒。苏轼一生豪放不羁，锋芒毕露，确实"不外饰"，结果屡遭贬斥，险致杀身之祸。"辙"是车轮碾过的轨道，更是车外之物，更无职乎车；但车行"莫不由辙"，仍是必不可少的。因它是车外之物，既无车之功，也无翻车之祸，所以说它"处乎祸福之间"。苏辙一生冲和淡泊，深沉不露，在当时激烈的党争中虽遭贬斥，但终能免祸，得以悠闲安度晚年。

俗语说"枪打出头鸟""出头的椽子先烂"，明初政治家刘基先生讲得好：

> 夫美之所在，则人之所趋也。故山有金则凿，石有玉则劚，泽

有鱼则竭，薮有禽则薙。今以百尺梢云之木，不生于穷崖绝谷人迹不到之地，而挺然于众觊，而又曰有茯苓焉，有琥珀焉，吾知其戕不久矣。

——《郁离子·麋虎》之六

意思是说，美景圣地，是人们争着去观光的地方。因此山上有金矿，就会被开采；石头里有玉，就会被砍开；湖泽里有鱼，就会被水放干；山林中有禽兽，就会被捕尽。现在有百尺树梢高入云霄的树木，不生长在穷崖绝谷人迹罕至的地方，却挺立于众目睽睽的地方，并且还说有茯苓在那里，有琥珀在那里，我知道它不久将被砍伐。

清代俞梦蕉在《蕉轩摭录》中也说：

林繁则匠人矣，珠美则蚌裂矣。石含金者焚烁，草任药者剪掘，刃利则先缺，弦哀则速绝。用以适己，真人之宝也。不合世求，有伎之灾也。此数者，抱朴子之论，才为招忌之媒。是故君子有才若无才。

树木枝繁叶茂，则引木匠垂涎；珍珠光华耀眼，则会蚌开壳裂；璞石含金藏玉，则遭烈火焚烧；草儿可为药用，难免受剪遭挖；刀刃锋快无敌，缺口最先出现；能发出哀音的琴弦过于尖细，所以最容易断掉。内心安宁自适，才是养生之道；不合世俗要求，早晚灾祸及身。关于这些，抱朴子早有定论，那就是才华是招来忌恨的媒介。是故君子即使有才华，也要表现得像没有才华一样。

"有才若无才"，什么意思？装疯卖傻嘛。"装疯"的例子如殷商时期的箕子，他是纣王的叔叔，当看到纣王用象牙筷子吃饭，就知道这个王朝快完了，于是就开始装疯，不然就会和被剖心的比干一个下场。但是箕子装疯，并不是为了苟活，而是等待机会为了要把"洪范九畴"这一治国平天下的重要思想传播下去。等到武王灭纣之后，箕子把"洪范九畴"口授给了周武王，然后就率族人远迁周武王给他的封地朝鲜去了。

　　"卖傻"的例子如周文王，被关押在羑里的时候，明知道送来的肉酱是儿子伯邑考的，还是当着敌人的面把肉酱吃掉。周文王这样做也不是为了苟活性命，而是为了保存实力，将来推翻商纣的残暴统治。

　　隐遁出家的例子稍举两人，一是唐朝的骆宾王，一是明朝的建文帝。武则天临朝之后，大将军徐敬业起兵反武，骆宾王写了篇即使武则天本人也激赏有加的《为徐敬业讨武曌檄》。结果徐敬业所起之兵不堪一击，仅仅两个月就被击溃。骆宾王从此下落不明，不知所踪。后来诗人宋之问被贬路过杭州，暂住灵隐寺，有一天晚上夜不成寐便欲赋诗，随口吟出："鹫岭郁岧峣，龙宫锁寂寥"，接着就卡壳了，无法接续，正苦思冥想之时，在大殿点长明灯的老僧说道："何不续'楼观沧海日，门对浙江潮'？"宋之问顿时惊喜，续成整篇。第二大再拜访老僧却不见，据说这个老僧就是骆宾王。

　　明成祖朱棣当年率兵打到南京的时候，没有找到建文帝朱允炆。民间传说朱允炆也出家了，隐遁了几十年，后来朱棣死了，才回到宫里来。当时的皇帝是明仁宗朱高炽。朱高炽并不认识朱允炆，看到一个衲衣和尚自称是建文帝，还以为是假冒的，幸好一个老太监还认识朱允炆，于是新朝皇帝大度，就把他供养起来了。当然这是传说了，历史上真有此事与否就不去考证了。清朝剧作家李玉专门就朱允炆乔装逃亡，沦落民间的故事写了个剧本《千钟禄》，在《惨睹·倾杯玉芙蓉》这一出，李玉写道：

　　　　收拾起，大地山河一担装。四大皆空相，历尽了渺渺程途，漠漠平林，垒垒高山，滚滚长江。但见那寒云惨雾和愁织，受不尽苦雨凄风带怨长。雄城壮，看江山无恙，谁让我一瓢一笠到襄阳？

　　这段唱词写得非常好，把朱允炆从千万人之上的皇帝沦落为民间隐姓埋名的僧人的心路变化写得真实感人。如果朱允炆放不下失去江山的执念，放不下对叔父篡位的怨念，不能忍受青灯木鱼的清苦生活，他就不可能得到善终。

　　其二，用晦而明是恕道的智慧。楚庄王有一次请手底下的将军们喝酒，结果喝到一半喝高兴了，让他最漂亮的小妾许氏出来给将军们敬酒。早就听说许氏漂亮，这些将军们从来没有见过。楚庄王说你们平时不都说想看看许氏长什么样吗？今天寡人就请她为将军们敬酒。结果这个许氏真漂亮，用唐太宗两句名言就是"松风水月，未足比其清华；仙露明珠，讵能方其朗润"。许氏出来敬酒敬到一半的时候，大厅里刮来一阵风，把这油灯给吹灭了。有个将军喝了点酒，趁着灯灭，摸了许氏一把，许氏吓一跳，一下子把这个将军的冠缨给拽下来了，许氏就走到楚庄王的面前说，大王，你手底下的人手脚不老实，非礼我。这是他的帽缨，你现在只要把油灯点亮，哪个冠上没有帽缨的，就是他干的。

如果换成一般人会是什么反应？他一定追查到底，一杀了之。但是楚庄王顾大局，懂得用晦而明的道理。楚庄王说，废话，摸了你一下我就把他杀了？你想想我培养一个将军多难，一点点小事情就把他杀掉，那我们国家损失太大了。楚庄王让所有的将军都把帽缨摘掉，然后点上油灯，继续喝酒，皆大欢喜。后来有一次和吴国打仗，有个人拼命地保护楚庄王，在他面前左挡右杀，任何人近不了楚王身前。

战后，楚庄王论功行赏，打算重赏为他拼死护卫的那个将军。将军说，多年前非礼许氏的人就是我，当时您给我面子没杀我，今天我报恩来了。明代小说家冯梦龙根据这段历史写了一首诗，是这样说的：

> 暗中牵袂醉中情，玉手如风已绝缨。
> 尽说君王江海量，畜鱼水忌十分清。
>
> ——《东周列国志》第五十一回

诗的最后一句话是重点，"畜鱼水忌十分清"，养鱼的水最忌讳太清了。《孔子家语》载：

> 古者圣主冕而前旒，所以蔽明也；纩纮充耳，所以掩聪也。水至清即无鱼，人至察则无徒。
>
> ——《孔子家语·入官》

过去君主的冠冕前面有旒，两边有"充耳"，告诉君主有些事可以视而不见，充耳不闻的。《列子·说符》中也说：

> 察见渊鱼者不详，智料隐匿者有殃。

李白也有两句诗说得好：

> 处世忌太洁，至人贵藏辉。
>
> ——《沐浴子》

清代金缨在《格言联璧》中也说：

> 持身不可太皎洁，一切污辱垢秽要茹纳得；
> 与人不可太分明，一切善恶贤愚要包容得。

《菜根谭》里面讲：

> 不责人小过，不发人阴私，不念人旧恶。三者可以养德，亦可以远害。

假设如果楚庄王当时不懂得装糊涂，就是要追查，最后杀了那位将军，或许他在战场上由于没有受到那么严密的保护，那就真的见不到"明"了，有时候宽恕别人就是宽恕自己，正所谓"白璧不可为，容容多后福"。

《增广贤文》里讲："将相顶头堪走马，公侯肚内好撑船。"还有一句话叫："吃得三斗酽醋，方做得宰相。"眼睛里揉不进沙子的人，心中也装不了城府。范仲淹镇守延安的时候，有一个黄金铸造的笺筒，饰以七宝，每得朝廷诏旨敕命，范仲淹就贮之筒中。笺筒后为一老卒夜间盗去，偷偷放在家里。范仲淹知道后也不追究，第二年以老卒年纪大为由让他退休回家了。后人有诗赞曰：

> 甲兵十万在胸中，赫赫英名震犬戎。
>
> 宽恕可成天下事，从他老卒盗金筒。

后来范仲淹的儿子范纯仁也讲过一句话："唯俭可以助廉，唯恕可以成德。"在数学上，两点之间，直线最短。但是在现实当中，却是曲线最常见，记住，河流弯曲是为了哺育更多的生灵。但是各位读者不要误解，宽恕、宽容并不是示弱，而恰恰是自信和自强的表现。宽恕不只是对别人的大度和接纳，更重要的是自我克制、自我战胜，成全了别人，也陶冶了自己。

西周杰出政治家周公在恕道上也堪称典范，他对鲁国首任君主、儿子伯禽告诫说：

> 君子不施其亲，不使大臣怨乎不以，故旧无大故则不弃也，无求备于一人。
>
> ——《论语·微子篇》

周公对鲁公说："一个有道的国君不疏远他的亲族；不使大臣怨恨没有被任用；故旧朋友如果没有大的过错，就不要抛弃他们；不要对一个人求全责备。"

每个人多多少少都有缺点，不要太求全责备。譬如北宋时期的易学大家邵雍，和著名理学家程颐、程颢哥俩是表兄弟关系，他们兄弟三人和苏东坡也有交往。但是二程兄弟和苏东坡不睦。邵雍在身体病重的时候，二程在病榻前悉心照顾。有一天苏东坡来探病，二程得知来的是苏东坡，就吩咐下去，不让苏东坡进来。这个时候邵雍躺在床上已经病得不能说话了，就举起双手，做出一个缺口的样子。二程兄弟不懂得邵雍的这个手势是何意思，后来邵雍喘过一口气来说："把眼前路留宽一点，让后来的人走走。"说完后就逝世了，也就是告诉程氏两兄弟说世界本来就是有缺陷的，人无完人，又何苦不让人好走一步呢！

清朝大诗人袁枚有诗曰：

一切总求彻底，便生无数疑端。

不若半明半昧，人间万事相安。

清朝戏曲家、文学家蒋士铨说：

不写晴山写雨山，似呵明镜照烟鬟。

人间万象模糊好，风马云车便往还。

——《题王石容画册八首》之一

有人说我们的文化是模糊文化，就是凡事都不较真儿，都要留有余地，就像作画，要留白，要模糊，不准求细节的精确，在艺术上称为意境美。不较真儿，就使矛盾也变得不那么突出，也就不容易转化成直接的冲突和对抗。

拉罗什福科在《道德箴言录》中讲："不允许他人有错者最常犯错。"我把这句话换个说法，不允许别人有缺点者，其实是最大的缺点。相反，交朋友就要交有缺点的，一个人假设一点缺点都没有，总感觉有点假。所以说有时候人们的缺点比优点更可爱，因为它是真实的。明清之际史学家、文学家张岱曾说：

人无癖不可与交，以其无深情也；

人无疵不可与交，以其无真气也。

——《陶庵梦忆》

英国作家奥斯卡·王尔德曾说过："每个圣人都有过去，每个罪人都有未来。"其实即使成了圣人也一定不是完美的，譬如我们常常说佛法无边，认为佛一定是完美、全能的。其实不然，大部分人一听"无边"，立即往大里想象，岂不知这个想法已经落到"有边"里了，再怎么大，也总得有个边吧？佛法无边，不是"佛法万能"，佛也不完美，释迦牟尼也曾说他有四不能，像"定业不可改"，所以他无法拯救他的族人和祖国，最后被敌国灭族灭国了；"无缘不可度"，所以他就度不了城东老母。佛法无边的意思，是说佛法不着边际，不偏执一边，不左也不右，也就是我们讲的中庸之道。

其实不完美是这个世界的真相，可以说万物都有"阿喀琉斯之踵"，所谓"物有所不足，智有所不明，数有所不逮，神有所不通"（屈原《卜居》）。明朝文学家徐渭讲过一句话："世界原称缺陷，人情自古刁钻。"既然"世界原称缺陷"，既然"十有九输天下事，百无一可意中人"，小小的个人又何必去追求完美？法国诗人博纳富瓦说得好："生活中无完美，也不需要完美。"完美不等于美。我常常开玩笑说，《红楼梦》就因为缺了四十回，所以造就了诸多红学专家。

冈仓天心是日本明治时期著名的美术家，他还精通茶道，常年旅居欧美，主张把东方的精神观念传播到西方。1906年，冈仓天心用英文写下了著名的《茶之书》。书中这样写道："本质上，茶道是一种对'残缺美'的崇拜，是在我们都明白不可能完美的生命中，为了成就某种可能的完美，所进行的温柔试探。"美学家朱光潜曾说过，这个世界所以是完美的，就是因为它的不完美。星云大师也讲过："人生要能不忌残缺，懂得欣赏残缺之美，就是圆满。"

清朝的曾国藩，在晚年的时候，就把自己的书房叫"求阙斋"，要求自己有缺憾，要求自己坦然地来面对缺憾，不要事事追求完美、圆满。清朝实行"满不点元，汉不封王"制度（自从三藩之乱平定后，汉人不封王，已作为祖制传下来）。曾国藩功可封王，却上奏"祖制不可违"，换来个"满床笏"（笏，古代上朝时手持竹版，可用以记事，清朝时候改用念珠）。可见有时候求缺，结果却常常是圆满的。曾国藩的老朋友左宗棠也讲过："凡事过于求好，转多不妥之处。"意思是凡事一味要求最好的结果，不尽如人意的地方反而更多。

其三，用晦而明是养生的智慧。清朝李渔在《闲情偶寄》中说：

"略带三分拙，兼存一线痴。微聋与暂哑，均是寿身资。"此和心诀也。

有时候故意装点傻，装点痴，装点拙，从而不劳神，少操心，这都有助于身心健康。

郭子仪平定安史之乱，唐代宗将女儿升平公主嫁给郭子仪的儿子郭暖。小两口吵架，郭暖打了升平公主一巴掌，还说"汝以汝父为天子，吾父薄天子而不为"，意思是说，你仗着你爹是天子，俺爹只是不愿做皇帝而已！郭子仪听了吓个半死，马上缚子入宫请罪。唐代宗却说："不痴不聋，不作阿家翁。"清官难断家务事，装聋作哑是真知。

明朝文学家、书画家徐渭有一首题为《仙人掏耳图》的小诗，诗曰：

做哑装聋苦未能，关心都犯痒和疼。
仙人何用闲掏耳，事事人间不耐听。

所以有谚语云："留七分正经以度生，留三分痴呆以防死。"

曾经在网络上看过这么一则故事：有个老年人在公路旁开了一家小吃店，当时正逢经济不景气，老人家眼力不十分好，耳朵又近乎全聋，但是他的运气很好——说他运气好，是因为眼力不行，所以不能看报读书；耳朵又重听，也难得和朋友们聊天，因此对外界的情况都不甚了解。他并不晓得经济不景气有多严重，照常干得很起劲。他把小店的门面漆得漂漂亮亮，在路边竖起宣传的招牌，让人老远可以闻香下车，他店里预备的货色物美价廉，味道很好，常常吸引许多人不由自主地停下来在他那儿吃点东西。

老人家工作十分勤奋，赚了钱把儿子送进大学读书。儿子在学校选了经济学课程，尤其对美国经济的情形了如指掌。那年过圣诞节，儿子回家度假，看到店中业务仍然很兴旺，就对父亲说："爸爸，这地方有点不对劲，不应该有这么好的生意呀，瞧您的兴致这样好，仿佛外面并没有经济不景气这回事——

样。"他把经济萧条的前因后果费力地解说了一遍，并且说全美国的人都在拼命地节省、紧缩。老人家受到消极思想的影响，便说："既然如此，我今年最好也不再油漆门面了。外面闹恐慌，我还是省下一点钱来最好。三明治里的肉饼应该缩小一点儿。再说，既然人人都没有钱，我又何必在路边立招牌呢？"他把各种积极性的努力都停下来。结果后来生意果然一落千丈。当他那位大学生儿子在复活节假期又回到家中时，父亲对他说："孩子，我要谢谢你告诉我关于不景气的消息，那是千真万确的事，连我的小店也感受到了，儿啊，受大学教育实在太有用了。"这个故事给我们很大一个启示，说明人有的时候"聋"一点、"瞎"一点，内心不受外面的干扰，反而能把事情做好。相反把外在的事情搞得太清楚以后，内心受到干扰，事情反而做不好。这个故事虽然是讲谋生，其实养生也是一样的道理。

网上的这则故事使我想起了另外一则在书中读到的故事：一个禅师某天走到一间草屋外，觉得屋里有光，断定屋里肯定有个修道高人。结果走到屋里一看，原来是个孤老太婆坐在草垫上念六字大明咒"唵嘛呢叭咪牛"。法师出于好心，就纠正了老婆子的发音，让她把"牛"改念成"吽"。结果半年后，禅师再经过老太婆的草屋时，屋里面不再放光了。他就进屋问老太婆原因。老太婆说："原来我一心念咒的时可以见到观世音菩萨。自从被您纠正读音之后，我的注意力就转移到了读音上，生怕念错，于是再也见不到观世音菩萨了。"

其四，用晦而明是用人的智慧。古人有云："物无善恶，施用有当，善不常珍，恶不终弃。"又云："取长补短，则天下无不用之人，责短舍长，则天下无不弃之才。"只不过很多情况就如黄庭坚的两句诗所言的那样："世上岂无千里马，人中难得九方皋。"人才很重要，能识别人才的人更重要。

唐太宗在自己的著作《帝范》中专门论述了他的用人之道，他说：

　　智者取其谋；愚者取其力；勇者取其威；怯者取其慎；无智、愚、勇、怯，兼而用之，故良将无弃才，明主无弃士。勿以一恶忘其善，勿以小瑕掩其功。

——《帝范·卷二·审官篇》

这段论述可谓掌握了用人的真谛，那就是用人要尽其才，取其长，聪明的人，让他干些动脑子的事；愚笨的人，让他干些体力活；勇敢的人，让他发挥自己威猛的特点，带兵打仗；胆怯的人，让他从事一些需要特别谨慎的工作；那些既不聪明，又不愚笨，不勇敢，不胆怯的人，就兼而用之，能干什么就干什么，所以说良将手下没有废弃的士兵，明君手下没有抛弃的官员，不要因为某个人的一点恶习就忘了他全部的好处，也不能因为他的一点过失就抹杀他全部的功绩。

这番话何等睿智，放在今天也有意义。

明代吕柟《泾野子》中讲了一则寓言：

> 西邻有五子，一子朴，一子敏，一子盲，一子偻，一子跛。乃使朴者农，敏者贾，盲者卜，偻者绩，跛者纺，故五者皆不患饮食焉。

西边这位邻居根据五个儿子的特点来安排工作，老实巴交的当农民种地，脑袋灵光的贩货做买卖，失明的学算卦，佝偻的学编席，跛足的学纺织，结果五个儿子个个丰衣足食。为此，诗人张锋写诗赞曰："自古完人何处寻？用才尽可效西邻。劝君参透短长理，自有人才涌似云。"

明朝著名诗人顾嗣协有诗曰：

> 骏马能历险，犁田不如牛。
> 坚车能载重，渡河不如舟。
> 舍才以避短，智高难为谋。
> 生材贵适用，勿复多苛求。

> ——《杂兴》

一个领导者要懂得何时用马，何时用牛，发挥各自的长处。有才的人多少都有点毛病，但领导人要的是结果光明，所以在对待部下缺点、毛病时要懂得

"用晦"，所谓"大德不逾闲，小德出入可也"（《论语·子张篇》），只要不犯原则性的错误，一点小毛病不要在意，这样人家在你手下干活才自在，才可能把特长自由、充分地发挥出来。

日本企业家松下幸之助说得好："不是要找寻十全十美的人才，而是要发现并运用每个人的优点。"同样，日本本田汽车创始人本田宗一郎在《匠人如神》一书中也说："人与人的性格各不相同，有的很有趣，有的不可思议，但在一个团队中，没有谁是多余的。所以我爱说：'用人时不可太挑剔，否则你不可能成为一个真正的领导者。'"就如伊索讲过的那样："做一道好色拉需要四个人：一个挥霍无度的人倒油，一个惜财如命的人放醋，一个老谋深算的人撒盐，一个歇斯底里的人搅拌。""勿以一恶忘其善，勿以小瑕掩其功"就是"用晦"的功夫，懂得了这套功夫，才算是真正的"明主"！

相反相成

　　"相反相成"这个成语最早来源于《汉书·艺文志》，原文是："仁之与义，敬之与和，相反而皆相成也。"意思是指性质不同甚至是对立的事物在一起往往可以相辅成事。譬如天地，天高地卑虽然地位不相同，却化生了万物。男女虽然是一阴一阳，却繁衍了后代。甚至在日常生活中，性格不同的男女反而更容易组成家庭，口才好的人的结婚对象常常是笨嘴拙舌的人，急性子往往和慢性子搭配，粗心女常常嫁细心男，除了性格以外，有时候甚至是其他方面不同的男女也常常会出人意料地成立家庭，演奏爱情的协奏曲，譬如美女常常嫁丑男，巧妻常常配痴汉，好多人看到这些情况常常心不平，所以过去有首诗就抱怨老天爷不会安排，诗曰："痴汉偏骑骏马走，巧妇常伴拙夫眠。世间多少不平事，不会做天莫做天。"

　　东西方虽然是两种不同的文明，但就是因为不同，却共同打造了人类灿烂的精神家园，如朱熹所说：

> 水流无彼此，地势有西东。
> 若识分时异，方知合处同。

　　　　　　　　　　　　　　　　　　　　——《过分水岭》

　　钱锺书先生学贯中西，文通古今。他有一句名言："东学西学，道术未裂，南海北海，心理攸同。"再说得大一点，万物就是因为不同，才成就了这

个美好世界的丰富多彩，如《论语》中说："百工居肆，以成其事。"（《论语·子张篇》）

宋代思想家张载有名的四句教是：

为天地立心，为生民立命，为往圣继绝学，为万世开太平！

——《横渠语录》

张载又称横渠，所以这四句又称"横渠四句教"，但其实张载还有另外的"四句教"，这四句话很有哲理，我称为"哲理四句教"，他在《正蒙》里说：

有象斯有对，对必反其为。有反斯有仇，仇必和而解。

"有象斯有对"是说世界上凡是有形有象的东西，就一定有对立面。"对必反其为"，既然有对立面，讲得通俗点就是一物降一物。"有反斯有仇"，既然一物降一物，这两者就必定存在矛盾。然而"仇必和而解"，即使是一物降一物，彼此对立，但是也能统一和解，甚至生解出新的事物。俗话说："一物降一物，卤水点豆腐。"就是因为卤水和豆浆的化学性质不同，两者相克，我们才能吃到鲜美的盐卤豆腐。如果豆浆点豆浆，我们就永远也吃不上豆腐了。

五行相生相克，我们都喜欢相生，不喜欢相克。木生火，火生土，土生金，金生水，水又生木，循环不息，多好。但是，我们一听到金克木，木克土，土克水，水克火，火克金就感到紧张。其实有时候，"克"比"生"更重要。各位想想看，我们常常说金克木，一块木头，如果没有斧头（金）来削和凿，怎么会变成桌子让我们使用？甚至怎么会变成一件精美的木雕艺术品让我们欣赏？再说木克土，一片土地，寸草不生，一棵植被都没有，那不就变成荒漠，变成沙洲了吗？这片土地还有什么存在的意义呢？再说土克水，俗话说，"兵来将挡，水来土掩"。水如果没有土来克，那不就太"嚣张"了吗？那不就洪水遍地，泛滥成灾了吗？我们人类的家园不也就荡然无存了吗？再说，火如果没有水来克的话，那就糟糕了。我给领导讲课的时候常常讲，各位领导要好好感谢那些提意见的人。再说火克金，我们常说是金子总会发光的。但是，一块金子如果没有经过烈火的洗礼，如何能判断那就是真金呢？所以佛家也讲"烦恼即菩提"。烦恼是火，菩提是金。要想正菩提，需要忍烦恼。一个人要想在社会上取得一番成就，就必须经过各种各样"烈火"（即困难）的考验，这样才能把自己打造成"真金"。培根有句名言："人的美德犹如名贵的檀木，经过烈火焚烧才会散发出最浓郁的芳香。"我们可以仿照培根的话来说：人的能力犹如真金，真金只有经过火炼才能放射出耀眼的光芒！

美国作家弗朗西斯·斯科特·基·菲茨杰拉德说："所谓一流的才智，就是心中同时拥有两种互相对立的思想，并且随时都能让两者正常地发挥各自的功能。"一流的才智如此，一流的管理往往亦如此。很多高明的领导人就懂得用相反相成的智慧来管理部下，他会利用下面的派系斗争来平衡、控制局面，不让下面的任何一个派系一家独大，这样才能维持领袖地位，倘若把所有的派系都消灭了，让下面的人都变成了同"志"，那么，一旦发生什么变故，下面的人联合起来一下子就把你干掉了，那就真的是孤家寡人了。曾国藩就是利用相反相成来自保的高手，在镇压了太平天国之后，曾国藩的湘军掌控了中国江南的半壁江山，这自然会引起清廷的猜忌，为了避免功高震主以致"狡兔死，走狗烹"的结局，传说曾国藩和左宗棠这两个人们眼中的克星就暗自联手演了一场失和戏，公开拍桌子瞪眼，清廷得知湘军的两根大梁彼此不容，自然就放心他们不会联手造反。其实那只是一场戏而已，目的就是传达给清廷一个强烈的信息：我们不会造反。同时也提醒清廷不要做卸磨杀驴的傻事。由曾国藩和左宗棠导演的这出窝里反大戏，加上曾国藩及时地将湘军解散，最终化解了北京清廷的猜忌之心，故而湘军将领没有被秋后算账，最后大多得以善终。

民间流传着很多左宗棠与曾国藩之间失和的趣闻，流传最广的是两副对联的故事。据说一次曾国藩到左宗棠府上去谈事情，看到左宗棠正在给一个漂亮的小妾洗脚，要知道，过去的妾是可以送人甚至是买卖的，地位是非常低贱的。曾国藩实在看不下去了，于是就扯开嗓子出了个上联，叫"看如夫人洗脚"，左宗棠被搞了个大红脸，不过老左也不客气，直接驳了曾国藩一句"赐同进士出身"，也揭了曾国藩的老底。

据说有一次曾国藩和左宗棠由于某事意见不合，又闹别扭，曾国藩对于左宗棠经常和自己唱对台戏很恼火，于是就出了个上联说：

季子才高，与吾意见常相左。

左宗棠字季高，这个上联巧妙地嵌进了"左季高"三个字。曾国藩是学富五车，左宗棠也是才高八斗，立马怼了个下联：

藩侯当国，问他经济又何曾？

也把"曾国藩"三个字嵌了进去，而且意思更辛辣。

以上讲的都是曾、左失和的逸闻，真假就不去考证了。不过话再说回来，即使曾、左不演这出失和戏，清廷也不会坐视湘军独大，所以早已在北方扶植了李鸿章的淮军以备将来发生万一来掣肘湘军。

出门在外

周国平先生在《人生哲思录》中讲得好："从前，一个'旅'字，一个'游'字，总是单独使用，凝聚着离家的悲愁。'山晓旅人去，天高秋气悲。''浮云蔽白日，游子不顾反。'孑然一身，隐入苍茫自然，真有说不出的凄凉。"

过去有一位无名氏在旅馆的墙壁上写了几句诗，蛮有意思，诗说：

> 记得离家日，尊亲嘱咐言。
>
> 逢桥须下马，过渡莫争船。
>
> 雨宿须防夜，鸡鸣更相天。
>
> 若有依此语，行路免迍邅。
>
> ——宋代无名氏《题驿壁》

这首诗记录了儿子出门时父母提醒他一个人孤身在外的注意事项，让人读起来很温暖。

"逢桥须下马"是说要下马过桥。为何要下马过桥呢？因为古代的桥好多没有护栏，若骑马过桥，万一对面遭遇马车，就容易被挤掉河中，或者是怕马突然受惊，人也容易跌落马下从而掉进河中。还有就是好多桥的桥况不好，年久失修，承重有限，人骑马上压强变大，这样就容易压塌桥面造成不必要的损失。有一个古老的习惯恐怕早就被人们遗忘了，就是行人过了桥之后，要回转身来朝着桥身作个揖，作揖的意思有几个，一是庆幸自己安全过桥，二是赞叹前人造桥的功德，再就是感谢桥对行人的贡献。这就是"过河拜桥"的说法，现在没有这样的说法和要求了，只求不要"过河拆桥"就好了。

"过渡莫争船"，就是要礼让渡船。为何要礼让渡船呢？在古代因为过渡争船而造成船翻人亡的事时有发生，譬如《左传·宣公十二载》，晋国的军队在郑国的邲地吃了败仗，军队着急撤退，指挥官下命令说："先渡黄河者，重重有赏！"结果晋军争船，先上船的士兵便挥刀乱砍后来攀船士兵的手指，"舟中之指可掬。"断指的士兵好多掉到河中淹死。又据《汉书·苏武传》记载，汉武帝有一次率领大队人马到黄河以东去祭祀土地神，结果在过黄河时，宦官和皇帝的骑兵侍卫争船，好多骑兵侍卫被嚣张的宦官推搡到河中淹死。在现代社会，争船的事件我们很少见了，因为现在的陆路交通很发达，我们要"行路莫争车"，在路上飙车、超车出事的报道时有耳闻。其实我们在人生的旅途上，也不要争强，要懂得礼让，尤其是出门在外要广结善缘，尤其要懂得收敛自己脾气。俗话说，"在家靠父母，出外靠朋友""朋友多了路好走""多个朋友多条路，多个敌人多堵墙"。

"雨宿宜防夜"是说下雨天住在旅店中也要尤其注意防盗。一个人出门在外最倒霉的时候莫过于钱包被偷了，尤其是古代的小旅店防盗设施又差，因此住店的第一要务就是防盗，尤其是在雨夜里更应该当心，过去乡下有一句话叫"偷风不偷月，偷雨不偷雪"，就是说小偷一般会趁着风高月黑之夜，借着黑暗和风声的掩盖来偷盗，这样更安全。月明风清的日子，再笨的小偷也不会动手。"偷雨不偷雪"，小偷借着雨夜偷东西有两个好处，一是雨声可以掩护偷东西时候发出的动静，一是雨水可以冲刷掉小偷留下的脚印。下雪天就不行了，一是雪地可以留下小偷的脚印，尤其是下雪之后，周围的世界本来就显得更安静，小偷这时候行盗发出的动静就更明显了，那可真的是此时无声胜有声了。虽然现代旅馆的防盗设施已经很齐全了，还有摄像头。但是我们出门在外，依然不能放松防盗意识，还是要随身携带贵重物品。

"鸡鸣更相天"，过去客栈往往贴对联："未晚先投宿，鸡鸣早看天。"清代诗人王九龄也有两句诗："世间何物催人老，半是鸡声半马蹄。"（《题旅店》）"鸡鸣"大约在丑时，即凌晨一点到三点，东晋时期的祖逖闻鸡起舞，大约就是这个时候起床。据说朱元璋平时也是这个时候起床，由于他太勤政，一个叫钱宰的官员就写诗发牢骚，诗曰：

> 四鼓咚咚起着衣，午门朝见尚嫌迟。
>
> 何时得遂田园乐，睡到人间饭熟时。

这些官员即使是凌晨一点就起床到午门外等待朝见，可是皇上还是嫌迟了，他们写诗发发牢骚也就是自然的事情了。这里"鸡鸣"就是天亮的代名词，不一定指具体时间。"更相天"就是提醒儿子天亮起床后出去看看天，根据天象来决定行止，俗话说："早看东南，晚看西北。"意思是早上看见东南方有红霞，是下雨的征兆；傍晚看见西北方有红云，是晴天的征兆。过去还有"朝霞不出门，晚霞行千里""晴天不见山，下雨三五天""喜鹊枝头叫，出门晴天报""海雀向上飞，有风不等黑"等气象谚语来供人们作参考，甚至有的根据头一天晚上的月亮形状来判断第二天的天气，如"月如悬弓，少雨多风；月如仰瓦，不求自下"。当然今天我们因为有较为精准的天气预报，已经不需要根据这些谚语来判断天气了，但是还是会"晴备雨伞饱备粮"，毕竟天气只能预报，不能通报。我一个在气象局工作的朋友告诉我，五小时之外的天气其实就不敢百分百的确定了，毕竟老话说得对，天有不测风云。

当然出门在外除了这首诗所提供的"征途药石"外，还有很多其他的注意事项，譬如"交浅不深言"，外面邂逅的陌生人交情不够，要话到嘴边留半句；要"入乡问俗"，《礼记·曲礼上》中所谓的"入境而问禁，入国而问俗"，还要问忌讳等，总之出门在外要像林黛玉初进贾府那样"步步留心，时时在意，不肯轻易多说一句话，多行一步路，惟恐被人耻笑了他去"，这样才能"免迍邅"，扫除旅途拦路虎，一路畅通！

王衍的"快乐"人生

唐末高僧贯休曾经投奔过吴越国国王钱镠，后来因为意见不合，贯休愤而进川，投靠当时前蜀国王王建。他写了一首诗给王建：

> 河北江东处处灾，唯闻全蜀勿尘埃。
> 一瓶一钵垂垂老，千水千山得得来。
> 秦苑幽栖多胜景，汉庭陈贡愧非才。
> 自惭林薮龙钟者，亦得亲登郭隗台。

——《陈情献蜀皇帝》

这是一首马屁诗，但写得很有文采，不落俗套。首联说黄河以北，长江以东，到处都是灾难，到处都在战争，到处都没有安全感，只有蜀国一片祥和。颔联两句很有名的，"一瓶一钵垂垂老，千水千山得得来"，说我一个老和尚就持一个水瓶一个钵盂，一路得得得踩着木屐，跨越万水千山投奔明主而来。后来贯休因为这首诗又被人称作得得和尚。颈联借秦苑、汉庭来比拟蜀国的苑囿和宫廷，说蜀国宫苑幽静高雅，引人入胜，内中的陈设都是非同寻常。尾联意思很明确，很惭愧我一个山林老叟，得蒙皇帝您的器重，像当年燕昭王筑黄金台延请郭隗借此招揽天下英才一样。

王建看到这首诗很高兴，就把贯休收留了。有一年大概是宫廷尾牙宴，王公贵族都在。然后王建就让贯休写一首诗，把这个聚餐的场景给描述一下。俗话说："富家子弟多骄，贵家子弟多傲。"因为看到王公贵族，尤其是王建的儿子们，一个个都是花天酒地，歌舞不休，贯休老和尚早就不舒服了。他就现场写了一首诗，不过写了这首诗之后，王建读了倒是挺高兴，一些王公贵族，尤其是王建的儿子王衍就不太高兴，最后宴会也是搞得不欢而散。这首诗是这样说的：

> 锦衣鲜华手擎鹘，闲行气貌多轻忽。
>
> 稼穑艰难总不知，五帝三皇是何物。
>
> ——《少年行》

"锦衣鲜华手擎鹘"，身上穿的都是华裳丽服，手里面拿个鹘，"鹘"就是老鹰，古人打猎经常带着鹰出去，苏东坡的"老夫聊发少年狂，左牵黄，右擎苍"中的这个"苍"，就是苍鹰。这句诗说王衍这些官二代们平时不干正事，就是鲜衣怒马，到处游猎。"闲行气貌多轻忽"，我看你们这些王公贵族一个个的说话也好，做事也好，都给人一种轻飘飘的感觉，太浮躁了。这些纨绔子弟自小生活条件优越，又不读书，站没有站相，坐没坐相。讲话浮夸，牛皮很大，废话很多。"稼穑艰难总不知"，种粮食有多辛苦，这些人永远都不会知道。"五帝三皇是何物"，不读书，不懂得历史，没有学问，先王祖宗一概不知。

那么这些王公子弟腐败到什么程度呢？就以王建的儿子王衍为例。这个人荒唐得要命，喜穿道服。王衍特喜欢戴喇叭帽，脸上还涂胭脂。不仅是王衍本人，所有后宫的妃子都涂胭脂，穿道服，带高脚帽。王衍每天喝得醉醺醺的，荒淫无度。王衍有首词是这样说的：

> 者边走，那边走，只是寻花柳。
>
> 那边走，者边走，莫厌金杯酒。
>
> ——《醉妆词》

　　王衍有个宫人，名叫李玉兰，容貌姣美，音声清丽，王衍特作《宫词》一首，令玉兰美人歌之：

　　　　晖晖赫赫浮五云，宣华池上月华春。
　　　　月华如水浸宫殿，有酒不醉真痴人。

　　不做痴人的王衍在酒醉后经常唱唐朝韩琮的《柳枝词》，内容是这样的：

　　　　梁苑隋堤事已空，万条犹舞旧春风。
　　　　那堪更想千年后，谁见杨花入汉宫。

　　"梁苑隋堤事已空"，梁苑隋堤当年的繁华已经成为一场空梦。梁苑是汉朝梁孝王刘武建的一个皇家园林。大概位置在现在河南商丘的东南。这个皇家园林大概是多大呢？据说是方圆三百余里，奇花异草，奇珍异兽里面全有。隋堤是什么？隋炀帝杨广要开辟京杭大运河，挖出来的土堆在河两边，变成堤坝，栽上点绿植，栽上杨树柳树，花花草草，这就是隋堤。"万条犹舞旧春风"，春天来了，梁苑里的柳树也好，隋堤上的杨树也好，依旧随风飘舞。"那堪更想千年后，谁见杨花入汉宫。"好好享受当下吧，别做千秋万代的美梦了。

　　王衍酒后就喜欢念韩琮的这个词，大概是他觉着一切都是空的。我老爹辛辛苦苦得了江山，我王衍就是享受，我为啥要那么辛苦。有一次王衍连续三天三夜不睡觉，三天三夜都在喝酒，这些都是我们无法想象的。喝了酒之后又念这个《柳枝词》，他旁边有一个人等于是秘书了，叫宋光溥，实在看不下去了，他也念了一首唐人胡曾的诗：

　　　　吴王恃霸弃雄才，贪向姑苏醉酼醅。
　　　　不觉钱塘江上月，一宵西送越兵来。

　　　　　　　　　　　　　　　　——《姑苏台·吴王恃霸弃雄才》

宋光溥一念，王衍气得要死，不喝了。吴王指的是谁？夫差。"雄才"指的是谁？伍子胥。夫差仗着自己强大的军事实力，不听伍子胥的劝告，妇人之仁地把勾践给放回越国去了。勾践卧薪尝胆，甚至以尝夫差的大便为代价而取得了夫差的信任，反而伍子胥因为忠谏而受到了冷落。那么夫差每天干什么？"贪向姑苏醉酕醄"，"姑苏"指的是美女西施，那么酕醄指的是什么？美酒。白居易诗"绿蚁新醅酒，红泥小火炉"中的绿蚁，就是这个酕醄，是酒液上漂着的像蚂蚁一样的泡沫。"不觉钱塘江上月，一宵西送越兵来"，趁着你笙箫歌舞沉醉在温柔乡的时候，越王勾践的部队就借着月光打过来了，吴国就此亡了。王衍的下场很凄惨，他在位快活的好日子只有八年，之后前蜀就被后唐庄宗李存勖灭掉了。后来，王衍在被送赴洛阳途中，李存勖遣人将他和他的亲族一起杀害，结束了他的"快乐"人生，时年二十八岁，死后被封为通正公。

王衍的例子使我想起了王安石的一首《金陵怀古》，诗中写道：

> 霸主孤身取二江，子孙多以百城降。
> 豪华尽出成功后，逸乐安知与祸双？
> 东府旧基留佛刹，后庭余唱落船窗。
> 黍离麦秀从来事，且置兴亡近酒缸。
>
> ——《金陵怀古》

金陵就是现在的南京，东吴的国都，当时称建业。霸主即是指孙策，吴主孙权的哥哥。孙策占据了当时的长江和钱塘江流域。后来西晋于公元280年挥师南下的时候，吴军却毫无还手之力，结果建业失守，孙权的孙子孙皓自缚出城投降，把个大好江山拱手让人。"豪华尽出成功后，逸乐安知与祸双"，每个王朝的统治者在成功夺取政权以后就奢淫豪华，哪里知道安逸享乐与灾祸是双胞胎呢？"东府旧基留佛刹，后庭余唱落船窗"，东府是南朝官员的办公地，现在其旧址上已经建成了寺庙。后院外的湖上，一艘窗户半掩的船上飘来咿咿呀呀的小调，让人想起"隔江犹唱后庭花"。"黍离麦秀从来事，且置兴亡近酒缸"，禾黍是中国文化中一个非常重要也是经常用到的典故，源出《诗经·国风·王风·黍离》，"彼黍离离，彼稷之苗"，就是说田地里禾黍苗壮，麦苗青青，但是谁能想到，多少年前，这里还矗立着高大的宫殿，人来车往，热闹非凡。诗人由此发出"其兴也勃焉，其亡也忽焉"（《左传·庄公十一年》）的感叹。这句诗是说，古往今来，沧桑变化，都是常事，还是"一壶浊酒喜相逢，古今多少事，都付笑谈中"（杨慎《临江仙》）吧。

汉代学者扬雄曾说过"炎炎者灭，隆隆者绝"，兴隆之势越大，灭绝得越快，所谓"君子之泽，五世而斩"，一个家族的兴旺通常不会超过五代。古诗有云："美服患人指，高明逼神怒。"穿金戴银，人不舒服；金玉满堂，鬼神不满。唐朝开元宰相姚崇在《遗令戒子孙》中说：

> 古人云：富贵者，人之所怨也。贵则神忌其满，人恶其上；富则鬼瞰其室，虏利其财。

核心意思就是，富贵招怨，人神共愤，要特别当心，切忌自大自满。

据《资治通鉴》记载，唐昭宗时期御史大夫柳玭出身世家，系兵部尚书、太子太保柳公绰之孙，唐朝名臣、书法家柳公权之侄孙，人品贤良，唐昭宗本打算起用他做宰相，无奈遭到宦官嫉妒，长期被贬谪在外。柳玭曾经告诫他的孩子们：

> 凡门地高，可畏不可恃也。立身行己，一事有失，则得罪重于他人，死无以见先人于地下来，此其所以可畏也。门高则骄心易生，族盛则为人所嫉；懿行实才，人未之信，小有玷颣，众皆指之；此其所以不可恃也。故膏粱子弟，学宜加勤，行宜加励，仅得比他人耳！
> ——《资治通鉴·唐纪七十五·昭宗圣穆景文孝皇帝上之中景福二年》

大意是说：门第越高，越要谨慎。夹紧尾巴，低调做人。一有闪失，人家泄愤。死无葬身之地，无脸再见先人。门第高深易致骄傲，家旺人兴别人气恼。德行兼备，人家谩骂；稍有瑕疵，破鼓万人槌。白米干饭红烧肉，学习不分寒和暑；事事都要抢一步，这样勉强站得住。

管子有句名言：

> 釜鼓满则人概之，人满则天概之。
>
> ——《管子·枢言》

曾国藩也把这句话稍加更改，送给自己的兄弟，作为警世恒言：

> 斗斛满则人概之，人满则天概之。
>
> ——《曾国藩家书·同治元年五月十五日致九弟季弟》

"概"是古时量谷米时刮平斗斛的器具，用作动词就是刮平、削平。这里的意思讲得通俗点就是收拾，斗斛满了，有人会刮平它，人自满了，则老天爷就会收拾他。晚明文学家吴从先所著《小窗自纪》中说：

> 天不满西北，地不满东南，天地犹恶盈，而况于人乎？

正所谓"天之报盈，尤速于其报恶也"，老天爷报应自满的人，日子过得太好的人，比报应恶人还要快。古希腊历史学家希罗多德曾讲过："上帝欲使之灭亡，必先使之疯狂。"其实并不是老天爷、上帝收拾他，只是因为满盛之家往往会变得骄奢淫逸，正所谓"处贫贱易，耐富贵难。安劳苦易，安闲散难。忍痛易，忍痒难"。人若是不能安闲散，轻富贵，少张扬，耐得住寂寞，结局就是早晚有一天"鲜花着锦，烈火烹油"，最后化为乌有。

《礼记·曲礼》上有几句话提醒人们：

> 敖不可长，欲不可从，志不可满，乐不可极。

意即，不可以骄矜，不可以放纵，不可以志得意满，不可以享乐没有限度。

这里想起了一副名联：

> 动莫若敬，居莫若俭，德莫若让，事莫若恣；
> 傲不可长，欲不可纵，志不可满，乐不可极。

这是个集句联，下联就是上面提到的《礼记》中的话，上联出自《国语·周语》，意思就是行为举止没有什么比小心谨慎、严肃行事更重要的了，持家居家时没有什么比勤俭更重要的了，道德修养没有什么比谦让更重要的了，做事情没有什么比征求他人意见更重要的了。

人生不懂节制，结局就会如《红楼梦》第一回中描述的那样：

> 陋室空堂，当年笏满床；衰草枯杨，曾为歌舞场。蛛丝儿结满雕梁，绿纱今又糊在蓬窗上。说什么脂正浓，粉正香，如何两鬓又成霜？昨日黄土陇头送白骨，今宵红灯帐底卧鸳鸯。金满箱，银满箱，转眼乞丐人皆谤。正叹他人命不长，那知自己归来丧！训有方，保不定日后作强梁。择膏粱，谁承望流落在烟花巷！因嫌纱帽小，致使锁枷杠，昨怜破袄寒，今嫌紫蟒长，乱烘烘你方唱罢我登场，反认他乡是故乡。甚荒唐，到头来都是为他人作嫁衣裳！

我们重点讲第五点，"死狗"败家子。有一古谚云："三公后，出死狗。"上面提到的王衍就是标准的败家子。《管子·白心》载："满盛之家，不可以嫁子。"意思是有钱有势、盛气凌人的人家，是不能把女儿嫁给他家的，因为这样的人家容易出败家子。谚云："家有万贯，不如出个硬汉。"要嫁就嫁个能干的，别嫁个能花的。宋代沈括在《梦溪笔谈》的中讲了一个关于北宋名将郭进的故事：

郭进治第方成，聚族人宾客落之，下至土木之工皆与宴。设诸工之座于东庑，人咸曰："诸子安得与诸工齿？"进指诸工曰："此造宅者。"又指诸子曰："此卖宅者，故宜坐造宅者下。"

郭家的宅子造好了，郭进却安排工匠师傅们在东厢房吃饭，子女们却被安排在西厢房。在古代，东厢房为正，在西厢房之上。众人不解为何郭进要把主桌让给工匠，让儿女们坐次桌，郭进却说，工匠是造房子的，儿女是卖房子的，自然应该坐在造宅人的下首位置。据说郭进死后不久，大宅院果然被子孙卖掉。

北宋地理学家朱彧在《萍州可谈》中也讲到了郭进，不过他又补充了一个故事。说常州有个叫苏掖的官员，家中虽然很富有，但是为人很吝啬。有时候买东西为了一文钱都会和人家争得面红耳赤，不仅如此，还会乘人之危，花小钱买奇货。买别墅的时候，和别人来回讨价还价。后来在旁边的儿子说话了："人人可增少金，我辈他日卖之，亦得善价也。"意思就是说，爹啊，你就少添点钱，到时候我们卖的时候把这个钱加进去，也能卖个好价钱。这个儿子连郭进的儿子还不如，老子还活蹦乱跳的，别墅买都没有买成，这个败家子儿就琢磨着将来卖个好价钱了。

上面的两个故事让我想起了明代乐天大笑生在《解愠编》中讲的败家子有三变，他说：

识者以败子三变：初变为蛀虫，以其卖食书画也；再变为蝗虫，以其卖食田园也；三变为大虫，以其卖食人口也。

有一句话讲，"成家犹如针挑土"，一个家族兴盛起来，都是祖先、长辈好像拿着针把土挑起来慢慢积累，闽南话叫"存肠夹肚"，就是一点一滴积起来的。败家子怎么败呢？"败家犹如水推沙"，就好像你堆了一个沙堆，海浪一起来，瞬间就把它卷掉了。

所谓"成家子，粪如宝；败家子，钱如草"，历史上很多人为了防止家里出败家子，故意不给儿孙留过多的财产。汉代大儒疏广和侄子疏受一起给汉宣帝的太子刘奭当老师，一个是太子太傅，一个是太子少傅，号称"二疏"。太子十二岁时，疏广对疏受说："我们都知道'知足不辱，知止不殆'，现在我们官俸二千石，官名显赫，这个时候不退，我怕以后会后悔。"二人当即向汉宣帝提出告老还乡，"上皆许之，加赐黄金二十斤，皇太子赠以五十斤。公卿故人设祖道供张东都门外，送者车数百两"。

二疏回到家乡之后，就整天请族人亲戚喝酒听戏，总之只有一个目的，就是希望把皇上赐给的钱花光，有人就好心相劝，希望疏广能留点钱给子孙买田置地，疏广却说：

> 吾岂老悖不念子孙哉！顾自有旧田庐，令子孙勤力其中，足以共衣食，与凡人齐。今复增益之以为赢余，但教子孙怠堕耳。贤而多财，则损其志；愚而多财，则益其过。且夫富者，众人之怨也；吾既亡以教化子孙，不欲益其过而生怨。又此金者，圣主所以惠养老臣也，故乐与乡党宗族共飨其赐，以尽吾余日，不亦可乎！
>
> ——《资治通鉴·汉纪十七·中宗孝宣皇帝上之下元康三年》

疏广说："我难道年迈昏庸得不顾子孙吗！我是想我家原本就有土地房屋，让子孙们在这些土地上勤劳耕作，就足够供他们饮食穿戴，过着与普通人同样的生活。如今再增加产业，使其有盈余，只会使子孙们懒惰懈怠。贤能的人如果财产太多，就会消磨他们的志气；愚蠢的人如果财产太多，就会增加他们的过错。况且富有的人是众人怨恨的目标，我既然无法教化子孙，就不愿增加他们的过错而产生怨恨。再说这些金钱是皇上用来恩养老臣的，所以我愿与同乡、同族的人共享皇上的恩赐，以度过我的余生，不也很好吗！"

宋朝诗人刘克庄在《贫居自警三首》中有两句诗"力学勿忘家世俭，堆金能使子孙愚"，表达了与汉代二疏同样的意思。

明代学者田艺衡在其著作《玉笑零音》中讲道：

有子如龙虎，不须作马牛。

有子如豚犬，何须作马牛！

林则徐也表达过类似的意思，他写过一副对联：

子孙若如我，留财做什么？贤而多财，则损其志；

子孙不如我，留钱做什么？愚而多财，益曾其过。

讲到林则徐这副对联，使我想起了马来西亚有名的华侨实业家姚永芳先生。姚永芳是广东大埔人，二十四岁去马来西亚谋生，发了大财，后在香港等地开办南源永芳集团有限公司等几家企业。他常常教育子女"莫忘中国根，牢记桑梓情""赚钱发财不是人生的目的，奢侈腐化不是有意义的生活"。1977年姚永芳逝世前夕，他对子女们念的就是林则徐的这副名联，其子姚美良等遵循父训，把南源永芳公司宗旨定为"取之于社会，用之于社会"。

光绪皇帝的父亲、醇亲王奕譞亲自手书一副对联，挂于王府正堂：

财也大，产也大，后来儿孙祸也大。借问此理是若何？子孙钱多
胆也大，天样大事都不怕，不丧身家不肯罢。

财也少，产也少，后来子孙祸也少。若问此理是若何？子孙钱少
胆也小，些微产业知自保，俭使俭用也过了。

据说，奕譞死前，把儿子载沣（光绪皇帝异母弟，袭醇亲王爵）叫到床前，叮嘱的还是这副对联。

其实钱财本身是中性的，怎么用关键还是看人。王筠是清代文字学专家，著有《文字蒙求》。王筠在一幅自己画像后题字：

哀哉王筠！王筠可怜！子孙若贤，多存几年，子孙不贤，长街

卖钱。

我比较赞同阎锡山的金钱观，即钱善用之，可以发身、发智、发仁；不善用之，反能灭身、灭智、灭仁。

古井的启示

古井现在已经很少能见到了，像我老家苏北农村也早已用上了自来水，之前虽说家中院子里有井，但也是压水井。

传说是伯益发明了井，伯益大约生活于公元前二十一世纪，一作伯翳、柏益，又称大费，上古传说人物。传说，他能领悟飞禽语言，被尊称为"百虫将军"。在他带领下，中国早期汉族先民学会建筑房屋，凿挖水井，我们普通老百姓到今天还称自己为市井小民。《孟子》说到古时的井田法，方一里的田，平分成井字形的九等分，周围的八分是私田，中间是公地及宅地，并且掘井共用。《司马法》中说，四处井田合成一邑。唐代著名学者张守节在《正义》中说：

> 古人未有市，若朝聚井汲水，便将货物于井边货卖，故言"市井"。

就是说，古代还没有集市之前，人们都是早上到井边汲水时，就便把东西拿到井边来卖，所以说市井。

古井对我们做人做事的启示是有深刻而长久的现实意义的，笔者总结了以下几条，来和各位读者分享、共勉。

启示一，定位。宋代方勺在《泊宅编》中记载：

> 古法，凿井者先贮盆水数十，置欲所凿之地，夜视盆中有大星异众者，凿必得甘泉。

这在当时是一种很有影响的说法。清朝石成金《福寿真经》也说：

> 凡开井，先用几大盆水置各处，俟气清星朗之夜，观其所照星何处最大且明，则就此地开，下必有甘泉。

以上讲的两条是古人寻找凿井位置的方式。今天我们要凿一口水井的话，事先也要找准位置才可下钻子。其实我们每个人身上都有一口"井"，里面有无穷的能量，但是要开发出来，必须要找准位置，也就是说人生要想把自己的潜能发挥出来，首先要找准定位。国学大师南怀瑾先生特别强调一个人的"别境慧"，让每一个人按照自己的禀赋来发展，适合学美术的倘若去学物理，那是非常痛苦的。陶行知1924年作了一首《自勉并勉同志》：

> 人生天地间，各自有禀赋。
> 为一大事来，做一大事去。
> 多少白发翁，蹉跎悔歧路。
> 寄语少年人，莫将少年误。

其实人生在世，每个人都是天赋异禀，有自己所擅长的技能和喜好，但很多人不知道这些，或认为这些技能和喜好是不务正业，强行压制，就导致人生活得太辛苦，甚至是痛苦。

大家都知道隋炀帝，毛泽东评价说，隋炀帝是一个会作文章、会作诗词的人。他写过一首《饮马长城窟行示从征群臣》，其中有这样几句：

> 北河秉武节，千里卷戎旌。
> 山川互出没，原野穷超忽。

撞金止行阵，鸣鼓兴士卒。

千乘万骑动，饮马长城窟。

西晋大将军王敦志向高远，但不被皇帝重视，郁闷之余，经常在酒后一边用如意使劲敲击唾壶，估计就是痰盂，一边慷慨激昂地吟诵曹操的《龟虽寿》，就是"老骥伏枥，志在千里，烈士暮年，壮心不已"那几句，结果老是敲老是敲，把痰盂的边口都敲掉了。读隋炀帝这首《饮马长城窟行》，也给人以这种击节而歌的雄厚壮阔的感觉。《饮马长城窟行》是个命题作文，历史上很多诗人都写过，同为帝王，李世民也写过，写得也不错，但比起隋炀帝这首来，还是差不少，这一点李世民自己也承认。但就是这样一位大诗人，却偏偏做了皇帝，做得非常不好，以至于把梦幻开局的大隋帝国只维持到短短的二十七年，"但经春色还秋色，不觉杨家是李家"（李山甫《隋堤柳》），拱手让于自己的表弟李渊建立的大唐帝国。后人写了一首诗来感慨隋炀帝的文才和他的命运：

隋炀不幸为天子，安石可怜作相公。

若使两人穷到老，一为名士一文雄。

这首诗为隋炀帝和王安石的定位错误深深表示遗憾。

我们都知道，孔子"十有五而志于学"，十五岁就给自己的人生定了位。人生越早定位，人生活得就越踏实。孟子曰：

君子深造之以道，欲其自得之也。自得之，则居之安；居之安，则资之深；资之深，则取之左右逢其原。故君子欲其自得之也。

——《孟子·离娄下》

君子深入研究天道，目的是找准自己的定位，自己找准定位，就能心安；心安就能很深的积蓄力量；力量积蓄深了，就能左右逢源取之不尽，所以君子最重要的找准自己的定位。

启示二，恒心。《孟子》载：

> 有为者辟若掘井，掘井九轫而不及泉，犹为弃井也。
>
> ——《孟子·尽心上》

有作为的人，就比如挖井一样，贵在持之以恒，如果挖井都挖到九仞深还没有见到井水，这个时候千万不能停下来，要是停下来，挖了这么深的井就还是一口废井。所谓行百里者半九十，最后十里路才是最关键的，也是最考验人的恒心、意志力的，即使前面已经走了九十里，跟走了五十里是一样的。正如《道德经》所言：

> 民之从事，常于几成而败之。慎终如始，则无败事。
>
> ——《道德经》第六十四章

人们常常在快要成功的时候失败，因为就差最后一搏，越是快要成功的时候，越是得敬慎其事，方能避免失败，就如《尚书·旅獒》中所言"为山九仞，功亏一篑"，那样就太可惜了。成功就在于坚持，在于持之以恒，荀子说：

> 骐骥一跃，不能十步；驽马十驾，功在不舍。锲而舍之，朽木不折；锲而不舍，金石可镂。蚓无爪牙之利，筋骨之强，上食埃土，下饮黄泉，用心一也。蟹六跪而二螯，非蛇鳝之穴无可寄托者，用心躁也。
>
> ——《荀子·劝学》

明朝著名科学家宋应星有一首诗《怜愚诗》说：

一个浑身有几何？学书不成学兵戈。

南思北想无安着，明镜催人白发多。

"一个浑身有几何"，讲通俗些就是一个人浑身是铁能打几颗钉啊，毕竟精力、能力都是有限的；"学书不成学兵戈"，用的是项羽的典故，《史记·项羽本纪》中说，项羽小的时候学习识字读书，结果学得半生不熟就弃学了。又去学剑术，结果又是半途而废。叔叔项梁发飙了，结果项羽回答："学文的，会写个名字也就够了。学剑嘛，只能够单挑。要学就学可以以一敌万的兵法。"于是项梁就教项羽兵法，结果也是三分钟热度，粗粗知道点兵法的意思，就又不学了；"南思北想无安着"，一会儿想东一会儿想西，南北不定，干什么事情都不能坚持到底，没有恒心；"明镜催人白发多"，晃荡来晃荡去就把头发给晃荡白了，一辈子没有做出什么事情来，没有任何成就。

启示三，人品。当凿井见到一点点水出来的时候，先不要往下挖，汪一点点水在一个小坑里。古人这个时候会把一条小鲫鱼放在井底的小坑里养个几天，这样做的目的是为了检验水质，看看水有没有毒。这和做人的道理是一样的，水品即人品。有的人能力强、能量大，但是人品有问题、有"毒"，哪家单位敢用这样种"能量大"的祸害呢？所以现在单位用人一般是有试用期，试用的不仅仅是一个人的能力，关键还有一个人的人品，人品出了问题，能力再强也不能用。

启示四，静虑。古人将井水视为一味药，这便是井华水，或叫井花水，有养颜的功效。《本草纲目》中记载："井水新汲，疗病，利人，平旦第一汲为井华水，其功极广。"唐人有一药方："人而欲得如花色，以井华水"，女服七日，男服四日。建安七子之一的王粲在《登楼赋》中说"惧匏瓜之徒悬兮，畏井泄之莫食"，这里所谓的"井泄"就是井华水。

此外，长期沉淀在下面的杂质会变成井泥，在古人眼中，井底泥也可做治病的药。汉代人相信井泥治病，长沙马王堆出土得到一批汉代医书中，记载有治疗蜥蜴或蛇咬伤的几种医方，其中一个方子就是"取井中泥，以环封其伤，已"。外用井泥，古医书多有言及。《千金要方》所录治蝎毒方，《太平圣惠方》所录治臃肿方，《政和本草》所录治烫伤方，均言及外敷井泥。

我常常讲，每天起码给自己最少二十分钟的时间静一静，整理下自己繁杂的思虑。我没有特殊情况，每天必留一个小时给自己，一个人静静地散步，让自己思想中的"杂质"沉淀下来，对自己一天的所作所为进行反思，以崭新的面目迎接第二天的工作，谁能说这不是治疗浮躁病的一味良药？

星云大师讲过这么一则小故事，寺庙旁边开了一家豆腐店，老板常常送豆腐进去，但是每次经过禅堂的时候，门窗都是紧闭的。老板十分好奇，想知道禅堂里到底放了什么东西，以致长年都要关着门窗。有一天，老板得到法师的同意走进禅堂，到那一看，发现里面坐满了人，但鸦雀无声，每个人都盘腿坐在地上，一动不动。他只好像别人一样，找了个空地，安静地坐了下来。闭上眼睛，眼前出现了很多以前的事情，心得到了从未有过的沉静。一炷香后，老板出了禅堂，回到豆腐店。从那之后，他逢人就说："参禅好。"有人就问他："参禅怎么好了？"他说："那天我在禅堂参禅的时候，想起街头的老李还欠我五块钱豆腐钱。"静下来后，很多以前来不及想、想不起的事情便都浮现在眼前了。这时候，很多我们曾遗忘的美好瞬间，很多以前忽略过的事情，都会出现在脑海里。此外，积淀下来的人生经验，痛苦也好，快乐也罢，都变成人生的一味药，当别人有同样遭遇的时候，或安慰或提醒，不也是很有意义吗？

启示五，净化。民间有谚语说："井要淘，人要教。"《后汉书·礼仪志》中记，夏至"浚井改水"。山东一些地方风俗，农历六月淘井。清代《滋阳县志》载：六月伏日，"造酱，食冰，浚井"。福建也有七夕淘井之俗。我们人生的这口"井"也要经常地淘一淘，每过一段时间都要对自己的思想、行为进行一次清理，使自己永远保持纯洁无污的状态。

启示六，坚强。一口完整的井不仅里面要有干净的水，还要有井绳，尤其还要有井瓮。李白的《静夜思》说："床前明月光，疑是地上霜。"唐朝的时候，还没有现代意义上的睡床，那时睡觉的地方是榻，后来到日本就是榻榻米。《说文解字》里没有"床"字，只有"床"的异体字"牀"，是安身之座的意思。作为"牀"的俗字，"床"也指井干，即井上围栏，也可作辘轳的架子，形状是四角或八角，又称为银床。《乐府诗集》中有"后园凿井银作床"的诗句，很明显，此处的"床"是指井上的围栏，比如李白《长干行》："郎骑竹马来，绕床弄青梅。""绕床"是指两个孩子绕着井辘轳的架子追逐嬉闹。井辘轳上就绕着汲水的绳子。井凿成了，要想取水，除了井绳够长外，取水那一头还要系着取水的瓦罐，篆书的"井"字，中间有一点，就是吊着的瓦罐。然而瓦罐这东西很脆弱，有的时候很容易碰到井内部的石壁，有时候刚刚到井口就碰破了，结果就是瓮破水漏，过去就有"瓦罐不离井口破，将军难免阵前亡"的说法。

这也给我们人生很大的启示，人生在世难免会遇到各种磕磕碰碰，如果自身是个"瓦罐"，换句话说假如自己心理素质不强，生活意志很脆弱的话，就很容易被生活中的种种碰壁所击垮。我们需要把瓦罐式的心理素质变成木桶式的甚至是铁桶式的心理素质。日本知名企业家松下幸之助，有一次他的公司招考高级职员，预定录取十名，结果几千个人前来报名。考试的门槛很高，一关又一关，花了好几天，最后终于录取了十个人。这当中，松下幸之助很早就注意到一个年轻人，觉得他很优秀，但结果这名青年却落选了。松下幸之助心想："好奇怪，为什么那么优秀的年轻人没有录取呢？"于是他把考试的资料调来一看，发现是分数算错了。原来这位没有被录取的年轻人应该是第二名，由于分数算错才会落榜。松下幸之助赶紧叫人通知那个落榜的年轻人来上班，结果回话说："那个人因为落榜已经上吊自杀了！"大家一听："唉！真可惜啊！"松下幸之助这时候却说："不可惜，经受一点压力就要上吊的人，还是早一点死了比较好。"

清代学者俞梦蕉在《蕉轩摭录》中讲得好：

> 鱼戏逆水，而鳞甲肥腻。逐顺水，则鳞甲伤损。以是知人境逆，道心弥坚。境顺，道心易弛也。

鱼鳞的生长排列方向与水流正好相反，鱼如果是逆水游，水可以压迫鱼鳞更好地贴服在鱼身上，相反如果鱼是顺水游，水就会把鱼鳞冲刷开，很容易把鱼鳞弄伤。人生也是一样，在逆境中意志更坚定，顺境中，则容易意志脆弱。

启示七，利众。凿出一口好井绝不是一人一时之功，因此井要为众人服务。我也常常讲，一个人的成功绝不是他自己的功劳，是大家帮忙的结果。譬如拿我自己做例子，我所以有大量的时间读书、写作，是因为背后有家人、朋友大量的付出作为代价的。推而广之，我们今天所以能平安地做自己喜欢做的事，是国家的大环境好，是党的政策好。所以我们每个人把自己的这口"井"凿成之后，不要想着把井盖盖起来留着自家享用，而是要想着利益大众。"大道之行也，天下为公"便是儒学的最终目标。

光复会首领陶成章的父亲开了一家瓦窑，颇善经营，陶成章却偏执于读书和革命。有一次父亲问他："你搞那些子革命，为的是个啥呢？"陶答："为了要使得人人有饭吃。"父亲听了这话，便由他去流浪做革命运动去了。他父亲曾对人说："我儿子要使得人人有饭吃，这个我怎好去阻挡呢？"

革故鼎新

革故鼎新这个词来源于《易经·杂卦传》：

> 革，去故也；鼎，取新也。

革的本意是剥去动物的皮毛，鼎的本意是做饭用的炊具。革故，就是革去生肉之故；鼎新，就是煮出熟肉之新。

革故鼎新和继往开来不同，继往开来和过去还有瓜葛，未来和过去还有承继关系，而革故鼎新则是断掉过去，重新开始，就是老子所谓的"敝则新"，也就是我们平时所说的"旧的不去，新的不来"。

一个人真的要革除过去的旧势力也好、旧风俗也好，是需要有一种大无畏的革命精神的，就像毛泽东所说的："革命不是请客吃饭，不是做文章，不是绘画绣花，不能那样雅致，那样从容不迫，文质彬彬，那样温良恭俭让。"我们现在是处于和平时期，如果把革故鼎新运用在现实生活中就是革除社会恶风和恶习，绝不能手软，这样社会面貌才能焕然一新。

就拿屡禁不止的赌博而言，对于铲除这种不良的社会风气就不能手软，东汉末襄阳名士庞德公有《诫子诗》云：

> 凡人百艺好随身，赌博门中莫去亲。
>
> 能使英雄为下贱，解教富贵作饥贫。

> 衣衫褴褛亲朋笑，田地消磨骨肉嗔。
>
> 不信但看乡党内，眼前衰败几多人。

"凡人百艺好随身，赌博门中莫去亲"，一个人学什么都能糊口，但赌博千万别碰；"能使英雄为下贱"，一个多么了不起的英雄好汉，一旦得到了赌徒的名声，人家立马就瞧不起了。民间一首《十字令》对赌徒的形象是这样描写的：

> 一心赢钱，两眼熬红，三餐无味，四肢乏力，五业荒废，六亲难
>
> 认，七窍生烟，八方借债，九（久）陷泥潭，十成灾难。
>
> ——《十字令·赌徒》

一个赌徒具备了上面这十条"优点"，谁还敢恭维呢？

"解教富贵作饥贫"，再厚的家底子也会输光光，就如清代诗人黄安涛所说：

> 已将华屋付他人，哪借良田贻祖父。
>
> 室人交谪泪如雨，典到嫁时衣太苦。
>
> 出门郎又摇摊去，厨下无烟炊断午。
>
> ——《戒赌诗》

摇摊是一种赌博形式。这首诗使恣意纵赌而招致家业输光、衣食无着的窘况跃然纸上，可称为禁赌诗中的佳作。

"衣衫褴褛亲朋笑"，像样的衣服都典当光了，输光了，结果破衣烂衫的一副倒霉相，亲戚朋友当然笑话。民间还流传有一首"合字诗"，拆字作诗，合字解义，形式独特，读来非常有趣。诗是这样写的：

> 贝者是人不是人，只因今贝起祸根。

有朝一日分贝了，到头成为贝戎人。

"贝者"合为"赌"，"今贝"合为"贪"，"分贝"合为"贫"，"贝戎"合为"贼"。赌、贪、贫、贼四个字就是赌徒的必然下场。

"田地消磨骨肉嗔"，本来可以留给儿孙的土地，也抵押个精光，儿孙后代当然生气了。

"不信但看乡党内，眼前衰败几多人"，看看周围的老乡吧，因为赌博败家的人数不胜数啊！

但是这样苦口婆心的劝告又有几人听得进去呢，就如清代吴文晖诗中所说的：

> 相唤相呼日征逐，野狐迷人无比酷。
> 一场纵赌百家贫，后车难鉴前车覆。
>
> ——吴文晖《赌徒》

既然"后车难鉴前车覆"，也就是说有时候光靠说教和提醒没有作用，那就非要靠强硬手段来革除恶习不可。清代梁绍壬所著《两般秋雨庵随笔》中记载了这么一则故事：乾隆元年，安徽宣城有陆姓秀才，嗜赌如命而倾家荡产，最后卖妻以偿。他的妻子焦氏难受其辱，吟诗八首，上吊自尽。邻里们将此事告到官府，并请求旌表，就是由官府立牌坊，赐匾额。官府照准，将陆某革除秀才，并断其八指以示惩治。焦氏八首最后一首是这样写的：

> 百结鹑衣冷不支，郎归休在五更时。
> 风酸月苦空闺里，犹有床头四岁儿。
>
> ——《焦氏绝命诗八首·痛子》

什么叫鹑衣？鹑，是鹌鹑。我小时候在乡下老家养过鹌鹑，鹌鹑身上的毛黑一块，白一块，黄一块。焦氏的衣服是这里补一块，那里补一块，穿起来跟鹌鹑似的，有点那个百衲衣的味道。过去和尚称呼自己叫老衲，衲，就是各种碎布补缀起来的衣服。一个女人，本来跟一个男人过日子，最起码穿得要像样一点，结果这里补一块那里补一块，难看不说，根本不避寒。五更是三点到五点。天快亮了，这个赌徒丈夫才回来，根本不管家里妻子独守空房，床头还有一个嗷嗷待哺的四岁的儿子。

清代画家李鳝的朋友李发嗜赌如命，闹得夫妻失和，搞得家中鸡犬不宁。有一次，李发又赌，输得身无分文，裤兜比脸还干净。李鳝闻之，就送了李发一幅画，让他做赌资。画中的人物极像李发的妻子，还有题诗云：

> 丈夫在外赌红了眼，妻子在家干瞪着眼。
>
> 两个孩子饿昏了眼，梁上绳扣正张着眼。

李发看后，良心上受到谴责，于是便痛改恶习。李发的妻子比焦氏还是要幸运得多。

革故鼎新还表示一个人完全革除旧我，重新活出新我，如《了凡四训·立命之学》中所谓：

> 昨日种种，譬如昨日死；今日种种，譬如今日生。

还有一个成语叫洗心革面，人们常常会把这个词和罪犯改过自新联系在一起，其实这个词是个中性词，"洗心"的"心"不是指心脏，而是指思想，所谓"洗心"就是净化思想。"革面"就是去除旧貌换新颜。可见一个人如果要有一个好面貌，一定要有好思想，正所谓相由心生。法国思想家帕斯卡尔曾讲过："人的全部尊严就在于思想。人脆弱如苇草，乃是思想使其显示高贵、尊严和伟大"。波斯名著《玛斯纳维启示录》里也讲："人的价值是以思想衡量。"从这里大家可以知道，人真正的尊严不是住别墅开豪车穿名牌，也不是手中的权力有多大，而是有思想。《大学》里面讲"苟日新，日日新，又日新"，所谓的"新"不仅指的是面貌新，更主要指思想新。我想一个人如果能不断地提升自己的思想境界，一些坏的习气或者行为自然慢慢就会被革除掉，自然就逐渐活出了全新的自我。

有句话叫"落后就要挨打"，如果仔细推究起来，最致命也是最要紧的落后，其实是思想观念甚至是教养的落后，更加要命的是浑然不觉自己思想观念落后的落后。譬如清朝末年的北洋水师，论军舰总吨位、火炮装备，均居世界前列，但是在与日本海军的实战较量中却折戟沉沙、几乎全军覆没。据说中日甲午海战爆发前夕，日军驱逐舰舰长东乡平八郎在参观镇远号巡洋舰时，发现军舰上的栏杆和扶梯很脏，炮管上晾晒着衣服。他通过这些细节，断定清军纪律松弛，船员素质低，不堪一击。还有后来不足万人的八国联军，却把尚有数十万兵力的清军打得狼奔豕突。以上这些无不反映出清朝军事和政治思想观念的落后。这些惨痛教训提醒我们，任何进步或变革都有赖于思想理念的先行变革之引领，"剑不如人，剑法应高于人"固然不错，但是当"剑好于人"的时候，"剑法更应该高于人"，这样才能无往不利。

西方有一句话说，你可以用剑做任何事，但是不能坐在剑上面。古代打天下当然是用刀剑，拥有天下之后还能用刀剑吗？不行，刀剑放在一边，这时候就需要重新学习另外一套——要讲文化、讲教育。拿破仑讲过："世界上只有两种力量，一种叫利剑，一种叫思想，但思想最终会战胜利剑。"提到拿破仑的这句名言，我想起了欧洲十九世纪初发生的一则逸事。在沙皇亚历山大的亲自率领下，俄帝国与奥地利、普鲁士等反法联军击溃了拿破仑率领的法国大军，联军们最终以胜利者的身份入主巴黎，在武力上彻底征服了法国。但是，当俄国大军从法国准备撤离时，人们却惊奇地发现，这支强悍的军队被法国的新思潮浸染濡洗了。当战士们再回到俄国的时候，见到俄国依然盛行着农奴买卖和残酷的肉刑，不禁义愤填膺，纷纷起来对这些不合理的制度表示抗议和抵制，这大概是沙皇亚历山大始料未及的。

明代著名东林党人、被誉为"铁面御史"的左光斗，给他的"遗直斋"书斋写了副著名的对联：

风云三尺剑；

花鸟一床书。

对联传到江西吉安陂头村，一位老塾师在此基础上进行了增改，并书之于读书堂：

万里风云三尺剑；

一庭花草半床书。

在这里，"半床书"指的就是思想。如果说"利剑"表示武功，是用暴力来革故的话，那么"半床书""思想"就是拿来鼎新的。共产党人以暴力革命的方式推翻国民党反动统治，建立了新中国，为了使国家焕然一新，长治久安，自然要用文治。

有人说，世界上让人折服的方式有这么三种：一是大自然的不可抵抗之外力；二是不怕死的一种暴力，让求生的人惧怕而折服；三是日常生活中的"思想"，拥有强大思想武器的人让人折服，是口服心服，是真的折服！李保田有句名言："演员拼到最后拼文化。"这里的"文化"指的是思想，是演员的思想征服了观众。

1977年，时任香港中文大学新亚书院院长的金耀基先生，对"大学之为大学"深有思考，1983年出版《大学之理念》。他说："有人说，二十一世纪是中国世纪，我认为，如果没有五十间到一百间的第一流大学的话，这是痴人说梦。"金先生这里说的"五十间到一百间的第一流大学"指的不是硬件，而是软件，指的是第一流的思想，只有第一流的思想，才能引领出第一流的中国！

团结就是力量

　　相声大师马季先生曾经和他的弟子们合作了一个经典节目叫《五官争功》，我这里讲一个关于五指争功的寓言给各位读者做参考。大拇指认为自己是老大，是了不起的，因为人们对一个了不起的成功人士表示赞同的时候，总是把它竖得高高的。这时在它旁边的食指就开始不服气了，说你大拇指有什么了不起，又矮又粗，我食指才是老大，才是领导，因为人们在指挥别人做事情的时候，总是伸出他的食指。当食指这么说的时候，旁边的中指气得不得了，认为食指太狂妄了，说你食指有啥能耐，我中指个子最高，而且居中，我才该是领导。当中指洋洋得意的时候，无名指气得不得了，大叫起来说："你们三个人，说得那么多。你们有啥了不起的，我无名指才是最富贵的，因为所有的银戒指和金戒指都戴在我的身上。"到了小拇指了，小拇指看看自己，个头最小，身材最瘦，排名最末，觉得自己之所以能和这么多了不起的人在一起，都是大家帮忙的结果，于是小拇指只是频频地低头感谢大家。

　　另外大家伸出你的五个手指头，你能看出什么来？三长两短，只要你的手伸直了，马上三长两短就看见了。讲到"三长两短"，这里想起一个小故事，据说苏东坡被贬至黄州做团练副使的时候，借助讲学排遣郁闷。有一天考官来巡察，想考一考苏东坡，就出了个上联："宝塔尖尖，七层四面八方。"苏东坡略加思索，对曰："玉手摇摇，五指三长两短。""三长两短"是什么意思？三长两短就是危险。你看现在我想看书，但是五个手指头谁都认为自己了不起，大家谁也不搭理谁，互相之间不配合，我想看书，这么简单的事情都做不起来。我想喝水，这么简单的事情都做不起来，我想吃饭，连筷子都拿不起来。各位想想看，一个人水没得喝，饭没得吃，书没得读，他还有生机吗？所以自然就是三长两短，自然就是危险。

我们怎么样才能避免三长两短？对，就是每个手指头都低下头来，握成一个拳头，大家发现当你看见拳头的时候，你看到什么？三长两短就不见了。所以各位你能得到什么启发？一家单位有没有前途就看他单位的里面的人会不会相互谦卑，相互配合，相互合作。一个家庭有没有力量，也看彼此成员之间会不会相互宽容，相互支持，所以当你看到拳头的时候，你看到的是什么？你看到的是力量，你看到的是希望，而不是三长两短，就像一首诗说的那样："两个泥菩萨，一起都打破，用水调和，再作两个，我身上有你，你身上有我。"这就是"团结就是力量"。

"大雁离群难过关，独条鲤鱼难出湾""单花不成春，独木不成林""寡不敌众，孤掌难鸣""单弦再响不能成音，独虎再猛不敌群狼""群居的喜鹊，比独行的老虎有力量""单枝易折，多枝难断""寒霜打死单草，狂风吹不倒大森林"，中国先哲从这类自然现象里很容易推理出群体的价值与团结的力量，进而构建群体意识，这从关于这方面大量的谚语可以看出，如"众人拾柴火焰高""三个臭皮匠，顶个诸葛亮""人心齐，泰山移""双拳不敌四手，好汉架不住人多""大家一条心，黄土变成金；大家心不齐，黄金变成泥""弟兄三人一条心，黄土都能变成金；弟兄三人三条心，万贯家财不够分""要学蜜蜂共采花，莫学蜘蛛各牵网""一个人踏不倒地上草，众人踩出阳关道""大厦非一木所支，宏业以众智而成""一个盖不起龙王庙，万人造得起洛阳桥"等。

二十世纪三十年代，燕京大学常常邀请名人到校演讲。校务长司徒雷登和南开大学校长张伯苓私交甚笃，有一次他把张校长请来演讲。由于张伯苓有极高的社会声望，来听演讲的人特别多。张伯苓讲了一段内容之后，突然从口袋里掏出一团绳子，现场叫了五名学生上台，五人分别站在他的左右和面前，把绳子的五个绳头拉开。每个学生拿一根绳头，五根绳子的另一端则握在自己手中。接着，张伯苓发出指令："拉！"五个学生在五个不同的方向同时向外拉，结果张伯苓用力一拽，把五个学生猛一下拽得都往里趔趄了一步。台下的学生还以为张伯苓在炫耀臂力呢，张伯苓哈哈大笑，用纯正的平津话说："不是我力大，是因为你们没有团结起来朝一个方向使劲，力量分散就没劲了！如果你们站在一起向一个方向拉，力量集中，我是绝对拉不过你们五个人的！"台下的听众恍然大悟，立即报以热烈的掌声。待掌声稍息，张伯苓接着说："中国人为什么受外国人的欺侮？就是因为中国人不团结，不心齐。一盘散沙怎么会有力量呢？"话音刚落，掌声再次响起。

梁漱溟先生曾在《中国文化的命运》里面讲："晏阳初先生曾对我说过，有一个美国人向他说：'一个中国人是聪明的，两个中国人就蠢笨了。'这是说明中国缺乏组织与合作。"

个人的成功没有值得夸耀的地方，因为每个人的成功都离不开大家的帮忙。正如唐朝诗人曹松所说的：

> 泽国江山入战图，生民何计乐樵苏。
> 凭君莫话封侯事，一将功成万骨枯。

——《己亥岁二首》其一

中国台湾著名作家林清玄先生所言："对于一个珍贵的陶器，包装它的破报纸和碎纸屑是与它相同珍贵的。对于一朵美丽的花，它脚下卑贱的泥土是一样珍贵的。对于一道绚烂的彩虹，它前面的乌云和暴雨是一样有意义的。对于一场精彩的电影，它周围的黑暗与它是同等价值的。"俗话说："牡丹虽好，绿叶来配。"过去我们理解权力，是某一个权威对下属的控制能力。其实我理解的权力是一种成就别人的力量。权力不是我说了算，而是我不说，你看着办。记住：权力永远是别人赋予的，别人不佩服，大家不认可，所谓的权力就是空架子，臭摆设，没有人会真的当回事。

我几年前到日本京都的金阁寺去参观。金阁寺后院有一处知名的枯山水，就是没有植被，只靠石块沙砾精心布置的园林。在这处紧挨着僧人修行的禅堂的院子，有十二块石头。不过，除了从空中俯瞰，无论你站在院子的哪一个角落，你都只能看到十一块石头。设计者这样做可谓用心良苦：每个人都无法全知全能地看到事情的全貌，都有自己的局限性，所以大家才需要团结起来，发挥各自的优势和力量。所以说，真正的成功是团结，把每个人力量萃聚在一起，这样每个身居其中的人也将会有很好的生存空间，大家共同立于不败之地。

俗语讲："花花轿子，人抬人。"我们都是被别人抬起来的，大家彼此帮衬才能做好事情。提到抬轿子，其实就是两个人团结合作才能抬得好，过去抬轿所谓"远近凭双足，高低稳一肩"的轿夫都是经过专业训练的，他们绝对不会滑跤，因为一滑跤便没有面子。有趣的是，他们在抬轿时还会彼此相呼应，若前面轿夫看见道路很滑，便呼曰："滑得很。"后面轿夫听了即答称："踩得稳。"而前面轿夫若看见积水，便先提醒："前面亮光光。"后面轿夫听了便答道："后面水当当。"当前面轿夫说："两边有（意思两边有人）。"后面便应："中间走。"这样一问一答，互相提醒，互相配合，这轿子抬得能不稳当吗？

《韩非子·说林下》有一则寓言，叫"三虱争讼"：

　　三虱相与讼。一虱过之，曰："讼者奚说？"三虱曰："争肥饶之地。"一虱曰："若与不患腊之至而茅之躁耳，若又奚患？"于是乃相与聚嘬其身而食之。彘臞，人乃弗杀。

故事大概是说，三只虱子在一只猪身上吸血，它们彼此争吵起来。另一只虱子经过那里，问它们说："你们为什么争吵呢？"这三只虱子回答说："争那膘肥肉满的地方。"问话的虱子说："冬至节以后不久，人们举行腊祭，祭祀各位神灵，就会杀了这口猪，还会用茅草烧烤它呢。你们怎么不担心这件事情而担心别的事情呢？还争什么膘肥肉满的地方呢？"于是，它们共同商量对付的方法，四只虱子聚集在一起，用力吮吸那只猪的血。这样，那只猪一天天瘦下去，人们就没有杀它祭神了。

俗话说："一个和尚挑水吃，两个和尚抬水吃，三个和尚没水吃。"这里讲一个"三个和尚"的小故事给各位读者做参考。三个和尚在破庙里相遇。"这庙为什么荒废了？"不知是谁提出问题。

"必是和尚不虔，所以菩萨不灵。"甲和尚说。

"必是和尚不勤，所以庙产不修。"乙和尚说。

"必是和尚不敬，所以香客不多。"丙和尚说。

三人争执不下，最后决定留下来各尽所能，看看谁能最成功。于是甲和尚礼佛念经，乙和尚整理庙务，丙和尚化缘讲经。果然香火渐盛，原来的庙宇也恢复了旧观。

"都因我礼佛虔心，所以菩萨显灵。"甲和尚说。

"都因我勤加管理，所以庙务周全。"乙和尚说。

"都因我劝世奔走，所以香客众多。"丙和尚说。

三人日夜争执不休，庙里的盛况又逐渐消失了。各奔东西那天，他们总算得出一致的结论。这庙的荒废，既非和尚不虔，也非和尚不勤，更非和尚不敬，而是和尚不睦。

董仲舒在《春秋繁露·循天之道》里讲："大德臭大十和"，我们常常称和尚为"大德"，所以叫"大德"就是因为"和"。

为了统领僧团，使大家能够团结一心、和睦相处，更好地发挥表率和弘法利生的作用，佛陀制定了僧团共住的"六和敬"法。哪六和呢？就是身和同住、口和无诤、意和同悦、戒和同修、见和同解、利和同均。身和同住，就是在行为上不侵犯他人，每个人各司其职；口和无诤，要求在语言上互相尊重而不冒犯他人；意和同悦，就是在精神上能够和衷共济，志同道合；戒和同修，大家共同守戒；见和同解，就是在理念上能够相互认同，大家形成共识；利和同均，就是在利益上分配上达到均衡，共享成果。其实佛家的"六和敬"真正的核心精神就是团结就是力量。

第五章　修养篇

将者五品

　　所谓"将者五品"，就是指一个将领要领导一支部队打胜仗，需要有五种基本修养，这五种基本修养就是《孙子兵法·始计篇》所说的"将者，智、信、仁、勇、严也"。

　　"始计篇"是"孙子兵法"第一篇，为整部兵法定了基调，那就是名为"兵法"，但核心思想是不倚仗武力服人，而是以谋略制胜。把孙子这一理论用到极致的就是著名的赤壁之战。曹操在统一北方后，集结号称八十万人的强大兵力，准备一举南下荡平孙刘联军。与联军接触的三江口一战，魏军受挫，曹操总结是魏军不善水战，于是命令"深得水军之妙"的荆州降将蔡瑁、张允统帅水军，加紧操练。为此，吴蜀联军统帅周瑜利用曹操谋士蒋干第一次过江劝降这件事，搞了一个"群英会"，使曹操中了反间计，杀掉了水军将领蔡瑁、张允。后周瑜又利用蒋干第二次过江，内外策划，让庞统给曹操献了连环计：曹操只注意了用铁索连接战船有利于防止风浪，却忽视了不利于防火。最后曹操又中了黄盖的苦肉计，相信了黄盖的诈降，为黄盖直入曹军水寨放火提供了方便。这样，赤壁火起，孙刘联军没有费多大力量，就一举获胜，魏蜀吴三足鼎立的局面在此战后形成。赤壁之战的全过程，是一个斗智的全过程。孙刘一方每次斗智的胜利，就是对曹操力量的一次削弱，就是优势劣势的转化。

　　另外，为将之智，不仅指的是运筹帷幄，指挥战斗之智慧，还指的是理智。换句话说作为一个将领，要时时保持冷静，不可以情绪化。三国时，蜀吴发生荆州之战，蜀国大将关羽被杀，荆州尽丧。消息传到成都，刘备异常悲愤，血涌上头，不听诸葛亮劝告，未做充分的战争准备，就贸然亲率倾国之军，对吴国发动复仇之战。"桃园三结义"中的张飞本来就性情暴躁，这次为了报仇更是急火攻心，对手下将士苛责虐待，结果心怀怨恨的兵士发动叛乱，张飞被杀。刘备闻讯，顿时丧失理智，挥师与吴军在夷陵进行决战，蜀汉战败，被吴军"火烧连营七百里"，不得不退守白帝城，羞愤交加的刘备最终一口气没上来，撒手人寰。夷陵之败后果非常严重，它使蜀吴联盟瓦解，打破了三国鼎立共存、互相掣肘的格局，吴蜀两国之后均无力独自应付曹魏以及后来的晋朝的进攻，三国一统于司马氏成为定局。

为将者的智慧除了运用在战争中，还表现在和君主关系的处理上，切记不可居功自傲，功高震主。《史记·越王勾践世家》里讲过一句话"飞鸟尽，良弓藏；狡兔死，走狗烹"，历史上这样的例子比比皆是，白起、文种、韩信、周亚夫、檀道济、岳飞、蓝玉、李善长、胡惟庸、年羹尧……可以说是不绝如缕。

把君臣关系处理得比较得当的功臣当以唐朝的郭子仪为代表，欧阳修评价他说：

> 以身为天下安危者二十年，校中书令考二十四。富贵寿考，哀荣终始，人臣之道无缺焉。唐史臣裴垍称："权倾天下而朝不忌，功盖一世而上不疑，侈穷人欲而议者不之贬。"
>
> ——欧阳修《新唐书·列传第六十二·郭子仪》

意思是：大唐天下系于郭子仪一身的时间几乎达二十年，他任中书令主持官吏的考绩达二十四次，可以说满朝官员都是他的徒子徒孙。他一生享尽荣华富贵，以高寿善终，生前显赫，死后极尽哀荣。唐朝史官裴垍称他是"权倾天下而朝臣不忌恨，功盖天下而皇上不猜疑，享尽人能享受的所有欲望而没人能贬低"。

郭子仪的情况，就如《孙子兵法·地形篇》所言：

> 进不求名，退不避罪，惟人是保，而利合于主，国之宝也。

不求名，不诿过，与人为善，一体君臣，这样的人是国家之宝，百姓之福。

与郭子仪相反的悲剧人物，最典型的当属淮阴侯韩信。宋朝诗人黄好谦有一首诗《题淮阴侯庙》说：

> 筑坛拜日恩虽重，蹑足封时虑已深。
> 隆准早知同鸟喙，将军应起五湖心。

"筑坛拜日恩虽重"，指刘邦设祭坛封韩信为大将军；"蹑足封时虑已深"，韩信在刘邦和项羽两军胶着的时候，要挟刘邦封他做个"假齐王"，也就是代理齐王。刘邦听到这个消息就要骂娘，幸亏身边的张良在桌子底下踩了一下他的脚，刘邦是何等聪明的人，马上会意，立马改口："要做就做真齐王，做啥个假齐王嘛！"但嘴上这么说，心里面已经开始不舒服，起了杀心了；"隆准早知同鸟喙"，"隆准"指的是刘邦，《史记·高祖本纪》说"高祖为人，隆准而龙颜"；"鸟喙"指的是勾践，传说他的嘴像鸟嘴，声音像豺狼，这种人只能共苦，无法同甘。刘邦和勾践都是一个德行，都是夺得天下之后大杀功臣；"将军应起五湖心"，这里用了范蠡的典故，范蠡帮助勾践恢复越国之后，就带着西施泛舟于五湖之上，远离是非之地、是非之人，逍遥快活去了。

"将者五品"的第二品是信。信是指诚信，不可朝令夕改。《论语》讲：

> 人而无信，不知其可也。大车无輗，小车无軏，其何以行之哉？
> ——《论语·为政篇》

无信之人像汽车，无轮无轴怎么跑？黄炎培曾经手书三十二字家训给他的二儿子，内容就是：

事闲勿荒，事繁勿慌；有言必信，无欲则刚；和若春风，肃若秋霜；取象于钱，外圆内方。

凡夫之人、普通家庭尚且需要诚信立身立家，何况统领一支部队呢。战国时期商鞅城门立木为信的故事，相信各位读者都耳熟能详，王安石有一首《商鞅》，对其有很高的评价：

自古驱民在信诚，一言为重百金轻。

今人未可非商鞅，商鞅能令政必行。

诚信能"政必行"，也能"破坚城"。据《韩非子》载，春秋五霸之一的晋文公率军攻打原国。原国是个小国，姬姓，创立者原伯是周文王的弟弟、周武王的叔叔，而晋国的开创者是周武王的儿子唐叔虞，所以严格来说两国祖上沾亲带故。但是晋国有对亲戚之国下手的传统，后来的虢国和虞国也是灭于晋国之手。晋文公攻打原国，携带了十天的粮食，于是和大夫约定在十天内收兵。然而，原国并没有想象的那么弱，过了十天，原国都城没能拿下，于是晋文公下令鸣金收兵。晋国在原国的间谍带来消息说原国快撑不住了，再坚持三天就可以攻下来。左右也劝文公再等，晋文公却严肃地说：

吾与士期十日，不去，是亡吾信也。得原失信，吾不为也。

——《韩非子·外储说左上·说六》

我跟将士们说好了十天就十天，到日子还不回去就是失信，得原国失信义的事，我不能干。于是撤兵离开。原国人听到后说："有像他那样守信用的君主，怎么能不归顺他呢？"于是投降了晋文公。卫国人听到后也说："有像他那样守信用的君主，怎能不归顺他呢？"于是也投降了晋文公。孔子听了这件事也在记事本上写道：攻原得卫，一举两得，都是因为诚信。

在晋文公讲诚信的这个记载下面，《韩非子》还讲了一个魏文侯讲诚信的事：

> 魏文侯与虞人期猎。明日，会天疾风，左右止文侯，不听，曰："不可以风疾之故而失信，吾不为也。"遂自驱车往，犯风而罢虞人。
>
> ——《韩非子·外储说左上·说六》

虞人就是掌管山泽的官员，有点像我们今天负责林业、狩猎、打鱼和旅游事务的官员。魏文侯是战国时期三家分晋后魏国的开创者，算是一代贤君。他有一次本来安排好虞人给他准备打猎的事，估计就是让虞人封山清场，结果第二天刮大风，打猎肯定泡汤了。但虞人在那边还等着呢，那时候又没个通信工具，魏文侯不想因大风而失信于人，就亲自驱车去告诉虞人，打猎取消了。这件事魏文侯有故意作秀之嫌，其实完全可以让手下人去通知，他这么做就是为了表明他身为一国开创之君，一定要以诚信为本，以诚信立国。后来，如魏文侯所愿，"魏于是首始强"。（《魏文侯书》）

诸葛亮四出祁山时，兵马仅十万。魏将司马懿拥兵三十余万。此时，蜀军四万人服役期满。诸葛亮践诺守信，放服役期满的老兵们回家，结果老兵们感念丞相信守诺言，反而留下，继续效力。

"将者五品"的第三品是仁。仁首先表现在爱兵如子。《孙子兵法·地形篇》说：

> 视卒如婴儿，故可与之赴深溪；视卒如爱子，故可与之俱死。

将军对待士卒像自己的孩子，士卒就可以和他一起去跳急流深谷；对待士卒像爱子，士卒就可以和他一起去战场赴死。

《史记》曾记载了一个爱民如子的极端例子：

　　（吴）起之为将，与士卒最下者同衣食。卧不设席，行不骑乘，亲裹赢粮与士卒分劳苦。卒有病疽者，起为吮之。卒母闻而哭之。人曰："子，卒也，而将，军自吮其疽，何哭为？"母曰："非然也。往年吴公吮其父，其父战不旋踵，遂死于敌。吴公今又吮其子，妾不知其死所矣。是以哭之。"

——《史记·孙子吴起列传》

　　吴起就是在前面提到的魏文侯手里得到了重用，魏国崛起与吴起有很大关系。吴起为将时，与最底层的士兵同吃住，睡觉不铺垫褥，行军不骑马乘车，亲自分担士卒的包袱和粮食。有个士卒生了毒疮，吴起毫不犹豫地用嘴替他吸吮脓液。这个士兵的母亲听说后，放声大哭。有人说："你儿子是个无名小卒，将军却亲自替他吸吮脓液，怎么还哭呢？"那位母亲回答说："不是这样啊，当年吴起替他父亲吸吮毒疮，他父亲在战场上勇往直前，就死在敌人手里；如今他又给我儿子吸吮毒疮，我不知道他又会怎么死，因此，我才哭他啊。"

　　司马迁写这段文字，心情应该是比较复杂的，我们读到这一段，除了觉得吴起很爱兵，但更为那个士卒的母亲感到悲痛，就觉得吴起的爱兵多少是有点功利色彩的。

　　军人来自群众，所以为将者平时须注重走群众路线，要仁政爱民，懂得容民蓄众。

　　为将之仁不仅表现在爱士兵、爱百姓，也表现在对敌人心存仁义。《孟子·梁惠王上》记载孟子见梁惠王，梁惠王问如何能一统天下。孟子回答说："不嗜杀人者能一之。"也就是仁义之君可一统天下。真正的战争不是以杀人为目的，最高明的手段最好是"不战而屈人之兵"，所谓"止戈为武"。

　　"将者五品"的第四品是勇。勇即浩然正气，不是逞强斗狠所谓的匹夫之勇，是出于斗争正义而激发出的孟子所谓"虽千万人吾往矣"的大丈夫精神。《孟子·万章下》中说"志士不忘在沟壑，勇士不忘丧其元"，勇士、志士念念不忘为正义而死，即使掉了脑袋、弃尸山沟也在所不辞，随时做好为正义献身的思想准备。

最后，"将者五品"的第五品是严。严即严守军纪之意。所谓"师出以律，否臧凶"（《易经·师卦·初六》），意思是出师一开始就强调纪律，否则就隐藏凶险。管理任何团体都要有严格的纪律和规矩意识。"将者五品"出自春秋末期军事家孙武，那么我们就来看看他是怎么练军以体现他的"师出以律"思想的。孙武练兵见载于《史记·孙子吴起列传》，因原文较长，这里不赘述，大概意思是这样的，孙武向吴王阖闾进献自己的兵书，阖闾在读了这些书后，决定让孙武实战演练一番。他问孙武，妇人也能练兵吗？孙武说，为什么不可以？阖闾就从宫里抽调一百八十名宫女，交给孙武训练，自己则在一旁观看。

孙武把这一百八十名美女分成两队，将吴王的两个宠姬分别任命为两队队长，命她们全都持戟站立，然后向两队美女士兵问话道："你们都知道你们的前心、左右手与后背吗？"众人答："都知道。"于是孙武传令道："我喊前，则向前心看齐；左，则向左手看齐；右，则向右手看齐；后，则向后背看齐。听明白了吗？"众人皆应之，表示已经明白。布置完毕，孙武即令人摆好鈇钺（斫刀和大斧，腰斩、砍头的刑具），表示如有违令者将军法从事，随即又三令五申地重复要求。训练正式开始时，孙武先击鼓向右，众人本该是向右手边看齐，不料这些平时娇惯的美女们没有一个正经的，都在那里笑得是花枝乱颤。

孙武没有责怪她们，只是说道："约束不明，申令不熟，这是为将者的过错。"于是又重复了一遍刚才的要求。这一次击鼓向左，岂料这次众人笑得更厉害了，俨然没把刚才的训话放在心上。这一次孙武正色说道："约束不明，申令不熟，这是为将者的过错；约束既已申明却不依令行事的，这就是士兵的罪过了。"于是决定将两队队长斩首。

吴王正在台上观看，看见孙武要将自己的宠姬斩首，"大骇"，急忙派使臣传令道："寡人已经知道将军擅于用兵了。寡人如果没有这两个宠姬，则食不甘味，望你饶恕她们吧。"孙武说："我既然已经受命为将，将在军，君命有所不受。"遂将两名宠姬斩首示众，同时又命令两队的排头充当队长，继续练兵。

孙武此举收到了震慑群芳的效果，连吴王最宠爱的妃子都敢杀，所有人无不心下骇然，训练时全神贯注，生怕有所疏漏。这一次再击鼓，众人前后左右相当整齐，跪下站起也丝毫不乱，规矩得可以用绳墨来测量，而且没有一个敢出声的。此时孙武派人向吴王报告："士兵已经训练整齐，大王可以到下面检阅。只要是大王欲用的人，即使让他赴汤蹈火，也不成问题。"

孙武一练成名，"于是阖庐知孙子能用兵，卒以为将。西破彊楚，入郢，北威齐晋，显名诸侯，孙子与有力焉"（《史记·孙子吴起列传》），这个时候的吴国也成为春秋五霸之一。

《荀子》说："善言古者，必有节于今。"本节虽然说的是古代带兵打仗的将军应该有的五种品格，但是相信对今天各行各业的从业者都有借鉴意义。

将者五危

讲了为将者应该有的五种品德，孙武也总结了为将者不该有的五种致命的弱点，这就是"五危"：

> 必死，可杀；必生，可虏；忿速，可侮；廉洁，可辱；爱民，可烦。凡此五者，将之过也，用兵之灾也。覆军杀将，必以五危，不可不察也。
>
> ——《孙子兵法·九变篇》

字面意思是：如果只知道死拼硬打，就可能招致杀身之祸；如果一味贪生怕死，那么就可能被敌人俘虏；如果性情暴躁易怒，那么就可能因为受到敌人的一点点轻侮而轻举妄动、陷入被动；如果一味清廉好名，过于爱好面子，就可能因为轻易被撩拨而失去理智，从而做出轻率的举动；如果过于溺爱军士，就可能导致烦扰而陷于被动。以上这五种情况，都是将领容易犯的过错，会给战争带来灾难。那些在战争中全军覆没，连将领也被杀的情况，一定是因为统帅有这五种致命弱点所致。因此，对于将领可能存在的这些毛病，一定要充分认真地考察和了解，做到有则改之，无则加勉。

"五危"的第一种是"必死"，就是只知道死拼硬打，这种人不死谁死？这种人不死，老天爷都不容。历史上关于为将者不体恤士兵生命，战场上死冲硬打的例子很多，"凭君莫话封侯事，一将功成万骨枯"（曹松《己亥岁二首》之一），我们今天举一个发生在解放战争中的真实战例——塔山阻击战。1948年10月13日，辽沈战役著名的塔山阻击战进入空前激烈的时刻。国民党军派出独立九十五师对我军四纵阵地进行攻击。独立九十五师，国民党自封"赵子龙师"，是以宁夏马鸿逵部的四个团为基础建立起来的，后不断经过黄埔军官的调入，成为国民党军的王牌。13日这天，已经战至疯狂的独立九十五师竟然向我军发动了以营为单位的持续不断的波浪式冲锋，军官带头，黑压压的气势骇人。这种罗马军团时代的战法竟然在现代战争中还能看到，可以说让人大跌眼镜。但不管你是什么样的人海冲锋战术，在强大的炮火和猛烈的枪弹面前都是不堪一击的，其结果就是除了战地前留下密密麻麻的尸体，敌军什么便宜也没占到。策划和指挥这场集团冲锋的国民党将领就是典型的"必死"之将。

孙子说的为将者的第二个必须避免的弱点是"必生"，就是贪生怕死，其结果可能就是被敌人俘虏。1642年，明军尽遣主力与皇太极的清军在松山决战，明军战败，明军统帅、蓟辽总督洪承畴被俘。当时明朝很多人都认为洪承畴一定会为明朝殉节，崇祯皇帝甚至为之痛哭辍朝，特赐祭十六坛，并亲自撰写《悼洪经略文》，以示纪念。皇太极有心收降洪承畴，就派汉人大臣范文程去试探他，范文程从他看似不经意地掸落房梁上掉下来落在身上的尘土，就知道洪承畴是个"必生"之将，果然，皇太极做出点礼贤名士的作秀举动，就让洪承畴感激涕零，剃发投降了。

为将者第三个不能有的弱点是"忿速"，即性情暴躁易怒，很可能就会因为受到敌人的一点点轻侮而轻举妄动、陷入被动。前面提到三国时蜀吴荆州之战以及之后的夷陵之战的策动者和指挥者，从"桃园三结义"那哥仨，到吴国皇帝孙权、吴军统帅陆逊以及"白衣渡江"偷袭关羽的吕蒙，无一不是鼠目寸光、只看到眼前利益而没有长远政治考量的"忿速"之将，吴国胜于一时，蜀国败于一世，三国鼎立的局面毁于一旦，两败俱伤的结果给北方的曹魏以及后来的西晋王朝提供了绝佳的机会，"可怜蜀国关张后"（崔道融《过隆中》）"金陵王气黯然收"（刘禹锡《西塞山怀古》），怎不令人感叹。

为将者要避免的第四个弱点是"廉洁"，就是一味清廉好名，过于爱好面子，这种人就可能因为轻易被撩拨而失去理智，从而做出轻率的举动来。春秋时期，宋国和楚国之间发生过一场"泓水之战"。开战前，宋军处于有利地位，先于楚军在泓水河岸完成部署。楚军这时开始渡河，有点军事常识的人都知道，趁敌人于半渡、不成阵列、首尾不顾的时候发动攻击，是最容易获胜的。宋军将领提出发起攻击，宋襄公说："我们号称仁义之师，怎么能趁人家渡河一半发动进攻呢？"楚军过了河，开始在岸边布阵，宋将说，这回可以进攻了吧。宋襄公说："不行，等他们列好阵。"等楚军布好军阵，楚兵一冲而上，大败宋军，宋襄公也被楚兵射伤了大腿。我们今天看这件事，感觉像个笑话，但历史上像宋襄公这样傻得可爱的人不在少数，为了所谓的名声而不顾战场实际情况，这样的人为将肯定是败军之将，这样的人为君肯定是亡国之君。

　　孙子认为为将者的第五个不可有的弱点是"爱民"，注意，这里的"民"指的不是百姓，而是士兵；这里的爱也不是关爱，而是溺爱，这一点就是所谓的"慈不掌兵"。我们前面将"将有五品"，其中有一品就是仁，仁是什么，爱人，对于为将者来说，就是爱兵如子。但是爱有大小之分，为将者固然要爱兵如子，但更要爱军如父、爱国如母。在战场上，所谓爱兵如子，溺爱放纵，小慈小爱，小仁小义，顾念小群体，不顾大局，却可能置整个军队乃至国家于危险的境地。平时训练中，怜惜士兵辛苦，就偷减训练强度和科目，只会养一帮"公子兵"，开战就是给敌人送头颅。真正的爱兵如子，是"平时多流汗，战时少流血"。

　　战争打的是大爱，争的是战略上的胜利，为此而付出一定的代价，甚至惨重的代价都是值得的。2020年是伟大的抗美援朝战争爆发七十年，中国拍摄了史诗级的纪念电影《长津湖》，里面一句台词至今听来还让人泪目，就是那句"这场战争，如果我们不来打，那就只能我们的后代来打"。一句话，看似简单，道出了抗美援朝战争的意义，我们今天的盛世繁华都是我们的先辈用热血打出来的。面对全部机械化、重装备的美国王牌海军陆战队第一师，单从军事的角度看，在军需、装备、武器弹药完全被碾压的情况下，在朝鲜历史上最冷的冬天，志愿军第九兵团大部都还没有棉衣的情况下，他们发起这场战役无异于自杀，志愿军将领们当然知道这样做将要付出的代价，他们当然都是爱兵如子的人，但他们和他们的战士们更爱的是他们背后的国家和人民，于是毅然决然地发起了这场惊天地，泣鬼神、在世界战争史上具有里程碑意义的伟大战役。无数的烈士长眠在长津湖畔的冰天雪地里，"冰雕连"成为我们永远的痛，但正是付出了这些痛苦，换来了长津湖之战的胜利，换来了抗美援朝战争的胜利，换来了新中国七十多年的国泰民安。

所以，为将者爱兵，是要大爱，而不是小爱，是要真爱，而不是溺爱，离开这一点妄谈爱兵，不是蠢，更是坏。

持盈保泰

关于持盈保泰的道理，苏东坡有一首诗说得好：

> 功成惟欲善持盈，可叹前王恃泰平。
>
> 辛苦骊山山下土，阿房才废又华清。
>
> ——《骊山三绝句》其一

诗的大意是：事业成功了，要懂得谦虚低调，持盈保泰。历史上除了明君贤臣之外，每每遇到天下太平的时候，国家财政不是被那些帝王将相拿来穷奢极欲，就是被一些穷兵黩武的好战分子用来发动战争，接着就是生灵涂炭，哪里会真正地为老百姓着想。秦始皇为了建造阿房宫，把骊山山下的土都挖光了，即使这样，直到秦始皇死的时候，这个宫殿还没有完全建造完成。但后来却被项羽一把火烧光光，王朝只维持了十五年，这个教训不可谓不惨痛。

但是到了唐玄宗李隆基的时候，这些教训全都被忘记了，和杨贵妃一起泡在华清池享受富贵的时候，哪里会想得到安禄山会造反呢？

唐朝韩琮《柳枝词》写道：

> 梁苑隋堤事已空，万条犹舞旧春风。
>
> 那堪更想千年后，谁见杨花入汉宫。

　　梁苑是西汉梁孝王刘武营造的规模宏大的皇家园林，集离宫、亭台、山水、奇花异草、珍禽异兽、陵园为一体，是供帝王游猎、出猎、娱乐等多功能的苑囿。然而最终的结果又如何呢？唐代岑参《山房春事二首其二》曰：

　　　　梁园日暮乱飞鸦，极目萧条两三家。

　　　　庭树不知人去尽，春来还发旧时花。

　　"梁园日暮乱飞鸦"，过去热闹的梁园，现在人去园空，只有一群群乌鸦在里面乱飞，如李白所言"宫女如花满春殿，只今惟有鹧鸪飞"（《越中览古》）。"极目萧条两三家"，过去方圆三百里的地盘，现在极度荒凉，只有两三户人家。"庭树不知人去尽，春来还发旧时花"，人活一辈子，几十年的光景没有了，那个树还在那地方长着，每年春天来了还照旧开花，它不知道这个地方的主人已经换了多少茬了，现在主人也没了，都变成满目萧条了。

　　隋堤，位于商丘市至永城市之间的汴河故道。隋大业元年（605）开通济渠，两岸筑堤种植桃、柳，供隋炀帝杨广乘龙舟游江南时观赏。然而现在河道淤塞，堤址仍存。李商隐有诗《隋宫》曰：

　　　　乘兴南游不戒严，九重谁省谏书函。

　　　　春风举国裁宫锦，半作障泥半作帆。

　　"乘兴南游不戒严"，意思说我杨广趁着高兴，要到江南去游玩，为什么"不戒严"？因为没有人敢挡驾，更没有敢惊驾，所以不需要戒严，可见隋炀帝之狂妄；"九重谁省谏书函"，"九重"指的是皇宫大内的意思。皇宫里那么多大臣哪一个会头脑清醒理智地去劝皇上不要这么玩？没有人反省，没有人去劝谏他；"春风举国裁宫锦"，这个宫锦是很贵的，结果呢，春天到了，他这位皇帝老哥要到江南游玩，就把这些宫锦都裁下来，裁下来干什么呢？"半作障泥半作帆"，什么叫障泥？过去没有水泥地、柏油路，陆地上的交通工具快一点的就是马，那个马在泥路上跑，蹄子亮起来，会把泥巴带起来甩在骑马人的身上，所以下面搞一块布把泥挡下来，有点类似于现在摩托车、汽车的挡泥板。不仅马身上的障泥是宫里面珍贵的锦丝做的，就连船帆也都是宫锦做的，可谓奢侈之至。然而梁苑也好，隋堤也好，最后都是"事已空"。我们前面提到的梁孝王也好，越王勾践也好，隋炀帝也好，都是在太平之下穷奢极欲，最终导致国力衰退甚至灭亡，根本不懂得持盈保泰的道理。

中华民族是少有太平的民族，人们所以祈求丰泰，是因为我们这个民族经历了太多的战争，太多的饥饿。我爷爷小时候读过几天冬学，他常给我们念叨一副对联：

家富常备千石谷；
德高珍惜一粒粮。

爷爷告诉我他年轻的时候外出讨过饭，也经历过二十世纪六十年代初的大饥荒，那时候树皮都被吃光了，甚至有些地方还出现了人吃人的现象。然而人是善忘的动物，常常是好了伤疤忘记了疼。我常常跟我的朋友们讲，处在这么一个没有饥饿，没有战争的太平社会，如果不努力，不做出一番事业，到老了一定会后悔的。这里讲两个宰相的故事，一个是唐朝的宰相元载，一个是宋朝的宰相吕蒙正。举这两个例子主要想说明人容易把过去的苦日子忘掉，不懂得持盈保泰，一旦得好日子了便容易忘本。

元载年轻的时候穷得要命，但这小伙子长得帅，要学问也有学问。有个王家的姑娘就看上他啦。这个女孩子叫王韫秀，大家可能不一定知道是谁，但她的叔叔各位一定知道，大诗人王维，做过尚书右丞，王韫秀的父亲王忠嗣是唐朝绝无仅有的河西、陇右、朔方、河东四镇节度使，要知道安史之乱的罪魁安禄山也只是三镇节度使。唐朝的节度使，相当于现在的军区总司令，那么王忠嗣相当于四大军区司令。王韫秀愿意嫁给元载，绝对算是下嫁了。

婚后，元载住在王家府上，相当于到女方家入赘。王韫秀的亲戚姐妹都瞧不起元载，他也发牢骚写了一首诗：

> 年来谁不厌龙钟，虽在侯门似不容。
>
> 看取海山寒翠树，苦遭霜霰到秦封。

——《别妻王韫秀》

"年来谁不厌龙钟"，一年到头谁不讨厌我这个倒霉蛋；"虽在侯门似不容"，虽然身在侯门里，但是好像没有一个人容我的，妹妹瞧不起我，妹婿也瞧不起我，好像连干杂活的老妈子看我都不得劲儿；"看取海山寒翠树"，海山，周围冷冰冰的，环境很恶劣。寒翠树，指的是自己，很孤单清冷；"苦遭霜霰到秦封"，秦指的是长安，看来我这棵寒翠树在这个地方是要死掉的，因为到处都是风吹霜打，干脆到温暖的有人情味的长安去发展吧。

王韫秀也有点小才华，见丈夫这样郁闷不得志，也写了首诗给他：

> 路扫饥寒迹，天哀志气人。
>
> 休零离别泪，携手入西秦。

——《同夫游秦》

这首诗颇有气势。讲实话，一个男人的成功背后一定是有一个好女人在帮忙的，王韫秀对元载说，出门在外，打起精神来，人有志气，老天都会感动。别在这里流别离泪了，我跟你一起到长安闯荡去。

元载也是不负妻望，到了长安，考上了进士。安史之乱爆发后，元载投靠权宦李辅国，拥立唐肃宗，这就等于是站对了队，从此就开始了"开挂"的人生历程。相比之下，诗仙李白就比较倒霉，站错了队伍，投靠了永王李璘，结果人生跌入低谷。肃宗死后，元载又随李辅国拥立唐代宗。李辅国权势熏天，引起唐代宗的警惕，非常会揣摩圣意的元载又与唐代宗密谋，指使刺客杀死了李辅国，自此后，元载一步登天。之后，元载又主谋扳倒了大宦官鱼朝恩，替代宗又除去一个心腹大患，元载从此登上人生巅峰，拜中书侍郎、同平章事，加银青光禄大夫，封颍川郡公，独揽朝政。

元载发达后，最高兴的还是妻子王韫秀，她心里想这个男人没有让她丢脸，就写了首诗给她的姐妹们，让她们看看她也可以过上好日子了。诗是这样的：

> 相国已随凌阁贵，家风第一右丞诗。
> 笄年笑解鸣机妇，耻见苏秦富贵时。

——《夫入相寄姨妹》

"相国已随凌阁贵"，姐妹们看看我家的元载也已当上了宰相；"家风第一右丞诗"，注意这个右丞不是右丞相，而是尚书右丞，是尚书省的中级官员，四品。王维曾做过这个职位，所以又称"王右丞"；"笄年笑解鸣机妇，耻见苏秦富贵时"，笄年，女孩子十五岁成年的时候头上戴一个簪子表示可以嫁人了。鸣机妇指的是战国时期秦国谋士苏秦的妻子。苏秦年轻的时候很穷，开始是到秦国去谋差事，结果秦王根本瞧不上这个逞舌之徒，到最后苏秦的盘缠也花光了，貂皮大衣也穿破了，背着两个破筐回到家里，父母不认他做儿子，哥嫂不给他做饭吃，老婆使劲敲着织布机织布——这就是鸣机妇的由来——理都不要理他。结果苏秦就反省，不怪家里人只怪自己没本事。于是一头悬梁锥刺股，发愤读书。后来，当他身配六国相印，回到老家的时候，他父母带着家人出城三十里出去接他，史书上记载他们还专门请了两班乐队欢迎。到家后，他妻子坐在织布机后面都不好意思正眼看他，只能侧面而视。他嫂子呢，书上记载像蛇一样爬到他跟前，苏秦也坏，故意说：嫂子呀，你看你何必如此，过去我吃不饱，你做饭都不让我吃，现在如何这般模样？他嫂子说：这不是小叔子你有权有势了？王韫秀写"笄年笑解鸣机妇，耻见苏秦富贵时"这句话，就是把她的这些姐妹们比喻成"鸣机妇"，意思是你们这些人就像当年苏秦那个目光短浅的织布女老婆一样，没有料到苏秦也有富贵发达的时候，你们当年笑话瞧不起我们家元载，没有料到元载现在做了相公，富贵了，你们应该不好意思见他了吧？

元载位极人臣，独揽朝政，就开始排除异己、专权跋扈、专营私产、大兴土木，每天上门巴结、行贿送礼的人络绎不绝，王韫秀看不下去了，写了这么一首诗劝他：

> 楚竹燕歌动画梁，春兰重换舞衣裳。
>
> 公孙开阁招嘉客，知道浮荣不久长。
>
> ——《喻夫阻客》

楚竹，南方湘竹做的笛子，燕歌，北方燕地的歌舞。"楚竹燕歌动画梁"，鼓乐齐鸣，莺歌燕舞，热闹无比，连梁上的灰都被震下来了；"春兰重换舞衣裳"，春天的兰花插在不停更换的舞衣上，格外芬芳；"公孙开阁招嘉客，知道浮华不久长"，你们这些王孙公侯每天都在穷极娱乐，要知道这种浮华奢侈的生活是不会长久的。

我读这段历史的时候倒是不觉得元载可惜，而是为王韫秀这个好女人可惜。最后元载日子过得越来越奢华，但是你要知道工资也不高呀，工资不高怎么办？贪！最后的结果就是被抓了。元载被治罪抄家时，从家中抄出八百石（合现在六十四吨）胡椒，"籍其家，钟乳五百两，诏分赐中书、门下台省官，胡椒至八百石"（《新唐书·列传第七十》）。胡椒进口自西域南亚，在当时卖得很贵。清人丁耀亢在其所著的《天史》一书中，有这样的疑问：

> 人生中寿六十，除去老少不堪之年，能快乐者四十多年耳，即极
> 意温饱，亦不至食用胡椒八百石也。

元载之穷奢极欲，可见一斑。

《诗经·大雅·瞻卬》里面讲，"哲夫成城，哲妇倾城"，意思说一个有智慧的大丈夫造就了王国，可一个美丽聪明的小女人却毁掉了社稷。《诗经》里的这句话用在元载身上应该是"哲妇成城，哲夫毁城。"唐代宗大历十二年（777），元载被抓，妻子王韫秀及三个儿子同时被捕。后元载被赐自尽，妻儿均被处死，家产尽数被抄。唐代宗还不解气，下令挖开元载父祖坟墓，劈棺弃尸，还下令拆毁他在大宁里、安仁里以及东都洛阳的府第。

讲完了元载，我们再讲一个相反的例子——宋朝宰相吕蒙正的故事。吕蒙正小的时候的时候，父母不睦，父亲把他和母亲刘氏赶出家门，母子相依为命，生活非常窘迫。结了婚之后，老婆孩子跟着他挨穷受饿。据说某年过年，吕蒙正手书一副春联，上联是："二三四五"，下联是"六七八九"，横批是"缺一（衣）少十（食）"。

过年了，家里没有一粒粮食，但老婆孩子要吃饭，吕蒙正只好让老婆先点炉火烧开水，他出去借粮食。他挨家挨户敲门，希望总有一家发发慈悲，敲一家，人家往门缝外看看，看见又是吕蒙正这个穷鬼来了，没开门反而把门关得更紧些。好不容易敲开一家，主人不在，出去收账了，最后一粒粮食没借到。回到家老婆还在家拨炉火，孩子在边上饿得哭了。他非常感慨，写了这么一首诗：

> 十谒朱门九不开，满身霜雪又归来。
>
> 还家羞睹妻儿面，拨尽寒炉一夜灰。

吕蒙正后来发奋读书，命运就此改变，太平兴国二年（977），吕蒙正被录取为状元。很快，街坊四邻闻讯都来祝贺，他见状在门上又写了一副对联：

> 昔岁饥荒，衣食无着落，走出十字街头，借不得赊不得，许多内亲外戚，袖手旁观，无人雪中送炭；
>
> 今科得幸，钱米有指望，夺得五经魁首，姓也扬名也扬，无论王五马六，踵门应贺，尽是锦上添花。

这副对子把吕蒙正穷困时无人问津，富贵后都来巴结捧场的世态炎凉，刻画得入木三分，所有人看了都不由得脸红。

俗话说"官升脾气躁"，吕蒙正当了高官，也长脾气了。有一次外面下雪，吕蒙正穿的斗篷上面也落满了雪，也是"满身霜雪又归来"，但这次不同，老仆人过来给他把斗篷上的雪掸掉，结果有一点点雪没掸掉，吕蒙正就大发脾气责骂老仆人。等老仆人退下之后，他老婆就写了一首诗给吕蒙正，吕蒙正看了之后非常惭愧，从此这个暴脾气就改掉了。这首诗的名字叫《鸱吻》，是这样的：

兽首原是一团泥，做尽辛苦人不知。

而今抬在青云里，忘却当年窘困时。

大家看一些古风建筑，尤其是皇家的建筑，屋顶上面都有一个弯曲的动物造型的东西，那就是鸱吻。龙生九子各有不同，鸱吻是龙的第九子。妻子是借这首诗警告吕蒙正说你现在成龙了，但不要忘本。鸱吻原来就是一块普通的烂泥，后来经过造型、火烤、上釉等步骤才成就了今天的模样，当中被捶打的艰辛有几人知晓。换句话说，你吕蒙正原来也不过是个穷书生，吃了那么多的苦，经历了那么多的磨难才有今天的成就，"而今抬在青云里"，现在你好像鸱吻一样，被人捧得很高，做了宰相，青云直上，却忘记了过去困难时期的窘困。吕蒙经过妻子这么一点拨，立刻醒悟过来，脾气变得很谦和，待人接物都小心谨慎。

吕蒙正为官清正，堪为表率。朝臣中有位收藏有古镜的人，自称此镜能照出二百里范围的景色，想献给吕蒙正以求任用。吕蒙正笑说："我的脸不过碟子那么大，哪里用得上照二百里的镜子呢？"听说过此事的人都叹服。还有人给吕蒙正送来一方珍贵古砚，说："此砚不用注水，只须一呵即可湿润砑墨。"吕蒙正仍是一句话怼了过去："就是一天能呵上一担黑水，又能值几文钱？"说得献砚者沮丧而归。从此，再没人敢给他送东西了。

吕蒙正穷寒出身，所以养成了生活勤俭的习惯。有一篇《勤俭劝世文》据说就是吕蒙正所写，文曰：

勤懒皆因一念生，家庭兴败此中争。

万般事业由勤致，懒汉何曾见有成？

年少光阴最足珍，都缘两字误因循；

毕生事业知何限，哪得工夫走市尘。

清早黎明便起身，家庭内外费艰辛；

君看败家倾产者，多是贪眠懒惰人。

人生俭朴最为高，莫把钱财浪里抛；

物力艰难常记取，免教日后听号啕。

处世持家年复年，总须虑后更思前；

有钱常想无钱日，莫待无钱想有钱。

　　吕蒙正出任太子（后来的宋真宗）师傅时，为劝诫太子，写了篇著名的文章《寒窑赋》（又名《劝世章》），文章讲述了自己从凄惨到富贵的人生经历，列举了自古以来历史上诸多名人经历的各种命运和磨难，摆事实讲道理，来说明这世界人生命运的起起落落都不过是"时也、运也、命也"，无论富贵还是贫贱，都要发奋努力，"人生在世，富贵不可尽用，贫贱不可自欺"。

　　吕蒙正三次登上相位，封为许国公，授太子太师。但就在位极人臣、赫日中天的时候，吕蒙正上表请求辞官回洛阳，获真宗允准。吕蒙正回到家后，每天与亲戚朋友宴会，经常是子孙环聚，向他敬酒祝寿，怡然自得。宋真宗后来朝拜永熙陵，封禅泰山，祀祠后土，经过洛阳，两次到他家，赏赐给他很多财物。宋真宗对吕蒙正说："卿的几个儿子谁可以重用？"吕蒙正回答说："我的几个儿子都不足任用。臣有个侄儿叫吕夷简，现任颖州推官，具有宰相的才能。"吕夷简从此被宋真宗垂注，后来也成为一代名相。吕蒙正侄孙吕公著，也官至宰相，八世孙吕祖谦、吕祖俭也都是南宋的著名大儒。

　　对比元载和吕蒙正两位唐宋宰相的身世经历，我们可以总结，元载的人生失败在于他鼎盛时不知收敛，贪婪无度。相反，吕蒙正虽同是贫寒出身，但从来没有忘记根本，待人接物，为人处世，谨小慎微、恪守底线、不贪不党。元载是盛极而败，吕蒙正是盛极而隐；元载最后祸及妻儿子孙，而吕蒙正后世名相迭代，英才辈出。在持盈保泰这个方面，吕蒙正要比元载高明得多。

为所当为

"不客气，这都是我应该做的。"这是我们感谢别人的时候常会听到的最熨帖的一句回应。"这都是我应该做的"是对"为所当为"最好的注解。假如我们每个人都能踏实做好自己的本分事，大家彼此相敬如宾，那么这样的社会不就是和谐社会吗？如果您问我人生该如何修养，那么我想"为所当为"是最佳路径。

为所当为的人是安分守己、无妄至诚的。所谓"无妄"就是没有妄念，只问耕耘，不问收获。用宋朝诗人苏舜钦《沧浪亭记》里的两句话来形容"无妄"的状态就是：

> 形骸既适而神不烦，观听无邪则道以明。

咸丰十年（1860），经学家、文学家王闿运入曾国藩幕府，建议曾国藩带领湘军造反，另起炉灶。但曾国藩正襟危坐，以食指蘸杯中茶汁，在桌上比比画画，不多时，曾国藩起立更衣，王闿运窃视，只见上面依稀有个"妄"字。曾国藩写过一副对联：

> 不为圣贤，便为禽兽；
> 莫问收获，但问耕耘。

冯梦龙在《古今谭概》记载：

> 昔富平孙冢宰在位日，诸进士谒请，齐往受教。孙曰：做官无大难事，只莫作怪。真名臣之言，岂唯做官乎！

孙冢宰，名孙丕扬，明代著名大臣，"只莫作怪"四个字，道出了做官秘诀，也道出了官场自律的至要境界。其实"莫作怪"就是安分守己、为所当为的意思。

但即使是为所当为，也应该有智慧，学会避嫌，懂得保护自己，免得大伯子背弟媳妇——挨累不讨好。三国时期曹植在《君子行》写道：

> 君子防未然，不处嫌疑间。
> 瓜田不纳履，李下不正冠。
> 嫂叔不亲授，长幼不比肩。
> 劳谦得其柄，和光甚独难。
> 周公下白屋，吐哺不及餐。
> 一沐三握发，后世称圣贤。

我们耳熟能详的成语"瓜田李下"就来自这首诗，告诉我们即使你没有妄念，不想偷瓜也不想摘李，但处于瓜田李下的环境中，即使是鞋带松了、帽子歪了，也忍一忍，等出来瓜田，远离李树再说，免得招惹不必要的麻烦，让人家怀疑你有什么不良动机。嫂子和小叔子之间、长辈和晚辈之间，虽说大家都是一家人，没有妄念，心灵纯洁，大家都恪守本分，但还是要讲"礼"，要有规矩意识，不然容易好心办坏事。中国作家赵树理有句名言说得好："别抱不哭的孩子。"假使一个小孩正在那里哭，你去抱他还在哭，那问题不大；倘若他因为你的抱而不哭了，说明你会哄孩子，他的家人会很开心。但倘若你去抱一个本来没哭的孩子，被你一抱反而哭了，你就犯嫌了，就说不清楚了。

然而为所当为的人即使是踏实做事，无妄至诚，也晓得避嫌的智慧，但往往也还是会有些无妄之灾，套用一句评书的语言就是："闭门家中坐，祸从天上来。"而为所当为的人遇到这种情况往往心态依然是平和的，因为他知道他能把握的就是把自己该做的事情做好。《东坡志林》里也记载了一则"无妄之灾"的故事：

> 刘凝之为人认所着履，即与之。此人后得所失履，送还，不肯复取。又沈麟士亦为邻人认所着履，麟士笑曰："是卿履耶？"即与之。邻人得所失履，送还，麟士曰："非卿履耶？"笑而受之。此虽小事，然处事当如麟士，不当如凝之也。

这里讲了刘凝之和沈麟士都曾被别人误会过穿错鞋子，当鞋子被送还时，沈麟士一笑了之，刘凝之却心怀芥蒂，两个人的气量高下立判。泰西塔斯说："不加理会的谗言很快就会平息。"我们有俗语也说："流言止于智者。"谚曰："救寒莫如重裘，止谤莫如自修。"

日本江户时代中期，有位修行很深的禅师叫白隐，无论别人怎样评价他，他都会淡淡地说一句："是这样吗？"在白隐禅师所住的寺庙旁，有一对夫妇开了一家小店，家里有一个漂亮的女儿。夫妇俩发现尚未出嫁的女儿竟然怀孕了。这种见不得人的事，使得她的父母震怒异常。在父母的一再逼问下，女儿终于吞吞吐吐地说出"白隐"两字。她的父母怒不可遏地去找白隐理论，但这位大师不置可否，只若无其事地答道："是这样吗？"孩子生下来后，就被送给白隐。此时，他的名誉扫地，但他并不在意，而是非常细心地照顾孩子。他向邻居乞求婴儿所需的奶水和其他用品，虽横遭白眼、冷嘲热讽，他总是处之泰然，仿佛他是受别人委托在抚养孩子一样。时隔一年后，这孩子的妈妈终于不忍心再欺骗自己和母亲，老老实实地向父母吐露真情：孩子的生父是住在附近的一位青年，她为了袒护他就污蔑了白隐禅师。她的父母立即将她带到白隐禅师那里，向他深深地道歉，请他原谅，并将孩子带回。白隐禅师仍然是淡然如水，他只是在交回孩子的时候，轻声说道："是这样吗？"仿佛从来就没有发生过这件事情。

为所当为的人有时候遭受点无妄之灾，蒙受点不白之冤还算是小事，有时候为了当做的事情甚至要献出宝贵的生命。作为一名将军，岳飞带领军队"直捣黄龙，迎回二圣"本身就是为所当为，却被以"莫须有"的罪名处死在风波亭。方孝孺忠于建文帝，反对朱棣篡位本也是为所当为，却被诛灭十族。朱棣一面命人继续将方孝孺关押狱中，一面搜捕其亲戚家属等人以及他的学生，算作十族，押解至京。在朱棣登上皇帝宝座的第八天，就在南京的聚宝门，当着方孝孺的面，朱棣将"十族"一个一个地杀戮。每杀一个追问一声方孝孺，是否回心转意。当方孝孺看到他的弟弟方孝友受自己的牵连，就要被砍头时，深感痛心，泪流满面。方孝孺兄弟三人，感情很好。哥哥方孝闻早在方孝孺任职汉中府的时候就已病逝，方孝孺听到丧讯，悲伤了很久。而今，弟弟又遭此劫难，方孝孺内心的伤痛无法言说。弟弟孝友却丝毫没有责怪他，反而在死前劝慰其兄，作诗道：

> 阿兄何必泪潸潸，取义成仁在此间。
> 华表柱头千载后，旅魂依旧到家山。

诛方孝孺十族，死者达八百七十三人，行刑七日方止。临到最后杀方孝孺时，方孝孺谩骂不止。朱棣先是命人将方孝孺的嘴割裂至两耳，并割下其舌头，随后处以凌迟之刑。死前，年仅四十六岁的方孝孺器宇轩昂，作《绝命词》一首。词曰：

> 天降乱离兮，孰知其由？
> 奸臣得计兮，谋国用犹；
> 忠臣发愤兮，血泪交流！
> 以此殉君兮，抑又何求？
> 呜呼哀哉兮，庶不我尤！

清初史家谷应泰这样叹道："嗟乎！暴秦之法，罪止三族；强汉之律，不过五宗……世谓天道好还，而人命至重，遂可灭绝至此乎！"

可见，人生有时不仅仅是趋吉避凶，而是无怨无悔。清朝道光二十一年（1842），林则徐被贬新疆，从西安出发的时候，家人相送，临行前，林则徐口占了两首诗，其中一首是：

> 力微任重久神疲，再竭衰庸定不支。
>
> 苟利国家生死以，岂因祸福避趋之。
>
> 谪居正是君恩厚，养拙刚于戍卒宜。
>
> 戏与山妻谈故事，试吟断送老头皮。
>
> ——《赴戍登程口占示家人二首》之一

其中"苟利国家生死以，岂因祸福避趋之"这两句是林则徐一生的写照，时时吟诵不去口。林死后，他的儿子将此两句写入讣告。"苟利国家生死以"一句出自《左传·昭公四年》：

> 郑子产作丘赋，国人谤之，曰："其父死于路，己为虿尾，以令于国，国将若之何？"子宽以告。子产曰："何害？苟利社稷，死生以之。"

郑国子产制定丘赋制度，国内的人都责备他，说："他的父亲（被杀）死在路上，他自己做蝎子的尾巴，在国内发布命令，国家将怎么办？"郑大夫子宽把话告诉子产。子产说："有什么妨害？如果对国家有好处，生死都由他去。"

阎锡山曾书"求对是务，成败不与"八字，刻于太原总部公馆侧门。"得失塞翁马，襟怀孺子牛"是叶圣陶在"文革"中受到不公正的待遇，于后期的某年春节所撰写的对联，表现了叶老不计个人得失，以国家利益为重的高尚品德，以及为人民服务甘当孺子牛的豪迈情怀。诗学家叶嘉莹先生被问："你听过的最好的人生建议是什么？"答："要找到一个真正高远而不被现实得失利益所局限的人生理想。"翻译家傅雷先生在1954年10月给好友宋奇的一封信中写道："我素来认为，一件事要做得好，必须有'不计成败，不问效果'的精神。"

为所当为的人生，就是踏实做好自己该做的，至于吉凶祸福、讥笑毁誉就由他去吧！就像无数的民族英雄、革命烈士，从生命的结果来看，都是凶的，但他们做了他们该做的，他们就永垂不朽！

第二次世界大战期间，中国遭受日本侵略，国破家亡，但当身处绝境的奥地利犹太人拼命寻找机会脱离德国法西斯"最后解决"的魔爪时，时任国民政府驻奥地利总领事的何凤山，在1938年5月至10月的五个月里，向犹太人发放了一千九百多个前往中国的签证，史称"生命签证"。现在，何凤山被历史学家认定为"解救犹太人最多的文人"。2001年，以色列政府授予何凤山"国际正义人士"称号。这是犹太民族授予对犹太人"有恩"的非犹太人的最高褒奖，获奖者的名字被刻入犹太人大屠杀纪念馆的"国际义人园"里，接受犹太人的感恩。何凤山的女儿何曼丽在接受采访时说："我父亲是一个典型的中国人，非常慷慨、大度，他认为帮助他人是很自然的事，即使从人道主义的观点出发，做这种事也是应该的。"但就是何凤山先生这种认为很自然的事情，这种为所当为的精神，赢得了历史对他的尊敬！

鲁迅先生在民国时期所著的一篇杂文《中国人失掉自信力了吗》中说："我们从古以来，就有埋头苦干的人，有拼命硬干的人，有为民请命的人，有舍身求法的人，……虽是等于为帝王将相作家谱的所谓正史，也往往掩不住他们的光耀，这就是中国的脊梁。"1988年，中国著名的思想家、哲学家、教育家、社会活动家梁漱溟先生平静地离开了这个世界。在其追悼会上有一副挽联，上书：

> 百年沧桑，救国救民；
>
> 千秋功罪，后人评说。

横批就是"中国的脊梁"。

　　2020年，新型冠状病毒肺炎疫情暴发后，全国多家医院组建专业医疗队第一时间去驰援武汉，这些白衣天使也上有老，下有小，也有爱人朋友，但是在大灾大难面前，他们冒着随时被病毒感染的危险，为所当为，每一位医生都在尽治病救人的本分。另外全国各地还有那么多的志愿者，也冒着被病毒感染的危险，主动到各个社区去服务。这些人都是中国的脊梁，有了这些为所当为的人们，我们就有精神上的力量，我们就有战胜困难的底气！《孟子》里面的一段话来形容为所当为者的人格是最合适不过的了，这段话是：

　　　　鱼，我所欲也；熊掌，亦我所欲也。二者不可得兼，舍鱼而取熊掌者也。生，亦我所欲也；义，亦我所欲也。二者不可得兼，舍生而取义者也。生亦我所欲，所欲有甚于生者，故不为苟得也；死亦我所恶，所恶有甚于死者，故患有所不辟也。

　　这段话的意思简单点讲就是"正其谊不谋其利，明其道不计其功"（《汉书·董仲舒传》），就是说做任何事情都是为了匡扶正义而不是为了个人的利益，弘扬天道而不计较自己的功劳。杜甫的《写怀》有两句诗与这两句的道理暗合，诗曰："用心霜雪间，不必条蔓绿。"

人在险途

南宋杨万里有一首《过松源晨炊漆公店》，诗曰：

莫言下岭便无难，赚得行人错喜欢。

政入万山围子里，一山放出一山拦。

这首诗告诉我们在人生的道路上充满了艰难险阻，翻过一山还有　山。辛弃疾有一首《鹧鸪天·送人》，是这样写的：

唱彻阳关泪未干，功名余事且加餐。

浮天水送无穷树，带雨云埋一半山。

今古恨，几千般，只应离合是悲欢？

江头未是风波恶，别有人间行路难！

阳关就是《阳关三叠》，又名"阳关曲""渭城曲"，唐代琴曲，歌词为唐王维的《渭城曲》诗，并引申诗意，增添词句，抒写离情。古人过去送朋友，连续把这个曲子唱三遍，所以叫"阳关三叠"。"唱彻阳关泪未干"，就是辛弃疾送一个朋友，把这首曲子唱了三遍，眼泪都没有干。然后辛弃疾就跟朋友讲，"功名余事且加餐"，意思就是说什么功名富贵，那都是"余事"，是多余的事，是身外物，该吃吃，该喝喝，其他的少谈了。后面两句话描述得很美，"浮天水送无穷树，带雨云埋一半山"，老兄，我今天送你出去，前途茫茫，看不清楚，吉凶未卜。"今古恨，几千般，只应离合是悲欢？"人世间痛苦快乐的事情多得很，难道只有离合这两件事情吗？"江头未是风波恶"，老兄，你要坐船出去了，江头风浪的险恶那不算什么，最难的是什么？"别有人间行路难"，一个人在社会上行走，那是真难，各种各样的风险。写到这里，我又想起唐代诗人王维的一首送别诗《酌酒与裴迪》，表达的是同样的离情别绪，诗是这样的：

> 酌酒与君君自宽，人情翻覆似波澜。
> 白首相知犹按剑，朱门先达笑弹冠。
> 草色全经细雨湿，花枝欲动春风寒。
> 世事浮云何足问，不如高卧且加餐。

诗的大意是说，喝上一杯心放宽，人心世情没法谈。一生好友还提防，贵人笑你梦弹冠。彩虹总在风雨后，花繁草盛须经寒。凡事都如浮云过，倒头大睡多吃饭。

关于世态炎凉，人心险恶，白居易在《太行路》中说：

> 太行之路能摧车，若比人心是坦途；
> 巫峡之水能覆舟，若比人心是安流。

太行山崎岖的道路不知摧毁了多少辆车子，但是和人心相比，还是坦途；巫峡的江水不知吞没了多少舟楫，但和人心相比，那还是平静的河流。所以《庄子·列御寇》托孔子言"凡人心险于山川，难于知天"，人心比高山大川还要凶险，比老天爷还难琢磨。古人有两句话："看来世事金能语，说起人情剑欲鸣"，俗话也讲"世路难行钱为马"，一个人只要拿钱给人家，那就路路皆通；说到人情世故，真是人心藏刀剑，太险恶了。

虽然人间行路难，常常遇到诸多坎险，但要还是要坚强地走下去，人在险途，要做到三不失。其一，人在险途不失信。人在险途中首要的就是不能失去信心、信仰。活着就要有信念、希望和爱。不能遇到险阻就灰心丧气，甚至是自杀，抑或抱怨、报复社会。人在险难之中要有"竹密岂妨流水过，山高怎阻野云飞"（释道原《景德传灯录》）的信念和豪气！在电影《乱世佳人》中，女主人斯嘉丽面对战争，始终对艰险的生活充满希望，影片中她从地里挖出一段萝卜，饿得直接吞下去，面对远方即将升起的太阳，大喊："愿上帝替我见证，它们不会将我屈服，在战争结束后我再也不要挨饿！"白瑞德离开的背影使得她伤心不已，却目光坚定地说："我会想办法让他回到我身边，毕竟，明天又是新的一天！"这部电影给人向上的力量，人们喜欢斯嘉丽的地方或许正是她始终面对太阳，无论环境多么险恶，她始终抱有美好的信念！

"不失信"的"信"还指的是一个人的诚信。有人说："一个人的言语与他本人比肩齐高，不夸张，不装小，堂堂正正，这个人便足以信赖了。"一个人在坦途、顺风顺水的时候讲信修诚，我们说他的行为是值得肯定的。但一个人如果在艰难险阻甚至是生命攸关的情况下还能依旧坚持诚信，那这样的行为就难能可贵了。欧阳修在《寄韩子华》中有这样两句诗："人事从来无定处，世途多故践言难。"阎锡山曾讲："信即是生命，处事第一要保守人的信用，才能表现人的效用。"

《春秋公羊传》里记载了这么一个故事，晋献公宠爱骊姬姐妹，骊姬为晋献公生了奚齐，妹妹少姬生了卓子，大夫荀息是这俩孩子的老师。爱屋及乌，晋献公这个老糊涂就废长立幼，废除并逼死了世子申生，逼走了另外两个儿子重耳和夷吾，立了奚齐，史称"骊姬之乱"。但做了这种违反礼制的事情晋献公总是放心不下，晋献公将病死时就对荀息讲："士何如则可谓之信矣？"意思就是怎么样才算是诚信的？荀息对曰："使死者反生，生者不愧乎其言，则可谓之信矣。"（《春秋公羊传·僖公十年》）

假如死者活过来了，生者没有食言，无有丝毫忐忑，这就是诚信。意思就是说我会坚定辅佐骊姬之子的。后来果然申生的老师、大夫里克杀了奚齐，但是荀息依然没有改变对晋献公的承诺，坚决立骊姬的外甥卓子，结果里克又杀了卓子，最后荀息自杀了。虽然荀息拥护的两个孩子都不是世子，但是他没有失去诚信，所以《春秋公羊传》的作者公羊高评价他："荀息可谓不食其言矣。"

汉代文学家刘向在《列女传》中记载了一个"齐义继母"故事。春秋齐宣王的时候，有个人被打死在路边，狱吏就到了事发现场。有兄弟两人站在尸首旁边，狱吏就问谁是凶手。结果哥哥和弟弟都把责任往自己身上揽，都说自己是凶手。这事拖了一年也没有结案，后来监狱长就把这事上报给宰相，宰相又上报给国王，国王也为难，都放了吧，这叫纵容犯罪，都杀吧，这叫滥杀无辜。想想知子莫如母，他们的母亲对谁好谁坏肯定是一清二楚，母亲说杀谁就杀谁。于是让宰相把他们的母亲找来就问她想杀谁。这位母亲伤心地流着泪说："杀小的吧。"宰相就奇怪，问她："家家都喜欢最小的孩子，你咋还杀他呢？"这位母亲说：

> 少者，妾之子也；长者，前妻之子也。其父疾且死之时属于妾曰："善养视之。"妾曰："诺！"今既受人之托，许人以诺，岂可忘人之托而不信其诺耶？且杀兄活弟，是以私爱废公义也。背言忘信，是欺死者也。失言忘约，已诺不信，何以居于世哉？予虽痛子，独谓行何！
>
> ——《列女传·卷五·节义传·齐义继母》

老妇人说，小儿子是我所出，大儿子是丈夫前妻所出。他爹临终时嘱咐我要好好抚养老大。我答应了，受人之托，忠人之事，哪能出尔反尔呢。杀了老大活了小儿子，那就是背信弃义，以后还有什么脸面在世上活呀？我虽然心疼我亲生的小儿子，但也不能置人的操行于不顾啊！

宰相听了这番话很感动，就一五一十向国王汇报了这个情况。国王赞美她义薄云天，推崇她的信守诺言，于是把兄弟二人全赦免了，还给这位母亲上了个"义母"的称号。

根据史书记载，唐太宗为了标榜"贞观之治"的成效，也大概深受"仓廪实而囹圄空"的古训的鼓舞，认为囹圄空乃是"圣哲施化，上下同心"的重要举措，还可以借此消弭朝堂坊间对他杀兄屠弟，逼父篡位的恶议，减少对他的皇位合法性的质疑。贞观六年十二月，唐太宗将三百九十名死刑犯统统放回家，让他们回家与父母妻儿最后团圆一次，并约定第二年按时回来秋决。结果第二年这些死刑犯全部按时返回，李世民龙颜大悦，因为这些死囚信守承诺，原来打算处死的囚犯全部被释放。长期以来这件事一直都让李世民饱受赞誉，白居易还写诗赞誉李世民，说"怨女三千出后宫，四百死囚来归狱"（《七德舞》）。

其二，人在险途不失心。这里的"心"指的是平常心。越是在坎险的时刻，平常心的力量越是显得重要。有的人在遇到艰难险阻时会方寸大乱，不知所措，其实如果内在心理建设得好，心路亨通，是可以克服外在坎险所造成的困境的。《孟子》曰：

> 自反而不缩，虽褐宽博，吾不惴焉；自反而缩，虽千万人，吾往矣。
>
> ——《孟子·公孙丑上》

意思是说，自我反省如果内心有愧，虽然对方是个普通人，那还是不好意思。假如内心没有愧怍，就是千万人在前，也没有什么紧张的。

内心坦荡的人，遇到险难就会"泰山崩于前而色不变，麋鹿兴于左而目不瞬"（苏洵《权书·心术》）。王阳明在被刘瑾宦党追杀的坎险时刻，曾作过一首《泛海》诗：

> 险夷原不滞胸中，何异浮云过太空？
> 夜静海涛三万里，月明飞锡下天风。

"险夷原不滞胸中"，不把险难伤害放在心上；"何异浮云过太空"，危险也好，伤害也好，都和天上的浮云没有区别；"夜静海涛三万里，月明飞锡下天风"，心胸要像大海一样的广阔，心灵要像风月那样自由而光明！

苏东坡在第一次被贬黄州期间，有一回途中遇雨，想起自己的坎险人生，作了一首著名的《定风波》：

> 莫听穿林打叶声，何妨吟啸且徐行。
> 竹杖芒鞋轻胜马，谁怕？
> 一蓑烟雨任平生。
> 料峭春风吹酒醒，微冷，山头斜照却相迎。
> 回首向来萧瑟处，归去，
> 也无风雨也无晴。

苏东坡的好诗词很多，但我本人还是最欣赏这首。我们花点笔墨稍微讲一下这首词，这首词是苏轼被贬谪到黄州之后的第三年写的，虽说他挂了个团练副使的职务，但实际上是个闲职，收入少得可怜，他一大家子人算起来也有二十几口，靠朝廷的这一点点的俸禄根本养活不了。没有办法，为了填饱肚皮，情急之下，拿笔的手也只能去拿锄头。种地总得有地种吧，刚好黄州城东有一个荒废的山坡，上面大约有一块五十亩左右的地，有人见东坡的日子实在是不得过，就向当地政府请求把这块荒地给苏轼种。第一年种大麦，第二年种水稻，这样全家人才勉强糊口。后来苏轼又在那里盖了几间房子，因为在城东的山坡上开荒，又因为城东山坡住了个居士，又加上因为唐朝的白居易曾经在忠州（今重庆市忠县）东坡住过，并有《步东坡》诗传世："朝上东坡步，夕上东坡步。东坡何所爱？爱此新成树。"苏东坡仰慕白居易，所以就自号东坡居士。听起来田园生活很美，其实苏东坡的日子还是困窘不堪，家里最值钱的是一头牛。有一次牛生病了，还幸亏他的二夫人懂点医道，才把牛治好。到了黄州后的第三年，虽然日子勉强过，但还是吃了上顿愁下顿，后来苏东坡就想到离黄州城二十里地的沙湖去买块稻田来种。那一年的三月初七，苏东坡跟几个朋友到沙湖去买田，结果买卖没有谈拢，稻田没有买成。回来的路上刚好遇到下大雨，雨伞又被随行的童仆先一步拿走了，一行人被雨淋得很狼狈。下午回到家的时候，天已经晴了，于是就催生出了这首著名的《定风波》。尤其是最后一句："回首向来萧瑟处，归去，也无风雨也无晴。"意思是人生中无论多少风雨，大事小事，你回头再一看，都很平淡，也无风雨也没有晴，事情平淡，你的心也归于平淡。苏东坡被贬谪到黄州，他的朋友写信来安慰他，他说我们是"道理贯心肝，忠义填骨髓，直须谈笑于死生之际"。我们大家读苏东坡的诗词，尤其这首《定风波》，可以获得内心的定力。

苏东坡还有一首《定风波》也非常著名，叫《南海归赠王定国侍人寓娘》。王定国是东坡好友，受东坡"乌台诗案"牵连，王定国被贬到岭南，随行的只有侍妾寓娘。若干年后，王定国回到京师，这个时候东坡掌翰苑。一日，王定国置酒与东坡会饮，让寓娘陪酒。寓娘爱谈笑，东坡问她："广南风土，应是不好？"意思说，岭南日子不是很好过吧？寓娘应声曰："此心安处，便是吾乡。"苏轼听后，大受感动，赋《定风波》一阕以赠之。词曰：

> 常羡人间琢玉郎，天教分付点酥娘。
>
> 尽道清歌传皓齿，风起，
>
> 雪飞炎海变清凉。
>
> 万里归来年愈少，微笑，笑时犹带岭梅香。
>
> 试问岭南应不好，却道，
>
> 此心安处是吾乡。
>
> ——《定风波·南海归赠王定国侍人寓娘》

这首词以明洁流畅的语言，简练而又传神地刻画了寓娘冰清玉洁，表里如一的美好品性，通过歌颂寓娘身处逆境而安之若素的可贵品格，抒发了作者在政治逆境中随遇而安、无往不快的旷达襟怀。

据说中国现代诗人流沙河先生在婚后不久就在家门上贴了一副自撰联："安身得乐常常乐，落脚为家处处家。"笔者妄揣流沙河先生这副对联暗用的就是苏东坡"此心安处是吾乡"的典故。

据《太平广记》记载，唐高宗年间，卢承庆任尚书，负责各级官员考核工作，有个督运粮草的官员遭风失米，卢尚书给的考核评语是："监运粮，考中下。"其人容自若，无言而退。卢尚书重其雅量，改注曰："非力所及，考中中。"这位官员既无喜容又无愧词，又改曰："宠辱不惊，考中上。"一颗平常心，居然可以让卢尚书三下评语，实属罕见，堪称佳话，正如《小窗幽记》中所言"宠辱不惊，看庭前花开花落；去留无意，望天上云卷云舒"，这种放达疏阔的心态，才是人生幸福的基础。

其三，人在险途不失习。"习"的繁体字是"習"，其实下面的"白"是"自"字，是鸟张开翅膀羽毛自己练飞的意思，不能总靠别人呵护，母鸟只能带一段时间，小鸟要飞向蓝天还得靠自己。过去有这么两句话叫："书到用时方恨少，事非经过不知难。"《圣经·旧约·耶利米哀歌》中说："人在幼年负轭，这原是好的。"就是告诉人们，尤其是人在年轻的时候，要学会吃苦，以应对将来的艰难险阻。培根专门写过《论厄运》，文中写道："人的优美品德犹如名贵的香料，在烈火焚烧中会散发出最浓郁的芳香。正如恶劣的品质可以在幸运中暴露一样，最美好的品质也正是在厄运中被显现出来的。"西方有很多类似的名言，譬如巴尔扎克说"苦难是人生的老师"，别林斯基说"逆境是人生最好的大学"，卢梭也曾说"我在学校里接受过教育，但最令我受益匪浅的学校叫'逆境'"等。我们也有俗话说"吃苦就是吃补""有钱难买少年苦"。还有两句诗我很喜欢："自古英豪出贫贱，纨绔子弟少伟男。"国民党政府在台湾当政时期，蒋经国经常去吴稚晖处请教，吴常常告诫蒋说："一个没有被打击过的人，是不会成人的。"正如《增广贤文》所言：

> 未曾清贫难成人，不经打击老天真。
>
> 自古英雄出炼狱，从来富贵入凡尘。

每当我处在人生险途或者逆境的时候，我常常会念黄庭坚的一首诗：

> 外物攻伐人，钟鼓作声气。
>
> 待渠弓箭尽，我自味无味。

——《又和二首》其一

"外物攻伐人"，就是和你过不去的对立面来整你、打击你；"钟鼓作声气"，敲钟架势，擂鼓助威，俗话说"鼓破万人捶，墙倒众人推"，落井下石的有之，顺风接屁的有之，总之大家一起来对付你；"待渠弓箭尽"，"渠"是"他""他们"的意思，等到他们所有的手段、本事都用完了，力气也耗尽了，"我自味无味"，把这些糟心事都当作无聊无味的事，视若无睹，闻若未闻，抛诸脑后。

"习"还有习惯的意思，要把险难看作平常事，不要大惊小怪。人的一生险难无数，一定要学会习惯适应，光习惯还不够，还要把各种坎险当成学习磨练自己的机会，环境越是艰险越是坎坷，就越是人生学习的好道场。正如孟子所说的"天将降大任于斯人也，必先苦其心志，劳其筋骨，饿其体肤，空乏其身，行指乱其所为"，老天爷为了成就一个人，故意磨炼他，让他诸事不顺，最后却"所以动心忍性，曾益其所不能"，最后养成了一个人的韧性，让他能担当更大的责任。其实就是在太平无险的时候，也不能放松警惕，也要常常磨炼自己。宋朝僧人释迈贤有首诗说得好：

> 扬子江头浪最深，行人到此尽沉吟。
> 他时若向无波处，还似有波时用心？
>
> ——《诗一首》

船在扬子江上行走，到了水最深浪最高的地方，船上的人免不了都要把神经绷紧，焦急忧虑一番。可是当换了个时间，船向波平浪静的地方驶去，人们还会仍然这样用心考虑这考虑那吗？

清朝大诗人袁枚大概是受了释迈贤的启发，也写过一首《小心坡》，诗曰：

> 险极坡难过，小心各自持。
> 劝君平地上，还似过坡时。

两首诗的意思差不多，都是告诫人们在太平之时要存渡险之心，未雨绸缪，防患于未然。

居德正风

　　林语堂先生曾讲："凡是真正的教育，都是风气教育。"中华民族是个最讲究风气的民族，这一点也是我们和西方国家不同的地方。西方国家崇尚个体自由，只管自己怎么想，不管别人怎么看，典型的走自己的路，让别人说去的心态。我们中国人做事却很注意对社会风气的影响。有这么一个案例，清末草定新刑律"和奸"，即男女无夫妻关系而自愿发生性行为，到底为罪不为罪，是当时新旧两派最大的争论点之一。虽然说饮食男女，人之人欲所存，但是不能像禽兽那样只为满足欲望，根本不讲合礼不合礼而失掉了理性。男女居室为"人之大伦"，乃是一切伦理关系的造端，如果不郑重的话，将会给社会带来很坏的影响，会带坏社会风气。

　　我们现在有个很奇怪的说法，就是总是讲老百姓仇官仇富。我常常问很多老百姓当地的市委书记是谁？市长是谁？镇长是谁？好多人都答不上来。因为对于老百姓来讲，谁当官无所谓，官员的名字对于百姓来讲只是个符号而已，正如林语堂先生在《中国人》一书中所写的那样："中央政府的三项最重要的职能：征收捐税、维持和平、维护正义，与普通老百姓很少有什么关系……中国人民能管理自己，他们也一直在管理着自己。如果'政府'这种东西能不干涉他们的事务，他们倒也很愿意让政府靠边稍息。"然而一旦老百姓听说哪个官员贪污了，或者公款吃喝了，就拍案大骂，因为这个贪官破坏了社会的风气，扰乱了社会的秩序。老百姓对富人的态度也是一样，谁有钱无所谓，你有钱是你的事，你过你的日子，我过我的生活。但是一旦富人过起了奢靡的生活，老百姓就要骂了，为什么？不是嫉妒他有钱，而是骂他有几个臭钱就不知道天高地厚，带坏了社会的风气。我们现在有些富人，富起来之后，不仅没有给社会大众带来益处，相反还奢侈败坏，嘲笑贫穷，蔑视大众，带坏了社会的风气，实在是可恶至极。

我常常讲领导干部一定要注意自身的言行，因为大家都看着你，领导干部言行不当，很容易带坏社会风气。正风的"风"字是"上以风化下，下以风讽上"的意思，即居高位者以高尚的德行影响教化别人，居上位者须严格自律。如果居上位者做不好，带坏了风气，那么下面的人就可以对上位进行"讽"，这里的"讽"不能理解成讽刺，而是委婉地劝告，说件其他什么事，慢慢把话题转移到正事上来，看起来很自然，这样使对方容易接受。下对上的这种"讽"的做法既是技巧，也是智慧。

依照中国的经典，"政"字含意甚多，政者"正"也，"教"也，"法"也。"政治"的原义就是率道德之正、教化之正、法本之正，以正其不正。所谓法令、条文、刑罚，这些"政"只是政治后来引申的意义。

《周易·系辞上传》中讲："言行，君子之枢机。枢机之发，荣辱之主也。"言行是关键，居高位者是"无限风光在险峰"，一定要谨言慎行。居上位者言行端正，可以流芳百世；行为恶劣，就会遗臭万年。

《后汉书·丁鸿传》里讲："君子立言，非苟显其理，将以启天下之方悟者；立行，非独善其身，将以训天下之方动者。"居上位者讲话不仅仅是把道理说清楚，还要给天下百姓以智慧和启发；居上位者做事不能光是独善其身，还要带动天下百姓一起行动。总之，君子的一言一行，都要考虑到对天下的影响。

杜甫理想中的政治领袖就是："致君尧舜上，再使风俗淳。"（《奉赠韦左丞丈二十二韵》）《乐府诗集·城中谣》说：

> 城中好高髻，四方高一尺。
> 城中好广眉，四方且半额。
> 城中好大袖，四方全匹帛。

《资治通鉴》中说:

> 吴王好剑客,百姓多创瘢;
>
> 楚王好细腰,宫中多饿死。
>
> ——《资治通鉴·汉纪·汉纪三十八》

俗话说:"上有所好,下必甚焉。"吴王喜欢剑客,百姓就都去练剑投其所好,身上弄得全是伤疤;楚灵王喜欢细腰的美女,宫中妃嫔们就纷纷减肥,甚至有饿死的。

唐中宗在位时有一位安乐公主,她让匠工制作了一条"百鸟裙"。这条裙子"合百鸟毛,正看为一色,旁看为一色,日中为一色,影中为一色,百鸟之状,并见裙中"。接着百官之家争相效仿,结果是"江岭奇禽异兽毛羽,采之殆尽"。唐玄宗登基之后,采取宰相姚崇"禁奢靡"的建议,颁布了《焚珠玉锦绣敕》:

> 朕欲捐金抵玉,正本澄源。所有服御金银器物,今付有司,另铸
>
> 为铤,仍别贮掌,以供军用。珠玉之货,无益于时,并即焚于殿前。
>
> ——《钦定四库全书·御选古文渊览·唐·明皇帝》

意思是说,我作为皇上首先把金器捐出来,我率先垂范,正本清源。从服饰上退下来的金银饰物,交给官府,并铸造成金锭、银锭,专门储备起来,以充军需所用。珠玉之类的东西,饿不能充饥,冷不能御寒,不能促进时代发展,全部集中到殿前焚烧。

唐玄宗还规定如有违者,严加惩罚:"违者决一百,受雇工匠,降一等科之。两京及诸州旧有官织锦坊,悉停。"凡是违反规定的官员,要受到行政处罚,受雇的工匠也得降一级,这样京师长安和东都洛阳的织锦作坊都歇业了。从此以后,"采捕渐息,风教日淳",开采、捕捞之风渐渐平息,民风国教日

日淳朴。

《论语·颜渊》中说："君子之德风，小人之德草。草上之风，必偃。"意思是说君子之德好比风，小人之德好比草。一阵大风吹过来，草儿必定随风倒。这里就是强调领导干部凡事要率先垂范、做好榜样。《论语·子张》中说："君子之过也，如日月之食焉。过也，人皆见之；更也，人皆仰之。"

一个人越是有社会地位，越是有社会影响力，就越要意识到自己没有随心所欲的资格。你可以说这是你的自由，但你别忘了，你的一些不好的行为会带坏社会的风气，作为领导干部，更要好好修养自身的德行，以此来带正社会的风气。

十七世纪法国古典作家拉罗什福科在《箴言录》中说："再也没有比榜样的力量更有感染力了，我们所做的大善大恶无不互为仿效。模仿善举是出于好胜之心，效法恶举是人类的本性如此：这种恶本来是由人的廉耻之心压抑着的，是榜样的力量释放了它们。"

晚清重臣曾国藩曾说：

> 风俗之厚薄奚自乎？自乎一二人之心所向而已。民之生，庸弱者，戢戢皆是也。有一二贤且智者，则众人君之而受命焉；尤智者，所君尤众焉。此一二人者之心向义，则众人与之赴义；一二人者之心向利，则众人与之赴利。众人所趋，势之所归，虽有大力，莫之敢逆。故曰："挠万物者莫疾乎风。"风俗之于人之心，始乎微，而终乎不可御者也。
>
> ——《原才》

社会风尚的淳厚和浮薄是从那里产生的呢？产生于一两个人的思想倾向罢了。百姓们中间，平庸懦弱的人比比皆是，如果有一两位贤能并且有智慧的人，大家就会拥戴他们并听从他们的教导；（如果有）特别有智慧的人，拥戴他的人就特别多。这一两个人的心趋向于仁义，众人便和他一起追求仁义；这一两个人的心倾向利益，众人便和他一起奔赴利益。众人所奔赴的，就形成大势所趋，即使有巨大的力量，也没有谁敢违背它，所以说："摇撼天下万物的，没有比风来得迅速强劲了。"社会风尚对于个人的思想影响来说，起初很微弱，但最后将是不可抗拒的。

也就是说，风气、民俗的好坏，常常取决于"一二人之心所向"。这"一二人"就是公众人物，这种人的社会示范效应极大，作为领导人，如果自己没有居正德，那么想让社会风气正几乎是不可能的。譬如意大利前总理西尔维奥·贝卢斯科尼，在任时连续被爆出多项丑闻，人们评价他治国能力差，治床能力强，可见领导人物的言行至关重要，不仅要立功、立言，更要立德。

甘地一生入狱十五次，共计二千二百三十天。有一次英国某审讯员问甘地的住处，他回答："如果一个人的行为令人敬仰，他所到之处即成圣地。"所以甘地才有那句名言："作为人类，我们的伟大之处与其说是我们能够改造世界，不如说是我们能够改造自我。"我好了，世界也就好了。

少安毋躁

《尚书》有言："必有忍，其乃有济。"（《尚书·周书·君陈）》）要想成事，必须有所忍耐，不能躁动。把禅传到中国的达摩祖师对该如何获得长寿、如何过幸福的生活，有三点谕示：

有三种安乐法门，行者诚须学：一事徐缓，二惟净，三惟善。

第一点"徐缓"，即指遇事不可急躁，否则欲速则不达，越急事情越不能成功；第二点"惟净"，是指遇事要冷静，不可随便动气；凡事不动声色，就能够以沉稳定静的心情去面对问题，见招拆招，解决问题，同时也能获得他人的尊敬；第三点是"惟善"，即指凡事都以善意去予以解释，专心致志为所当为，就不会为无谓的事瞎操心，这样年久日深，就能达到"不躁、不怒、不忧"的境界。

日本禅宗有一个术语叫"我慢"，意思是忍受忍耐，语言表达为"请我慢"。在日本流传这样一则故事，有一只杜鹃鸟不叫，大名（日本古时封建制度对领主的称呼，相当于诸侯）织田信长说："杜鹃鸟你不叫，我就杀了你。"织田信长的手下丰臣秀吉则说："杜鹃鸟你不叫，我就逼你叫。"织田信长的朋友兼盟友德川家康却说："杜鹃鸟你不叫，我就等你叫。"最后德川家康统一了日本。忍耐帮了大忙。

孟子曾说："其进锐者，其退速。"韩愈因为他的名字是"愈"，太勇猛躁动了，所以他的字为"退之"，时刻提醒自己不要躁进。白居易在《送考功崔郎中赴阙》一诗中说：

> 称意新官又少年，秋凉身健好朝天。
>
> 青云上了无多路，却要徐驱稳着鞭。

在解释这首诗的背景时，白居易说："余谓新进少年躁进不已，往往自取倾覆，此诗可谓忠诲矣。"

明朝费元禄在《训子》中说："'耐烦'二字最妙，人能耐烦，天下何事不可做。"清代俞梦蕉在《蕉轩摭录》中讲："急有急的坏处，钝有钝的好处。愿告天下世上人，刀是钝的用得长，人是钝的做得老到。"同治元年，曾国藩的幕僚郭嵩焘赴外地为官，路过安庆，会晤曾国藩。曾书赠一联云：

> 好人半自苦中来，莫图便易；
>
> 世事多因忙里错，且更从容。

民国时期阎锡山将军曾经写过这样一副对联：

> 处人当以热热的心，冷淡处之；
>
> 作事当以急急的心，缓慢为之。

爱新觉罗·毓鋆在《毓老师说大学》中讲："做人必'停、看、听'，年轻人头脑要清楚，遇事要冷静，'停、看、听'此三字在人生上特别有玄机。遇事不明白，停一下、看一看、听一听，先来个深呼吸，就能够判断是非。""逢大事，先睡一觉再说：遇小事，立刻处理。"《萨迦格言》中讲："一切情况不去考察，盲目冲杀就是傻瓜。飞蛾扑打油灯，难道算是英雄？"上面举的诸多例子，总结就是四个字："少安毋躁！"

孔子的学生子夏做了莒地的长官，向孔子求教怎么治理政务，孔子说：

无欲速，无见小利。欲速则不达，见小利则大事不成。

——《论语·子路篇》

孔子的建议就是两点，第一不要操之过急，第二不要执迷于蝇头小利。操之过急，反而达不到目的；贪小利则办不成大事。

被称为最后一个儒家人士的梁漱溟先生写过一篇《猴子的故事》，里面讲："在汤姆孙科学大纲上，讲到一个科学家研究动物心理。科学家养着几只猩猩、猴子做实验：以一个高的玻璃瓶，拔去木塞，放两粒花生米进去，花生米自然落到瓶底，从玻璃外面可以看见，递给猴子。猴子接过，乱摇许久，偶然摇出花生米来，才得取食。此科学家又放进花生米如前，而指教它只需将瓶子一倒转，花生米立刻出来。但是猴子总不理会他的指教，每次总是乱摇，很费力气而不能必得。此时要研究猴子何以不能一一领受人的指教呢？没有旁的，只为它两眼看见花生米，一心急切求食，就再无余暇来理解与学习了。要学习，必须两眼不去看花生米，而移其视线来看人的手势与瓶子的倒转才行。要移转视线，必须平下心去，不为食欲冲动所蔽才行。然而它竟不会也。猴子智慧的贫乏，就在此等处。"

猴子所以最后一无所获，就是因为太急躁，太想一下子得到花生米，反而蒙蔽了自身的灵光和智慧。读者们看到梁先生举的这个例子或许会笑话猴子笨，然而在现实生活中，很多人的表现却和这只猴子差不多，甚至躁动得有过之而无不及。

历史学者傅国涌先生曾经在他的著作《得寸进寸集》中写过这样一段话，我颇有同感，他说："时代真的变了，越来越多的人已经没有耐心过自己的寻常生活，渴望不劳而获，渴望一夜暴富，渴望以最小的代价甚至零代价获得世人艳羡的成功，这种心态开始像瘟疫一般蔓延，人们变得只争朝夕、迫不及待，至于如何才能达到那种成功，如何在最短的时间、以最快的速度成功抢滩，都无所谓，成功本身就是目的，成功就是最大份额地占有，就是成为人上人，就是宝马香车豪宅，就是满足穷奢极欲的消费欲望，就是在本能上获得最大限度的解放，向自身的身体极限挑战，简单地说就是'西门庆化'，过上像西门庆那样的生活，就是'有了快感你就喊'。按照这样的成功观塑造起来的人是可怕的。吉林省妇联对五所大学的上千名女大学生进行了一次调查，结果发现半数以上的女生不反对'傍大款'、做'二奶'，虽然其中只有1%的人表示'有机会自己也会这么去做'，但有21.2%的人认为这样做'很正常，每个人追求不同'，33.7%的人认为'无所谓'，只是自己不会去做。这个比例和高达61.47%的女生赞同或基本赞同做人'应当及时行乐'，合在一起，就为上述成功观作了一个可以量化的注脚。在有钱有势者迅速'西门庆化'的同时，没有掌握优势资源的普通人或弱者中开始出现'宠物化'倾向，笑贫不笑娼，做'宠物'也是一种成功的'宠物'。成功，成功，有多少罪恶借成功之名而行？"

最后我想说的是，躁动，躁动，多少人因为你而毁掉真正的人生！还是那句老话：凡事三思而后行，少安毋躁！

反身修德

　　"反身修德"的"反"即反省的意思，一个人要修德，首先要懂得常常反省自己，这是一切学问的始基，是一切德行的初步。孟子说：

　　　　爱人不亲，反其仁；治人不治，反其智；礼人不答，反其敬。行有不得者皆反求诸己，其身正而天下归之。

——《孟子·离娄上》

　　爱别人却得不到别人的亲近，那就反问自己的爱是不是真的；管理别人却不能管理好，那就反问自己的管理是否明智；礼貌待人却得不到别人相应的礼貌，那就应反问自己的礼貌是否到家。凡是行为得不到预期的效果，都应该反过来检省自己，自身行为端正了，天下的人自然就会归服。

　　一个人反求诸己的目的就是不断地矫正自己，改善自我，使得自己即正且中，正中就是道，有道之人自然能得到天下人的信任。

　　孟子还说：

　　　　仁者如射，射者正己而后发；发而不中，不怨胜己者，反求诸己而已矣。

——《孟子·公孙丑上》

施行仁爱就像射箭，要身子正了才能放箭出去。箭射不中目标，不要忌恨比我射得准的人，而是要自我反省哪里做得不好。

《淮南子·人间训》曾记载了一个鲁哀公扩建西宅被劝阻的故事。鲁哀公打算向西扩大住宅，但是史官（古代史官兼有占卜、问神的职能）坚决反对，认为这个是不祥之事，因为当时民间风行着风水四大忌讳，其中首要的就是西益宅，也就是向西扩大住宅。结果鲁哀公是油盐不进，谁的话也不听。就问太傅宰折睢先生怎么看？结果宰先生告诉他："天下有三不祥，西益宅不算什么。"鲁哀公一听高兴了，终于找到知己了，就问是哪三不详？宰先生回答说：

> 不行礼义，一不祥也；嗜欲无止，二不祥也；不听强谏，三不祥也。
>
> ——《淮南子·人间训》

"三不祥"就是：不讲礼义，做事胡来；欲念深重，贪得无厌；刚愎自用，不听人劝。鲁哀公被宰先生的这一棒子打醒了，"愤然自反"，开始反思自己的错误，决定不在再西扩宅了。

《六祖坛经》中讲："常自见己过，与道即相当。"日本企业家稻盛和夫在《活法叁：人生的王道》中说："我有个特别的习惯。每日早晨，站在盥洗室的镜子前，注视自己，前一天的事情便如走马灯般一一掠过眼前。此时倘若回想起曾摆架子、说大话，就会猛然陷入自我嫌恶之中，顿时羞愧难当，于是不由得大声道歉：'上天，对不起！'偶尔会说：'母亲，对不起！'有时，也会说：'上天，谢谢！'因为是上天让我意识到自己的不是，所以要表示感谢。这一习惯已持续了近三十年。因此，不知从何时起，只要我在家里的盥洗室中，家人谁也不会进来打扰。"

我在讲养生的时候常说养生其实有两句话很重要，就是"留点病养身体，留点烦恼养智慧"。其实知病即药，一个人真的知道自己的病了，反而懂得如何应对，结果反倒活得长久，这就是《道德经》里讲的"圣人不病，以其病病。夫唯病病，是以不病"（《道德经》第七十一章）。眼睛总看着别人都有病，认为自己没病的人，反而最后遭殃，正如孔子所言，"愚者好自用，贱者好自专"（《礼记·中庸第二十八章》），越是愚蠢的人越好刚愎自用，越是地位卑贱的人越好自以为是。孔子还说过，"人皆曰'予知'，驱而纳诸罟擭陷阱之中，而莫之知辟也"（《礼记·中庸第七章》），人人都说自己聪明，可是被驱赶到罗网陷阱中去却不知躲避。

孔子的这两段话我用一首《西江月》阐释一下就是：

> 蠢货固执己见，低能我就是天，
> 食古不化真可怜，倒霉就在眼前。
> 人人自称圣贤，个个自命不凡，
> 被人卖了还数钱，却在自喜沾沾。

项羽兵败垓下的时候，仍然不懂得反省自身的缺点和一系列错误的决策，还抱怨老天爷不帮忙。清代诗人王昙有一首诗专门批评了项羽，诗曰：

> 天意何曾袒刘季，大王失计恋江东。
> 早撾函谷称西帝，何必鸿门杀沛公。

意思就是说，老天爷啥时候偏袒过刘老三（刘邦行三，又称刘季）啊，都是大王你一心不思进取，要回江东老家，以至于错失良机。如果当年直接攻入函谷关称帝，何至于后来演一出鸿门宴要杀又未杀刘老三的闹剧。

鸿门宴上，项羽优柔寡断的性格就注定了他最后的失败，谋士范增"数目项王，举所佩玉玦以示之者三"（《史记·项羽本纪》），几次给项羽使眼色，又三次举玉玦示意项羽下决心，都硬不了项羽的心肠，最后范增气得大骂他竖子不足与谋。项羽是有些本事，这个不可否认，连刘邦这个汉王也是这个小老弟封的，但是项羽的性格很孩子气，封完各路诸侯以后，非要回家，还说："富贵不归故乡，如锦衣夜行，谁知之者？"（《史记·项羽本纪》）

结果气得韩生大骂他"沐猴而冠"，被他扔进了热油锅里。可见项羽的气量不大，就是最后兵败垓下的时候，眼中还只有宝马和美女，他的《垓下歌》唱曰：

> 力拔山兮气盖世，时不利兮骓不逝。
>
> 骓不逝兮可奈何，虞兮虞兮奈若何！

这首歌唱出了项羽的自负、狭隘、英雄迟暮的无奈和儿女情长的小家子气，同样是王者之歌，刘邦的《大风歌》的气象就完全不同，歌曰："大风起兮云飞扬，威加海内兮归故乡，安得猛士兮守四方！"充分展现了刘邦胸怀天下的胸襟、旷达威猛的性格！

项羽至死都没有对自己在决策、战略和指挥上的失误反省，所以充其量就是个悲剧英雄，即使他兵败垓下之后有机会逃回江东，可以伺机重整旗鼓，但结局仍然会是一样的。

北宋宰相欧阳修在解释自己名字中的这个"修"时说：

> 君子之修身也，内正其心，外正其容而已。
>
> ——欧阳修《居士外集·辨左氏》

内正心，外正容，这就是君子的修身之道。

元朝宰相耶律楚材之子耶律铸，官至左丞相，他写过一首诗《高城曲》：

> 城高三百尺，枉教人费力。
>
> 贼不从外来，当察城中贼。

"城中贼"指的就是自己的心，贼从心出，不由外入。

北宋诗人王禹偁写道：

> 但存心里正，无愁眼下迟。
>
> 若人轻着力，便是转身时。

——《磨》

意思是一个人处于蹇难的时候，不要发愁着急，只要好好反身修德、内正其心，将来遇到识才的贵人，一定可以大展拳脚。

张闾瑛曾向父亲张学良索书，张学良写道：

> 食止乎饱，衣止乎温，心止乎正，愿止乎诚。

一个人心正了，容貌自然也就端正了，所谓"人心不同，各如其面。佛心圆满，其面相当"。《青箱杂记》中说：

> 有心无相，相逐心生；有相无心，相随心灭。

《华严经》说：

> 心如工画师，能画诸世间。

我们的心像一个画师，可以画出美丽的事物，也可以画出凶恶的野兽。一个心正之人，外在的气象自然是端庄厚重、谦卑含容的，给人一种望之俨然的感觉。就如《论语·尧曰》中所言：

> 君子正其衣冠，尊其瞻视，俨然人望而畏之，斯不亦威而不猛乎。

——《论语·尧曰篇》

曾国藩在同治元年九月十四日的日记中写道：

欲求养气，不外"自反而缩""行慊于心"两句。

"自反而缩"取自《孟子·公孙丑上》，原文是："自反而缩，虽千万人，吾往矣。"通俗的意思就是，反问自心无愧，千万人我怕谁？一个人问心无愧，就会充满浩然正气；"行慊于心"同样出自《孟子·公孙丑上》，原文是："行有不慊于心，则馁矣。""慊"通"惬"，快心、满意的意思，这句话的意思就是一个人反思自己的言行举止，若是觉得内心有愧，浩然之气就会亏减。"行慊于心"就是反思自己的行为心安理得，不愧于心。林则徐曾有一副对联说：

当官期于世有济；
行事求其心所安。

"其心所安"就是"行慊于心"，无愧于心的意思，当官就要想着普济天下黎民，行事就要追求心安理得。今天的为官者、为领导者，也应该向欧阳修、曾国藩、林则徐看齐，时时反省自己，为人民做了多少，为国家做了多少，做了哪些错事，需要哪些改正，否则，与"沐猴而冠"、刚愎自用、自以为是的项羽有什么不同？

惩忿窒欲（上）

清代乾隆时期的文学家沈复的"足本"自传体作品《浮生六记》中记载了一套养生理论，很有意思：

> 口中言少，心头事少，肚中食少。有此三少，神仙可到。
>
> 酒宜节饮，忿宜速惩，欲宜力制。依此三宜，疾病自稀。
>
> ——《浮生六记·养生记道》

顾名思义，《浮生六记》应该是六记，但实际只有四记，另两记亡佚了，而"养生记道"就属于亡佚的两记之一。"三少三宜"养生法，还是很有道理的，它从问世以来就被很多人奉为养生圭臬。其中的"忿宜速惩"，事关情绪管理和心理健康，尤其值得为官者、为长者乃至普通人的注意。

北宋思想家周敦颐在说：

> 君子乾乾不息于诚，然必惩忿窒欲、迁善改过而后至。
>
> ——《通书·乾损益动》第三十一

所谓惩忿，就是克制愤怒；窒欲，就是克制欲望。这句话的意思就是说，君子要时时刻刻追求诚意正心，但要做到这一点，必须要克制愤怒，节制欲望，一心向善，改过自省。

曾国藩的养生之道，他自己总结，在于八个字："惩忿，窒欲，少食，多动。"这与沈复所说的"三少三宜"养生法是有异曲同工的地方的。

阎锡山死后，其家属遵照他的遗嘱，将其生前写的自挽联分贴其指示处，其中贴在灵前的是：

> 避避避，断断断，化化化，是三步工夫；
>
> 勉勉勉，续续续，通通通，为一等事功。

横批是：朽嗔化欲。

《阎锡山日记》中讲："敛欲化气是自身的刷新。"这"朽嗔化欲""敛欲化气"其实就是我们本文要讲的惩忿窒欲。

先说"惩忿"，也就是制怒。首先，制怒可以消灾免错。

我们前面跟大家探讨过，《孙子兵法·九变篇》提到"将有五危"，其中一危就是"忿速，可侮"。不懂得制怒的将军，人家就会故意想方设法激怒他，使他失去理性，从而会因一己之愤而导致战场失利。老子云："善战者，不怒"，这也是兵法，倘若冲冠一怒为红颜，失去理性的军事行动往往会伤害到千万人的性命。

《战国策》载："怒于室者色于市。"（《战国策·韩策》）家里生了气，到了外面就容易迁怒别人；给别人脸色，这样就很容易引起矛盾。《资治通鉴》中记载了曹操的一句名言："怒不变容，喜不失节，故最为难。"胡适在《我的母亲》一文中曾这样说过："世间最可恶事莫如一张生气的脸；世间最下流事莫如把生气脸摆给旁人看。"颜回的修养高，其中一个原因就是不迁怒。张飞就是性格暴烈，迁怒于部下，结果身首异处。林则徐是性情刚烈之人，后来他知道发怒无用，反而给小人制造借口，就在自己的书房中挂一块"制怒"的牌子。

一个人如果要学会制怒，首先要有耐性。印度哲人克里希那穆提曾说："没有耐性就是攻击性。"换句话说，一个人无法制怒的时候，就是具有攻击性的时候。克氏还说："愤怒具有特殊的隔绝性；就像悲伤，它将人隔绝，至少在眼下，所有人际关系都终止了。"

　　写到这里，突然想到一个禅宗的小故事，大概是说，一个商人长期在外做买卖，有一年过年回家，花了十两银子买了一个老和尚的四句偈语，这四句偈语是：

　　　　向前三步想一想，退后三步想一想。

　　　　嗔心起时要思量，熄下怒火最吉祥。

　　商人深更半夜回到家中，发现妻子的床边居然有两双鞋，于是就到厨房去拿菜刀准备把这一对奸夫淫妇剁成肉酱。当准备下手的时候，突然想到了老和尚的四句偈，嘴里面不自觉地念了出来。结果惊醒了床上人，原来是自己的老娘陪着自己的妻子睡觉呢。这个故事让我想起了一休禅师，他和释迦牟尼佛当初的社会地位差不多，也是皇子（其父为后小松天皇），后来在安国寺出家。他提出制怒的十个字："小怒数到十，大怒数到千。"

　　我在刘伟见先生的《了凡法》一书中读到过这么个故事，说的是有人养过一条狗，有一年冬天，为了储备过年的食物，这位老兄把狗和孩子留在家里，自己独自到深山老林里去打猎。回来的时候，遇上大风雪，等到山里的家时已经快半夜了。结果突然发现孩子不见了，而狗嘴里却在滴着血。他气冲脑门，怒不可遏，心里说话："你个畜生，把我的娃娃当口粮了。俺养你这么多年，你居然干出吃小主人的事来。"一怒之下，连开数枪打死了这只老狗。狗被枪杀之后，传来了孩子的哭声，原来孩子一直躲在床底下，地下有血迹，顺着血迹发现屋后有一条奄奄一息的狼。主人一下子全明白了，原来是狗为了保护小主人而豁出命来和狼进行了殊死搏斗。狗拼死救下了孩子，却因为主人的一怒而送了命。这就告诉人们，当一个人处在愤怒情绪中的时候，很容易做错事。一个人在愤怒的时候，不要轻易做决定，要等冷静下来再说。

　　乔叟在《坎特伯雷故事》中讲了这么个故事："从前有个君主，他统治国家期间，很容易发怒。有一天，两名武士骑马出外，但命运女神只让一个人回来，那另一个却迟迟不见回家，于是，回来的武士受到追查。君主说：'你既然杀了那个同伴，那么我现在一定要拿你问斩。'于是他命令身边的一名武士：'我把他交给你，由你带去处死。'事有凑巧，他们俩走在路上，还没有走到准备行刑的地方，碰上那位被认为死去的武士。这时他们觉得，最好的办法是一起再回到那位君主的跟前。他们说：'这武士没杀他的同伴；那同伴现在好端端站在这里。'不料君主叫道：'你们都得死，就是说，你们三人都活不了！'接着，他就对第一个武士说道：'我已定了你的罪，你就得死。'他对另一个武士说：'你也得死，因为你同伴的死得由你负责。'随后他又指责第三个武士：'你没做到我派你去做的事。'这样，三个武士都被处死。我们听听良师所罗门的教导：'千万别同爱发火的人结交，也别同气得发疯的人一起走，免得后悔。'"

我曾经读到过这样一段资料，人们是用这样的方法猎杀熊的：在一个蜜槽的上方用绳子挂起一截重木。熊为了能够吃到蜂蜜，就去撞开那截重木。重木荡回来的时候自然就会打到熊。打回来的力道是和熊撞出去的力道是成正比的。熊被撞到后生了气，就会更用力地去撞木头，木头也就更重地打到它。这样来来回回直到把熊打死为止。其实杀死熊的并不是木头，而是熊自己的愤怒。人们彼此之间的以恶还恶，亦是如此。难道号称万物之灵的人所具有的聪明才智还不如熊吗？

其次，制怒可以提升境界。俗话说："壶小易热，量小易怒。"某种程度上讲，惩忿、制怒是一种胸襟也是一种涵养，更是一种智慧。

寒山、拾得是融道入佛，融儒入佛的两位唐代高僧，他们之间有过一段意味深长的对话，一日寒山谓拾得：

世间有人谤我、欺我、辱我、笑我、轻我、贱我、恶我、骗我，该如何处之乎？

拾得回答说：

只需忍他、让他、由他、避他、耐他、敬他、不要理他、再待几年，你且看他。

《禅门日诵》里有一篇《弥勒菩萨忍耐偈》，是这样写的：

> 老拙穿衲袄，淡饭腹中饱。
> 补破好遮寒，万事随缘了。
> 有人骂老拙，老拙只说好。
> 有人打老拙，老拙自睡倒。
> 涕唾在面上，随它自干了。
> 我也省力气，他也无烦恼。

书画家溥心畬曾言："知足常乐，能忍自安。"佛陀说："不能忍受讥讽毁谤，如饮甘露者，不能名为有力大人。"忍，是佛教认为最大的修行。无边的罪过，在于一个嗔字；无量的功德，在于一个忍字。《藤阴剳记》中讲：

> 天下祸患之来，大半由于自取。自取者何，不能忍也。忍有二义：人来犯我，忍而不发，是谓忍气；物来诱我，忍而不入，是谓忍性。语云：忍字敌灾星，至言也。

俗话说："小不忍则乱大谋！"《旧学新探：王云五论学文选》中有一段王云五先生自省的话："我自己承认生平有一个很大的缺点，就是'小不忍'这三个字；换句话说，就是比较大些的不满的事情日积月累地隐忍着，偶然遇着很小的事，便一触即发，无法按住性子，因此而使生平的事业失败了不少；就是在这两年苦斗的征途中，也因为这'小不忍'三个字，空耗了不少的努力，这是我常常要告诫自己的。"

再次，制怒可以养生延寿。

有人说过这么一段话："无论愤怒对他人多么有害，危害最大的是那发怒的人。愤怒永远比你发怒的原因更为有害。你以为，你发怒的对象就是你的敌人，其实你主要的敌人是深嵌在你心中的愤怒。因此，要尽快与你的敌人和解，熄灭你心中这种痛苦不安的情感。"俗话说："气大不养神。"意思是说，火气太大的人，很难保养精神。养生贵在心平气和，不要动肝火。

唐朝医圣孙思邈在《千金方·论大医习业》中讲：

卫生切要知三戒：大怒、大欲、大醉。

南宋全真道开创者王重阳在《坐忘铭》中有这么两句话：

不怒百神和畅，不恼心地清凉。

王凤仪先生曾讲：上火是"龙吟"，生气是"虎啸"，人能降服住气火，才能得道。修行人遇好事不喜，遇坏事不愁，气火自然不生，就是"降龙伏虎"。生气说话就是"鬼"话，上火说话是"妖"说话。气火是两个无常鬼，能把他们降服住，火变为"金童"，气变为"玉女"，我自己就成佛了。穆罕默德曾说："世上最好的饮料就是，当人已是恶语在喉的时候，他不是一吐为快，而是吞咽下去。"

周国平先生在《人生五十个关键词》中说："我们每一个人，至少在某个时刻，例如发怒时，都是一个病人。如果我们能够这样去看别人，尤其是自己的亲人，许多冲突都可化解。"

惩忿窒欲（下）

上篇我们谈了"惩忿"，这一篇接着谈"窒欲"，也就是克制欲望。孔子讲："饮食男女，人之大欲存焉。"人生两大欲望，一个是性欲，一个是物欲。教育家蔡元培先生在《论人生的修养》一书中说：

> 自制之目有三：节体欲，一也；制欲望，二也；抑热情，三也。

蔡先生说，"节体欲"是指要在饮食男女方面有所节制。生活方式中，损伤身体的方式有很多，损伤元气最直接的方式是纵欲；"制欲望"是指要在名利、物质等方面节制欲望；蔡先生说的"抑热情"主要就是指制怒，前面我们已经详细讲了很多。"节体欲"和"制欲望"其实就是"窒欲"，我们下面重点从"节体欲"和"制欲望"两方面来说。

先说"节体欲"，主要指节制饮食男女的欲望。《黄帝四经·亡论》中讲人有三凶：

> 一曰好凶器，二曰行逆德，三曰纵心欲，此谓三凶。

意思就是说人有三样东西很凶险，一是喜欢舞刀弄枪，一是做事违法坏德，一是放纵情欲。古文字学家于省吾常以"积风雨晦冥之勤，节饮食男女之欲"一语劝勉学生。

这里主要讲讲节制男女情欲。

> 二八佳人体似酥，腰间仗剑斩愚夫。
> 虽然不见人头落，暗里教君骨髓枯。

这首诗相传为八仙之一的吕洞宾所作。"二八"指的是十六岁，当然这里只是代称。年轻貌美的女孩子，对于血气方刚的小伙子来说诱惑力非常大，但是美女柔美酥软的腰肢对于那些不懂得节欲的蠢货来说就是一把无形的杀人刀，不知不觉地就把这些人搞得精尽骨枯。

《增广贤文》里也有类似的两句话：

> 芙蓉白面，不过带肉骷髅；
> 美艳浓妆，尽是杀人利刃。

《太平广记》卷二引《神仙传》载：

> 上士别床，中士异被。
> 服药百裹，不如独卧。

上等办法是男女分床而睡，中等办法是男女分被而睡，但是最好的是自己睡，服用一百包补药，都不如独卧。这是告诫人们保健养生，以少近女色为最。

汉代辞赋家枚乘在其著名大赋《七发》中以如椽之笔详细描述了纵欲的危害，读来朗朗上口，令人印象深刻：

> 且夫出舆入辇，命曰蹶痿之机；洞房清宫，命曰寒热之媒；皓齿
> 蛾眉，命曰伐性之斧；甘脆肥脓，命曰腐肠之药。今太子肤色靡曼，
> 四支委随，筋骨挺解，血脉淫濯，手足堕窳；越女侍前，齐姬奉后；

往来游醮，纵恣于曲房隐间之中。此甘餐毒药，戏猛兽之爪牙也。所从来者至深远，淹滞永久而不废，虽令扁鹊治内，巫咸治外，尚何及哉！

——《七发·一发》

意思是说：出入都乘坐车子，就是麻痹瘫痪的兆头；常住幽深的住宅、清凉的宫室，就是伤寒和中暑的媒介；贪恋女色、沉溺情欲，就是摧残性命的利斧；甜食脆物、肥肉烈酒，就是腐烂肠子的毒药。现在太子皮肤松弛，四肢不便，筋骨松散，血脉不畅，手脚无力。前有越国的美女，后有齐国的佳人，往来四处游玩吃喝，在幽深的密室里纵情取乐。这简直是把毒药当作美餐，和猛兽的爪牙戏耍啊。这样的生活影响已经很深远，如果再长时间地拖延不改，那么即使让黄帝时期的名医扁鹊来为您治疗体内的疾病，让炎帝时期的名医巫咸来为您治疗外伤，又怎么来得及啊！

以上诸多警句其实都在警惕世人不要沉湎女色。中国近代资产阶级思想家、政治家、教育家吴稚晖有一首《论房事》诗曰：

血气方刚，切忌连连；

二十四五，不宜天天；

三十以上，要象数钱；

四十出头，教堂会面；

五十之后，如进佛殿；

六十在望，象付房钿；

六十以上，好比拜年；

七十左右，解甲归田。

说了这么多，就是两个字"节制"。节制性欲谈何容易，据记载，宋儒二程兄弟同赴宴，座中有妓，程颐拂衣而去，程颢视而不见，同他客尽欢而罢。次日，二程言及此事，程颐犹有怒色。程颢笑道："某当时在彼与饮，座中有妓，心中原无妓；吾弟今日处斋头，心中却还有妓。"程颐愧服。这个故事说明程颐并没有完全断绝情欲，而程颢的"座中有妓，心中无妓"的境界一直为后世儒家所推崇。

南宋名臣胡铨本是耿介之人，是大奸臣秦桧的政治对手，被远贬海南十年，终被调回，路过湘潭时，胡氏宗亲给胡铨举行接风宴，人们发现胡铨身边陪伴着一位美女，名叫黎倩。这位美女，据当时的朝鲜著名哲学家宋时烈所著《朱子大全札疑》披露，本是有夫之妇，胡铨流放广州时与其有染，其夫发现后，逼令胡铨食藁与豆相混的马料，否则杀之，胡铨不得已受辱，但终得美人相伴同归。在胡氏园接风宴上，胡铨喝得有点多，微醺中题诗壁上："君恩许归此一醉，旁有梨颊生微涡。"这就是"梨涡"的由来。这个"梨"，一开始应该是"黎"，指的是胡铨的侍妾黎倩，但改成"梨"后，一点都不违和，还别有韵味。五年后，朱熹偶然到访湘潭胡氏园，看到了前辈胡铨的壁上题诗，大不以为然，认为胡铨为一女子，欲令智昏，屈身折节，见色忘义，忍辱偷生，就在胡铨题诗傍又题诗两首，其中一首是：

> 十年浮海一身轻，归对梨涡却有情。
>
> 世路无如人欲险，几人到此误平生。
>
> ——《宿梅溪胡氏客馆观壁间题诗自警二绝》其二

这两首诗说是自警，实际是对这位家乡前辈"淡尽雄心误苍生，醇酒美人娱晚年"的一种批评，说"人欲"比洪水猛兽还可怕，误了很多人的政治前程。朱先生其实就是借责胡铨，提醒自己和世人要"存天理，灭人欲"。

我常讲，一个人要经得住诱惑，起码要过两个基本关，这两个关都过不掉，其他的暂时免谈。第一关是"见遗金于旷野"，就是四下无人，荒郊野外，地上有十万块钱，你要不要？你还拾金不昧不？这时候最考验人，这句话是个比喻，就是你老兄自己坐在家里，有人给你送十万块钱，没有人知道，你要不要？第二关是"遇艳妇于密室"，在神不知鬼不觉的地方遇到一位美人，你就算有什么非分之举，也没人知道，这样能过得关不？

《荀子·乐论》说：

> 君子耳不听淫声，目不视女色，口不出恶言。此三者，君子
> 慎之。

作为一个君子，耳朵不听淫荡的音乐，眼睛不看美貌的女子，嘴里不说邪恶的语言。

明代笔记作品《玉堂丛语》中记载了这么个故事：明朝有个人叫曹鼐，年轻的时候在山东泰和县做捕快。在一次抓捕盗贼的行动中，他擒获了一个非常漂亮的女贼。当时夜色已晚且距离县府还有相当远的路途，无法将这漂亮女贼及时押入县衙，只得与女贼同宿在荒郊野外的一座破庙里。女贼为了脱身，用上美人计，屡以色相相诱，曹鼐到底是个年轻人，面对色诱，也是心慌脚软。但曹鼐不愧是条好汉，每当感到自己就要就范，快要把持不住的时候，就在纸片上写下"曹鼐不可"四个字，然后写了烧，烧了写，如是者数十次，直到熬到了天亮，才终于过了这个色关，控制住了自己的色欲。可见一个人要"窒色欲"是多么的艰难！

其实也不要说我们普通人，很多修行的人想"挥剑斩情丝"都很难做到。你看六世达赖喇嘛仓央嘉措有好几首诗，就描述说这个情欲关真难过，我简单说几首。第一首：

> 静坐修观法眼开，祈求三宝降灵台。
> 观中诸圣何曾见，不请情人却自来！

意思是说我本来打坐修内观，祈求诸佛菩萨罗汉都赶快到我心中来住着，不要让魔鬼住进来。但我就没看过佛，也没看过菩萨。谁来了？"不请情人却自来"，女朋友的形象老在我面前绕啊绕。

第二首：

> 动时修止静修观，历历情人挂眼前。
> 若将此心移学道，即身成佛有何难。

如果把想情人的心拿来学道，那成佛简直太容易了。还有一首诗大家就更熟了：

> 曾虑多情损梵行，入山又怕别倾城。
> 世间安得双全法，不负如来不负卿。

谈恋爱又怕影响修行，进山修行又舍不得漂亮的女朋友。世界上有没有一个又可以成道又不耽误恋爱的双全法子，真是想得美啊。

苏东坡常常就找漂亮的女孩子来试探一些高僧的修行。苏东坡有一个朋友叫佛印，他俩经常互开玩笑。有一次苏东坡和佛印喝酒，故意把佛印灌醉。之后，苏东坡找了个歌妓，晚上就让歌妓睡在佛印的旁边。第二天佛印醒来一看旁边睡着昨晚弹琵琶的歌妓，佛印是高僧，自然不会对这支漂亮的"琵琶"做什么，他还写了一首小诗寄给苏东坡。诗是这样说的：

> 夜来酒醉上床眠，不觉琵琶在枕边。
> 传语翰林苏学士，不曾弹动一根弦。

昨天晚上喝多了，喝高了，不知道有一个美女躺在我旁边。我跟东坡兄你讲一句话，我没有动过她一个手指头。

"制欲望"，除了节制性欲，也说的是要在名利、物质方面节制和约束。古人云："万事可忘，难忘者名心一段；千般易淡，未淡者美酒三杯。"说的是人这一辈子有很多事情可以忘掉，但内心求名逐利的这点愿望却总是放不下。有了欲望就有了烦恼，别的东西都可以看得淡，但有欲望、有烦恼时如何能解脱，唯有美酒三杯。唐末杜光庭有《伤时》诗曰：

帆力劈开沧海浪，马蹄踏破乱山青。

浮名浮利过于酒，醉得人心死不醒。

南宋爱国诗人陆游形容得更深刻："利欲驱人万火牛。"意思就是人们在名利欲望的驱使下，就像身后有万头尾巴上着了火的公牛在疯狂地追赶自己，在这种情况下，什么寒暑饥劳，什么艰难险阻，都不在话下了。这里把人追逐名利的那种癫狂描述得淋漓尽致。

刘俊坤在《中庸：中国人性格的秘密》中讲了这么个故事：在印度旅游，途经热带丛林，导游会指着固定在木桩或树干上的木盒子，说这是捕捉猴子用的。盒子里面装着猴子最爱吃的坚果，盒子上开一个小口，刚好够猴子的前爪伸进去，猴子一旦抓住坚果，爪子就抽不出来。人们常常用这种方法捉到猴子，因为猴子有一种习性，不肯放下已经到手的东西，人们总会嘲笑猴子的愚蠢：为什么不松开爪子放下坚果逃命？但审视一下我们自己，也许就会发现，我们自己又何尝不是这样？我们不也是常常被自己的贪欲抓得牢牢的吗？

我们中国有个成语叫"敝帚自珍"，说的是人性的一个弱点，不肯丢掉到手的东西，即使是"敝帚"。我们每个人多多少少都有点这个毛病，有时候要丢掉一些东西需要"咬咬牙""狠狠心"。有时候很多东西不仅我们不需要，反而成了我们人生的枷锁，就像一句印度谚语所说的："鸟翼上系了黄金，这鸟便永远不能在天空中飞翔了。"

《道德经·四十八章》中说：

为学日益，为道日损。损之又损，以至于无为，无为而无不为。

"为学"就是学本事，俗话说："技多不压身。"本事学得越多，当然越有益于人生的发展，这是从养身层面讲的；"为道"就是修道，是从养心方面说的，"为道日损"，用《孟子·尽心下》的话说就是，"养心莫善于寡欲"；"日损"，所损的是一些不恰当的欲望，也就是"窒欲"；"损之又损"的境界就是"无为"，不再被欲望所驱使，不再是自私自利，没有私心，所以能"无不为"，做事情了无私心之挂碍，自然畅通无阻。

王正龙在《治性书：儒学新用》中说："我在十多年里看了不少经典，不敢说'深入经藏'，却得了几位明师的教诲，经过自己对经典的切身体会，发现三教圣人的方法'实在'、理论'容易'，归纳起来无非就是'恬淡虚无'四个字而已，用现代话来说就是'去掉欲望和平息思虑'，但实践起来却比登天还难。"一个人杂欲过多，就会遮住他的灵光，就是《庄子》所谓的"其嗜欲深者其天机浅"。庄子也讲"虚室生白"，意思是说，一个房间，即使很大，灯也很多很亮，但是里面堆满了货物的话，那房间也是暗淡的，因为货物多，阴影也多。相反，如果在一个大房间里，里面即使没有灯，但是也没有货物，这时在空空如也的房间里点上一根蜡烛，这个房间都是亮的，因为里面是虚空的。这给了我们很大的启发，一个人如果希望内心光明敞亮，就要减少内心的"杂货"，即内心的欲望。这就是我们俗语说的："火要空心，人要虚心。"

小时候我们农村用的都是柴火灶，没有什么天然气或者煤气之类的灶台，更没听说过电磁炉。记得我帮忙烧锅做饭时，总是拼命地往锅膛里塞柴火，结果锅膛里只是煴烟，根本没有火，这时候老娘就会过来从锅膛里掏出一些柴火，火苗子一下子就起来了，就见到明火了。烧锅是这个道理，做人也是同样的道理，胸膛堵得太满，只能怄气，去除一点杂念，自然会明亮透光。

有一副非常有意思的对联，是这样的：

> 若不撇开终是苦；
> 各自捺住即成名。

横批：撇捺人生。

"若"字的撇如果不撇出去就是"苦"字；"各"字的捺笔只有收得住才是"名"字；一撇一捺即"人"字。凡世间之事，撇开一些杂念贪欲就不苦了；方寸之间，能守住自己的本分才是人生大智。

一位美国记者跟随甘地多年，对甘地的敬佩与日俱增。最后他问甘地："您能用三个字来概括您的生活诀窍吗？"甘地回答："乐于弃！"甘地放弃肉食、放弃豪华的衣服、放弃口腹之欲，摒弃所有的感官享受，只为全身心地服务众生。他说："幸福生活的秘密在于放弃。放弃是生命，放纵招致死亡。"

白居易在读了《道德经》后，曾经写下一首七律：

> 吉凶祸福有来由，但要深知不要忧。
> 只见火光烧润屋，不闻风浪覆虚舟。
> 名为公器无多取，利是身灾合少求。
> 虽异匏瓜谁不食，大都食足早宜休。

> ——《感兴二首》之一

人生走运、倒霉、祸事、福气等都是有因果的，知道这个道理也就没什么好忧虑的了。只看到火烧毁过豪宅，还没听过风浪打翻一条空船的。一个人成名了，都是好多人在背后支持你，默默付出的结果，不要贪名，功劳是大家的，要有一种功成不必在我的胸怀。利字旁边一把刀，一家温饱千家怨，贪利会带来灾祸的。"虽异匏瓜谁不食"，这句话是来自《论语》里的一个典故，《论语·阳货》载孔子说："吾岂匏瓜也哉，焉能系而不食？"意思是说，我哪能像葫芦瓜那样，只挂在那里当摆设而一无所用呢？孔子是说，我要出来做事的，不能光吊在那里啊。"大都食足早宜休"，追名求利差不多就行了，要懂得收手，不要像《红楼梦》里智通寺门上的对联写的那样："身后有余忘缩手，眼前无路想回头。"

苏格拉底有一句话讲得好："你所谓的幸福，是好食物、好衣裳。但是我相信没有欲望的人会拥有上天的最大祝福。为了获得最大的幸福，一个人必须学习感到容易满足。"据说这位古希腊的哲学家，常年赤足，裹着一件破烂不堪的长袍，在雅典街头演讲，当他经过市场看到琳琅满目的商品时，他感慨地说："这里竟有那么多的东西，是我根本用不着的。"

《庄子·逍遥游》里有一句话讲得好：

> 鹪鹩巢于深林，不过一枝；偃鼠饮河，不过满腹。

森林虽然枝头无数，但小鸟只需要一枝用来做巢就够了。河水白浪滔天，但偃鼠只需两口就足以喝饱。过去还有这么两句话说："良田千顷，日食三餐。广厦万间，夜眠七尺。"你家有良田千顷，一天不过三顿饭；再多的房子，晚上也不过睡七尺地。

唐朝思想家、文学家柳宗元曾经写过一篇警世寓言《蝜蝂传》。蝜蝂是一种善于背负东西的小虫子，它在爬行的过程中一遇到啥玩意就取过来背在身上。由于它的背很粗涩，东西在上面不容易滑下，结果背的东西就越来越多，背部的压力也越来越大，虽然很疲惫，可还是不肯罢休，直到趴在那里被压得动弹不得为止。有人怜悯它，就帮忙把它身上的东西拿掉，好让它继续前行。可是只要它老兄还能动弹，它还是"固执依旧"。不仅如此，它还喜欢爬高，即使是耗尽力气也不停下，直到跌到地上摔死为止。现在社会上对这些身外物死了都要爱的人，智慧其实和蝜蝂差不多，我称之为"蝜蝂人"。北宋苏东坡也有一首《咏物》表达了同样的意思，诗曰：

> 蜗涎不满壳，聊足以自濡。
>
> 升高不知疲，竟作粘壁枯。

大家都知道马其顿国王亚历山大，据说当年这位建立了横跨欧非亚的大帝国的年轻皇帝带领浩荡大军经过印度的恒河流域时，发现一个老先生在路边不停地在原地跺脚。亚历山大大帝感到很奇怪，就派副官前去问个原因。这位老先生堪称是东方智者，他冷冷地说了一句："即使征服了全世界，最后得到的也不过是脚下这一点点。"据说后来亚历山大在三十三岁死的时候，在棺材两边凿了两个洞，把两只空手伸出来，意思就是警醒世人，人生最后都是两手空空。

古代欲望的这个"欲"字，左边是个"谷"，右边是个"欠"，下面是个"心"。意思就是说，你有了谷子吃了，但是心里还觉得少了点什么，总觉得这个世界还欠你点什么，这就是"欲"，这就是不知足。

我常会拿"富"和"累"来做比较，"富"字里面有块田，就是表示多多少少有点物质，俗话说"无财不养道"，如果大家都吃不饱饭，也不会买我的书读，也不会来听我的生活国学课了。但是大家注意，"富"的这个"田"在最底下，表示物质应该只是基础而已，但是一旦心系挂在"田"上，始终把"田"顶在头上，放在第一位的话，就变成了"累"字。《道德经》说"知足者富""祸莫大于不知足，咎莫大于欲得"。什么叫累？不知足就叫累。或许有人会问，富和累不都是一块田吗？只不过是一个田放在下面，一个田放在上面，不对哦，累可不是一块田，繁体字的"纍"是三块田，不知足。人要变成物质的尺度，不要让物质变成人的尺度。一块表三百块钱买的，轻松愉快，劳力士十万一块你就累得要命，记住一句话，让物质回到物质。什么叫让物质回到物质？让手表回到手表，让衣服回到衣服。手表讲到底是个什么东西？就是个看时间的工具而已，有必要非要把所有的附加价值都放在它身上？当你十万块钱真的买到劳力士的时候，下一秒你就后悔了，因为还有二十万的，三十万的，还有一百万的，没完没了。

过去有首《田字歌》很有意思，歌曰：

> 昔日田为富字足，今日田为累字头。
>
> 拖下脚时成甲首，伸出头来不自由。
>
> 田上安心长相思，田在心中虑不休。
>
> 当初只望田为福，谁料田多叠叠愁。

苏轼在《宝绘堂记》中有一段话讲得好：

> 君子可以寓意于物，而不可以留意于物。寓意于物，虽微物足以

为乐，虽尤物不足以为病。留意于物，虽微物足以为病，虽尤物不足以为乐。

　　这里的"寓意"就是借物抒怀，物只是个载体而已，不在乎大小和美丑。假如"留意于物"，就是说被物牵绊住了，再小的东西也会拖累人活得不洒脱，再美好的东西也不会使人快乐，就是因为"人心不足蛇吞象"。

改过迁善

孔子说过：

　　人之过也，各与其党。观过，斯知仁矣。

——《论语·里仁篇》

　　张居正对这句话的注解是："人有君子，有小人。君子存心宽厚，就有过失，只在那厚的一边，必不苛刻。小人立心奸险，他的过失，只在那薄的一边，必不宽恕。其党类各自不同如此。我们看人，可以凭其犯错的性质而观察，错在过于宽厚的，必是君子，其人有仁爱之心那就可以知道了。"谁做事都没有那么正好的，关键看动机、发心，善人也会犯过错，不过即使如此，他们的存心初衷是敦厚纯正的，小人有时犯的错和君子一样，但存心是刻薄奸诈的。

　　孔子还说过一句著名的话：

　　三人行，必有我师焉；择其善者而从之，其不善者而改之。

——《论语·述而篇》

　　"择其善者而从之"，意思是看到人家身上的闪光点就好好学，这是迁善，就像孟子说的："舜，何人也；禹，何人也，有为者亦若是。""其不善者而改之"是说通过别人的过错，看到了自身的问题立马改掉，这就是改过。邓小平先生在上海百货大楼，给他的孙子买了铅笔、橡皮。当时他跟营业员说，铅笔是为了给孩子好好学习，橡皮是让他们错了就知道改。这是"改过迁善"的最好注释，铅笔表示"迁善"，橡皮表示"改过"。

司马光说：

> 智者改过而迁善，愚者耻过而遂非。
>
> ——《资治通鉴·唐纪四十五》

改过迁善常常是智者所为，愚蠢的人却以改过为耻，甚至"世人通常试图以自己不愿改正的缺点为荣"，法国思想家拉罗什福科如是说。

春秋时期，晋国有个国君晋灵公，生性顽劣，不守为君之道，他生活极其奢侈，大肆搜刮，用彩画装饰宫墙。每日无事，他就从高台上用弹弓射行人，观看他们惊恐躲避的样子以取乐。厨师没有把熊掌煮烂，晋灵公一怒之下就把厨师杀死，将尸体放在筐里，让宫女们抬着丢到外边去，经过朝堂时，大臣赵盾和随会看见筐里露出的死人的手，便询问厨师被杀的原因。随会闻听后，对晋灵公的暴行深感忧虑，马上去见晋灵公进行劝谏。晋灵公一见随会，马上明白是怎么回事了，当即认错说：

> "吾知所过矣，将改之。"稽首而对曰："人谁无过？过而能改，善莫大焉。《诗》曰：'靡不有初，鲜克有终。'夫如是，则能补过者鲜矣。君能有终，则社稷之固也，岂唯群臣赖之。"
>
> ——《左传·宣公二年》

晋灵公说："我已经知道自己的过错，一定改正。"随会叩头回答说："哪个人能不犯错误呢，犯错误能够改正，没有比这更大的好事。《诗经》说：'事情容易有好开端，但很难有个好结局。'如果这样，那么弥补过失的人就太少。您如能始终坚持向善，那么国家就有保障，而不只是臣子们有依靠。"

遗憾的是，晋灵公言而无信，残暴依旧，最后终被赵盾的侄子赵穿刺杀。

上面讲了知错不改的晋灵公，我们下面讲一个反例——知错能改的楚庄王。楚庄王为政三年，日夜在宫中饮酒取乐，不理朝政。楚庄王好隐语，就是喜猜谜，右司马就出了个谜语给楚庄王，说："臣见到过一种鸟，它落在南方的土山上，三年不展翅，不飞翔，也不鸣叫，沉默无声，这只鸟叫什么名呢？"楚庄王很聪明，知道右司马是在暗示自己，他说：

> 三年不翅，将以长羽翼；不飞不鸣，将以观民则。虽无飞，飞必冲天；虽无鸣，鸣必惊人。子释之，不谷知之矣。
>
> ——《韩非子·喻老》

楚庄王说，三年不展翅，是在生长羽翼；不飞翔、不鸣叫，是在观察民众的态度。这只鸟虽然不飞，一飞必然冲天；虽然不鸣，一鸣必然惊人。你放心吧，我明白你的意思了。

过了半年，楚庄王亲自处理政务，废除十项不利于楚国发展的刑法，兴办了九项有利于楚国发展的事务，诛杀了五个贪赃枉法的大臣，起用了六位隐士当官参政，把楚国治理得很好。他还出兵攻打齐国，在徐州击败了齐军，在河雍战胜了晋军，在宋国大会诸侯，成为春秋五霸之一。

我们在前面"一阳来复"这一节中提到复圣颜回，孔子夸他"有颜回者好学，不迁怒，不贰过"（《论语·雍也篇》），颜回是知过即改，绝不拖延，也绝不会重犯。

我曾经在晓树先生编著的《思想家论人生》一书中读到过一篇名为《悔过也是一种境界》的故事，说在南美洲，有两个人因为偷羊而被官府抓获，官府要将他们刺字、发配。家人不想就此见不到自己的亲人，于是筹了钱款来赎他们，结果这两个人都被赎了回来，可是烙在前额的两个英文字母ST却再也不能去掉。ST是"偷羊贼"（Sheep Thief）的缩写。这两个偷羊人因为一时贪心，犯下了偷盗之罪，所以就不得不带着那两个代表着耻辱标记的字母，继续在人们面前生活和工作。这对于任何一个有羞耻之心的人来说，都是一种难堪，也是一种考验。

两个偷羊人之中的一位，每天从镜子中看到自己前额上的烙印，觉得这实在是一种奇耻大辱。他整日都不敢出门，最后终于连家里人看自己的眼神他也忍受不了了，于是移居到了另一个国家，希望到一个从来没有人认识自己的地方去开始新的生活。可是，当他来到了这个陌生国家后，每逢碰到不认识的人时，对方仍旧会奇怪地问他这两个字母究竟是什么意思，他的心情始终不能平静，每天都感觉生活痛苦不堪，终于抑郁而终。

与上述偷羊人不一样的是，他的那个伙伴虽然也深知自己以后的处境，而且他同样对自己过去犯下的罪行感到羞愧，可是他并没有像前面的那位一样远走他乡，而是在人们异样的月光和一些人明里暗里的嘲讽中留了下来，他心想：虽然我无法逃避偷过羊的事实，但我仍旧要留在这里，赢回我曾经亲手葬送的声誉，赢回众人对我的尊敬。

从此以后，他靠自己的双手辛勤地劳动，用自己的劳动果实来孝顺父母、养育家人，每当邻居有困难的时候，他都会义不容辞地主动帮助。一年一年过去，他又重新建立起正直的名誉。邻居们每逢有困难时，首先想到的就是他这个大好人，在邻居的介绍下他还娶了一位温柔美丽的妻子。

时间一晃而过，他的孩子也已经长大成人，而他则成了一位白发苍苍的老人。有一天，有个陌生人看到这位老年人头上有两个字母，就问当地人，这究竟是什么意思。那个人说："我想那两个字母是'圣徒'（Saint）的缩写吧。"

面对自己已经犯下的错误，逃避永远只是胆小者的选择，这也是一种最不明智的选择，因为逃避不能改变任何事情，而只会使自己的心灵受到更大的伤害。此时更需要的是面对现实的勇气，只要勇气还在，错误就可以得到改正，能做到改过迁善，失去的一切就有可能回来。

施不居功

"施"即布施，"布施"这个词并非佛教专用，最早来自《庄子·外物》："生不布施，死何含珠？"意思就是，生前不施舍，死后有什么资格口里含着珠子？过去人死了之后，有一项丧葬活动就是"饭含"，即把米粒和珠玉放在死者的口中。放米粒叫饭，放珠玉叫含。饭含之物依死者的身份和地位有所区别，其用意则都是相同的，即不忍心让死者空着口离去。《庄子·外物》中的这段文字，后人起的标题是"儒以诗礼发冢"，本来是讽刺儒家不管做什么事，都是满口仁义道德，一边口里念着文绉绉的《诗经》中的诗句，一边干盗墓的卑鄙勾当。这段文字虽然有点损，但也并非无中生有，某些假儒学、伪道学确实有教条和形式主义的行事习惯。不过，我们想说的不是这个，而是探讨，儒家很早就有布施的传统。《论语》载：

> 子贡曰："如有博施于民而能济众，何如？可谓仁乎？"子曰："何事于仁，必也圣乎？尧舜其犹病诸。"
>
> ——《论语·雍也篇》

子贡问孔夫子："福气如云行于百姓之中，恩惠如雨施于万类之上，如此如何？可以称得夫子您所谓的布施吗？"

"如果一个人能广泛地给布施民众以好处，而且能够帮助众人生活得很好，这人怎么样？可以说他有仁德了吗？"孔子说："这哪里仅仅是仁德呢，那一定是圣德了！尧和舜大概都难以做到。"

吴非先生在《中国人的人生观》中讲："中国人那种不能成为经天纬地之才，便'起码要做个好人'的意识极浓厚。'好人'的内涵随着社会形态的变化而变化，但是有一点是不变的，就是'利他'，行事处世，能考虑他人的利益，这是中国人对别人的最现实最具体的要求，也是一部分人对自己的最高要求。"吴非先生所说的"利他"其实就是布施的核心内涵。

金人王朋寿著《增广类林杂说·神仙下篇》讲述了著名的黄鹤楼的由来：江夏幸氏酤酒为业，一道人饮酒经年不付酒资。一日，用橘皮于酒肆墙上画鹤一只，酒客击节放歌，黄鹤则和拍而舞。众人争来酒肆饮酒观鹤，幸氏大获其利。数年后，道人复来，吹笛袅袅有声，黄鹤破壁而出。道人跨鹤仙去，幸氏乃以所赚之资建楼纪念，此即黄鹤楼。这个仙话是劝人奉道布施向善的。因为有了这个黄鹤楼，才有了唐代崔颢的名诗《黄鹤楼》。

前面花了一点篇幅讲"施"，但是需要注意的是"施不居功"，用《易经·夬·大象传》的说法就是："君子以施禄及下，居德则忌。"意思就是，君子应当效法这一精神，施恩泽于人民，就像天降雨露那样；但切忌居功傲物、自居功德，因为降泽于民本是君子所应当做的。《道德经》里讲："生而不有，为而不恃，功成而弗居。"据说英国哲学家罗素最欣赏老子的这句话。罗素认为，人类有两种意志，一种是创造的意志，一种是占有的意志。老子讲"生"是发挥创造的意志，而"不有""不恃""弗居"是收敛占有的冲动。罗素所谓的这种"收敛占有的冲动"其实就是施不居功的精神。

《庄子·山木》里讲了这样一则寓言：

　　　阳子之宋，宿于逆旅。逆旅者有妾二人，其一人美，其一人恶，恶者贵而美者贱。阳子问其故，逆旅小子对曰："其美者自美，吾不知其美也；其恶者自恶，吾不知其恶也。"阳子曰："弟子记之！行贤而去自贤之行，安往而不爱哉！"

"逆旅"就是旅馆，旅馆主人有两个小妾，一个美一个丑，按道理讲，应该美的受宠而丑的受冷，结果恰恰相反。阳子就问其原因，结果老板回答："自以为美的，因为傲慢，反而我不知她到底美在哪里。自以为丑的，很谦逊，我倒觉得看着蛮舒服。"阳子赶紧让弟子们记下来，正所谓是做了善事不张扬，人见人爱心安详。现代人常说："一个人所具有的客观条件好像分子，他对自己的估价则是分母。分母愈大，分数值愈小。"庄子讲的寓意跟这个说法近似，一个人做了善事，越是自我表扬，人们对他的评价反而越低。

《孔子家语》载：

> 施者常畏人，与人者常骄人。
>
> ——《孔子家语·颜回第十八》

意思是说接受别人赠送的人常常害怕别人；给人东西的人，常常傲视别人。所以孔子才说："劳而不伐，有功而不德，厚之至也。"付出劳动而不自夸，有了业绩而不居功，这种人最厚道。明代文学家陈继儒的《小窗幽记》中有句话说得好：

> 我有功于人，不可念，而过则不可不念；
> 人有恩于我，不可忘，而怨则不可不忘。

另外我们还有"无功不受禄，有功不受谢"的说法。"施勿居功"，也是佛家所讲的"放下"。佛经里讲："善欲人知，不是真善。"《马一浮全集》中说："最爱雪窦语云：'雁过长空，影投寒水，雁无遗踪之意，水无留影之心。'太上立德，言与功便不须提及。"还有两句禅话也很美："天晓不因钟鼓动，月明非为夜行人。"（云盖智本禅师《一年春尽》）不管钟鼓响不响，天照样亮；夜行人不管夸不夸明月，月亮依然散发光华。同样，不管人们赞美不赞美，布施行善的人依然会照样做下去。

《淮南子》里面讲：

> 夫有阴德者，必有阳报；有阴行者，必有昭名。
>
> ——《淮南子·人间训》

暗中施恩于人的人，一定会得到明显的回报。有人所不知的高尚品行的人，日后一定会有显著的名声。

《了凡四训》里面也讲：

> 凡为善而人知之，则为阳善；为善而人不知，则为阴德。阴德，天报之；阳善，享世名。名，亦福也。名者，造物所忌。

古人一直在告诉我们要积阴德，而不是行阳善。积阴德就是做善事不张扬，而这种"不张扬"是没有经过"设计"的，不是为了日后获取更大的名声而故意先"不张扬"，这种积阴德是发自内心的真诚。就像印度诗人泰戈尔说的："想做好人的人，在门外敲门；真有爱心的人，则看见门敞着。"

《菜根谭》里讲：

> 恶忌阴，善忌阳。故恶之显者祸浅，而隐者祸深；善之显者功小，而隐者功大。

意思就是说，做了坏事最忌讳遮掩，做了好事最忌讳到处宣扬。所以坏事能够及早发现的话灾祸就会小些，隐藏起来灾祸就会更大；到处宣扬所做的善事反而显得功德小，在暗中默默行善的功德才大。

1877年，中国北方发生特大旱灾，史称"丁丑奇荒"。山西受灾严重，饥馑遍野，饿殍无数，但此时一些商贾富户纷纷翻盖院舍、修建祠堂和戏台，其目的不是炫富，而是让乡亲可以以帮工的形式，体面地吃饭，哪怕搬块砖瓦，也可以吃到一碗活命食。当年外国教士发现，在"丁丑奇荒"中，山西没有像外省一样发生灾民哄抢事件。这种做善事不留痕迹的行为，咱们中国人称为厚道。

正如《孟子》里面所讲的"恻隐之心"一样，一个人看到小孩子在井边在玩，很自然的一种同情之心就生发出来，生怕孩子会掉到井里，于是伸手把孩子从井边拉回来，这样做既不是因为和孩子的父母认识，也不是为了日后得到大家的夸赞，更不是想让孩子父母对自己有所表示，这种发自内心真诚的做法才是真正的功。所谓"德"就是一个人做了好事之后，并不觉得有什么了不起的地方，而是和大家都是一样的，不会因为自己做了些善事、好事，就觉得比别人高出一等，那这就不叫"德"了。

我想起了《菜根谭》里面的一句话：

> 天贤一人，以诲众人之愚，而世反逞所长，以形人之短；天富一人，以济众人之困，而世反挟所有，以凌人之贫；真天之戮民哉！

意思说，上天给予一个人聪明才智，是要让他来教诲众人的愚昧，没想到世间的聪明人却夸耀自己的才华，来揭露别人的缺点；上天给予一个人财富，是要他来救济众人的困难，没想到世间的有钱人却凭仗自己的财富，来欺凌别人的贫穷，这两种人真是上天的罪民。

熊培云先生在《这个社会会好吗》一书里讲了这么个故事，诚拙法师在圆觉寺弘扬佛法时，每次讲经说法，善男信女都把一个小禅堂挤得水泄不通，因此信徒们就倡议集捐善款来建一个宽敞的大禅堂。有位富有的信徒用袋子装了五十两黄金，带到寺里送给诚拙法师，说明是给法师建设禅堂用的。诚拙法师收下黄金后，并无特别的表示，就继续忙着做事了。这位捐钱的信徒可不干了，就问诚拙法师为什么收到这么一大笔钱不表示一下谢意。诚拙法师对他讲："你捐钱给佛祖，为何要我道谢？你布施是在自做功德，如果你把布施当成一种买卖，那我就替佛祖向你道声'谢谢'，你也把'谢谢'带回去，从此你与佛祖'钱货两讫'吧！"

这个故事对我们的为人处世很有教益。我们活在这个世界上，行善布施是受到内在良心的感动去做的。布施不仅让我们参与了对外在美好世界的追求与建设，同时也完善与充实了我们的内心世界，我们为什么还要别人来感激呢？

困不失志

困不失志是一个永远不会过时的话题，因为困苦、穷寒和挫折是人生的常态，在逆境中如何不失去前进的动力，如何保持平和的心态，如何在困厄中奋发图强，这是一个几乎关系到每一个人的生存的基本问题。

一说到这个话题，一定离不开孟子的"天将降大任于斯人也"这个经典励志格言，我们今天换一个例子，从伟大的思想家孔子的经历来探讨如何应对困境，保持本心。

孔子为实现自己的政治理想，游走于各国之间，楚昭王听说孔子很贤能，就想聘用孔子，孔子听说后就准备去楚国拜见楚王。路过陈国、蔡国边境时，两个国的大夫们一起计谋说："孔子是圣贤，他所进谏的都能击中诸侯的病根，如果被楚国任用，那么陈国、蔡国就危险了。"于是就派军队兵阻拦孔子。孔子无法过境两国，断粮七天，与外界无法联系，粗菜淡饭都吃不上，跟着的学生都饿病了。但是孔子没有表现出丝毫的慌乱，"愈慷慨，讲弦歌不衰"，更加慷慨激昂地讲课，不时还奏唱歌曲。孔子的学生子路很烦躁，怒气冲冲地对孔子说："有德的君子是不会被围困的，今天这样子，或是夫子还未达到仁的境界吧？所以别人才不信任我们啊；或者，是夫子还未达到智慧的境界吧？所以别人才不让我们前进。以前听说，善有善报，恶有恶报，今天您老品德高尚久矣，怎么处境如此困穷呢？"

孔子正等着子路问这些话，好现身说法，开启他的一堂关于在人生逆境中如何自处的课程。孔子说：

由未之识也，吾语汝，汝以仁者为必信也，则伯夷叔齐，不饿死首阳；汝以智者为必用也，则王子比干，不见剖心；汝以忠者为必报也，则关龙逄不见刑；汝以谏者为必听也，则伍子胥不见杀。夫遇不遇者，时也，贤不肖者，才也。君子博学深谋而不遇时者，众矣，何独丘哉。且芝兰生于深林，不以无人而不芳，君子修道立德，不谓穷困而改节。为之者，人也；生死者，命也。是以晋重耳之有霸心，生于曹卫；越王勾践之有霸心，生于会稽。言越王之有霸心乃生困于会稽之时也？故居下而无忧者，则思不远；处身而常逸者，则志不广。庸知其终始乎？

——《孔子家语·在厄》

这段古文略长，但是很著名，对于研究孔子的思想非常重要，孔子所表达的义理对我们今天的社会生活也很有借鉴意义，所以我们一起研读一下。孔子说：子路你还没有领悟其中的道理，我告诉你，你以为仁者做的一定会被别人信服吗，那么伯夷、叔齐就不会饿死在首阳山了；你以为智者一定会被人任用吗，那么王子比干就不会被纣王剖心了；你以为忠者一定会得到好报吗，那么关龙逄就不会受刑了；你以为谏者一定会被上司采用吗，那么伍子胥就不会被杀了。人遭遇好或坏，这是时运决定的；贤能还是不肖，这是才能决定的。君子博学智慧但未获机遇的太多了，哪里只有我孔丘一人？而且芝兰生在深林中，不因为无人就不芳香，君子修道立德，不会因为穷困而改节。做好自己的事，这是人力可控的；至于生死，那是由天命决定的。所以晋国重耳有霸心，但也不免困于曹卫；越王勾践有霸心，不免困于会稽。所以处境低下而没有忧愁的，一定是思虑不够深远；安于现状而享乐安逸的，一定是没有远大的志向。这些人怎么会料到重耳、勾践会有后来的结果呢？

关于孔子困不失志的记载，还见载于《庄子·外篇·秋水》：

孔子游于匡，宋人围之数匝，而弦歌不惙。子路入见曰："何夫子之娱也？"孔子曰："来，吾语女。我讳穷久矣，而不免，命也；

求通久矣，而不得，时也。当尧舜而天下无穷人，非知得也；当桀纣而天下无通人，非知失也：时势适然。夫水行不避蛟龙者，渔父之勇也；陆行不避兕虎者，猎夫之勇也；白刃交于前，视死若生者，烈士之勇也；知穷之有命，知通之有时，临大难而不惧者，圣人之勇也。由，处矣！吾命有所制矣！"无几何，将甲者进，辞曰："以为阳虎也，故围之；今非也，请辞而退。"

孔子一行人游经匡邑，突然被宋国军人团团包围住，孔子从容地继续弹琴唱歌。还是子路，来见孔子说："外边围得水泄不通，可为什么先生还这样自娱自乐呢？"孔子说："来吧，我给你讲讲道理。我忌讳穷困很久了，而摆脱不掉，这是命该如此啊！我渴求通达很久了，而不能得到，这是时运不济啊！处在尧舜时代，天下没有困穷之人，不是因为他们有智慧；处在桀纣时代，天下没有通达之人，不是因为他们没有智慧，一切都是时运造成的呀。那些在水底通行不躲避蛟龙的人，是渔夫的勇敢；在陆上行走不躲避犀牛老虎的人，是猎人的勇敢；闪光的刀剑横在面前，把死看得如生一样平常，是烈士的勇敢。知道困穷是由于命运，知道通达是由于机遇，遭逢大难而不畏惧的，这是圣人的勇敢。仲由，你安心吧，我的命运是由老天安排定的。"没过多久，统领甲士的长官进来道歉说："以为你们是阳虎一伙，所以把你们包围起来，现在知道不是，请让我表示致歉而退兵。"

这段文字，大家只要记住"圣人之勇"就够了，那就是"知穷之有命，知通之有时，临大难而不惧"。困不失志，这个志就是"圣人之勇"，不管什么时候，遇到什么样的问题，都不可以放弃自己的本心，自己的道德信念，自己的理想，自己的世界观、价值观、人生观，这就是孔子说的"君子固穷，小人穷斯滥矣"（《论语·卫灵公篇》），君子就是在穷途困境中也固守志向，而小人一旦陷入困境就会肆意妄为。

有人说只有在最困难的时候才有可能遇到好人，我在这里换个说法，只有在最困难的时候才能判断出谁是君子。就是孔子所讲的"岁寒，然后知松柏之后凋也"。东汉伏波将军马援在年轻的时候常对人讲："丈夫为志，穷当益坚，老当益壮。"火越在《生灵的哲学》中说："天道酬勤，它不是简单的勤奋，是酬谢那些特别是在'严寒'之季能不屈不挠能挺过的人。你遭遇患难，上天才知你的真性，'上天'才可让福报恩泽于你。"小人在困境中常常是牢骚满腹、抱怨不停。梁启超有两句诗："平生最恶牢骚语，作态呻吟苦恨谁。"讲得通俗点，我一辈子最讨厌娘们唧唧地发牢骚，学那个痛苦的死样给谁看？

东汉人徐干所著《中论》中说：

> 知者不以变数疑常道，故循福之所自来，防祸之所由至也。遇不遇非我也，其时也。夫施吉报凶谓之命，施凶报吉谓之幸，守其所志而已矣。
>
> ——《中论·修本》

就是说君子坚定地走在属于自己的道路上，福也好，祸也罢，都顺其自然吧。一生当中能不能实现自己的抱负那要看时机，自己无愧于心就好。只要坚定地守住自己的志向，至于吉凶那就随他去吧！正所谓"是非审之在我，毁誉听之于人，得失安之于数"（旷敏本《题岳麓书院讲堂联》）。二十世纪三十年代初，陈独秀被捕在狱中，著名画家刘海粟前去探监，专门携带了笔墨，请陈独秀赐墨宝，陈独秀写下"行无愧怍心常坦，身处艰难气若虹"一联，颇能反映陈独秀当时的心怀。

1942年，三十七岁的犹太心理学家、奥地利人弗兰克被希特勒的党卫军抓进位于波兰的奥斯维辛集中营做苦力，随时都有被处死的危险，但作为一个职业心理学家，弗兰克却把这次困境当作做学问的机会，他深入观察人在面临死亡的时候是怎样的心理状态。不断被处死的同事成了他研究这种心理现象的真实范本，后来弗兰克得出这样的心理规律：一个人一旦失去生活目标或者说找不到活下去的理由，那么他很快就会在困苦折磨中死去；一个人如果有坚定的人生志向或者说找到了生活的意义，那么无论怎样的困境都能挺过去。弗兰克把自己研究的成果浓缩成关键词，偷偷地记录在碎纸片上。"二战"结束后，靠着坚定意志活下来的弗兰克回到了维也纳，创立了轰动世界的"意义疗法"。

当代作家王蒙1956年在《人民文学》发表了短篇小说《组织部来了个年轻人》。1957年，王蒙却因这部作品被打成了"右派"，之后王蒙在北京郊区劳动了四年，后来又到新疆伊犁生活工作了十五年左右，可以说王蒙当时困在了人生的最低谷，和许多其他的"右派"一样，面对困境要么自杀，要么咬牙活下去。王蒙没有放弃自己，他充分利用这些困境，大量接触底层人民，深入底层生活，甚至还学会了维吾尔族语言，为日后的写作积累了大量的素材。

王蒙的故事激励人们在困境当中要坚强意志，不能失去信心和希望，周采芹女士就是其中一个受益者。周采芹是上海京剧院首任院长、京剧大师周信芳先生的爱女。她十七岁时就到英国留学，在英国皇家戏剧学院学习表演，成为该院首位华裔学生。她后来改行，从事房地产经营，到了不惑之年时，因经营失败而变得一文不名，倾家荡产。周采芹在走投无路之际吞服安眠药自杀，获救后被送进精神病院。后来她在电视上看到了同龄人王蒙的人生遭遇而备受鼓舞，决定摆脱困境，重新来过。周采芹后来去了美国，应聘做打字员，也去弟弟周英华的餐厅当过服务员，还做过图书馆管理员，并开始重返校园，钻研舞台剧。她去哈佛上夜课，学习莎士比亚戏剧，到塔夫茨大学进修硕士。回到伦敦后，她在剑桥剧社度过了三年苦行僧般的演员生活，并在《奥瑞斯特亚》和《红字》里演女主角，重新在舞台上大放异彩。后来她又在花甲之年进入了好莱坞，再后来又在古稀之年参加了电视剧《红楼梦》（李少红版）的拍摄，饰演贾母。

孔子是在陈蔡绝粮中固守其志，还有的人是为了固守志向故意绝粮，历史上如章太炎，临终时的遗言是："若有异族入主中夏，世世子孙毋食其官禄。"再譬如朱自清，宁愿饿死也不吃美国的救济粮。

有的人不仅在困境中固守自己的志向，就是在绝境中，即使是献出生命也要保住自己的志向和气节。《论语·卫灵公》载：

　　　志士仁人，无求生以害仁，有杀身以成仁。

《孟子·告子》载：

> 生，亦我所欲也；义，亦我所欲也。二者不可得兼，舍生而取义
> 者也。

《荀子·不苟篇》也说：

> 君子畏患而不避义死，欲利而不为所非。

南宋抗元名将文天祥在与蒙元汉军元帅张弘范的作战中被俘，被押到潮阳，见张弘范，左右元军命令文天祥叩拜，文天祥拒不叩拜，张弘范于是用宾客的礼节接见他。张弘范让文天祥给还在崖山进行抵抗的张世杰、陆秀夫写信劝降，文天祥说："我不能保卫自己的父母，却教唆别人也背叛自己父母，这可能吗？"张弘范还是坚决要求他写，文天祥就写了那首流传千古的名诗《过零丁洋》：

> 辛苦遭逢起一经，干戈寥落四周星。
> 山河破碎风飘絮，身世浮沉雨打萍。
> 惶恐滩头说惶恐，零丁洋里叹零丁。
> 人生自古谁无死，留取丹心照汗青。

此诗前两句，诗人回顾平生；中间四句紧承"干戈寥落"，明确表达了作者对当前局势的认识；末两句是作者对自身命运的一种毫不犹豫的选择，气势磅礴，情调高亢，激励了后世众多为理想而奋斗的仁人志士，表现了慷慨激昂的爱国热情和视死如归的高风亮节，以及舍生取义的人生观。

不久之后，崖山被张弘范率元军攻破，中国历史上最惨烈的一幕上演了，丞相陆秀夫先让妻子、儿子从崖上跳海，自己怀揣玉玺，背着八岁的末代皇帝

赵昺壮烈投海。在崖山的十万余南宋军民也纷纷投海殉国，尸体浮在海面黑压压一片，经月不散。张世杰本已逃生，闻听皇帝和杨太后死讯，觉得再无回天之力，也跳海殉国了。

文天祥后被押解到京师。元廷一直希望招降文天祥，文天祥坚决不从，即使南宋朝廷已经彻底灭亡，但他仍忠于自己的爱国信念，没有丝毫的动摇，最后慷慨赴义。文天祥死后，人们在他的衣带上发现了他亲笔写的一首绝命词，是这样的：

> 孔曰成仁，孟曰取义，惟其义尽，所以仁至。
>
> 读圣贤书，所学何事？从今而后，庶几无愧！
>
> ——《纲鉴易知录·南宋纪》

孔子教导成仁，孟子教导取义，只要把道义做到了极点，那么所希望的仁德自然也就做到了极致。我们读圣贤之人的著作，学习的是什么东西？那么从今往后，就几乎没有什么可惭愧的了。

文天祥是中华民族最伟大的民族英雄之一，是中国历代文人永远的精神偶像，是困不失志的光辉典范，是杀身成仁、舍生取义的代名词。

"人固有一死，或轻于鸿毛，或重于泰山"，一个人在绝境当中为了正义的事业献出生命就会永垂不朽、流芳百世，一个人倘若在绝境中苟且偷生而失去道义，就像历史上的很多汉奸，只能留下恶名、遗臭万年。

第六章　情感篇

感应

　　古今中外关于爱情的文章可谓汗牛充栋，但究竟什么是爱情？我想可以用"感应"两个字来表达吧。歌德在《少年维特的烦恼》中讲得好："哪个少女不怀春，哪个少男不钟情。""怀春"与"钟情"就是感应，《诗经·召南·野有死麕》中也早有："有女怀春，吉士诱之。"少男少女到了青春期，情窦初开，爱慕之情自然而然就产生了，没有任何功利心、计较心掺杂其间，纯洁干净，是人情人性的自然流露，就如孟子所讲："知好色则慕少艾。"

　　宋代僧人圆悟克勤曾有一首禅诗，借男女情事参禅佛理，是这样的：

　　　　金鸭香销锦绣帷，声歌丛里醉扶归。
　　　　少年一段风流事，只许佳人独自知。

　　禅人开悟的方式多种多样，然闻艳诗而开悟，仍是比较独特。这首诗的本事见载于《五灯会元》卷十九。圆悟克勤到处参禅访道，不见悟入，乃谒五祖法演，法演说了句"频呼小玉元无事，只要檀郎认得声"，圆悟克勤一下子就悟了，就写了这首诗。小玉是春秋时吴王夫差的女儿，传说死后成仙，白居易《长恨歌》中的"金阙西厢叩玉扃，转教小玉报双成"中的小玉，就是这位，是仙宫的侍女。"频呼小玉元无事，只要檀郎认得声"，意思是说小姐频频呼唤丫鬟小玉，不为别的，就是为了让檀郎听到。檀郎，原是西晋时的大帅哥潘岳，小字檀奴，这里代指情郎。在圆悟克勤这首诗中，描写了那铺设着锦绣帷帐的闺房里，香气已慢慢消散，主人公畅听笙歌，恣意欢乐，尽醉而归，但是这只是表面文字所能描述的，离真实情况可能很远，而文字难以描述的男欢女爱的欢乐，只有一对佳人自己才清楚。这首禅诗表达了有声之情境和无声之意境的差别，前者是听闻、看见、触感，而后者只能意会不能言传。有法根的人善于从有声之情境，哪怕是男女艳事上，体悟到无声之意境，也就是禅理。

如果我们抛开这首诗的参禅之机，那就是一首情诗，甚至是艳诗，表达了男欢女爱的真情实感。

唐朝大诗人杜甫有一首很正经的诗，被很多人读出了"艳诗"的味道：

> 迟日江山丽，春风花草香。
> 泥融飞燕子，沙暖睡鸳鸯。
>
> ——《绝句二首》之一

这里的迟日、春风、泥融、沙暖、鸳鸯，确实会给"不正经人"以无限的联想，如果真正从这一点看，那还真是一首别具风格和才气的"艳诗"。

明朝女诗人顾三娘有《春日》曰：

> 春雨过春城，春庭春草生。
> 春闺动春思，春树叫春莺。

我看这首诗叫"思春"更合适。春天来了，草树争晖，鱼鸟颉颃，这是天性，男女春心萌动，互相吸引，这也是天性，是自然感应。

何止男女之间的爱情是感应，人与人之间的交往也是感应，有的人第一眼见到就"相见恨晚、一见如故"，有的人打一辈子交道也没有心灵感应，冰火不同炉。其实一个人与别人交往，既不要成冰，也不要变火，而是要把自己的心澄清变纯，以一颗干净的心去与他人交往，别人自然也能感应得到，就如朱熹所谓的："半亩方塘一鉴开，天光云影共徘徊。"

有一副对联我非常喜欢，内容是：

遇事虚怀观一是；

与人和气察群言。

"遇事虚怀观一是"告诉人们，一个人要学会"以虚受人"，就是一个人把自己内心杂质淘空，祛除成见，显露真心，别人自然也会与你感应，愿意对你敞开心怀。《大公报》和辅仁大学创始人英敛之的座右铭是："傲骨虚心真力量，热肠冷眼大慈悲"。但要做到"虚怀""虚心"很难。西方把人与人之间的交流称为"聋子的对话"。每个人并没有把对方的话听懂，也很少有人能够非常谦虚地把自己放下，认认真真地听别人表达意见。这就是人与人交流的可悲之处。很多误会、是非，都由此而来。"与人和气察群言"提醒人们，每个人都有个性，每个人都有嗔慢之心，自然每个人都有自以为是的地方，常常和别人讲话不和气、很傲慢。一个傲慢的人谁还愿意和你感应、交流呢？所以一个人如果希望别人与你感应、互动，首先去除嗔慢之心和固有成见，不要自以为是。当年毛泽东带领部队到井冈山的时候，就对队伍下了三条规定，一是讲话要和气，二是买卖要公平，三是不拿群众一个红薯。这三条后来成了八路军"三大纪律八项注意"的雏形，这样的部队，老百姓自然拥护。

牛头禅师有一首偈子说：

恰恰用心时，恰恰无心用；

无心恰恰用，常用恰恰无。

你用"心"的时候，你本身有心机的时候，你就失去了"心"的感应，无心之时，才是自己最本真的状态，别人才会真的有感应，这就是古人所谓的无心之感。就如《庄子·渔父》中所言：

真者，精诚之至也。不精不诚，不能动人。故强哭者虽悲不哀，强怒者虽严不威，强亲者虽笑不和。真悲无声而哀，真怒未发而威，真亲未笑而和。

意思是，所谓真，就是精诚的极点。不精不诚，不能感动人。所以，勉强啼哭的人虽然外表悲痛其实并不哀伤，勉强发怒的人虽然外表严厉其实并不威严，勉强亲热的人虽然笑容满面其实并不和善。真正的悲痛没有哭声而哀伤，真正的怒气未曾发作而威严，真正的亲热未曾含笑而和善。

《易经》中有两句话很美，所谓"天地感而万物化生，圣人感人心而天下和平"（《周易·咸卦·象传》），意思是天、地互相感应和合，则万物繁衍生长；圣人能以德政感应、感化民众之心，则天下团结太平。这里举一个例子，吴越国末代皇帝钱俶刚开始来开封朝拜宋太祖赵匡胤之后准备返回杭州的时候，几十个朝臣上奏宋太祖，千万不可放虎归山。赵匡胤对这些奏疏置之不理，他告诉群臣："无虑。俶若不欲归我，必不肯来。放去可结其心。"意思是说，不要多虑，钱俶倘若不打算归顺我大宋，当初就一定不肯来朝拜。既然他来了，就表示他真心。人心换人心，四两换半斤。我们也要真诚待他，放他回去可以永结同心。等到钱俶辞别时，钱俶非常真诚地向赵匡胤表达了自己愿意把吴越国奉送给大宋的想法。宋太祖说："尽我一世，尽你一世。"意思是你的吴越国还归你管，等你死了之后再并给大宋，只要我活着，也绝不侵犯你。说着赵匡胤就拿出一个贴了封条的木匣子给钱俶，告诉他："到国开示，道中勿发也。"钱俶带着这个匣子回到杭州之后，打开一看，都是群臣要求扣押他的奏章，钱俶边看边流泪，说："官家独许我归，我何可负恩！"意思是说，皇上力排众议，放我回国，我哪里还会忘恩负义啊！这个故事告诉我们，人与人之间、国与国之间只要抱有真诚的态度来交往，彼此一定都能感应得到！

有时候两个至交之间，由于彼此精诚，还会产生一些神奇的感应。这里讲一个唐朝元稹和白居易的故事。白居易当时在长安做尚书，元稹做御史。有一次元稹要到梓潼，就是现在四川的绵阳地区。他到梓潼去审问犯人，白居易留在长安。这一天，白居易、李建（族行十一，又称李十一）和他几个兄弟游玩到慈恩寺，游玩累了，兄弟几个喝酒打赌。这个时候白居易突然想起了好友元积，计算着日子估计今天应该到梁州了，梁州就是现在陕西省汉中市南郑区南边一点的一个地方。于是写了一首诗：

> 花时同醉破春愁，醉折花枝作酒筹。
>
> 忽惊故人天际去，计程今日到梁州。
>
> ——《同李十一醉忆元九》

他写完这个诗就写成信寄给元稹了。元稹这时候在哪儿？真的在梁州。真的是心有灵犀，元稹睡觉做了个梦，梦到白居易、李建和兄弟们在慈恩寺里游玩。元稹正做梦呢，突然驿站的站长呼叫让那些小吏准备马匹出发了。结果吵醒了元稹，醒了之后，觉得很奇怪，也写了一首诗寄给白居易。你看有多巧。他这首诗怎么写的：

> 梦君兄弟曲江头，也向慈恩寺里游。
>
> 驿吏呼人排去马，忽惊身在古梁州。
>
> ——《梁州梦》

举这个例子是什么意思？人世间是有真实的感应的，俗话说"人重势，鬼重利，神重心"，朋友之间的真心是可以有神奇感应的。《列子·黄帝》中讲了这么个故事：

> 海上之人有好鸥鸟者，每旦之海上，从鸥鸟游，鸥鸟之至者，百住而不止。其父曰："吾闻鸥鸟皆从汝游，汝取来吾玩之。"明日之海上，鸥鸟舞而不下也。

这个喜爱海鸥的人，每天早上的起心动念都是单纯无邪的，海鸥自然感应得到，所以平时都是几百只围着他，因为他身上散发出的磁场是安全的。结果他听了父亲的话想抓一只给父亲，结果海鸥就感应到他的身上有股杀气，所以

"舞而不下"。根据这个典故，清朝张船山有句诗曰："心空无碍入鸥群。"只有让心虚空了，无任何挂碍，鸥群方能无任何挂碍地围在你身边，这就是庄子所说的："其耆欲深者，其天机浅。"

日本的江本胜博士写过一本书叫作《水知道答案》，两杯同样的水，在一杯水上贴上"我爱你"，另一杯水上贴上"我恨你"，你会发现贴"我爱你"的这杯水，它的那个晶体是很晶莹很漂亮的，但是贴"我恨你"这个水的晶体就乱七八糟，这就说明连水也会与人类感应。我记不得从哪里读到的资料，据说动植物与人类是相互感应的，也就是说动植物发出的磁场也会影响人类。过去有这样一种讲法，人家一切鸟虫俱不宜笼养，如画眉、鸽雀、鸣虫之类，不遂其飞腾之意，俱有怨苦之声。"兽怨其网"，这些被"关押"的动物发出的都是"有毒"的怨恨磁场，主人住在这样的磁场当中自然运气不好。甚至当人类割草的时候，草也会"愤怒"，散发出一种毒气来回赠给人类。印度电影《地球上的星星》里面那个优秀的美术教师对伊桑的父亲讲了一个关于所罗门群岛的故事，故事说当地土著想伐树时并不是立马动用刀斧，而是先把树围成一圈，对树不断地大声咒骂，几天后这棵树就自动死掉了。这就是感应的力量。

恒久夫妻

记得二十世纪九十年代流行过一首单曲叫《选择》，其中有两句是这样的，女唱："我一定会爱你到地久到天长。"男唱："我一定会陪你到海枯到石烂。"其实早在《汉乐府·上邪》就有这样的词：

上邪！我欲与君相知，长命无绝衰。

山无陵，江水为竭，冬雷震震，

夏雨雪，天地合，乃敢与君绝。

这几句话可谓字字到骨，句句见血，意思说，发誓上有老天爷，我愿与君永不别，黏在一起像块铁，爱的颜色不褪却。除非山平江水竭，冬天打雷夏下雪。天地合为一体，这样才敢与君绝。

敦煌曲子词《菩萨蛮》里也有类似的内容：

枕前发尽千般愿，要休且待青山烂。

水面上秤锤浮，直待黄河彻底枯。

白日参辰现，北斗回南面。

休即未能休，且待三更见日头。

参星本来是晚上值班，商星在白天出现。北斗星永远在北方，不可能到南方。总之就是要表达夫妻关系要天长地久、恒常不变。

但是歌词、诗歌里的内容往往只是一种浪漫的理想而已，遇到现实这些理想浪漫常常会被击打得粉碎。就像莎士比亚在《皆大欢喜》里说的："情人们发的誓，是和堂倌嘴里的话一样靠不住的，他们都是报虚账的家伙。"谈情说爱的时候是花前月下，居家生活的时候则是锅碗瓢盆。过去有这么一首诗可以形容婚前与婚后，诗曰：

> 琴棋书画诗酒花，当年件件不离它。
> 而今七字都变更，柴米油盐酱醋茶。

清朝有个诗人叫蒋坦，他在院子里种了很多芭蕉。有一天大概他心情不太好，又逢着下雨，雨水打在芭蕉叶上啪嗒啪嗒吵得他很烦，于是蒋坦就顺口吟诵了两句词："是谁多事种芭蕉，朝也潇潇，晚也潇潇。"结果这几句词被他在房间里的老婆听到了，他老婆心里想芭蕉是你自己种的，现在却抱怨芭蕉。于是蒋妻就把窗户推开，说了他两句："是君心绪太无聊，种了芭蕉，又怨芭蕉。"

婚姻往往就是这样，当年是自己选择了这段婚姻，结婚之后却想逃离婚姻，就像杨绛先生在钱锺书的《围城》卷首说的那样："围在城里的人想逃出来，城外的人想冲进去，对婚姻也罢，职业也罢，人生的愿望大都如此。"所以曾有人把结婚比作"蛤蟆跳井"——可以得水，但是永世不得出来。

过去有首打油诗是这样说的：

> 一日相思十二时，情人眼里出西施。
> 酒残花谢黄金尽，船到江心补已迟。

恋爱的时候，二十四小时都在想着自己的"西施"，结婚之后，却后悔已晚。

清朝的纳兰性德曾不无悲情地写道:

> 人生若只如初见,何事秋风悲画扇?
> 等闲变却故人心,却道故心人易变。
>
> ——《木兰词·拟古决绝词柬友》

有人这样说过:没有人是故意要变心的,他爱你的时候出于真心,可是,他不爱你的时候也是出于真心。"真爱情如同闹鬼。人人都讲闹鬼,但却没有什么人真见过。"最有名的格句作家拉罗什富科曾如是说。拉罗什福科甚至还说:"世上有良好却无乐趣可言的婚姻。"

人性古今中外看来都一样,唐朝有个叫李冶的女道士写过一首《八至》,诗曰:

> 至近至远东西,至深至浅清溪。
> 志高至明日月,至亲至疏夫妻。

夫妻每天睡在一张床上,从身体上来讲可以说是最亲的,但是由于感情的逐渐变淡,彼此接触却如同自己的左手摸右手,又是最远的。鲁迅曾讲:"婚姻中最折磨人的,并非冲突,而是厌倦。"

在现代婚姻当中,尤其是离婚率居高不下的当下,我们如何做到夫妻生活幸福和夫妻关系恒久呢?我想有以下几条建议给各位读者做参考:

其一,论情不论理。老话讲:"家庭之间,只可论情,不可论理。"李华民先生在《空·人生》一书中曾讲过:"不讲理,那是混乱的社会;不讲情,那是麻木的家庭。"夫妻之间就是糊里糊涂地爱着,哪能整天讲道论理,那是研究所,不是家庭。如果有一天桌子一拍,来!我们把道理今天讲个清楚,那夫妻关系也到头了。

其二,互助心要齐。我常常举筷子的例子,大家看用筷子的时候,是一根动一根不动的,动的我们权且叫"丈夫",不动的叫"妻子",有的时候是

"丈夫"多做一点，有的时候是"妻子"多做一点，都不要紧的。另外大家看，筷子夹东西，必须同时进行，互相协调，不可以说你吃花生米，我吃猪头肉，我们各自行动，这样谁也吃不成。另外，不管菜的味道如何，两根筷子都是一起尝的。所以从用筷子上，我们可以晓得到底什么是夫妻，所谓夫妻就是不分你我，不分彼此，相互协作，互相配合，酸甜苦辣一起尝，这才叫夫妻。夫妻就是福齐，有福同享，有难共当，夫有千斤担，妻挑五百斤。清人有两句诗"安危他日终须仗，苦甘来时要共尝"，可以形容夫妻的这种同甘共苦的情形。

另外筷子是一样长的，一长一短就无法夹东西，表示夫妻是平等的，我们常常把别人家夫妻叫伉俪，其实里面就有夫妻平等的含义。曾经读到过这么一个很有意思的逸闻趣事：英国第一位女首相撒切尔夫人下班回家后，一边敲门一边说："快开门，我是英国首相撒切尔。"敲了半天，丈夫也没给她开门。撒切尔夫人忽然回过神来，"铁娘子"换成了温柔的声音重新敲门："亲爱的，我是你的妻子玛格丽特，请开门吧！"丈夫立刻就把门打开了。

两根筷子始终是一双的，是不分离的，俗话说："百年修来同船渡，千年修来共枕眠。"民间还有运用双关手法的咏筷诗，句句说的是竹筷，又句句歌颂同甘共苦的恩爱夫妻：如：

> 雪压霜欺气质刚，我两相爱配成双。
> 不论日子穷与富，酸甜苦辣共品尝。

所以夫妻也叫"呼吸"，两个人一张床上喘气，你呼出来我吸进去，这就叫同呼吸共命运。用句俗谚来说就是："嫁鸡随鸡，嫁狗随狗，嫁得猴子满山走。嫁鸡随鸡，嫁狗随狗，嫁给树桩就陪着朽。"林语堂先生曾讲过这样一段话："在人生的战场上，夫妇乃是最好的战友和伴侣。所谓：'夫者扶也；妻者齐也。'正是表现双方互相合作的意义。"男女结婚后必须互相配合，夫妻往同一方向，家才会齐，两个人才能好好经营家庭。

其三，糊涂不算计。郑板桥曾讲过"难得糊涂"，其实这四个字用在夫妻关系上是最合适不过的。有一位居委会大妈，她就很懂"难得糊涂"的生活禅意。住在她对门的是一对年轻夫妇。做邻居的时间长了，年轻夫妇发现了一个有趣的现象，如果大妈家来了穿得土里土气的客人，吃了中饭，大妈经常敲自己家的门，过来玩上一会儿。

年轻夫妇不理解，是不是大妈嫌弃农村人啊？有一次，年轻人忍不住，问大妈："您家来客人了吧？老家的？"大妈点点头，笑着说："你是不是觉得奇怪，怎么只要老家来人，我总会离开几分钟？"

看年轻人疑惑不解的样子，大妈接着说："我老伴啊，老家在农村，一个穷得叮当响的地方，亲戚还特别多。每次老家来人，老伴都要接济他们，塞给他们点钱，可又不想让我知道，怕我小心眼。既然他不想让我知道，我就装作不知道。每次老家来人，我都找机会出来几分钟，好让他偷着把钱给亲戚。几年了，我都假装不知道，他还蒙在鼓里呢！哈哈……"

年轻夫妇彻底被折服了。这位"难得糊涂"的大妈，"糊涂"得真是高明！如果她不是装糊涂，而是较真算计，让丈夫把给钱的事摆到桌面上，那么，无论如何都很难保全丈夫的"面子心态"。丈夫这么做，不就图个面子吗？自己装糊涂，丈夫真糊涂，两人一块儿"糊涂"地生活，多么惬意，多么融洽！这个故事告诉我们夫妻之间糊涂一点、包容一点是多么重要。

其四，平和不伤气。夫妻关系要恒久，大家记住十个字："男人不露手，女人不露口。"这里的"不露手"不是不要露一手的意思，而是提醒男人不要打女人。因为男人属阳，男人一旦动手打女人，这个家庭就充满了暴力，自然对家庭是个巨大的伤害。在过去，起码到清朝的时候，中国上层社会不打女人，夫妇相敬如宾。广东有句谚语："上等人怕老婆，中等人爱老婆，下等人打老婆。"

这方面民国时期的胡适博士是个"上等人"的榜样，胡适先生是属兔子的，他的夫人江冬秀是属老虎的，当时就流传了胡适怕老婆的笑话，胡适常开玩笑说："兔子怕老虎。"胡博士在台湾时，曾创造一首"新三从四德诗"："太太出门要跟从，太太命令要服从，太太说错要盲从；太太化妆要等得，太太生日要记得，太太打骂要忍得，太太花钱要舍得。"有一次，巴黎的朋友寄给胡适十几个法国的古铜币，因钱上有"PTT"三个字母，读起来谐音正巧为"怕太太"。胡适与几个怕太太的朋友开玩笑说："如果成立一个怕太太协会，这些铜币正好用来做会员的证章。"在《胡适之先生晚年谈话录》里有胡适之先生对护士徐秋皎说的一段话："我在四十岁的生日，我的太太给我戴上一枚'止酒'的戒指。那时我在北平，酒吃得太厉害了。我写了'止酒'两个字。'止'就是停止的'止'字，'酒'字的水旁不写，看起来是'止西'两字，戴在手指上。朋友们劝我吃酒时，我把手指一抬，说：'太太的命令！'朋友们就不劝我再吃了。"

学者梁实秋说辜鸿铭平生很怕老婆，辜鸿铭言："老婆不怕，还有王法吗？"这里讲个怕老婆的笑话：一个县官怕老婆，他要测验一下，看他的部下中有多少不怕老婆。于是他集合全体部下，在院子里树起两面旗，一面黄旗，一面红旗，下了一道命令：怕老婆的站到红旗下，不怕老婆的站到黄旗下。铜锣一敲，官僚吏卒纷纷跑动。县官一看，只有一个人站到了黄旗下，其余全部站到了红旗下。县官一惊：居然还是有不怕老婆的人。他将这人传上前来问话：你为什么不怕老婆？那人道：报告老爷，我老婆告诫我，人多的地方去不得。

如果说男人露手是一种家庭暴力，女人露口也是一种家庭暴力。譬如"你个窝囊废，挣钱这么少""你还好意思吃饭，你看隔壁老李又升了，老王又提了"等，这些都是对男人自尊的伤害，这些也是家庭暴力啊，这种语言上的暴力往往比肢体的暴力伤害得更深。怪不得有人说男人长寿的秘诀是吃胃能消化的食物，娶自己能养活的女人。

记得有一次我在重庆讲学，课间有位女士就向我半开玩笑半抱怨地说："为什么别人的老公都那么好？"我很认真地对她讲："过日子嘛，过得好的别得意，过得差的别叹气。别老盯着别人家的锅盖看，应该知道；家家的锅底都是黑的。"她听后满意地点了点头。徐复观先生在《偶思与随笔》中幽默地谈道："据我的经验，老婆之可怕，并不在于她的动手，而在于她的喋喋不休的动口。"也有的女性比较多疑、小心眼，一点小事就放不下，于是"一哭，二叫，三打，四闹，五走娘家六上吊，七摔盆子八睡觉"，这也是暴力！所以仔细分析起来，家庭暴力事件不是只有男对女，有时候也可能是女对男！女人属阴，如果在家庭生活中特别唠叨，话特别多，这个家就阴气比较重，男人就不愿意回家。朝鲜有句民谚说得好："酒喝多了吃苦一天，鞋太小了吃苦一年，老婆唠叨吃苦一生。"汪容甫（汪中）为一代名儒，尝自言生平有三畏：畏雷电、鸡鸣、妇人诟谇声。某丈夫如此解释"老婆"："话说一遍的是皇帝；话说两遍的是宰相；话说千遍的是太监；反反复复说个没完没了的，那是老婆。"

不知仓央嘉措何时感受过女性的家庭暴力，曾写诗抱怨道："就是豺狼虎豹，喂熟了也会和你亲近。只有家中的母老虎，越熟悉对你越凶恶。"《圣经》里面也讲过好妻子是上帝的恩赐一类的话，在某种意义上讲，好的妻子是男人的第二个"母亲"，所以在结婚的时候，作为女方的妻子又称为"新娘"——就意味着是"新的娘"的意思。这种说法在心理学和精神分析学都能讲得通。女人固然需要关心，男人其实也同样需要关心。只有夫妻彼此先付出"关心"，才能够得到家庭"开心"，没有"关心"，何来"开心"！门也要先"关"上才能"开"，何况"心"也！

在一次访谈节目中，主持人问我国当代国学大师叶曼先生如何保持夫妻幸福，叶曼先生脱口就讲："说话不要刻薄！"接着叶曼先生还回忆起她父亲给她讲过的一段话："言语莫攻人心病，笑虐莫刺人骨髓。以此施之于君子则坏德，以此施之于小人则坏身。"叶先生这段话的意思就是说，讲话也好，谈笑也好，千万不要刺激到别人心里的痛处，如果刺激的对方是位君子，那么你自己就损阴丧德，如果对方是个小人，他就可能要了你的命。叶先生的话告诉我们，夫妻之间就是关系闹得再僵，也不要说伤害对方的话。就如《诗经》所言："善戏谑兮，不为虐兮。""谑浪笑傲，中心是悼。"夫妻之间搞点幽默，开开玩笑可以，但要以不伤害到对方为底线。请各位读者记住一句话，不要把家变成杀机四起的风波亭，而是要把家营造成充满温馨的避风港，而这需要夫妻俩共同的努力。

在影响人类寿命的因素中，人际关系是非常重要的要素之一，而在所有的人际关系中，婚姻状况和夫妻感情又占有最突出的位置。科学家们在诸多调研后指出，在以夫妻为核心的小家庭中，家庭内部稳定性的好与坏，可分别增加寿命或减少寿命；夫妻生活的和谐与否可分别增加或减少寿命。原因很简单，恶化的夫妻关系不仅给家庭生活带来阴影，也会给彼此的工作和学习生活带来消极的情绪，长期处于这样的情感当中，人的"阴气"就比较重，不阳光，久而久之，就如同慢性病一样，人的身心健康、躯体的器官功能会受到这种坏磁场的削弱，尤其是心血管和消化系统功能活动会降低很多，夫妻感情不和，可以说是做事没奔头，吃饭没胃口。这样长期下来，就很容易发生各种相关疾病，人的寿命自然会缩短。

天下情怀

《孟子·梁惠王上》里记载孟子见梁襄王的事情。梁襄王是梁惠王的儿子，孟子跟他见面之后，向别人透露他们会谈的情况，看得出孟子对这位梁襄王第一印象就不好，"望之不似人君，就之而不见所畏焉"。远望没有国君样，近看也是吊儿郎当。梁襄王劈头盖脸问孟子一句："天下何时得安详？"孟子回答："定于一。"梁襄王把这个"一"想成了武力征伐的霸道统一，而孟子的"一"却是天下情怀的仁道统一。孟子说："不嗜杀人者能一之。"这里的"不嗜杀"就是孟子所谓的"恻隐之心"的扩大，"人同此心，心同此理"，由自身扩充到天下，就如《礼运·大同篇》所谓："人不独亲其亲，不独子其子。"如此通天下之志，"则天下之民皆引领而望之矣"。

唐朝诗人李华的名篇《吊古战场文》，就从天下情怀出发，说了一段感人的话。他说：

　　苍苍蒸民，谁无父母？提携捧负，畏其不寿。谁无兄弟？如足如手。谁无夫妇？如宾如友。

明朝刘基在《唱和集序》一文中写过这么一段感人的话：

　　古人有言曰：君子居庙堂则忧其民，处江湖则忧其君。夫人之有心，不能如土瓦木石之块然也。禹思天下有溺者，由己溺之；稷思

> 天下有饥者，由己饥之；伊尹思天下有一夫之不获，则心愧耻若挞于
> 市。是皆以天下为己忧，而卒遂其志。

意思就是说，古有宋朝的范仲淹曾说，有仁德的人在朝廷做官忧虑的是天下百姓疾苦，流落江湖不在朝廷则为国君担忧。人都是有感情的，不能像泥土、砖瓦、木头、石块那样冷酷无情。大禹想到天下有人被水溺死，觉得那是由于自己没有治理好水患；后稷想到天下还有受饥的人，觉得那是由于自己没有带领老百姓播种好谷物；伊尹说天下有一人没有得到教化，他就因羞愧而感到耻辱，犹如把自己鞭笞在街市。这是他们都以天下百姓之忧作为自己的忧患，到死也要实现自己为国为民的意愿。

南怀瑾先生的第三子南一鹏先生曾讲过他的父亲是"视天下人为子女，视子女为天下人"。南怀瑾先生往生之后，南一鹏先生特别写了一本《与天下人同亲：我的父亲南怀瑾》来怀念他的父亲。其实南怀瑾先生的这种情怀就是天下情怀。

孟子的"恻隐之心"后来被王阳明称作"良知"，2019年5月，我受主办方邀请到绍兴参加第三届中国阳明心学高峰论坛，论坛的主题就是"中国智慧与人类命运共同体"，这个主题充分体现了中国智慧中"老吾老，以及人之老；幼吾幼，以及人之幼"的家天下情怀。南京师范大学教授郦波在论坛主题发言中也提到"毫无疑问，致良知是优秀传统文化，是阳明心学中的一个核心价值，也是我们要弘扬中国精神中的一个重要内涵。阳明心学和中国文化的本质，追寻的就是人类命运共同体"。"人类命运共同体"其实就是孔子所谓的"四海之内皆兄弟也"。

南宋大臣胡铨因弹劾秦桧被贬广州，陈刚中前往送行，遂遭秦桧忌恨，被贬知安远县，于是写了一首《阳关词》：

> 客舍休悲柳色新，东西南北一般春。
> 若知四海皆兄弟，何处相逢非故人。

唐代诗人王维写过一首送别诗，即《渭城曲》，情真意切，广为后人传诵。但是王诗过于伤感，经陈刚中这么翻改，化悲愁为放达，让人对前途充满了信心。

杨万里有诗《分宜逆旅逢同郡客子》曰：

在家儿女亦心轻，行路逢人捻弟兄。

未问后来相忆否，其如临别不胜情。

四海之内皆兄弟的天下情怀几乎是中国人骨子里自带的东西。

我常说，作为一个知识分子起码要有三大特点：其一要有渊博的知识，即《中庸》第二十章中所谓的"博学之"。其二要有独特的个性。"夫唯大雅，卓尔不群"，出自《汉书·景十三王传赞》，这是班固特别创造的两句话。只有真正有自我、有思想的人，才能独自站起来，不跟着社会风气走，形成自己独特的个性。其三要有天下的情怀，正如北宋范仲淹在《岳阳楼记》中所言："先天下之忧而忧，后天下之乐而乐。"知识分子不仅要有社会担当，还要有化通天下的大志，他们是站起来思考着的人。爱新觉罗·毓鋆在《毓老师说人物志》中讲："知识分子的责任，在'智周万物，道济天下'。"中央文史研究馆馆员葛剑雄先生曾讲："我一直认为，知识分子与专业人士的区别不在学术水准或专业领域，而是对社会和公众的影响，是否具有公众性。作为知识分子，必须关注社会和公众，而不仅仅是自己的专业和学术领域。"

雷颐先生在《孤寂百年：中国现代知识分子十二论》中提到知识分子的起源，主要有两种说法。一种观点认为起源于十九世纪下半叶的俄国，一批从西欧留学回去的留学生，不满意沙皇俄国的状况，引入一些新思想，形成了批判沙俄政治、社会体制的文化人群体，这些文化人被称为"知识分子"。另一种说法是1898年年初，著名的法国作家左拉给总统写了一封题为《我控诉》的公开信，为受迫害的犹太军官德雷弗斯上尉申冤。这封信发表时被称为"知识分子宣言"，一大批主张为德雷弗斯平反、经常指陈时弊的文化人遂被称为"知识分子"。无论最先出现在俄国抑或法国，共同之处是"知识分子"都是一群受过相当教育、对现状持批判态度和反抗精神的人，渐渐形成社会中一个独特的阶层。因此，从历史含义来看，"知识分子"即指那些不仅有专业知识而且有独立精神、强烈社会关怀和批判精神的文化人或知识人。本文的"知识分子"即取此义。

"以天下为己任"是中国"士"的传统，不仅有专业知识，而且更有独立精神、强烈社会关怀和批判精神，是"现代知识分子"的本质特征。许纪霖在《何以安身立命》中讲："知识分子，与其说是一种职业，不如说是一种精神。"其实，中国知识分子的这种对天下大事的敏感，本质上就是一种强烈的"忧患意识"，这种忧患意识似乎是一种传统，南宋陆游"杜门忧国复忧民"（《春晚即事》）、"位卑未敢忘忧国"（《病起书怀》）的诗句，正是此种精神的写照。

宋代王庭珪因诗送胡铨而被贬辰州，在被贬谪的途中，写了两句名诗："痴儿不了公家事，男子要为天下奇。"意思是说只有痴人才对天下大事无动于衷，真正的男子汉要为天下苍生建立奇功！明代思想家顾宪成在《以俟录》中说：

> 生平有二癖：一是好善癖，一是忧世癖。二者合并而发，勃不自禁。

因为顾宪成有这样的情怀，所以才能撰写出那副名联：

> 风声雨声读书声，声声入耳；
> 家事国事天下事，事事关心。

明末清初思想家、教育家、颜李学派创始人颜元力倡儒生要树立"斡旋乾坤，利济苍生"的人生观。据说左宗棠二十一岁曾撰写自勉联：

身无半亩，心忧天下；

读破万卷，神交古人。

梁启超先生室号"饮冰室"，自号"饮冰室主人"，著作以室号为名，编为《饮冰室合集》。"饮冰"一词源出《庄子·人间世》："今吾朝受命而夕饮冰，我其内热与！"意思是说，我早上接到使命而当晚就要饮冰水，是我内心焦灼吧！以此为室名，足见梁启超忧国忧民之情切。

徐复观先生指出，"忧患意识"是儒家人文精神的特色，这种"有终身之忧而无一朝之患"的君子心理，其实就是一种大公无私的天下情怀，把小我的生死荣辱、吉凶祸福皆置之度外。不过，"忧患意识"必须扣紧文化慧命才有实际意义，所谓文化慧命就是孔子所谓的"斯文"。为了一家一姓而慷慨献身的匹夫之勇，连明哲保身的智慧都没有，更不必提什么以身殉道、为国捐躯了。被誉为清学"开山始祖"的顾炎武有句名言"天下兴亡，匹夫有责"，长期流传，后"天下"被改成了"国家"。这不是顾炎武的本意，而且正好相反，顾炎武的原意是国家兴亡的事情，由"肉食者谋之"，匹夫是无责的。按《日知录》明明是这样说的：

有亡国，有亡天下。亡国与亡天下奚辨？曰：易姓改号，谓之亡国；仁义充塞，而至于率兽食人，人将相食，谓之亡天下。

顾炎武的本意很清楚，"国"指的是政权，政权的兴亡，也就是改朝换代，那是在位的皇帝与官员的事；"天下"指的是道统，用现在的话来说，是民族精神、社会正义、文化慧命，那是"匹夫"有责的，这里的"匹夫"其实也就是指广大的知识分子，也就是所谓的读书人。正因为儒者有这种"绝学堪忧"的学术使命和"悲天悯人"的天下精神，他们所体现的"忧患意识"，既非恐惧、焦虑又非杞人忧天，而是"先天下之忧而忧，后天下之乐而乐"的抱负和"任重而道远"的担当和"生于忧患，死于安乐"的阔达。正所谓"知责任者，大丈夫之始也；行责任者，大丈夫之终也"（梁启超《呵旁观者文》），责任和担当，即为天下情怀的精髓之所在，也是新时代背景下"忠"的要义之所在，也应该是当代中国知识分子的本来面目和题中应有之义。

积善与人生

《荀子·劝学》中说：

> 积土成山，风雨兴焉；积水成渊，蛟龙生焉；积善成德，而神明自得，圣心备焉。故不积跬步，无以至千里；不积小流，无以成江海。

其中"积善成德"是积小善以成高德的意思，《易经·系辞》中说："善不积不足以成名。"总之善是一点点积的，德也是由于一点点行善而实现的，正如《道德经·第六十四章》所言：

> 合抱之木，生于毫末；九层之台，起于累土；千里之行，始于足下。

劝人行善积德，存有善念是所有宗教信仰、经典的共同点之一。《易经》里讲："积善之家必有余庆，积不善之家必有余殃。"《尚书·伊训》亦有言：

> 惟上帝不常，作善，降之百祥，作不善，降之百殃。尔惟德罔小，万邦惟庆；尔惟不德罔大，坠厥宗。

意思就是说，上帝是否赐予福命是不确定，对于行善的，便赐予各种吉祥；对于作恶的，便降下各种灾殃。你的德行无论多微小，天下四方都感到庆幸；你的恶行即使不大，也会导致亡国。我们古人称善良的人叫"吉人"，又有"吉人天相"的说法，意思是上天会保佑善良之人。

《道德经》说："天道无亲，常与善人。"（《道德经》第七十九章）意思是，天道没有偏爱亲疏，永远伴随着有德行的善良人。在这里我多讲一点，善是没有对立面的，如果善与恶是相关联的，那么善里面就有恶的种子，那它就不是善了。那善没有对立面，那恶呢？恶的对立面还是恶，我们都是"以毒攻毒，以恶治恶，以黑吃黑"，正所谓："贼证贼，证倒贼；奴使奴，使死奴。"

有一个男子被国王召唤，男子很紧张，怀疑是不是国王要杀他，就找朋友陪他一起去，第一个朋友听到后，赶紧摇脑袋；第二个朋友听到后答应陪他到王宫门口；第三个朋友却答应陪这个男子进去，无论里面的情况是多么凶险，哪怕是上刀山，下火海也在所不辞。其实这三个朋友代表三样东西，第一个朋友表示金钱，一个人在面临死亡的时候，金钱是帮不上任何忙的；第二个朋友表示亲朋好友，一个人在逝去的时候，亲朋好友顶多送他到坟墓门口，世界上有卖双人床的，但是没有卖双人棺的，结发妻子也无法在最终相随；最后一个朋友表示善行，伴随一个人到最后的只有善行。

《圣经》里面也讲："我知道世人，莫强如终身喜乐行善。""人若知道行善，却不去行，这就是他的罪了。""全律法都包在'爱人如己'这一句话之内了。"

孙家正先生在《艺术的真谛》中讲了这么个故事："几年前，我曾会见不丹的一位佛教领袖，他不过十三四岁。吃饭的时候，我悄悄问他说：'我像您这么大的时候，非常贪玩。您呢？'他说：'我也是啊！我不喜欢成天待在寺庙里，经常会偷偷地跑出来玩耍一会儿。'我又问他第二个问题：'现在世界上有很多宗教，比如佛教、基督教、天主教、伊斯兰教，佛教中还有大乘教、小乘教，等等，您对众多的宗教有什么看法呢？'他说：'只要您心存慈悲，善待他人，信教与不信教，信什么教，其实，都是无所谓的。'这句话使我对这位少年肃然起敬。他悟出了宗教的真谛。"

积善可以养生。中国人有句古谚叫："为善最乐，善则生阳。"有一年暑假，我携妻带子到厦门去旅游，晚上我们住在鼓浪屿，岛虽不大，但是里面道路纵横交错，出了民宿的门就很难找回来，全家在我的"英明"指挥下，终于迷了路。正在这个时候，来了个人主动要带我们回民宿，当时我心里还犯嘀咕，不知道来者是好人还是歹人，或是想带路收钱，正在疑惑之际，来者讲了一句话，我彻底放心了。他说："做好事，我心里踏实；做恶事，我晚上睡不着觉。"后来那人果然很顺利地把我们带回了民宿，分文未取。这件事一直让我很感动。记得林肯曾说："我的信仰和印第安纳州一个名叫克兰的男人是一样的。有一次我和他在教堂里相遇，他说：'办了好事心情就好，办了坏事心情就不好，这是我的信仰。'"

"仁者寿"一语出自《论语》，类似的表述还有"仁者益寿""大德必得其寿"等，意思都是说心地善良、有道德修养的人会延年益寿。明代汪绮石的《中外卫生要旨》里一段话对"仁者寿"做了充分的解释：

> 常观天下之人，凡气之温和者寿，质之慈良者寿，量之宽宏者寿，言之简默者寿。盖四者皆仁之端也，故曰仁者寿。

仁者与人为善，乐于助人，亦得他人之关爱，其心境常处于平和、温暖和欣慰之状态，正所谓"家居绿水青山畔，人在春风和气中"。科学家研究发现，人们在和平、和谐、关爱、快乐、兴奋、善良时，体内会分泌出一种特别的东西，翻译为"生命肽"。这是一种能量，就像电能一样，看不见，摸不着，感觉得到。它和人们的物质能量综合起来，表现出来就是活力。生命肽，就是长生不老之药。说得仔细一点，其实一个人向他人释放善意时，可以使得大脑中的多巴胺增加，血液中的复合胺的含量也会升高，会使自己增加快乐感并睡得香，其结果是心怀善念的人身体更棒。而心怀恶念之人，恶念本身就对自我身心有害。

现代的量子物理学很清楚地告诉我们，我们的起心动念会影响到周围的物质界。我们的心念是一个能量、是一个念波。"波"就是一个能量、一个磁场。散发出去这些心念、能量、磁场，就会对周围的环境起到相当的影响。心怀恶念之人与他人的关系时常处于紧张状态，其内心也充满了焦虑、恐惧和猜忌。正如《论语》所说："君子坦荡荡，小人长戚戚。"美国密西根大学调查研究中心曾对二千七百人进行过跟踪调查，发现善恶会影响一个人的寿命——"好人"比"恶人"平均寿命明显要长，后者的死亡率要比正常人高。美国一位心血管病专家也曾对二百二十五名医科大学学生进行跟踪调查，发现因心脏病而死亡的人中，"恶人"是"好人"的五倍。至于俗谚所说的"好人不长寿，恶人活千年"，只是个别现象；由于人们往往对违背愿望与常理的现象印象深刻，再加之对这种现象的不平，才会有这样的激愤之言。唐代名医孙思邈说："养生必先养德。"世界卫生组织对健康的最新定义中，还包括"良好的社会适应能力"，因此，该组织提议把"道德"纳入健康的范畴，提醒希望得到健康的人注意自己的道德修养。

我们中国人讲风水。积善与风水有很大的关系。俗话说："住场好，不如肚肠好；坟地好，不如心地好。"《坚瓠集》记载：

> 文公为同安主簿日，民以有力强得人善地者，索笔题曰：'此地
> 不灵，是无地理；此地若灵，是无天理。'后得地之家不昌。

朱熹的谥号是"文"，所以后世成为朱文公。他在福建崇安做知县的时候，有个地头蛇强行霸占了一块风水好的地，朱熹得知此事之后，写了几个字："此地不灵，是无地理；此地若灵，是无天理。"天理是善的，如果这块地被恶人夺去，就没有天理可言了，后来这户得地的人家也并没有因为这块地的好风水而发达。

历史上有一个流传很广的风水故事，是关于一个老太太的。话说有一位道行很深的风水先生，有一天路过一个小山村，走得又热又累，渴得是嗓子眼儿里冒青烟。于是就近到一个老太太家去讨碗水喝。老太太看这个行路人满头

大汗，赶紧端来了一碗水。风水先生渴急了，见着水就要往肚子里倒，可刚要喝，发现碗里面浮着一些米糠，就一边吹米糠一边喝。气就不打一处来，心里想这个老太太如何这般戏弄山人，待俺也给她点颜色，于是就起了坏心，跟老太太说："老人家，滴水之恩难以答报，我是个风水先生，我就给您老人家选块好阴宅吧！包您家将来人丁兴旺，财源滚滚！"其实这位风水先生给老太太找的是一块"绝地"，要是阴宅安在这种地方，那可真是会人财两空。

就这样，又过了十来年，风水先生又路过这个小山村，他突然想起了当年"戏弄"他的老太太，风水先生就找到了老太太的家，当时的破落小院已然变成了一座明亮宽敞的大宅院，一位年轻人热情招待了他，也给他端来一碗水，碗里居然还是和当年一样，上面漂着米糠。风水先生就一皱眉，心想这家人戏弄人都是祖传的。年轻人看出了风水先生的不悦，就解释说："老人家别介意，碗里面放米糠是我过世的奶奶教我的，她说行路人过来讨水，都是又热又渴，就怕喝水太着急伤了身体，放点米糠，就可避免着急喝水了。"风水先生一听才知道当年错怪了老太太，虽然当年他指定的阴宅是块绝地，但是老太太的善心、善行改变了所谓的风水。风水固然重要，但是善心、善行才是最大的风水。

民间流传一首《心命歌》，告诫人们把握命运就要修好一颗心，歌曰：

> 心好命又好，富贵直到老；
> 命好心不好，福变为祸兆。
> 心好命不好，祸转为福报；
> 心命俱不好，遭殃且贫夭。
> 心可挽乎命，最要存仁道；
> 命实造于心，吉凶惟人召。
> 信命不修心，阴阳恐虚矫；
> 修心一听命，天地自相保。

北宋范仲淹在小的时候，有一次问一算命先生："我将来可以做宰相吗?"算命先生说:"不能!"范仲淹又问:"我可以成为良医吗?"算命先生惊问:"一会儿的工夫,怎么理想相差那么大?"范仲淹回答:"宰相有权力帮人,良医有本事救人!"算命先生立马告诉范仲淹:"就凭你这颗仁心,你就可以做宰相!"

范仲淹一生都在行善,甚至到晚年退休之后,本想搬到苏州钱氏南园去养老,可当风水先生告诉他住在南园,范家会代代出公卿时,范仲淹却把那块地捐出来建了学校,也就是现在的苏州中学所在的位置。

五代时期的冯道曾写过一首诗,诗曰:

> 燕山窦十郎,教子有义方。
> 灵椿一株老,丹桂五枝芳。

——《赠窦十》

窦十郎指的是五代时期窦禹钧,所谓"义方"其实就是教育孩子们做善事。据说窦禹钧小的时候去延庆寺玩,突然发现佛堂里有两个包,打开一看是黄金三十两、白银两百两。窦禹钧就坐在那里看着两个包等着主人来寻,果然后来有人满头大汗跑过来寻包,一问才知这些钱是借来给父亲治病的,因为路过延庆寺,就进庙祈求佛祖保佑,结果由于着急赶路,就把两个包落下了。后来窦禹钧生有五子,仪、俨、侃、偁、僖,个个考取功名。有句诗叫"返金种得桂枝芬"指的就是窦禹钧的故事。

周文王临终前对周武王的遗言是:

> 见善勿怠,时至勿疑,去非勿处,此三者,道之所止也。

很多人对"见善勿怠"不以为然,认为自己想做善事随时可以做,可以细细想想,我们一辈子真的难得做几件善事,相反做恶事是很容易的。我常常上课时候讲,你们现在拿着钱出去做善事,我敢保证我的课上好了,你的善事也没有做成。为什么?因为机会不常有。你看每年我们都学雷锋,但是真正有几个做成雷锋那样的？都是我丢钱你捡起来，你丢钱我捡起来，老人家不过马路，也要硬是搀着过去。所以以后大家有机会做善事的时候，不要迟疑，赶紧干，哪怕是诸如推车指路之类一点点小的善事。这样大家才知道为什么刘备临终的时候要对儿子阿斗讲那句话："勿以善小而不为，勿以恶小而为之。"

明代文学家方孝孺说："交善人者道德成，存善心者家里宁，为善事者子孙兴。"舒乙先生在《老舍的平民生活》中说父亲老舍最喜欢的格言就是："四世传经是为通德，一门训善惟以养年。"可以说老舍的家教继承了中国传统的教育理念。

过去乡下人家常常可以见到"古来数百年世家无非积德，天下第一等事业还是读书"这样的对联，其实也就是教育子女读好书、做好人。南怀瑾先生认为，教育只有两个目标和目的，一个是培养善念，好好做事，好好做人，恭恭敬敬、认认真真地做好每一件事情。一个是要培养每一个人的别境慧，让每一个人按照自己的禀赋，坚强地、自立地站起来，能够好好照顾、帮助别人。

交友四字诀

"交友"是一个历久弥新的话题，古人说："自天子至于庶人，未有不须友以成者。"清朝张廷玉在《聪训斋话》有云：

读书者不贱，守田者不饥。积德者不倾，择交者不败。

据说张英曾给儿子张廷玉三枚图章，一枚刻着："保家莫如择友，求名莫如读书。"一枚刻着："立品、读书、养身、择友。"最后一枚，刻的是："马吊淫巧，众恶之门；纸牌入手，非吾子孙。""马吊""纸牌"都是赌博的代名词。

比张廷玉稍晚时候，被称为"晚清第一中兴名臣"的曾国藩甚至讲："择友为人生第一要义。"甚至还是"一生之成败，皆关乎朋友之贤否，不可不慎也"。

俗话说："朋友多了路好走"，我父亲常常跟我讲："多个朋友多条路，多个敌人多堵墙。""八拜之交"的故事在中国家喻户晓。古罗马也有谚语说："多交一个朋友，就多十年寿命。" 英国诺丁汉大学心理学博士理查德·滕尼经过研究发现，人的幸福概率取决于拥有好朋友的数量，拥有超过十位好友的人，幸福概率可达55%。据说丹麦人在元旦前夜，家家户户都要将平时打碎的杯盘碎片收集起来，待夜深人静时偷偷地送至朋友家的门前。元旦的早晨，如果谁家门前堆放的碎片越多，则说明他家的朋友越多，新年一定很幸运。犹太人对于交友非常慎重，时时小心，处处提防。因此，他们把朋友分成三类：一类是像面包一样的朋友，生命中不可或缺；一类是像蔬菜和水果一样的朋友，偶尔点缀；还有一类人，虽然平时好像是朋友，倘一遇到紧急状态，他就会躲得远远的。

美学家朱光潜先生在《美是一生的修行》一书中这样写道："就字源说，在中西文里'友'字都含有'爱'的意义。无爱不成友，无爱也不成君臣、父子、夫妇或兄弟。换句话说，无论哪一伦，都非有朋友的要素不可，朋友是一切人伦的基础。懂得处友，就懂得处人；懂得处人，就懂得做人。一个人在处友方面如果有亏缺，他的生活不但不能是快乐的，而且也绝不能是善的。"《学记》论教育一则曰："七年视论学取友。"再则曰："相观而善之谓摩。"

从孔孟以来，中国士林向奉尊师敬友为立身治学的要道。清代的张潮在《幽梦影》里讲得好：

> 云映日而成霞，泉挂岩而成瀑，所托者异而名亦因之，此友道之所以可贵也。

意思就是说，云被太阳照射形成彩霞，泉水挂在岩石上形成瀑布，它们所依托的对象不同，因此名字也不相同，这就是交朋友的可贵之处。《孔子家语》中记载了孔子这么一段话：

> 与善人居，如入芝兰之室，久而不闻其香，即与之化矣；与不善人居，如入鲍鱼之肆，久而不闻其臭，亦与之化矣。丹之所藏者赤，漆之所藏者黑，是以君子必慎其所处者焉。
>
> ——《孔子家语·六本》

和品德高尚的人交往，就好像进入了摆满芳香的芝兰花的房间，久而久之就闻不到兰花的香味了，这是因为自己和香味融为一体了；和品行低劣的人交往，就像进入了卖臭咸鱼的店铺，久而久之就闻不到咸鱼的臭味了，这也是因为自己与臭味融为一体了。藏朱砂的地方就是红色的，有油漆的地方就是黑色的，因此有道德修养的人必须谨慎选择相处的朋友和环境。

子贡要到国外去发展，临行前问夫子注意哪些事项，孔子就特别提醒他到一个国家去要重视他们的精英人士、高端人才。《论语》载：

> 子贡问为仁，子曰："工欲善其事，必先利其器。居是邦也，事
> 其大夫之贤者，友其士之仁者。"
>
> ——《论语·卫灵公篇》

《阎锡山日记》中也讲："书是人心的颜色，看什么书就要染什么色。友是行路的引导，交什么友就要走什么路。"明代蒙学著作《明心宝鉴》云：

> 《家语》云：与好人同行，如雾露中行，虽不湿衣，时时滋润；
> 与无识人同行，如厕中坐，虽不污衣，时时闻臭；与恶人同行，如刀
> 剑中行，虽不伤人，时时惊恐。

清代人金缨编著的《格言联璧》中有这样一副对联：

> 人若近贤良，譬如纸一张，　以纸包兰麝，因香而得香；
> 人若近邪友，譬如一枝柳，　以柳贯鱼鳖，因臭而得臭。

甘肃凉州有两句土谚："跟上好人学好人，跟上龙王当河神。""进了菜籽地，就要熏黄衣。"俗话说得好："挨上染坊尽点子，挨上铁匠尽眼子。"德国诗人歌德在《浮士德》里讲得好："友小人，只能做出小事；友大人，小者也能成其大。"犹太人说："走进香水店，就是什么都不买，也会沾上芳香的气味。""跟狗玩，就会有跳蚤上身。"这两句话的意思和中国人的"近朱者赤，近墨者黑"差不多。西晋史籍《江表传》载"与公瑾交，若饮醇醪，不

觉自醉"。这些名言警句其实都在说一个道理，要交贤友、善友，正所谓"鸟随鸾凤飞腾远，人伴贤良品自高"，就是告诉人们要交如此贤友。

鲁迅有一副对联写得好："人生得一知己足矣，斯世当以同怀视之。"冯梦龙在《警世通言》中也写道：

> 摔碎瑶琴凤尾寒，子期不在对谁弹？
>
> 春风满面皆朋友，欲觅知音难上难。
>
> ——《警世通言·俞伯牙摔琴谢知音》

可见交到真心的朋友之难，那么我们应该把握哪些原则才能交到善友呢？我想起码有四个要点值得各位读者注意，我把它们浓缩成四个字。

第一个字是"正"。首先交的朋友要正，不然交之非人，不亦伤乎？交到一个坏朋友，未蒙其利，先受其害，实在划不来。《太平广记》中记载：

> 周长寿中，断屠极切。左拾遗张德，妻诞一男。私宰一口羊宴客。其日，命诸遗补。杜肃私囊一飧肉，进状告之。至明日，在朝前，则天谓张德曰："郎妻诞一男，大欢喜。"德拜谢。则天又谓曰："然何处得肉？"德叩头称死罪。则天曰："朕断屠，吉凶不预。卿命客，亦须择交。无赖之人，不须共聚集。"出肃状示之。肃流汗浃背。举朝唾其面。
>
> ——《太平广记·卷第二百六十三·无赖一》

周朝（武则天朝）长寿年间，武则天因崇佛，严禁杀生吃荤。左拾遗张德的妻子生了一个男孩，便偷偷地杀了只羊，请几个好朋友喝杯喜酒。其中有个叫杜肃的人，饱吃一顿羊肉之后便写了状文向皇帝告发。第二天，在朝堂上，武则天对张德说："你的妻子生了一个男孩，大欢大喜啊。"张德向武则天拜谢，武则天又道："可是肉从哪里弄到的？"张德叩头连称死罪。武则天道："我禁止宰杀牲畜，是吉是凶难以预测。可是你邀请客人，也该有选择地交往。无赖之人，就没必要与他凑在一起。"之后拿出杜肃的状文给大家看，杜肃立即汗流浃背。满朝官员都往他脸上唾唾沫，表示不屑。

好多人读到这段历史都骂杜肃不仗义，是小人。但是大家忘记了"物以类聚，人以群分"。张德在武则天严禁杀生的情况下，敢冒险杀羊请客，请的客人一定是挚友亲朋，由此可见张德素常和杜肃的关系不一般。杜肃是无赖小人，我们虽不能推出张德也是小人，那张德是不是也当对自己的德行进行反思呢？再说，如果张德行得正，坚决执行中央规定不杀生吃肉，自然也不会给杜肃留有告状的机会。

梁漱溟先生在《人生的艺术》中有言："交什么朋友，就归到那一类去，为社会看为某一类的人。没有较高尚的朋友，在社会上自己不会被人看高一点。能不能有较高尚的朋友，那完全看自己的情感志气趣味如何。"所以当我们交到邪友的时候，我们首先要对自己进行反省，先做到内不自失，自己先正，才可能交到正友善友。所谓"见贤思齐焉，见不贤而内自省也"。

交友四字诀的第二字是"真"。真即真诚之意。《论语·学而》中记载：

> 曾子曰："吾日三省吾身：为人谋而不忠乎？与朋友交而不信乎？传不习乎？"

这里的"与朋友交而不信乎"的"信"其实就有真诚的意思。正如梁漱溟先生在《人生的艺术》中说的那样："朋友之道，在中国从来是一听到朋友便说'信'字。但普通之所谓信，多半是'言而有信'的意思，就是要有信用。而朋友与朋友之间的信是信得过的意思。"梁先生所谓的"信得过"就是彼此真诚的意思。

善友一定是刚健中正的，所谓"刚健中正"就是敢于指出对方的错误。孔子《论语·季氏篇》里说：

> 益者三友，损者三友。友直，友谅，友多闻，益矣。友便辟，友善柔，友便佞，损矣。

　　意思是：有益朋友有三样，对方有错当面讲，说一不二热心肠，学识渊博似海洋。有害朋友亦三样，当面奉承背放枪，满脸堆笑善圆场，泥鳅身子蝎心肠。所罗门说："香味使心灵感到愉悦，好朋友的劝导使灵魂感到甜美。"古罗马的雄辩学家西塞罗有句话说得非常深刻："献媚的朋友比尖刻的敌人更坏，因为后者常说真话，而前者从不说真话。"波斯哲学家昂里苏·玛阿里说："应当畏惧两种人：一是强大的敌人，二是不忠的亲信。"

　　过去有人讲，朋友有三要法，一要过失时谏晓之，二要好事时深随喜，三要于苦厄亦不舍。中原地区有个俗语讲得好："宁交双脚跳，不交眯眯笑。"意思就是说，宁愿结交一个当面双脚跳着骂自己的朋友，也不结交一个当面笑眯眯背后捅刀子的朋友。

　　交友四字诀的第三字是"淡"。《庄子·山木》里面讲：

> 君子之交淡如水，小人之交甘如醴。君子淡以亲，小人甘以绝。

　　从我个人真实的生活体悟来看，凡是有味道的东西，都不长久，无味才最长久，甚至是长长久久。譬如喝酒也好，喝咖啡也好，喝茶也罢，或者喝饮料等，都是各有所爱，但大家都爱喝水。可以戒酒戒茶戒咖啡，但没有人会戒水。我出生的苏北小城离山东临沂很近，所以我们的生活方式和山东人差不多，爱吃煎饼。我父母常常感慨，也常常奇怪，吃了一辈子煎饼为什么就是吃不够？我告诉他们，道理很简单，就是因为煎饼没有味道，或者说味道很淡，所以才可以和所有的味道搭配，你可以拿煎饼来卷大葱，卷馓子，也可以包红糖。如果煎饼像韭菜盒子那样有味的话，天天吃一定会腻的。其实交朋友也这样，我有几个要好的朋友，平时从不发消息也从不打电话，很淡，但就是三年五年不见，只要一见面，不会有任何隔阂或者说有距离感，还是那么亲切。我们平时虽然很淡，但是我们知道我们是一辈子的朋友。朋友一旦有了"味道"，或者是酒肉味，或者是铜臭味，那这样的朋友一定是不长久的。

　　再讲一则发生在民国时期的小故事，1922年，第一次直奉战争爆发，由军阀吴佩孚指挥的直军胜，曹老三（曹锟）控制了北京政局。风光一时的吴大帅决定大摆寿宴以示庆贺。左右北京政坛的吴大帅要做寿，一时间那些趋炎附势之辈借着机会赶紧奉送厚礼来孝。时任直系河南督军的冯玉祥虽然对此事不屑，但出于人情世故，也自然得表示一下。不过他的寿礼有点特别，他让副官到市场上买了一只酒坛，灌满清水，加封之后，冯玉祥亲笔在封条上写上"君子之交淡如水"七个大字，派人送到吴府。寿礼送到后，众人惊讶平常节俭出名的"布衣将军"居然也舍得送来好酒，结果开坛后却是无味淡水，吴佩孚当众解嘲道："焕章（冯玉祥字）与我是君子之交。"提到民国，这里突然想起弘一法师在1942年10月10日圆寂前三天写的偈语："君子之交，其淡如水。执象而求，咫尺千里。问余何适，廓尔忘言。华枝春满，天心月圆。"

古人有两句话："以势交者，势倾则绝；以利交者，利穷则散。"老百姓有句土话讲："丢了拐杖就受狗的气。"意思说手里没有拐杖就会被狗咬。比喻一个人一旦失去了手中的权力，就会被势利小人轻视凌辱。所以说"酒肉朋友好交，患难之交难求。"钱可以买到伙伴，但买不到朋友。过去有句谚语说："太太死了压断街，老爷死了没人抬。"所谓"压断街"是说出动的人很多。太太死了，由于老爷的权势大，谁都想趁机讨好；老爷死了，权势没有了，就没有人来理睬收尸了。

形容旧时人们对官员的炎凉情态，没有比《史记·汲郑列传》中描写得更形象的了：

> 始翟公为廷尉，宾客阗门；及废，门外可设雀罗。翟公复为廷尉，宾客欲往，翟公乃大署其门曰："一死一生，乃知交情。一贫一富，乃知交态。一贵一贱，交情乃见。"

翟公起初做廷尉，家中宾客盈门；待到一丢官，门外便冷清得可以张罗捕雀。他复官后，宾客们又想往见，翟公就在大门上写道："一死一生，乃知交情。一贫一富，乃知交态。一贵一贱，交情乃见。"

在司马光被贬官期间，故友旧交与他少有来往，他老兄就写了首《闲居》来发牢骚：

> 故人通贵绝相过，门外真堪置雀罗。
>
> 我已幽慵僮便懒，雨来春草一番多。

北宋宰相张商英也有两句名句：

> 十年去国，门前之雀可罗；
>
> 一日归朝，屋上之乌亦好。

这些都反映了势利之交的情态。就如明代方孝孺在《逊志斋集》中所讲的：

> 君子淡如水，岁久情愈真。小人口如蜜，转眼如仇人。

有一首古歌是这样唱的：

> 采葵莫伤根，伤根葵不生。
>
> 结交莫羞贫，羞贫友不成。

后来杜甫就以《贫交行》为题写了一首诗，诗曰：

> 翻手作云覆手雨，纷纷轻薄何须数。
>
> 君不见管鲍贫时交，此道今人弃如土。

有些人交友，翻云覆雨之间，一会像云合，一会像雨散，变化多端。这种势力、酒肉之交，让人不屑一顾。后来清朝大学者俞樾大概是受了杜甫这首诗的启发，也写了一首诗：

覆雨翻云幻蜃楼，人生何处说恩仇。

戏场亦有真歌泣，骨肉非无假应酬。

——《齐物诗》其七

《明心宝鉴》里有几句话说得好：

心安茅屋稳，性定菜羹香。

世味薄方好，人情淡最长。

正所谓："大味须求淡，真情不在奇。"所以三国时期的诸葛亮在《论交》中写道：

势利之交，难以经远。士之相知，温不增华，寒不改弃，贯四时而不衰，历坦险而益固。

意谓：建立在权势和名利之上的交往，是难以持久的。有修养的人之间彼此深交而心息相通时，就好比花木，温暖时也不会多开花，寒冷时也不会改变叶子的颜色，能够经历一年四季而不衰败，经历艰险而日益牢固。

有一次，万章问老师孟子："该怎样交友呢？"孟子回答道：

不挟长，不挟贵，不挟兄弟而友。友也者，友其德也，不可以有挟也。

——《孟子·万章章句下》

意思就是说：不倚仗年纪大，不倚仗地位高，不倚仗兄弟撑粗腰。交友只交品行好，一切凭仗全去掉。

这就告诉人们，真正的朋友之间的交往是真诚而平淡的，没有贵贱高低的思想挂碍。孟子还说：

　　晋平公之于亥唐也，入云则入，坐云则坐，食云则食；虽蔬食菜

羹，未尝不饱，盖不敢不饱也。

——《孟子·万章下》

　　意思就是说，晋平公交了个叫亥唐的平民朋友，两人交往的心态非常平
淡。亥唐看到晋平公过来，就招呼晋平公进去，叫坐就坐，叫吃就吃，虽然是
粗茶淡饭，晋平公也吃得饱饱的，因为怕伤害朋友自尊，不敢不吃饱，正所谓
"不以所长者病人，不以所能者傲人"。

　　清代沈德潜的《古诗源》中记载一首《越谣歌》，歌曰：

　　君乘车，我戴笠。他日相逢下车揖。

　　君担簦，我跨马。他日相逢为君下。

　　簦是一种带曲柄的斗笠。戴笠、担簦，都是地位低下的步行者的装束。
这首歌的大意是：你坐车上晃悠，我戴斗笠苦走。他时相逢路上，你要下车招
呼！若你头戴大斗，我骑高马闲游，只要路上碰到，我也下马陪走！《风土
记》记载说：越地风俗率真淳朴。碰到和自己很投缘的朋友，就要摆放祭品，
烧香，磕头，结为兄弟，以示赤诚肝胆。这首歌便是人们在结拜兄弟时经常唱
的。真正的友情不会受到富贵或贫穷的干扰，"苟富贵，勿相忘"，真感情，
淡淡长！

　　俗话说"读万卷书，行万里路"。每年我都会花一段时间出外游学，记得
有一年我到舟山游学，在普陀梅福禅院的一面墙上看到一段题为"友有三品，
人有五德"的文字，当时就用相机拍了下来，现把"友有三品"的这段文字录
于此处，与诸位读者共享："人活一生，都少不了朋友，朋友不一定是完美
的，只要能同甘共苦，相濡以沫，肝胆相照，志同道合，这就是真朋友。能荣
辱与共，风雨同舟的，这就是真挚友。挚友如水——'君子之交淡如水'。如
水的朋友不热烈，不张扬。'为善不欲人知'，默默陪伴，让人感觉虽无十分

依赖，却又不能离开。如关羽之于刘备，似左膀右臂，不离不弃，始终如一。挚友如粥——粥之一品，暖身暖心。'不戚戚于贫贱，不汲汲于富贵'，虽少些精致，也疏于典雅，却含十分滋味。如粥的朋友在你困顿时，失意时，灰心时，予你以帮助与觉悟。如鲍叔之于管仲。'予取予求，唯我知汝'。挚友如茶——茶之一味，谓之清雅，谓之高洁。如茶的朋友能陶冶你、提升你。他会和你缘于品、敬于德，惺惺相惜。无须言语亦会相知相融。如伯牙之于子期。高山流水，千古知音。友之具此其一品者为上品，其两品者为精品，其三品者为绝品。拥有上品挚友者为有幸，拥有精品挚友者为万幸，拥有绝品之挚友，就是幸运之至了。"

交友四字诀的第四个字是"缘"。老话说姜太公钓鱼——愿者上钩。这句话用在交友上可以换个说法，姜太公钓鱼——缘来拉钩。就好比历史上讲商汤打猎，网开三面，只有一面来打猎，这样狩猎方式完全看运气了。交到善友知音大概也得靠这样的运气和缘分，可遇不可求，强求不来。缘分来了，赶紧抓住，抓不住可能会后悔一辈子。这里讲一个发生在清朝康熙年间，河道总督靳辅与幕友陈潢的一段友谊佳话。康熙十年（1671）礼部侍郎靳辅外放安徽巡抚，离京南下经过邯郸吕洞宾祠，见祠内墙壁上有一首诗：

> 四十年来公与侯，虽然是梦也风流。
> 我今落魄邯郸道，要向先生借枕头。

靳辅正觅幕友，见墨迹未干，知其人尚未走远，遂四处寻找，果然找到。题诗人名叫陈潢。两人一见如故，后来靳任皖抚六年，陈亦随六年，师友相待。后来靳迁升河道总督，陈又随之赴任。辅佐靳治理黄河，成效巨大。当康熙南巡到河工处时，靳当康熙面奏陈之功，康熙授陈佥事道。后来靳遭小人陷害被革职，陈也冤死狱中。四年后，靳复职。复职后第一件事就是为已死的陈潢申冤彰绩，又将陈的遗作编为《历代河防统纂》一书刊印。靳辅结缘于陈潢，陈潢也结缘于靳辅。两个朋友肝胆相照，相辅相成，堪称佳话。

昭君出塞

　　昭君出塞的故事大家都耳熟能详，大家都恨画师毛延寿，史书上记载："毛延寿，汉杜陵人。善画人形，好丑老少，必得其真。元帝后宫既多，不得常见，乃使画工图形，案图召幸之。诸宫人皆赂画工，独王嫱不肯，遂不得见。"杜陵相当于今天的陕西省西安市三兆村，王嫱就是王昭君，嫱是名，昭君是字。土昭君性子刚烈，宁愿不见汉元帝，也不愿意贿赂毛延寿，结果毛延寿就故意把王昭君画得很丑，在她的画像上点上丧夫落泪痣，她自然就不会被召幸。后来汉朝的属国南匈奴的首领呼韩邪单于入长安朝觐大汉天子，并自请为婿，元帝就把"丑女"王昭君赐嫁于他。结果等到上殿辞行的时候，汉元帝才发现王嫱是个倾国倾城的绝代佳人，但是这个时候是哑巴吃黄连了，事后汉元帝为了泄愤，就杀了毛延寿。

　　当然这个故事是真是假已经难以考证了。不过后人有不少同情毛延寿的，写诗替毛延寿翻案，譬如唐朝王睿有一首《解昭君怨》：

　　　　莫怨工人丑画身，莫嫌明主遣和亲。
　　　　当时若不嫁胡虏，只是宫中一舞人。

　　意思就是说，凡事有利有弊，如果不是毛延寿故意画丑，汉元帝也不会遣她与匈奴和亲，若不和亲，最终也不过是宫中的一名普通宫女而已。宋朝王安石也有诗云：

归来却怪丹青手，入眼平生几曾有。

意态由来画不成，当时枉杀毛延寿。

——《明妃曲二首》之一

意思就是说大家不要怪画师了，真正入眼的好画本来就少，毛延寿真是太冤枉了，因为形态好描，神态难画。到了清朝诗人刘献廷还替毛延寿翻案，他写道：

汉主曾闻杀画师，画师如何定妍媸。

宫中多少如花女，不嫁单于君不知。

——《王昭君二首》其二

无论如何评价昭君出塞这段历史，有一条是不能否认的，就是昭君出塞维护汉匈关系稳定达半个世纪之久，不知免除了多少生灵涂炭。明朝汪循有一首《明妃》写得很中肯：

将军杖钺妾和番，一样承恩出玉关。

死战生留俱为国，敢将薄命怨红颜。

这首诗高度肯定了昭君出塞和番与杖钺将军死战沙场的功劳是一样的，也写出了昭君出塞时的无奈、悲凉甚至是悲壮的心境。

王昭君出塞时的这种心境或许我们通过另一个女人的和亲可以体会得到。为平定"安史之乱"，唐朝政府曾借助回鹘势力，但答应了许多屈辱的条件，致使后来回鹘不断骚扰唐朝疆土。唐大历四年，回鹘向唐朝中央政府再次要求通婚，唐代宗只好封著名将领仆固怀恩的小女儿为崇徽公主，以皇室女身份和亲回鹘可汗移地健。值得说道的是，这已经是仆固怀恩为大唐贡献的第三个和亲公主。崇徽公主出嫁行列经过山西汾州阴地关的时候，公主手抓石壁久久不肯离去。后来因为还要赶路，美人无奈，只好含悲远行，石壁上留下她手掌的痕迹，后来有人在此，立了一座崇徽公主手痕碑。著名诗人李山甫经过这里，写了一首《阴地关崇徽公主手迹》：

> 一拓纤痕更不收，翠微苍藓几经秋。
> 谁陈帝子和番策，我是男儿为国羞。
> 寒雨洗来香已尽，澹烟笼着恨长留。
> 可怜汾水知人意，旁与吞声未忍休。

这首诗对一介弱女子为国尽忠的义举表示了极大的钦佩和同情，对唐朝政府的软弱表示了极端失望。李山甫在他的另一首诗《代崇徽公主意》中更是直接指出"遣妾一身安社稷，不知何处用将军"，对外强中干的唐朝政府进行了无情的嘲讽。

讲到昭君出塞，我们讲一点"和亲简史"。和亲就是指中央政府与少数民族政权高层之间的联姻关系。这种联姻关系肇始于西汉初年，盛行于隋唐，延续至元朝和清朝（明朝除外，明朝奉行不割地、不赔款、不和亲政策），可以说"和亲"几乎贯穿于整个封建时代。粗略算来，至少有一百五十次以上。和亲者的身份不一定全是公主，还有亲王女、宗室女及功臣女、媵女（也就是陪嫁女），也有类似王昭君这样的宫女，身份虽然不同，目的都是为了满足政治需要。恩格斯曾说："对于骑士或男爵，以及对于王公本身，结婚是一种政治的行为，是一种借新的联姻来扩大自己势力的机会；起决定作用的是家世的利益，而绝不是个人的意愿。"

不过在历史上，有的和亲虽只为达到政治目的，和亲的男女双方未必就真的没有感情，有的甚至感情很亲密，譬如唐太宗时期，吐蕃王国的创建者松赞干布和大唐的文成公主（非李世民女儿，据推断其父应为唐高祖李渊的堂侄、开国功臣任城王李道宗）就是相爱无间的典型。文成公主通过吐蕃宰相禄东赞了解了吐蕃的许多情况，为吐蕃带去了谷菜种子、诸家经典，还有农艺、医药、工技、历法等书籍，还带上了一大批精通纺织、建筑、农事等各类技艺的匠人，更带来了大唐风气，改变了很多吐蕃的旧俗，用晚唐诗人陈陶《陇西行》中的两句诗来形容就是："自从贵主和亲后，一半胡风似汉家。"松赞干布则为自己心爱的女人专门修建了小昭寺。松赞干布和文成公主的爱情为吐蕃和大唐的和亲开了个好头，继松赞干布之后，他的五世孙赤德祖赞又迎娶了大唐的金城公主（唐中宗李显养女，生父为李显的侄子、邠王李守礼）。据统计，从贞观八年（634）松赞干布第一次派遣宰相禄东赞到长安和亲开始，到会昌六年（846）吐蕃王朝瓦解的二百一十三年间，大唐和吐蕃之间使臣的往来多达一百九十一次，双方先后会盟八次。最后一次是在唐穆宗长庆年间进行的"长庆会盟"，盟文以汉藏两种文字刻在石碑上，这块无比珍贵的唐蕃会盟石碑一千多年来一直矗立在拉萨的大昭寺前，见证了汉藏人民一家亲的历史。

关于和亲，从古至今一直存在争议，像唐朝诗人李山甫这样表示激烈反对，甚至以此为耻的人不在少数。如果从热血男儿的个人角度看，李山甫这类人的心情可以理解，但我们今天站在一个更高的立场看，和亲还是有其积极意义的，它使中央政府以最小的代价加强了对边疆地区的统治，维护了和平环境，实现了经济的发展，促进了民族大融合。和亲公主不是一个人去的，随行的都是中央政府精挑细选的能工巧匠，他们给边疆地区带去了中原先进的文化和生产力，促进了当地政治、经济和文化的发展，使他们更深地融入中华文化圈，为今天统一的强大的多民族国家共同体的形成奠定了坚实的基础。

大人有六心

唐朝诗人、道学家施肩吾在其所撰写的气功养生著作《西山群仙真记》中讲述了"养生五心"：

> 大其心，容天下之物；虚其心，受天下之善；平其心，论天下之事；潜其心，观天下之理；定其心，应天下之变。

这五心本是教人养气量的，但俗话也说大人有大量，所以不仅仅是养生，一个人想成就一番伟业也同样需要这五心。但这五心都是围绕自身修养来展开的，我常常说一个人的价值看他可以利益社会多少，所以我再加上一心："公其心，造天下之福。"因此，我以为，做人要有六心。

第一句，"大其心，容天下之物"。我研读历史，发现凡是成就大功业的人，有一个共同的特点就是心胸大，能包容。这里举三个历史人物做例子，一个是十六国时期后赵开国皇帝石勒，一个是五代时期的吴越王钱镠，一个是清朝湘军领袖曾国藩。

石勒曾在晚上化装外出，检查守卫情况。他塞给守门官贿赂，要求放行，守门官王假拒绝贿赂，而且要把他抓起来，因从者赶到，把事情弄明白而止。次日，他就给王假加官晋爵。

石勒知道参军樊坦清贫，特地给他升官。樊坦进来参见时，石勒见他穿戴得破烂不堪，惊道："樊参军怎么穷得这样厉害？"樊坦脱口而出道："刚才碰到横行不法的羯贼，把我家里抢光了！"石勒不生气，笑道："羯贼抢得那么厉害啊！赔给你好了。"樊坦才想到不该当着羯族皇帝骂羯贼，心中害怕，连忙跪下请罪。石勒却说："孤的法令只防俗人，和卿等老书生无关。"随即赏钱三百万，让他去购置车马衣服。

石勒有个老邻居李阳，贫贱时因事和他冲突，打过架。石勒做了赵王，李阳很害怕，石勒却把他请来，吃酒谈笑，拉着他的胳膊，笑道："孤往日饱受卿的老拳，卿也尝够孤的毒手！"他不记旧怨，赏了他一所住宅，还给他封了个官。这是汉高祖封侯先封仇人雍齿的手段，虽说不是真心，是争取人心。但没有比较宽阔的胸怀，是不容易做到的。

再说关于吴越王钱镠的故事。有一次贯休和尚来拜见钱镠，希望能得到钱王的许可在吴越国传播佛法。当时贯休的名气已经相当大了，据说十八罗汉的怪相就是这位高僧画的。贯休在拜见钱镠之前，先写了一首诗献给钱镠，诗是这样写的：

> 贵逼人来不自由，龙骧凤翥势难收。
> 满堂花醉三千客，一剑霜寒十四州。
> 鼓角揭天嘉气冷，风涛动地海山秋。
> 东南永作金天柱，谁羡当时万户侯。
>
> ——《献钱尚父》

诗的大意是说，钱王大人啊，人家都是追赶富贵而不得，而富贵却硬往你身上贴，搞得您一点办法也没有。您的运势就像祥龙腾空，凤凰展翅那样，挡都挡不住。您的殿堂之上是将军如云高士如雨，您是宝剑出鞘，锐不可当，有十四州处于您的剑锋之下。您是要人有人要地有地，您在东南一隅永远屹立不倒，当年的万户侯跟您根本没法比。据说钱镠看过这首诗后非常满意，只有一点，希望这个老和尚能把"十四州"改成"四十州"，想讨贯休一个口彩。结果意见传达给贯休后，贯休的倔脾气上来了，坚决不改。又写了一首诗：

不羡荣华不畏威，添州改字总难依。

闲云野鹤无常住，何处江天不可飞。

——冯梦龙《喻世明言·卷二十一·临安里钱婆留发迹》

我们今天常用的成语"闲云野鹤"就出自这首诗。后来贯休离开浙江，到四川投奔了前蜀王建，这里就不细说了。后人根据这个历史典故，写了一首诗讽刺钱镠：

文人自古傲王侯，沧海何曾择细流。

一个诗僧容不得，如何安口望添州。

——冯梦龙《喻世明言·卷二十一·临安里钱婆留发迹》

这首诗讽刺钱镠心胸狭窄，没有沧海一般的胸怀，连一个和尚都容不得，如何能容得下那么大的地盘呢？

但是历史谁又真正说得清呢？宋徽宗宣和年间由官方主持编撰的《宣和书谱》记载：

钱镠喜作正书，好吟咏，通图纬学。晚岁复降己下士。幕客罗隐
雅好讥评，虽及镠微时事，怡然不怒，人以大度称之。

意思是说，钱镠平常爱好写字吟诗，搞点占验术数方面的研究。到了晚年更是为人谦和低调，礼贤下士，有个叫罗隐的幕僚常爱讽刺评论时事，有时候虽然触及了钱镠做盐贩子时候的糗事，钱镠也是怡然一笑，不放在心上。当时人都夸赞钱镠度量大心胸宽。

钱镠好吃鱼，据有两浙等地的时候，西湖渔者每日须纳鱼数斤，如果渔夫一日所打之数不够上缴数量，还要自己花钱去买鱼，凑够数量再上缴。因钱镠曾任杭州防御使，镇海、镇东军节度使等职，故称所纳之鱼为"使宅鱼"。有一次，钱镠请部下们看一幅《磻溪垂钓图》，图上画的是姜太公磻溪边直钩钓

鱼。钱镠请大家对图题诗，幕僚罗隐应命而题，一挥而就：

> 吕望当年展庙谟，直钩钓国更谁如？
> 若教生得西湖上，也是须供使宅鱼。
>
> ——《题磻溪垂钓图》

意思是说如果姜太公来到西湖垂钓，也得每天给钱镠送鱼，这显然是在讽谏钱镠。钱镠不但不怒，反而下令取消了"使宅鱼"。

左宗棠、曾国藩共事十余年，曾对左多有提携与相助。左不喜人称"曾左"，问何不称"左曾"？曾有人当面解疑，谓：因为曾心目中有左，而左心目中无曾。一语中的。左与曾比，唯一不足之处是左的心胸和格局。当其时，曾、左同为一方总督，曾国藩幕僚成群，人才济济，号称"天下第一幕府"，而左只是"光杆司令"。曾国藩以其爱才、惜才，善于发现人才的眼光和器局，兴办洋务，培养人才，举贤任能，尤其是派遣幼童赴美留学，为近代中国留下深远的影响。左最终意识到自己的短处，在曾国藩去世后手书挽联，向曾国藩表达钦敬之情：

> 知人之明，谋国之忠，自愧不如元辅；
> 同心若金，攻错若石，相期无负平生。

曾国藩曾对子女们说："人生做事，仗的是胸襟！"（《曾国藩全集·家书》）曾国藩手下有个幕僚叫李鸿裔（四川人），灵光有才，很得曾国藩器重，但李鸿裔有个人格缺陷，就是为人有点清高刻薄，心胸不广。

一次，有几个号称三圣七贤的理学家来曾国藩帐下投奔，曾国藩爱惜人才，就把几人给留了下来，虽然没有给他们啥实际职务，但也是礼遇有加。一天，曾国藩在应酬客人，李鸿裔在曾国藩书房的桌子上看到一篇题为《不动心说》的小文，此文正是三圣七贤中的某位所写，文章主要想表达个人定力强，大概意思就是美女、高官不足以动其心。李鸿裔一看这篇假道学式的文章，立马怒从心头起，立马在文后写了一首诗：

> 美丽姑娘前，大红顶戴旁。
> 你心都不动，只想见中堂？

这首诗可谓极尽讽刺之能事，意思就是你美女也不要，官职也不要，那你来投奔曾大人做甚？曾国藩后来看到这首诗，知道一定是李鸿裔写的，就毫不客气地批评了他，也提醒他以后不要这么心胸狭隘，做人不要刻薄，不然将来不会有好下场。

"大人六心"中的第二心是"虚其心，受天下之善"。王安石写过一首《诸葛武侯》：

> 恸哭杨颙为一言，余风今日更谁传。
> 区区庸蜀支吴魏，不是虚心岂得贤。

杨颙是蜀汉的主簿，《资治通鉴》曾记载他对蜀汉丞相、上至皇帝、下至百姓都万分景仰的诸葛亮提出了批评，说他事无巨细，管得太宽，连对账这种事都亲力亲为，他说：

> 为治有体，上下不可相侵。请为明公以作家譬之：今有人，使奴执耕稼，婢典炊爨，鸡主司晨，犬主吠盗，牛负重载，马涉远路；私家无旷，所求皆足，雍容高枕，饮食而已。忽一旦尽欲以身亲其役，不复付任；劳其体力，为此碎务，形疲神困，终无一成。今明公为治，乃躬自校簿书，流汗终日，不变劳乎！
> ——《资治通鉴·卷七十·魏纪二·世祖文皇帝下黄初四年》

意思就是说，治理国家各有分工，上下级的工作不能互相干扰。我给您打个比方，现在有户主人，让奴仆种地，婢女做饭，雄鸡报晓，贼来狗哮，用牛载重，马跑长途。如此，大家各司其职，各有所得，主人则可高枕无忧，大家相得益彰。忽一天主人闲得心慌手痒，所有的活儿都想自己扛，结果是累得一事无成。现在您大权在握，竟干上秘书该干的活，终日忙得汗流浃背，这又是何苦呢！

诸葛亮曾有言"鞠躬尽瘁，死而后已"，但显然这种鞠躬尽瘁不应是在细枝末节的琐碎事务上劳力耗神，而是抓大放小，让有司各尽其职，不要越俎代庖。所以，诸葛亮明白这一点，一点不觉得杨颙是故意忤逆他，接受了杨颙的建议，不再过问枝节问题。后来杨颙英年早逝，为此诸葛亮还痛哭三天。

郑板桥早年家贫，一年除夕赊了一个猪头，刚准备下锅，又被屠户要了去转手卖了高价，为此他一直记恨在心。后来到山东潍县做官，郑板桥特别规定杀猪的不准卖猪头，自己吃也要交税，以示对屠户的惩罚。夫人闻之，感到不妥。一天她捉到只老鼠吊在房里，夜里老鼠不住地挣扎叫叫，闹得郑板桥一宿没睡好觉。他埋怨夫人，夫人说她小时候好不容易做了件新衣裳，被老鼠啃坏了，现在这是惩罚。郑板桥听后笑了："兴化的老鼠啃坏了你的衣裳，又不是山东的，你恨它是何道理？"夫人一听，教育的机会来了，赶紧说："你不是也恨潍县杀猪的吗？"郑板桥恍然大悟，随即吟诗一首：

> 贤内忠言实难求，板桥做事理不周。
> 屠夫势利虽可恶，为官不应记私仇。

"大人六心"中的第三心是"平其心，论天下之事"，就是说一个人要公正公平，要平心论事。《白虎通·爵》中说："公之为言，公正无私。"明代曹瑞在《官箴》里面说：

> 吏不畏吾严，而畏吾廉；民不服吾能，而服吾公。公生明，廉
> 生威。

一个人如果处事公正公平，自然会赢得人们的信任、期望和爱戴。

　　"大人六心"中的第四心是"潜其心，观天下之理"，最有名的例子要算是三国时期的卧龙先生诸葛亮，时机不对，他宁可潜隐在隆中耕种读书，静观天下大势。他在《前出师表》中说，"臣本布衣，耕种于南阳，苟全性命于乱世，不求闻达于诸侯"，但这位孔明先生真的愿意一辈子当农夫吗？非也！他其实早就身居草堂，心许天下。但诸葛亮深知戒急用忍的道理，所以先放刘备两次鸽子再说，他知道水镜先生司马徽已经向刘备极力推荐了他。等到刘备兄弟三人第三次来到草庐时，他还是故意装了一把，足足在草堂睡了一个下午，急得张飞要烧房子，待日落西山之时，他才慢慢起身，这才有了后来著名的《隆中对》，这才有了后来帮助刘备逐鹿中原而鞠躬尽瘁的诸葛武侯。

　　"大人六心"中的第五心是"定其心，应天下之变"，讲的是一个人的应变智慧。据说，台湾省烟酒公卖局的香烟盒上都印了蒋氏父子喜爱的警句："庄敬自强，处变不惊。"一个人处于大变局当中，应该定心不惊，小心应对。但是"处变不惊"的前提条件是有十足的把握和充分的准备。

　　陶渊明大家都知道，他的曾祖父陶侃可能很多人就不清楚了，实际上，陶侃在东晋时期堪称国之干城，曾参与平定了苏峻之乱，为稳定东晋政权立下赫赫战功，后任荆州刺史，官至侍中、太尉、荆江二州刺史、都督八州诸军事，封长沙郡公。陶侃平定叛乱后，被封在广州做了高官，按理讲可以好好休养身心了。陶侃却每天早上把一百块砖头从书房里面搬到外面，晚上又把一百块砖头搬到屋里。别人问他缘由，陶侃说，恢复中原失地乃任重道远，天下还不太平，随时可能发生变乱。我需要保持好体能以应付将来的变乱。陶侃还让部下注意收集平时不用的零碎竹块、木头等。大家私下都嘀咕陶大人那么大的官却像一个老农过日子一样，收集这样不值钱的碎东西未免太小气。陶侃听到这些议论后也只是一笑了之。后来天下时局变化，他主管长江以南军事防务工作，这个时候需要迅速建立水师，在短时间内完成大量船只的建造，但是造船就需要大量的钉子，于是陶侃下令把平时收集起来不起眼的竹头、木块劈开做成船钉。钉子问题一解决，船很快就造好了。可以说陶侃平时是盲人吃汤圆——心里有数，才能应付天下局面的变动。

　　"大人六心"中的第六心是"公其心，造天下之福"。《礼运·大同篇》

里讲："大道之行也，天下为公。"讲的是上古尧舜时代的禅让制度，是"公天下"，后来儒家就一直把"天下为公"作为自己终生奋斗的政治理想，并一直影响到今天的人。

《论语·公冶长》载，孔子有一次把颜渊、季路两个学生召集过来，让他们讲讲自己的人生理想：

> 子曰："盍各言尔志？"子路曰："愿车马、衣轻裘，与朋友共，敝之而无憾。"颜渊曰："愿无伐善，无施劳。"子路曰："愿闻子之志。"子曰："老者安之，朋友信之，少者怀之。"

孔子说："你们何不说说各自的志向呢？"子路说："愿意拿出自己的车马、轻便的皮袍，同我的朋友共同享用，用坏了也不抱怨。"颜渊说："我愿意不夸耀自己的长处，不表白自己的功劳。"子路问孔子说："愿意听听老师的志向。"孔子说："让年老的人都安心，让朋友们信任，让孩子们都得到关怀。"

儒家的理念是天下大同，也是中华文化的根基。我国现阶段提出的人类命运共同体的概念，正是在两千五百多年前，我们的先哲提出的这一伟大理想的基础上，结合当今世界发展的实际情况而提出的战略构想。

类似的构想，西方也有，英国诗人约翰·堂恩曾写过一首诗《丧钟为谁而鸣》，美国著名作家海明威将诗名作为自己的小说的名字。在海明威获得诺贝尔文学奖后，小说和约翰·堂恩的这首诗一下子为全世界所熟知。这首诗是这样的：

> 没有谁能像一座孤岛，在大海里独踞
> 每个人都像一块小小的泥土，连接成整个陆地
> 如果有一块泥土被海水冲去，欧洲就会失去一隅
> 这如同一座山岬，也如同你的朋友和你自己
> 无论谁死了，都是自己的一部分在死去

　　因为我包含在人类这个概念里

　　因此我从不问丧钟为谁而鸣，它为我，也为你

——约翰·堂恩 《丧钟为谁而鸣》

　　整个世界，全部人类就是一个命运共同体，别人的不幸就是你自己的不幸，这就是约翰·堂恩这首诗的主旨。

笑的智慧

　　曾听过相声大师侯宝林先生和郭启儒先生合作的一个相声，名字就叫作《笑的研究》，相声里反复提到了一句老话："笑一笑，十年少；愁一愁，白了头。"其实关于笑的名言警句很多，德国哲学家叔本华说："如果你常常笑，你就是幸福；如果你常常哭，你就是不幸福的。"法国作家雨果说："微笑就是阳光，它能消除人们脸上的冬色。"犹太人有句谚语："哭对上帝，笑对人生。"笑的内涵非常丰富，下面我们就慢慢分析。

　　首先，笑是一种智慧。

　　微笑是传播一个国家、一个民族、一个人的精神面貌的最好方式。印度有"笑一笑俱乐部"，俄国人曾经在莫斯科开展了一场"百万人微笑"活动，他们的口号是"微笑是无价之宝，是催生幸福的永动机"。二十世纪九十年代初，基辛格博士参加在上海锦江饭店举行的一个国际会议，中午休息时，他自己就近到南京路转了一圈，回来对身边的陪同人员说："街上的人脸上都洋溢着佛一样的微笑。这是一个善良、淳朴、和平的民族。"

　　薛仁明先生在《人间随喜》中说："你看《论语》一开头，就是'不亦悦乎'，又是'不亦乐乎'，这么耿耿于'悦乐'，才是孔子他老人家最动人之处；而《论语》这样的起始，也让我们猛然惊觉，是呀！全世界又有哪个文明的根本典籍是如此开篇的？正因这般强调'悦乐'，于是，这个喜气的民族，最不习惯没事老苦着脸。因此，早先佛教传入中国，佛菩萨的造像，多有严肃忧苦，迨数百年'中国化'之后，遂一尊尊转变成一脸宽厚，满是笑意。这就是中国文化。"

记得有一次我受邀乘飞机到吉林长春讲学，刚好有位女法师（俗称尼姑）坐在我旁边，我就和法师聊了起来，她告诉我一种"不丹现象"。所谓"不丹现象"就是他们不追求GDP，而是追求GNH，即Gross National Happiness，即幸福指数。指标是每个人一个月内生气的次数不能超过二十六次，70%的不丹人可以做到不超标。最后法师告诉我，不丹不富，但是很祥和。有时候"快乐"和"财富"并不都是成正关系的，快乐的未必富有，富有的未必快乐。不丹流传一句诗："我们很少有人拥有很多，更少有人拥有很少。"他们追求"快乐成长"，被誉为世界上"最快乐的穷国"。

《列子》中记载了一个孔子见隐士荣启期的故事，孔子在郕邑的郊外，邂逅了荣启期，他穿着粗皮衣，系着粗麻绳，一面弹琴，一面唱歌。孔子就很奇怪，以为荣启期已经穷到这副模样了，还乐呵什么呢？荣启期答说：

> 吾乐甚多：天生万物，唯人为贵；而吾得为人，是一乐也。男女之别，男尊女卑，故以男为贵；吾既得为男矣，是二乐也。人生有不见日月、不免襁褓者，吾既已行年九十矣，是三乐也。贫者士之常也，死者人之终也，处常得终，当何忧哉？
>
> ——《列子·天瑞》

荣启期回答说："我快乐的原因很多：大自然生育万事万物，只有人最尊贵，而我既然能够成为人，那就是我快乐的第一个原因了；人类有男女的区别，男人地位高，女人地位低，所以男人最为贵，而我能够成为男人，那自然就是我快乐的第二个原因了；人出生到世上，有没有见到太阳月亮、没有离开襁褓就夭亡的，而我已经活到了九十岁，那自然就是我快乐的第三个原因了。贫穷是读书人的普遍状况，死亡是人的最终结果，我安心处这种状况，等待最终结果，还有什么可忧愁的呢？"

心理学家做了个实验，试验者每周日晚把下一周的烦恼写下来，投入烦恼箱，三周后打开箱子。结果超过90%让他们烦恼的事都没发生。据统计，一般人的忧虑40%属于过去，50%属于未来，只有10%属于现在，而92%的忧虑从未发生过，剩下的8%则是能够轻易应付的。既然92%的烦恼是自找的，那么也应该有92%的烦恼可以自消喽！我们与其忧虑愁烦，不如笑口常开，这样的人生才叫有智慧！

其次，笑是长寿之道。

日本学者冲正弘氏在印度调查长寿老人时发现，这些老人都有一个共同的特点——爱笑。他说，爱笑是长寿人共有的特点。法国长寿之星尚妮·加蒙在过一百二十岁生日的时候，记者问她长寿秘诀，尚妮告诉记者："常保笑容，我认为这是我长寿的要诀，我要在笑中去世，这是我的计划之一。"法国著名医生亨利博士称"笑是一种类似于原地踏步的锻炼方法"。据研究，人在笑时，面部表情的肌肉运动，使胸肌与腹肌参与共振，可促进肝胆活动，增加胆汁分泌，有助于增强肝功能。

笑还是一种天然的镇静剂，它可以缓解紧张情绪，使人安定，改善睡眠。笑又是一种"麻醉剂"，因为它能刺激大脑产生一种激素，引起内啡肽的释放，而这种物质可以有效地减轻头痛、腰背痛和关节痛等疼痛，有利于增强心脏功能，促进血液循环，降低血压。

在中国古代，医生们早已认识到"笑"对人体健康的作用，并且将它运用于医疗之中。唐代医药学家、道士，被后人尊称为"药王"的孙思邈说："长乐寿自高。"有一首《笑之歌》，歌词是：

> 笑一笑，心开窍，桑榆景色更美妙。笑一笑，年转少，心情舒畅迟衰老。笑一笑，疾病少，精神乐观赛仙草。笑一笑，老来俏，夫妻白头伴到老。笑一笑，儿孙绕，天伦之乐多热闹。笑一笑，四邻好，和和睦睦相关照。笑一笑，喜鹊报，人生第二春天到。嘻嘻笑，哈哈笑，快活还比神仙好。

据中国古代某医书记载，一位新婚女子，因为丈夫外出经商不归，思夫成疾，百治无效。后来一位医术高明的医生告诉这位女子说："你的丈夫在外面赚了大钱，正在归途之中，不久即可到家。"这位女子听后喜悦万分，相思病很快痊愈。这叫作"以喜胜忧"的精神疗法。金代有一位妇女得了一种饥而不食、怒骂不休的怪病。名医张子和以笑治好这一怪病。他命丑态老妇演戏，逗得该妇大笑；又令丑态老妇摔跤，该妇女又大笑不止。不久该妇女怒消食增，不药而愈，还贵得一子。这叫作"以喜消怒"的精神疗法。

宋代大文学家欧阳修曾患有忧郁之症，久治未愈，后来他通过学琴，面带笑容演奏，"久而乐之，不知疾在体也"，恢复了身体健康。这叫作"以乐胜忧"的心理疗法。

第三，笑是道德修养。

俗话说："三分药，七分养，善治不如善养。"所谓善养，就是通过道德修养，构建一个"快乐"的心态，放下忧愁，忘掉疾病，放下一切不快乐的事，每天总是笑哈哈，如同弥勒佛一样，肚子气量大，满脸笑哈哈，才能赛过活神仙。

一个人真的要"从心笑起"，起码要具备三种"心"，一是游戏心，二是宽容心，三是幽默心。一个人倘若有一颗游戏心，就会"不以物喜，不以己悲"，成功也好，失败也罢，都不过是人生的游戏而已，就像都梁《血色浪漫》里的钟跃民，做顽主也好，当知青也好，后来不管是当兵、卖煎饼、当经理甚至是蹲监狱，他都无所谓，他都把这些经历当成一场场游戏而已。一个人一旦有了一颗包容心，讲白了，就会没有看不惯的事，能做到与时俱进。

一个有包容心的人，不会处处设限，不仅能容纳别人的缺点，也能接受别人的指点，甚至是指指点点。一个人若是有一颗幽默心，那更是活得有境界了，这种人不仅会自我解嘲，在生活中也能处处发现乐子，人生始终保持着积极向上的态度，有些困难，也会以幽默乐观的态度来化解。譬如唐朝诗人刘禹锡是改革派，勇于斗争，不惧打压，不怕失败，笑对人生，他的很多诗词都非常积极乐观。他对新人说："芳林新叶催陈叶，流水前波让后波。"对老人说："莫道桑榆晚，为霞尚满天。"对春天讲："沉舟侧畔千帆过，病树前头万木春。"对秋天讲："自古逢秋悲寂寥，我言秋日胜春朝。"真有一种乐天、积极、奋进的精神。

非常可惜，人一生中所受的教育或社会的约束使大部分人笑的能力退化了。《歌德的格言和感想集》里有句话："一个聪明人发现差不多每样事物都是可笑的，而一个老于世故的人发现几乎没有什么事物是可笑的。"我们受了那么多的教育，本应更快乐，可是我发现受教育越多，人们越世故，脸上的笑容反而越少，实在是百思不得其解也！记得有人讲过这么段话："少年：什么都信，故有了信仰。青年：啥都不信，故有了探索。中年：啥都怀疑，故有了思想。晚年：啥都看透，故有了顿悟。"

陈立夫晚年悟得绝妙一联：

> 合情合理合势做成大事；
> 轻名轻利轻权修得长生。

横批：笑对人生。

李鸿章晚年手书的一副条幅发人深省：

> 享清福不在为官，只要囊有钱，仓有米，腹有诗书，便是山中宰相；
> 祈寿年无须服药，但愿身无病，心无忧，门无债主，可为地上神仙。

横批：天天快乐。

我在杭州天竺寺，在一座佛像前，曾见过一副楹联曰：

> 你乐我乐时时快乐；
> 今福明福常常幸福。

世间事，乐就是福，福就是乐。乐也是一天，苦也是一天，人生过一天少一天。可能乐一天，还能多活一天，那为什么不乐？

第四，笑是行善之事。

国学大师爱新觉罗·毓鋆讲过："微笑是扬善之事。"华姿女士在她的传记文学作品《在爱中行走——德兰修女传》里有这么一段话："让我们记住这句话吧——上帝喜爱快乐的给予者，带着微笑的给予是最好的。因为微笑里有爱和尊重。只要你发自内心地对一个人微笑，你就多多少少给了这个人一些爱，即便你什么也没做。"

据说在澳大利亚悉尼某处，有一个叫"裂缝"的地方，风景迷人，但它那陡立的巨石悬崖在澳大利亚是一个众所周知的一些人选择自杀的地方，经常有人跑到这个"自杀崖"来结束生命。有一位八十几岁的叫里奇的老人，他的家就住在悬崖附近，五十多年来，用真诚的微笑和温暖的眼神将一百六十人从死亡线上拉了回来。里奇老人说：我从不想要如何去说服对方，只是给他们温暖和微笑，问他们是否愿意来和我聊一聊，愿不愿意到我家来喝杯茶。事情就是这么简单，而后他们就回心转意了，不想自杀了。

"遇"的故事

我多年养成了不动笔墨不读书的习惯，一旦遇到名言警句或是有趣的小品逸事，自然会花笨功夫记在笔记本上，时间一长，居然发现书房的大书橱有一层都是我的读书笔记。功不唐捐，日积月累，自然关于某些话题的素材就越来越多，其中关于"遇"的话题就是如此。我把"遇"分为艳遇之美、知遇之恩和巧遇之喜三类，每一类再缀上一些故事，以供读者借鉴。

先说艳遇之美。

据唐人孟棨的诗论著作《本事诗》载，唐开元中，为了赏赐戍边的将士，唐玄宗命令宫女做了大量御寒的棉衣。有兵士于短袍中得到一首诗：

> 沙场征戍客，寒苦若为眠。
>
> 战袍经手作，知落阿谁边。
>
> 蓄意多添线，含情更着绵。
>
> 今生已过也，重结身后缘。
>
> ——开元宫人《袍中诗》

兵士就把诗拿给大帅看，大帅一看也不敢怠慢，赶紧上报给唐玄宗。玄宗命以诗遍示六宫，曰："有作者勿隐，吾不罪汝。"有一宫女自言万死。玄宗就动了恻隐之心，就把这位宫女嫁给了得到诗的士兵。唐玄宗还说："不要结身后缘了，我与汝结今身缘。"

唐僖宗的时候，也是宫内制作军袍数千领，赐塞外将士。有个叫马真的军官于袍中得金锁一枚，还有诗一首：

> 玉烛制袍夜，金刀呵手裁。
>
> 锁寄千里客，锁心终不开。
>
> ——唐僖宗宫人《金锁诗》

马真是个粗人，对诗不感兴趣，看到金锁值几个酒钱，就拿到市场去卖，结果被人告发了。主将就问马真怎么回事，马真就把军袍里得诗得金锁的事老实交代了。毕竟这些东西是宫里来的，主将就把这件事上报给了僖宗。结果僖宗和玄宗的做法一样，让这位马真到宫中来，并且把写诗寄锁的宫女许配给了马真。后来黄巢起义，唐僖宗逃到了四川，马真感念当年唐僖宗的恩情，昼夜衣不解带地前后护卫，立下汗马功劳。

据唐末范摅所撰笔记体小说《云溪友议》载，唐宣宗时期，有个叫卢渥的诗人，到长安应举，有一天偶然来到御沟旁，看见一片红叶，上面题有一首诗，是这样的：

> 流水何太急，深宫尽日闲。
>
> 殷勤谢红叶，好去到人间。
>
> ——唐宣宗宫人《题红叶》

卢渥就从水中把这枚红叶取去，收藏在巾箱内。后来，他娶了一位被遣出宫的姓韩的宫女。一天，韩氏见到箱中的这片红叶，惊奇道："当时偶然题诗叶上，随水流去，想不到收藏在这里。"这就是有名的"红叶题诗"的故事。

而据《本事诗》载，"红叶题诗"的故事还有另一个版本，主角换成了中唐诗人顾况，就是白居易初到长安去拜见的那位官员，顾况当时看到白居易的名字，就有意说"长安居大不易"，结果看了白居易的诗，马上说诗才这样，长安居怎么会不易。正是在顾况的引荐下，白居易才顺利考中进士。顾况在洛阳时，一次闲暇时与三诗友在上阳宫宫廷苑囿内游玩，突然看到流水从宫墙内漂来一片大梧桐叶，上面写有一首诗：

> 一入深宫里，年年不见春。
> 聊题一片叶，寄与有情人。

顾况第二天走到流水的上游，也题了一首诗在叶上，让它顺着水流入宫墙内，诗曰：

> 花落深宫莺亦悲，上阳宫女断肠时。
> 帝城不禁东流水，叶上题诗欲寄谁。

过了十多天，有人到苑中踏春，又在红叶上得到一首诗，拿来给顾况看。红叶上写着：

> 一叶题诗出禁城，谁人酬和独含情。
> 自嗟不及波中叶，荡漾乘春取次行。

此后你来我往，顾况和这位宫女二人经常凭借红叶传送爱恋的心声。不久之后，安史之乱爆发，顾况趁战乱找到那位与他传诗的宫女逃出上阳宫，二人结为连理白头到老。这段甜美的爱情故事也被称作"下池轶事"，在洛阳古城流传。

"红叶题诗"的第三个版本发生在唐僖宗时期，主角换成了叫李茵的诗人，也是偶拾从宫中御沟流出的题诗红叶。不过后来的故事就有点像《聊斋志异》了，李茵和题诗红叶的女宫人后来相遇、相爱了，但是最后才发现，女宫人是个鬼。这个故事比较离奇，不太像真的，所以我们就不详细展开了。

因缘合则万物生，因缘离则万物死。不管是卢渥，还是顾况，还是人世间的一切，无非都是因为有缘而相聚。唯有那样悲风飒飒的秋天、那样颓阳西倾的傍晚、幽囚深宫的才情女子、他乡飘零的没落书生，才会有了那样一场不知对方是何人、何样就开始了的相思，有了那样一段荡气回肠的爱情传奇。

再说知遇之恩。

中国历史上，最让人感慨和扼腕的怀才不遇的人就是孔子。春秋时，孔子周游列国，宣传自己的政治理想，但是都很少有回应，好不容易楚昭王看中孔子，想让他到楚国来，结果去楚国的路上，孔子一行人被陈蔡两国羁绊住，七天不火食，就是连个热饭都吃不上，甚至都断炊了。子路就向孔子抱怨，说"行善的人，上天用幸福报答他；作恶的人，上天用灾祸报复他"，怎么老师您一向奉行道义，为什么这么倒霉呢？子路心直口快，但这个时候已经有点口不择言了，这话说得很重，言外之意对孔子的政治追求是否正确都提出了怀疑。孔子急了，要知道孔子失态是很少见的，应该是触到了孔子心里的痛处。他训斥子路道"由不识，吾语女"，你什么都不知道，我来告诉你：

> 女以知者为必用邪？王子比干不见剖心乎！女以忠者为必用邪？关龙逢不见刑乎！女以谏者为必用邪？吴子胥不磔姑苏东门外乎！夫遇不遇者，时也；贤不肖者，材也。君子博学深谋不遇时者多矣。由是观之，不遇世者众矣，何独丘也哉！且夫芷兰生于深林，非以无人而不芳。君子之学，非为通也；为穷而不困，忧而意不衰也，知祸福终始而心不惑也。夫贤不肖者，材也；为不为者，人也；遇不遇者，时也；死生者，命也。今有其人不遇其时，虽贤，其能行乎？苟遇其时，何难之有！故君子博学、深谋、修身、端行以俟其时。
>
> ——《荀子·宥座第二十八》

你认为有才智的人是一定会被任用的吗？王子比干不是被剖腹挖心了吗！你认为忠诚的人是一定会被任用的吗？关龙逢不是被杀了吗！你认为劝谏的人是一定会被任用的吗？伍子胥不是在姑苏城的东门之外被碎尸了吗！能遇到君主的赏识还是遇不到君主的赏识，这要靠时机；有德才还是没有德才，这是个人的资质了；君子博学多识而能深谋远虑却碰不到时机的多着呢！由此看来，不被社会赏识的人是很多的了！哪里只是我孔丘呢？再说兰草长在深山老林之中，不会因为没有人赏识就不香了。君子学习，并不是为了显贵，而是为了在不得志的时候不至于困窘，在碰到忧患的时候意志不至于衰退，懂得祸福死生的道理而心里不迷惑。有德才还是没有德才，在于资质；是做还是不做，在于个人；是得到赏识还是得不到赏识，在于时机；是死还是生，在于命运。现在有了理想的才能却碰不到理想的时机，那么即使贤能，他能有所作为吗？如果碰到了理想的时机，那还有什么困难呢？所以君子广博地学习、深入地谋划、修养心身、端正品行来等待时机。

这段话在《孔子家语》《荀子》《说苑》等典籍都有记载，是孔子的原话，文字有点长，但很重要，我们可以从字里行间感受到孔子郁郁不得志的情绪和壮志难酬的无奈以及连最亲近的学生对自己都不理解的遗憾。

孔子的遭遇，正如清代诗人洪亮吉诗中所言：

> 烈士伤心古道旁，一生曾未值孙阳。
>
> 却看老骥还千里，正服盐车上太行。
>
> ——《读史》

孙阳就是我们通常说的伯乐，《战国策》中记载，秦穆公时有个孙阳善于相马，因此，人们都以神话中掌管天马的星宿"伯乐"来称呼他。以孔子之才，尚且如此，可以想见在封建社会，怀才不遇的人会有很多，遭逢知遇的人很少。正是因为少，知遇之恩才显得尤为可贵。

唐代笔记小说集《云溪友议》中记载了大诗人张籍提携后生朱庆馀的一段佳话。在唐代，大凡参加进士考试的，有一个不成文却颇为实用的做法，那就是考生在试前往往凭着某位很有声望的人士引荐，他很快便可以被主考官关注，从而顺利取得功名。朱庆馀写诗，一直以张籍为宗，模仿张籍到了炉火纯青的地步。他携带自己的诗稿上门拜谒张籍，张籍从中挑了二十六篇，放在自己怀里，便匆匆忙忙地走了。之后，朱庆馀参加进士考试，但很长时间没有结果，不觉有些忐忑不安，于是，他写了一首诗给张籍，试探考试结果，这首诗是这样的：

> 洞房昨夜停红烛，待晓堂前拜舅姑。
>
> 妆罢低声问夫婿：画眉深浅入时无？
>
> ——《近试上张籍水部》

唐时，舅姑就是指公婆。这几句诗几近白话，但是很有韵味，把新媳妇等着拜见公婆的忐忑不安的心情刻画得细致入微，正好比拟他现在等待考试结果的七上八下的心情。张籍看了，会心一笑，给朱庆馀回诗一首：

> 越女新妆出镜心，自知明艳更沉吟。
>
> 齐纨未足时人贵，一曲菱歌敌万金。
>
> ——《酬朱庆馀》

这首诗，意义就是最后一句，"一曲菱歌敌万金"，你的诗写得太好了，洛阳纸贵不过如此啊。才学如此，好事不远了。

果然，朱庆馀在唐敬宗宝历二年（826）一举考取了进士。但张籍这赏识人才的佳话，也得以永久地流传了下来，成为后人赏拔人才的绝佳范本。

今天我们常说到一个词"说项"，这也是个典故。项指的是唐朝一个叫项斯的诗人，他与朱庆馀的经历类似，也是进士考试之前找人引荐，他找的人是国子祭酒，相当于今天的国立大学校长杨敬之，杨敬之看了项斯的作品，大加赞赏，回赠诗曰：

> 几度见诗诗总好，及观标格过于诗。
>
> 平生不解藏人善，到处逢人说项斯。
>
> ——《赠项斯》

由于杨敬之到处引荐和"说项"，第二年项斯就进士及第了。

白居易知遇于顾况，朱庆馀知遇于张籍，项斯知遇于杨敬之，曾巩知遇于欧阳修，黄庭坚知遇于苏东坡，这都是传为佳话的名师引荐高徒的事例，但还是有很多人因为各种原因，没有这么幸运。清人梁绍壬著《两般秋雨盦随笔载》，宋朝有个叫张球的儒生曾写了一首《上吕许公》，希望像朱庆馀知遇于张籍那样，得到宰相吕夷简的首肯，诗是这样写的：

> 近日厨中乏短供，孩儿啼哭饭箩空。
> 母因低语告儿道，爷有新诗谒相公。

吕许公是宋代仁宗时名相吕夷简，曾封许国公，所以也被称为吕许公。这首诗是希望以哭穷的方式得到吕相公的关注，关注和引荐了没有，不知道，我们只知道张球这个人史上无名，那最大可能就是吕夷简没看上他。吕夷简是一代名相，不太可能因为一些见不得台面的原因而冷落才子。但吕相公能如此，不代表别人也是如此，白居易就有一首诗是揭露官场走关系递条子的事情的，诗是这样的：

> 袖里新诗十首余，吟看句句是琼琚。
> 如何持此将干谒，不及公卿一字书。
>
> ——《见尹公亮新诗偶题绝句》

尹公亮诗的质量再好，但其干谒效果也不如权要者一张纸条有效，这正是唐人所谓的"关节"，即"造请权要"之意。"造请权要"光靠诗有时候还远远不够，还要有点"彩头"，也就是要有经济资本的支撑。唐朝时候，有个江西来的考生，叫刘鲁风，就是因为没有钱贿赂一个姓韩的管家，这个管家不把他的诗代送主人，有诗曰：

> 万卷书生刘鲁风，烟波千里谒文翁；
> 无钱乞与韩知客，名纸毛生不肯通。

——刘鲁风《江西投谒所知为典客所阻因赋》

刘鲁风要拜谒的官员是刺史张又新，时号为张三头，他在三次大考中都得了第一名，即连中解元、会元、状元。但就是这么一个"连中三元"的传奇人物，却差点因为一个管家而葬送了自己的清名。好在张又新看到了刘鲁风的这首诗，这才把他收为门生。

唐穆宗时诗人平曾去拜见宰相李固言，等了三天都没有见到他，无奈写下了《谒李相不遇》，诗曰：

老夫三日门前立，珠箔银屏昼不开。

诗卷却抛书袋里，正如闲看华山来。

好不容易见到了李固言，平曾献《雪山赋》，李固言看了一下，让人把他推出去，诗没看上。没过几日，平曾又献《鲸鱼赋》，李固言这才有了笑脸。不遇与遇，平曾的命运就这样戏剧性地反转。

北宋宰相冯京年轻时放荡不羁，有一次在余杭因为某事被拘捕，没有办法，只好在囚牢的墙壁上题诗，诗曰：

韩信栖迟项羽穷，手提长剑喝秋风。

吁嗟天下苍生眼，不识男儿未济中。

——《题寺壁》

一个牢头看到诗后觉得冯京将来一定不得了，就建议典狱长放人，结果典狱长以为牢头一定收受了冯京的贿赂。于是牢头就把诗抄下来拿给长官看，典狱长一看到诗果然非同寻常，就下令释放了冯京。冯京后来在五个月内，连续参加乡试、会试、殿试，连中解元、会元、状元，成为当时的一大传奇。宰相富弼欣赏冯京才华横溢，先后将两位千金嫁给他为妻，留下了"两娶宰相女，三魁天下元"的千古佳话。一位名不见经传的牢头对一位"三头"状元、副宰相（参知政事）有莫大的知遇之恩，后者甚至可以说因他而彻底改变命运，这种事具有足够的戏剧性，我们今天读到这则史料时仍然是啧啧称奇，觉得不可思议。

最后说说巧遇之喜。

朱元璋有一次在皇宫里面待久了，烦得要命，傍晚出皇城来，走一走透透气，恰巧刚刚下过雨，西边的太阳一照，一道彩虹挂在天边，朱元璋即兴说了两句诗：

> 谁把青红线两条，和风甘雨系天腰。

这朱元璋微服出城，没有人知道他是皇上。结果有个叫彭友信的人运气好得要命，刚刚从朱元璋旁边经过，听到朱元璋念的两句诗，就信口续了两句：

> 玉皇昨夜銮舆出，万里长空驾彩桥。

意思就是说，玉皇大帝的御辇昨天夜里出皇城了，所以万里长空驾上彩桥给玉皇大帝走。朱元璋一听，这个口彩好，把我老朱这个地上的皇帝比作天上的玉皇大帝，心里比吃了冰凉顺气丸还舒服。他就问彭友信姓甚名谁，来京城做甚？彭友信一一回答。那结果还用问吗？第二天朱元璋直接分配彭友信做北平布政使，北平的最高行政长官，从二品，集地方上的财政、人事大权于一身。

再讲一个农民巧遇朱元璋的故事。朱元璋有一次带着几个随从出行私访，时值盛夏，热得要命，渴得要命，到处找水找不到。他们到了一个村庄里，有两户人家，一家门关得死死的，一家门开了点缝。朱元璋一看这户人家开了点门，就推门进去了。屋里面出来了农民，上眼一看就是个泥腿子、土包子，没有文化。这个农民一看外面突然来了好几个人，就说，你们要干什么？朱元璋说，不要啰唆，赶紧找水喝，格老子渴得要死！那农民找了半天，既没有什么江西景德镇的陶瓷，也没有龙泉青瓷，最后找到一个破瓢，舀了半瓢茶水给朱元璋喝。朱元璋到底要过饭，不在乎了，拿过来就喝，解了渴，冰凉顺气，龙颜大悦，说："也没有什么好犒赏你的，这样吧，做个县令吧。"结果由于半瓢茶水，这个人由农民变作县令了。

这个农民隔壁是个秀才，为了考试，怕人打扰，把门关得死死的。这个秀才读书读了十年，每次都是落榜，半个功名没捞到。后来听说隔壁的老农因为给皇上喝了半瓢茶水就变县令了，他气得要命。俗话说"愤怒出诗人"，他要发脾气，没有办法发，就在村口的墙上面写了大大的两句话："十年寒窗苦，不及半瓢茶。"朱元璋后来回来了，又路过这个村，不过这次不渴了，打算直接从村口转到官道上就回去了，结果走到村口，远远就看到村口墙头上的两句话："十年寒窗苦，不及半瓢茶。"朱元璋心想，这小子还不服气呢，拿笔在后面又补了两句："他才不如你，你命不如他。"意思是说，他的学问是不如你，但是你的命不如他好。当时你的门关得死死的，所以我就到他家去了，他就改运了。

恐致福

所谓"恐致福"即恐惧能得福之意。心怀恐惧，则知戒备，有备而无患，故能致福。我们生活中有时会看到平时身体好的人，尤其是特别好的那种，突然一下子就走了，相反，有的人一直被小病缠身，反而活得久。其实究其原因，就是身体棒的人仗着身体好有恃无恐，熬夜、喝酒甚至剧烈运动都没有节制，反而不知不觉掏空内部，有时候摔一跤就走了，而平时身体不怎么好的人，因为担心、害怕自己身体容易出状况，反而小心翼翼，饮食、睡眠等各方面都特别谨慎，结果反而活得长久。过去古人讲人生有四大不可靠，即春寒、秋暖、老健、君宠。"老健"并不是说老年人健康不好，而是提醒老年人越是健康越要当心，不要仗着自己身体好，就什么顾忌都没有。《诗经》里有这么一段话：

> 老马反为驹，不顾其后。如食宜饇，如酌孔取。
>
> ——《诗经·小雅·角弓》

什么意思呢？老马当作驹使唤，不顾其后生祸患。如像吃饭只宜饱，又像喝酒不贪欢。

老马老了，自己装嫩。你看现在有些人年纪很大了，还要跟年轻人喝酒比赛，这就是"反为驹"。有些人有个毛病，三不服：不服气，不服老，不服输，这是最要命的。你已经老了就不要装年轻人的样子了，要过适合老年人节奏的生活，"不顾其后"，根本不管后面会发生什么。你看喝酒，他也拼命喝，根本不管后面发生什么。"如食宜䭔"，吃饭吃到最后都吐了，这种人会长久才怪。"如酗孔取"就像喝酒一样，"孔"就是甚、多、大的意思，孔取就是拼命喝。

曾国藩有段话可以说是对"恐致福"的经典解释：

> 恐惧者，修身之本。事前而恐惧，则畏，畏可以免祸。事后而恐惧则悔，悔可以改过。夫知者以畏消悔，愚者无所畏而不知悔。故知者保身，愚者杀身，大哉所谓恐惧者也。

光绪皇帝的父亲醇亲王奕譞曾讲过一段著名的治家格言：

> 财也大，产也大，后来子孙祸也大，若问此理是若何，子孙钱多胆也大，天样大事都不怕，不丧身家不肯罢；
> 财也小，产也小，后来子孙祸也小，若问此理是若何，子孙钱少胆也小，些微产业知自保，俭使俭用也过了。

一个人既无知又无畏还又无悔，这种人必遭灾祸，哪来的福气可言呢？所以过去有一副对联说得好：

> 常存敬畏方为福；肯赐箴规即是诗。

人生应该有怕的东西，天不怕地不怕的人只能加速自己的灭亡。一个人在社会上历练越多往往胆子越小，正所谓"气傲皆因经历少，心平只为折磨多"，经过历练、折磨的人知道人生处处暗藏险坎，遇到事就会思虑周全、小心应对，这种恐惧之心往往能给人带来福报。有恐惧之心的人是成熟、懂事的，不仅晓得自己的斤两，对家庭对社会还有高度的责任感，所以说胆小往往是责任心的表现。

明太祖朱元璋曾问他的大臣们："天下何人快活？"群臣中有的说功成名就者快活，有的说金榜题名者快活，也有的说富甲天下者快活。这时，有一位叫万纲的大臣回答道："畏惧法度者快活！"此言一出，众臣愕然；朱元璋却龙颜大悦，连赞其见解"甚独"。所谓"法度"，就是规范人们行为的道德法则，只有畏惧触犯法条，遵守道德规范，才能真正活得踏实、快活。

但是历史上还是有人仗着后台硬，有恃无恐，公然违法乱纪，气焰嚣张一时，不过最后还是受到了国法的严惩，最典型的人物当属和珅。传说乾隆年轻的时候，跟雍正的一个妃子暧昧不清，乾隆母亲知道此事后，就下令赐死了这个妃子。有清一代的皇帝都信佛，相信轮回，乾隆初次见到和珅时就觉得和珅和那个被赐死的妃子极像，便认定这是老情人投胎回来重续前缘，明知道和珅贪污，也是睁一只眼，闭一只眼，和珅仗着乾隆这棵大树自然是有恃无恐、毫不收敛。嘉庆皇上对和珅的贪腐早就耿耿于怀，等他老爹乾隆一死，马上就把和珅抓起来，赐他三尺绫子自杀去吧，贪的那些东西就归嘉庆了。民间说："和珅跌倒，嘉庆吃饱。"最后清点和珅家产居然有几亿两白银，是当时清廷十五年税收的总和。

第七章　智慧篇

履霜知冰

苏东坡说"春江水暖鸭先知"，其实不然，在鸭子下水之前，大地早就知道了。大地承载着江河，和江河肌肤相亲，江河的任何细微变化自然是大地最先知道。《易经·坤》里面讲："履霜，坚冰至。"当夜里第一层霜气降到大地的时候，大地就知道冬天快到了，池塘水要结冰了。以后就是小雪、大雪、冬至、小寒乃至大寒，由一点点细微的变化就知道未来发展的结果，这是大地见微知著的智慧，对我们为人处世有极大的启示。

西周时期的诸侯国密须国的国君密康公曾跟随周共王游于泾水之上，结果有三个女子跟密康公私奔。密康公的母亲隗氏劝其把三女子献给周恭王，说：

> 夫兽三为群，人三为众，女三为粲。王田不取群，公行下众，王御不参一族。夫粲，美之物也。众以美物归女，而何德以堪之？王犹不堪，况尔小丑乎！小丑备物，终必亡！
>
> ——《国语·周语二》

康公的母亲说："三只兽在一起就是群，三个人在一起就是众，三个女子在一起就是粲。天子不猎取群兽，诸侯对众人要谦下行事，天子不选三个同族的女子为妃嫔。粲是美好的事物，人们把美好的事物归于你，你有什么德行来承受呢？天子尚且不能承受，何况你这种小人物呢？小人物得到的东西太多，一定会灭亡。"

所谓"小丑备物"，指小人物会因私欲过度膨胀昏了头而招来覆灭之灾。密康公根本听不进母亲的劝告，认为是老人家小题大做了，结果第二年，周恭王灭了密国，密康公被杀。

历史上像陬氏这样见微知著的智慧老太太有好几位，譬如孟子的母亲看到孟子学习吹鼓手那一套就立马搬家，再如赵括的母亲看到赵王授权纸上谈兵的赵括率兵迎秦军，就知道赵括必败，在屡劝赵王放弃赵括不成之后，就请求赵王到时候战败只归罪赵括，不要殃及家人。

《淮南子·齐俗训》里记载了几个见微知著的著名人物，一个是周公，一个是姜太公，还有一个是孔子：

> 昔太公望，周公旦受封而相见，太公问周公曰："何以治鲁？"周公曰："尊尊亲亲。"太公曰："鲁从此弱矣！"周公问太公曰："何以治齐？"太公曰："举贤而尚功。"周公曰："后世必有劫杀之君。"其后齐日以大，至于霸，二十四世而田氏代之。鲁日削，二十三世而亡。
>
> 子路撜溺而受牛谢，孔子曰："鲁国必好救人于患。"子贡赎人而不受金于府，孔子曰："鲁国不复赎人矣。"子路受而劝德，子贡让而止善，孔子之明，以小知大，以近知远，通于论者也。
>
> ——《淮南子·齐俗训》

武王灭纣之后，姜太公吕望和周公姬旦分别被分封至齐地和鲁地，有一天这两位朝廷大臣就国家治理问题交换意见，周公提倡以伦理纲常来治理国家，所谓"尊尊亲亲"，意思是要亲近亲属，尊重在尊位的人，实际是维护等级制。太公则主张选贤任能，用功绩考核来激励人才。结果两位大佬争论了起来，太公说鲁国恐怕会衰弱下去，周公则说齐国最后会出现杀父弑君的窃国大盗。结果还真如两位大佬说的那样，齐国后来一天天强大起来，做了中原的霸主，而在二十四代之后被田氏连窝端掉。鲁国一天天地弱小下去，到了二十三代也被楚国灭掉。这说明两位大佬都有见微知著的智慧。

子路救起溺水者而接受主人答谢的牛，孔子对此事评论说："鲁国一定会兴起助人为乐的好风气。"子贡用钱财赎救出做奴隶的鲁国人而不接受官府的钱财，孔子对此事评论说："鲁国再也不会有掏钱来赎的事了。"子路接受谢礼，能鼓励人们做好事，子贡推辞官府的赏钱，就损害了人们行善的积极性。孔子之所以伟大，正是能从小处看到大处，从近处看到远处，在这个意义上说，孔子真是一位通晓事理的圣人。

关于见微知著、先见之明的智慧，《吕氏春秋·察今》也记载说：

> 有道之士，贵以近知远，以今知古，以所见知所不见。故审堂下之阴，而知日月之行，阴阳之变；见瓶水之冰，而知天下之寒，鱼鳖之藏也；尝一脔肉，而知一镬之味、一鼎之调。

意思是：有道之人，可贵的地方就在于他能够根据近的推知远的，根据现在的推知古代的，根据看到的推知未见到的。所以，他观察房屋下面的光影，就知道太阳、月亮的运行和早晚和寒暑季节的变化；看到瓶子里水结的冰，就知道天下已经寒冷，鱼鳖已经潜伏了。尝一块肉，就知道一锅的味道，全鼎中的调味。

"莼羹鲈脍"这个成语讲的是西晋时期吴郡人张翰，字季鹰，被晋武帝司马炎的侄子、齐王司马冏征辟为大司马东曹掾，这是一个私吏，不是政府的官职，相当于大司马的私人助手。此时司马冏如日中天，因迎晋惠帝复位有功，拜大司马、辅政大臣，加九锡，权倾朝野。但张翰却总是心里不踏实，因为当时正是"八王之乱"不久，兵连祸结，灾难不已。有一天，秋风忽起，张翰突然想到家乡吴中的菰菜香、莼羹鲜、鲈鱼美，就对朋友说："人生贵在适志，何能羁宦数千里以要名爵乎！"于是，一点也不耽搁，马上辞官归家了。不久，齐王司马冏果然在西晋内乱中被杀，张翰因早抽身而应免于难，人们都很佩服他的先见之明。

从此"莼鲈之思"便成了疏阔旷达、不计名利、归隐田园、思乡的代名词，后来还有好事者冒名张翰作了一首《秋风歌》：

秋风起兮佳景时，吴江水兮鲈鱼肥。

三千里兮家未归，恨难得兮仰天悲。

唐代大诗人李白则有"君不见吴中张翰称达生，秋风忽忆江东行。且乐生前一杯酒，何须身后千载名"（《行路难三首》之三）的千古名句。据说，"莼鲈之思"的典故还传到了国外，唐代中期同时的日本嵯峨天皇模拟张志和的《渔夫词》写道：

寒江春晓片云晴，两岸花飞夜更明。

鲈鱼脍，莼菜羹，餐罢酣歌带月行。

但事实真的是这样吗？张翰真有如此豁达吗？是因为张翰身处西晋的黑暗官场，外面还有诸胡觊觎，他早就嗅出了腾腾杀气，在天下大变之前，赶紧开溜，因莼鲈而辞官只是一个冠冕堂皇的借口而已。

明朝初年，朱元璋称帝不久，那时候天下刚刚太平。嘉定安亭，也就是今天的上海嘉定区安亭镇这个地方出了一个富甲一方的大富豪叫万二。有一天有个朋友从南京办事回来，万二就问他京城有什么特别的新闻。这位朋友就说皇帝最近写了首诗：

百僚未起朕先起，百僚已睡朕未睡。

不如江南富足翁，日高五丈犹拥被。

万二感叹道："兆已萌矣。"赶紧买了一艘巨船，装满了值钱的东西，带上老婆孩子，泛游湖湘而去。不到两年，江南大族通通被抄家，万二的知机的智慧使他得以幸免。

万二的故事，使我想起了宋朝戴复古的一首《观捕黄雀》，诗曰：

披绵争啄晚禾秋，决起森然网扼喉。

一饱等闲输性命，知机万不及沙鸥。

"沙鸥知机"是出自《列子》里面的典故，说的是一个小孩开始没有杀机，沙鸥都围着他飞。当他动了杀机，想抓一只给他父亲玩时，沙鸥感觉到了杀气，就再也不飞下来。相比沙鸥，这些黄雀为了眼前的利益，不懂得识机，结果都被罗网扼喉。

等待的智慧

等待要有智慧，在等待期间要把握三个原则，也就是要把握三个关键词即信心、敬畏和循顺。我们人生有太多的等待，等待考试结果，等待别人救援等等，都要把握这三个原则。

先说信心，也就是凡事要充满信心。

《庄子·田子方》里面讲："夫哀莫大于心死，而人死亦次之。"人的肉体消亡是次要的，最大的悲哀是失去希望，没了精神。

我写这篇文章的时候，是庚子年（2020）的正月十三，这个时候新冠肺炎疫情还在疯狂蔓延，国家号召人们少出门，待在家中耐心等待疫情拐点的出现，就在这时，北京诗人塘萍写的现代诗《这个年很静》问世了，鼓励人们为了战胜疫情要团结一致，充满信心。

这首诗我反复读了十几遍，在这个平静的新年里，希望蜗居在家等待风雨后彩虹的人们要对我们的国家，我们的人民，我们的党充满信心，要对战胜新型冠状病毒疫情充满信心，就像电视剧《汉武大帝》的主题曲《等待》中最后一句歌词说的那样："共同期待一个永恒的春天！"

大家都知道在秋冬季节，木枯叶落，风吹草黄，用南怀瑾先生的两句诗叫"秋风落叶乱为堆，扫去还来千百回"。岂不知，秋木落叶是为了储存水分，青草枯黄是为了滋养种子，表面一片萧条，内藏无限生机，默默等待着春天的来临，对未来充满了信心和希望！

再说敬畏。

明朝四大才子之一的祝枝山有一首《绝句》诗写道：

> 因名为利苦奔驰，换得身疼气似丝。
>
> 到此都寻参与术，名难将息利难医。

人为了名为了利，每天忙得脚打后脑勺，很辛苦，最后得到的是什么？身体各个零部件出问题了，到医院一检查，不是这个地方有毛病，就是那个地方出问题，到最后才知道买人参、白术这种营养品，最后祝枝山很无奈地讲，"名难将息利难医"，名驱利熏的病是很难治好的。其实名利只是我们为社会做贡献的工具，并不是洪水猛兽，但是很多年轻人拼命追逐名利往往是为了满足虚荣心，对自我人格毫无敬畏之心。

《庄子·杂篇·列御寇》里面记载了一个"曹商舐痔"的寓言故事很有意思：

> 宋人有曹商者，为宋王使秦。其往也，得车数乘。王说之，益车百乘。反于宋，见庄子曰："夫处穷闾阨巷，困窘织屦，槁项黄馘者，商之所短也；一悟万乘之主而从车百乘者，商之所长也。"庄子曰："秦王有病召医。破痈溃痤者得车一乘，舐痔者得车五乘，所治愈下，得车愈多。子岂治其痔邪？何得车之多也？子行矣！"

意思就是说，宋国有个叫曹商的哥们替宋王出使秦国，去的时候才几辆车，由于他口才好，利用他的两行伶俐齿及三寸不烂舌，把秦王夸得是心花怒放，于是秦王一高兴就赐给他一百辆"奔驰"。曹商浩浩荡荡地回到了宋国，好不威风。车队刚好经过庄子家门口，就忍不住要嘚瑟一下，挖苦庄子说："住在穷里狭巷，靠织鞋而生，搞得面黄肌瘦，把日子过成这样非我所长；一旦见到万乘之君主而我的车子就增加到百辆，这才是我的本事。"庄子说："秦王有病召请医生，破除痈疽溃散痤疮的可以得车一辆，舐痔疮的可以得车五辆，所医治的愈卑下，得的车愈多。你难道是舐了他的痔疮了吗？要不为什么你得到的车这么多呢？你走吧！"

《孟子·离娄》里也记载了类似的一则寓言故事，毫不客气地嘲讽了那种为了富贵，不顾礼义廉耻，甚至用卑劣手段达到目的的人。故事说齐国有个人，他讨了老婆还纳了小妾，每天从外面回到家都是嘴上油油的，肚子鼓鼓的。老婆问他每天都跟什么人喝酒吃饭，他撇着嘴眯缝着眼答道，还有谁？都是些非富即贵的哥们儿。这老婆就和小妾在一起犯嘀咕："我们家老爷每天回来都是酒足饭饱，问他跟什么人在一起吃喝，说都是些非富即贵的人，俗话说礼尚往来，咋就不见一两个有头有脸的人来咱家呢？明天我跟踪看看，看他到底弄啥呢？"第二天一大早，她起了个大早，猫着腰，高抬腿轻落脚，跟在丈夫身后，结果发现一路上没有一个人跟她家老爷打招呼。跟跟跟，一直跟到了城东的坟地，居然发现她家老爷向祭祖的人家跪下来乞讨祭酒、祭肉吃，一家吃不饱，接着再踅摸另一家乞讨。这下她明白是怎么回事了，一溜烟跑回家跟小妾一说，两个人又哭又骂，原来我们那么尊重的老爷在外居然是这副德行。孟子最后说现在社会上很多富贵显赫的人都跟这个齐国人差不多。

以上两个例子讽刺的就是不懂得敬畏的人。

最后谈谈循顺，也就是循事顺时。

何谓循事？讲通俗点就是该干吗干吗，不要因为等待某种结果而荒废做事。好多年前听到过这样一则故事，一家公司为了更好地发展，要精兵简政，决定裁掉一批员工。月初公司公布了被裁人员的名单，要求他们做完这个月结了工资就离开公司。结果名单上的员工得知自己被裁之后，消极怠工者有之，摔碗骂娘者有之，着急找下家者有之，总之没有人愿意再把心思花在本职工作上。只有一个负责打印工作的小女孩每天依然踏踏实实地为公司打印文件，不仅如此，每天反而来得更早，把公司上下两层楼的楼道打扫得干干净净，还把每个办公室的热水壶打满开水。月底到了，部门经理请她到办公室谈话，问她为什么明知道被裁还那么认真踏实地工作，小女孩也很老实地回答经理："与其抱怨，不如踏实做好手头活，给大家留个好印象，多为大家服务点，大家在一起一天就是一天的缘分。"部门经理听了点点头，告诉她明天早上按时来上班。

何谓顺时？就是用平常心来度过每一天。顺时最好的方式就是饮食宴乐，就是在结果没有出来之前，该吃吃该喝喝，吃得下睡得着，这是最健康的心态。

不过大家千万不要误会，我们所谓的饮食宴乐并不是每天大鱼大肉，醉生梦死，不是像唐朝白居易在《自感》中说的那样"宴游寝食渐无味，杯酒管弦徒绕身"。像白居易这样的宴游寝食完全是应酬对付，可谓饮食而不知其味，宴游而不知其乐。当然也不能像历史上的越王勾践等待复国报仇那样，所谓饮食就是每天尝苦胆，所谓宴乐就是卧干草，为了灭掉吴国，天天咬牙切齿、眼里冒火，等到自己复国成功、大仇得报了，却不珍惜等来的结果，完全走到了另一个极端，杀功臣、溺酒色，三十年间完全没有国家建设，无怪乎灭吴之后从此衰落下去。我们所谓的饮食宴乐，只是吃着家常菜，做着平凡事，拥有平常心，等待结果而已。

饭未煮熟时

谛语有云："饭未煮熟，不要随便一开。蛋未孵熟，不要妄自一啄。"锅里的米还没有煮熟就把锅盖掀开，就变成夹生饭；孵蛋的母鸡再坚持一阵子就可以出小鸡了，结果揠苗助长希望早出成果，妄自啄蛋，于是蛋清就淌出来了。正如《尚书·旅獒》所言："为山九仞，功亏一篑。"

清代诗人龚自珍在《己亥杂诗》中有一首说：

谁肯栽培木一章，黄泥亭子白茅堂。

新蒲新柳三年大，便与儿孙作屋梁。

俗话说："十年树木，百年树人。"一个人的成长、成熟总要有个磨炼、积淀的过程，不能一蹴而就，不然就容易出问题。北宋大学者程颐讲过少年有三不幸：

少年登高科，一不幸；席父兄之势为美官，二不幸；有高才能文

章，三不幸也。

意思是：少年的第一不幸是为少年之时，心未定，突获荣名，不能把握。第二不幸是仰仗父兄之势而获得高官，作威作福，因而罹祸。第三不幸是才高八斗，出口即为文章，如此则鲜于修养德行，为人轻妄。就像王安石《伤仲

永》里面的天才少年方仲永，小的时候出口成章，但是如果不懂得蓄养自己的才华，脚踏实地地学习，这些灵光一现的东西很快就没有了，最后也是庸人一个。

二十世纪二十年代，美国有位教授为了考察神童将来是否能够成才，决定对一千五百二十八名"天才儿童"进行长期跟踪研究。调查工作开展十年后，被调查的儿童已经大学毕业参加工作，大部分人的学习成绩与工作成就并不突出，与中等智商的同学没有多大区别。到了五十年代，跟踪调查接近尾声，大约只有一百名左右的"天才儿童"能进入美国名人大辞典。他们中工作有成就的人，与普通人中工作有成就的比例是一样的。而且，那些"天才儿童"中取得突出成就的人，主要也不是由于他们超高的智商，而是由于人际关系融洽等非智力因素的原因。这位教授1958年在出版他的跟踪调查报告时修改了书名，用"人才"替代以前的"天才"。这些道理告诉我们凡事要成功，需要先沉得住气，要学会循序渐进，要懂得蓄养之道。

拿我自己做例子，博士毕业到党校的第一年我就决心把传播生活国学作为自己的人生之道，那时真是初生牛犊不怕虎，很着急要表现自己，希望能早点引起别人的注意。走到哪里都随身带着一沓名片，见到谁有职务就把名片硬塞给人家，结果证明这样做的效果并不好，名片发完了也没有收到任何讲座邀请。现在我坐在小餐桌旁写这段文字的时候还觉得脸烫烫的。平心而论，当年刚刚出道，徒有一腔传播国学的热情，对很多经典的接触也只限于皮毛，并没有深入研究，上课也是东拼西凑，表面好像知识渊博，其实并无多少实质性的学问，以至于现在看到我早期的学员，我都频频向他们道歉。那时候实在不懂得蓄养之道。

曾国藩曾将"浑"列入君子八德之一。他说"谦卑含容是贵相"，这"含容"便是"浑"。"浑"不是糊涂，是聪明内敛，所谓"劲气常抱于胸而百折不挫，是非了然于心而一毫不露"。那时的我可谓胸无劲气，聪明外露。直到单位年底教学测评结果出来，校长把我叫到办公室很严肃地告诉我教学测评是全校倒数第一时，我才恍然大悟，自己就像一辆快要脱轮的车子，跑得太急了。于是恢复自己的本道，既然这一生决定要传播生活国学，那就踏实精研经典，多读好书。结果越研究经典，读书越多，越发现自己浅薄无知，越发对从前自己的表现感到惭愧，正如唐代德山禅师所言"穷诸玄辩，若一毫置于太虚；竭世枢机，似一滴投于巨壑"。后来自己一边踏实读书，一边宣讲，居然也得了些虚名，受到了社会上好多单位的邀请。但是每次上课后，我总是向我的听众道歉，觉得耽误了大家时间，因为实在觉得自己太浅薄了。

今年是我讲学的第十个年头，心态早已平和。如果把当年的我比作一只好斗公鸡的话，那么现在我自喻为一头温顺的黄牛，《本草纲目》中说："牛在畜属土，在卦属坤，土缓而和，其性顺也。"牛行动和缓、不紧不慢、不急不躁、低头耕种、温文尔雅。一个人只要脚踏实地地夯实自己的基本功，一步一个脚印稳当地提升自己，自然会得到社会的认可，明代陈继儒在《安得长者言》中讲得好："水到渠成，瓜熟蒂落，此八字受用一生。"

从孔子的自保之道说起

《论语》中记载了孔子说过的这么一段话:

> 笃信好学,守死善道;危邦不入,乱邦不居;天下有道则现,无
> 道则隐。邦有道,贫且贱焉,耻也;邦无道,富且贵焉,耻也。
>
> ——《论语·泰伯篇》

我把孔子的这段话称作孔子的自保之道。"危邦不入,乱邦不居"乃孔氏保身之道;"天下有道则现,无道则隐"乃孔氏保德之道。

孔子的自保之道大概是受到了老子的影响。《史记·老子韩非列传》中记载,孔子曾问礼于老子,老子说:

> 子所言者,其人与骨皆已朽矣,独其言在耳。且君子得其时则
> 驾,不得其时则蓬累而行。吾闻之,良贾深藏若虚,君子盛德容貌若
> 愚。去子之骄气与多欲,态色与淫志,是皆无益于子之身。

老子说:"你所说的礼,倡导它的人和骨头都已经腐烂了,只有他的言论还在。况且君子时运来了就驾着车出去做官,生不逢时,就像蓬草一样随风飘转。我听说,善于经商的人把货物隐藏起来,好像什么东西也没有;君子具有高尚的品德,他的容貌谦虚得像愚钝的人。抛弃您的骄气和过多的欲望,抛弃

您做作的情态神色和不切实际的志向，这些对于您自身都是没有好处的。"

孔子当时所处的春秋末期，可谓礼崩乐坏、列国纷争、小人当道的历史黑暗时期，孔子所以"危邦不入，乱邦不居"，不是因为孔子胆小，而是如果连命都没有了，还如何续继道统，恢复周礼？孔子一辈子之所以汲汲如丧家之犬，之所以周游列国十四年最后却孑然一身回到鲁国整理历史文化文献，是那时诸邦无道，"道不同，不相为谋"，孔子不想为了富贵而出卖自己的道德理想和人格尊严，所以他才说出"不义而富且贵，于我如浮云"（《论语·述而篇》）那样的话来。

唐明皇李隆基有一首诗叫《经邹鲁祭孔子而叹之》，对孔子的一生做出了总结：

> 夫子何为者，栖栖一代中。
>
> 地犹鄹氏邑，宅即鲁王宫。
>
> 叹凤嗟身否，伤麟怨道穷。
>
> 今看两楹奠，当与梦时同。

意思是说，劳苦奔波列国中，夫子一生何事成？生于鄹邑葬于鄹，旧宅曾变鲁王宫。小人当道无麒麟，污浊世界哪有凤？曾梦两楹被人奠，如今情形与梦同！

无论后世如何评价孔子，我想在那样一个黑暗的社会环境中，孔子可以做到保身保德就已经足够让后人敬佩了。

在社会壅塞、小人道长的时候，很多正人君子为了保身保德往往选择"俭德辟难，不荣以禄"（《易传·象传上·否》），意思就是说，君子处在政治闭塞、奸臣当道的情况下，往往收敛其行、韬光养晦、隐居山野，以避灾难，不会因贪求高官厚禄而丧失人格。唐代诗人韩偓有一首《小隐》大概能描述这些隐君处士的生活状况：

> 借得茅斋岳麓西，拟将身世老锄犁。

清晨向市烟含郭，寒夜归村月照溪。

所以孔子也说"礼失而求诸野"（班固《汉书·艺文志·诸子略序》），因为在政治昏暗的社会，在朝的小人同流合污，礼崩乐坏，隐居山野的人反而依然保留着高尚的节操，遵守君子之礼和君子之道。

在君子道长，小人道消的政治清明社会，人与人之间关系如《尚书·泰誓》中所言是："人之有技，若己有之；人之彦圣，其心好之。"人有本事，就如己有；人有良品，我心欣喜。而在小人当道的社会，则如韩愈在《原毁》中所言："忌者不能修，怠者畏人修。"忌者，嫉也，嫉妒。什么是嫉妒？对自己无能的愤怒。有些事情，自己做不到，却嫉妒别人做得好。自己懒惰，又害怕别人去修习。正如屈原在《离骚》中言："内恕己以量人兮，各兴心而嫉妒。"严于律人，宽以待己，起心动念都是嫉妒。

《战国策》中有言："人臣莫难于无妒而进贤。"人臣最难的就是没有一点嫉妒心而向国家推荐贤才。然而在"兴心而嫉妒"的小人社会，自我表现尚且来不及，哪里还会举荐比自己高明的人才？韩愈在《送李愿归盘谷序》中把这些小人的丑陋表现描述得淋漓尽致：

伺候于公卿之门，奔走于形势之途，足将进而趑趄，口将言而嗫嚅，处污秽而不羞，触刑辟而诛戮，侥幸于万一，老死而后止者，其于为人，贤不肖何如也。

小人们在达官显贵的门下侍候，在通往权势的路上奔走，想举脚走路又不敢走，想开口说话又不敢说，处于污浊卑下的地位而不觉得羞耻，触犯了刑法就要被诛杀，希望有获得成功的万分之一的机会，直到老死而后停止（追求）。这样的人在为人方面是好还是不好呢？

就拿韩愈本人来讲，因为起草《平淮西碑》而见赏于唐宪宗，但他又不愿意像一些朝中小丑那样逢迎圣上，尸位素餐，于是又因为一篇《谏佛骨表》激怒唐宪宗而被贬广东潮州。当韩愈走到蓝关，也就是现在陕西省蓝田县附近，大雪封山，进退维艰。正在踌躇之际，忽然侄孙韩湘前来相送，于是韩愈就写下了一首著名的《迁至蓝关示侄孙湘》，诗曰：

> 一封朝奏九重天，夕贬潮阳路八千。
> 欲为圣明除弊事，肯将衰朽惜残年？
> 云横秦岭家何在？雪拥蓝关马不前。
> 知汝远来应有意，好收吾骨瘴江边。

这首诗意思很简单，早上写信劝皇上，晚上就被扔潮阳。本想为国做点事，一把骨头有何妨？大雪封山路茫茫，走到蓝关透心凉。韩湘急赶来相送，怕我冻死喂豺狼。

历史上很多例子告诉我们，一个人处于大道壅塞、政治昏暗的社会要想成就一番事业一定要学会包羞忍辱。佛家讲"六度波罗蜜"（"波罗蜜"意思就是"到达彼岸"），其中一条就是"忍辱波罗蜜"，也就是忍人之难忍，行人之难行，如司马迁忍宫刑之辱成就《史记》为"史家之绝唱，无韵之离骚"，周文王忍辱羑里演推《易经》，勾践忍辱尝粪灭强吴，孙膑忍辱装疯杀庞涓，汉苏武留胡忍辱终铸英名。关于"包羞忍辱"，唐朝杜牧在《题乌江亭》中说：

> 胜败兵家事不期，包羞忍耻是男儿。
> 江东子弟多才俊，卷土重来未可知。

这首诗反映了杜牧对项羽乌江自刎感到深深的惋惜，按照《史记》的记载，当时乌江边上有一只渔船可以渡江，项羽完全可以逃生，而且项羽完全有卷土重来的本事，但他没有这样做。清朝诗人易实甫这样评价项羽：

> 二十有才能逐鹿，八千无命欲从龙。
> 咸阳宫阙须臾火，天下侯王一手封。

　　项羽二十几岁就开始起兵作战，最后连刘邦的汉王都是他封的，可见项羽并非等闲之辈。然而他就是爱面子，不能像刘邦那样包羞忍辱，刘邦逃不掉的时候甚至不惜把儿女扔下车，项羽有机会逃脱却宁愿放弃，因为他觉得"八千子弟"跟着他无一生还，实在无颜见江东父老，就是过不了包羞忍辱这一关。如果项羽当时可以过得了这一关，最后鹿死谁手谁能断定？在我们漫长的人生道路上，遇难受挫是常有的事，学会包羞忍辱，韬光养晦，等待时机是很重要的一堂人生课。

凡事莫太满

《诗经》中说：

> 太平之君子，能持盈守成。
>
> ——《诗经·大雅·凫鹥·小序》

《道德经》讲：

> 持而盈之，不如其已；揣而锐之，不可长保。金玉满堂，莫之能守；富贵而骄，自遗其咎。功成身退，天之道也。
>
> ——《道德经》第九章

唐玄宗妹妹玉真公主在终南山出家当道士，被赐号"持盈法师"。持者，保也。盈者，满也。好比杯中水已满，持平地端稳就好，不要再加水了，再加一定满溢出来。讲得通俗一点，做人就是内部实实满满的，外面看起来平平的，没有骄势傲态，对别人没有压迫感，给人感觉很平和，凡事都不做得太过、太满，留有余地。

做事不满留余的道理在我们日常生活中也常有体现，譬如说二十四节气中有小雪，有大雪，有小寒，有大寒，有小暑，有大暑，但是只有小满没有大满，意思是说：小小地满一下就好，不要大满贯哦。一旦大满贯，就要小心了。所以过去叫存钱罐为"扑满",一旦太满,就要被摔碎。东晋时期著名学者葛洪在他辑抄的《西京杂记》中记载:"扑满者,以土为器,以蓄钱具,其有入窍而无出窍,满则扑之。"

中国人做事讲究适可而止,懂得中庸之道,所以有两句话说得好:"美酒饮到微醉止,好花看在半开时。"古人将酒喝到正好的时候叫作"醉"。《说文解字》中说:"醉者,卒也,卒其度量而不至于乱也。""一醉方休"不是今天的神智错乱、瘫软如泥的意思,而是获得了一种"四体融合"的快感。"酗"是今天大醉的意思,酗是酒怒,以酒为凶谓之酗。

清朝戏曲家李渔在《闲情偶记》中道:

> 秋花之香者,莫能如桂。树乃月中之树,香亦天上之香也。但其缺陷处,则在满树齐开,不留余地。予有《惜桂》诗云:"万斛黄金碾作灰,西风一阵总吹来。早知三日都狼藉,何不留将次第开?"盛极必衰,乃盈虚一定之理,凡有富贵荣华一蹴而至者,皆玉兰之为春光,丹桂之为秋色。

这样大家联想到,我们中国人过生日也讲究过虚不过实,也就是过九不过十。八十岁的寿一定是七十九岁过掉,九十的寿就是八十九岁过掉了。中国人过百岁大寿不叫百寿,叫白寿,百是十个十,十个十太满了,为了不太满,留有余地,所以把"百"顶上的一横去掉叫"白寿"。

《韩非子》里有这样一段话:

> 刻削之道,鼻莫如大,目莫如小。鼻大可小,小不可大也,目小可大,大不可小也。举事亦然,为其不可复也,则事寡败也。

意思是:雕刻的要领是鼻子不如先雕刻得大些,眼睛不如先雕刻得小些。鼻子刻大了还可以改小,刻小了就不能再改大了;眼睛刻小了还可以改大,刻大了就不能再改小了。凡事都是这样,说过的话、做过的事如果还能修改,一般就不会失败。上述这些故事比喻，形象地说明了留有余地的重要性。

古人还有许多关于"留余"的论述，诸如：明代朱柏庐《治家格言》里的"凡事常留余地，得意不宜再往"；明代冯梦龙《警世通言》里的"势不可使尽，福不可享尽，便宜不可占尽，聪明不可用尽"；清代金缨《格言联璧》里的"事不可做尽，言不可道尽，势不可倚尽，福不可享尽"；等等。留有余地，不仅可以有弥补的机会，还可以有转圜的余地和发展的空间。

清朝的曾国藩就深谙持盈之道，他讲过：

> 精力虽八分，却要用到十分；权势虽有十分，只可使出五分。

曾国藩在同治元年十月二十二日的日记中写道：

> 公牍中所刻余官衔，字数太多，因删去十四字，令其别刻。戏题一绝云：官儿尽大有何荣？字数太多看不清。删去几条重刻过，留将他日写铭旌。

在全国重点文物保护单位河南省巩义市的"康百万庄园"里，珍藏着一块由清代一位状元书写的"中华名匾"——"留余匾"。匾文除用小篆书写的"留余"两个大字外，还有一篇附记，其中引用了留耕道人的《四留铭》：

> 留有余，不尽之巧以还造化；留有余，不尽之禄以还朝廷；
> 留有余，不尽之财以还百姓；留有余，不尽之福以还子孙。

匾文还引用了明代政治家、思想家、东林党领袖高景逸的一句话：

> 临事让人一步，自有余地；
> 临财放宽一分，自有余味。

　　康氏家族之所以能跨越明、清、民国三个朝代，绵延四百余年，与这种留余地、善持盈的祖训有着很大的关系。

　　西汉刘向所著的《新序》中记载了这样一则故事，魏文侯问李克："吴国为什么灭亡？"李克说："因为屡次得胜。"文侯说："屡次得胜是国家的幸事，为什么竟会因此而亡国呢？"李克说："屡次作战，人民就要疲困；屡次胜利，君主就容易骄傲。以骄傲的君主统治疲困的人民，这就是灭亡的原因。所以凡是沉溺于发动战争，使军队疲劳的人，没有一个不灭亡的。"

　　吴国是典型的被胜利冲昏了头脑，做得太满！中国人讲"亢龙有悔"，本来"飞龙在天"就好好保持下去就好了，可偏偏太亢太满，结局往往就是遗憾后悔。

　　历史上的"持盈"高手很多，曹操可以算是其中之一，大家读《三国演义》第七十八回就会知道，孙权写信劝曹操早登大宝，"臣（指孙权）即率群下纳上归降矣。"侍中陈群也劝曹操顺应天命，然而曹操却说孙权"欲使吾居炉火上耶！"他对部下曰："吾事汉多年，虽有功德及民，然位至于王，名爵已极，何敢更有他望？苟天命在孤，孤为周文王矣。"曹操宁愿做周公，这个从他的名诗《短歌行》的最后一句"周公吐哺，天下归心"也看得出。他在《让县自明本志令》里有几句话反驳了别人说他想篡位的想法，他说：

　　　　设使国家无有孤，不知当几人称帝，几人称王。或者人见孤强盛，又性不信天命之事，恐私心相评，言有不逊之志，妄相忖度，每用耿耿。齐桓、晋文所以垂称至今日者，以其兵势广大，犹能奉事周室也。

　　曹操这是在为自己拥兵自重辩解的同时，表明心志，自己没有"不逊之志"，只想当个尽心辅佐周王室的齐桓公、晋文公。至于他后来被追尊为太祖武皇帝，那是他儿子曹丕干的事。

　　历史上不谙持盈之道的文臣武将也不少，北宋大臣吕惠卿即其中之一。据杨光治先生所著的《野诗情趣》里记载，北宋熙宁年间的大臣吕惠卿，因积极支持宰相王安石"变法"而捞到了政治资本，由王安石推荐，当上了参知政事（副宰相）的要职。可是此人在羽翼丰满之后就排斥异己，利用推行"变法"之机为非作歹，因而引起人们的强烈不满，对"变法"起了很大的消极作用。王安石晚年回忆往事时，常写"福建子"三字（吕惠卿是福建泉州人）发泄情绪，后悔当年信任他而耽误了改革大计。吕惠卿得势时的一年春天，到某道观游览。他听说观里有一位道士会写诗，就遥指正在天空中飞翔的风筝，要道士吟诗。道士于是吟道：

> 因风相激在云端，扰扰儿童仰面看。
> 莫为丝多便高放，也防风紧却收难。

道士是借这首诗规劝吕惠卿，早点收敛，给自己留有余地。吕惠卿是进士出身，定能理解诗的内涵，但他继续我行我素，因此积怨也越来越深，所以后来屡被弹劾、贬斥也无人肯伸出援手，灰溜溜地度过下半生。

曾国藩是持盈高手，当年老九曾国荃打下南京后，湘军俨然有了东南半壁江山，曾氏有了和朝廷分庭抗礼的资本，渐渐湘军将领就有"黄袍加身"的意思。据说，胡林翼就曾给曾国藩专函来试探："东南半壁无主，我主岂有意乎？"曾国藩看完后，脊梁直冒冷汗，把信函撕得粉碎。左宗棠也曾故意写联来探曾国藩的心意：

> 神所凭依，将在德矣；
> 鼎之轻重，似可问焉。

曾氏看后，把"似"改成"未"，原封送回。幕僚王闿运也曾向曾氏表达过"取彼虏而代之"的意思，曾国藩却一语不发，只是不断地用手蘸着茶水在桌上写字，曾氏起身更衣，王偷看，发现是一个尚未干的"妄"字。曾国藩怕树大招风，不断上书清廷，要求裁剪自己倾注几乎一生心血的五万湘军主力，并劝说老九曾国荃以病为由奏请朝廷回原籍调养。曾国藩曾说："处大位大权而震亨大名，自古有几人能善其末路者？总须设法将权位二字推让少许，灭去几成，则晚节渐可以收场耳。"

传说曾国荃、左宗棠、彭玉麟、鲍超这四位湘军大佬，曾在南京玄武湖畔召开会议密谋造反。玄武湖会议之后，曾国荃率湘军三十多位高级将领来见曾国藩，有点逼迫曾国藩就范的味道。曾国藩就干脆来个避而不见。见不到大帅，大家伙可有点不答应，就不停派人到内府去催请，但曾国藩就是不出来。总这么僵持也不行，曾国藩让手下的苍头送了一副对联出来。这副对联很有名，是这样的：

倚天照海花无数；
流水高山心自知。

这是一副集句联，上联出自苏东坡的《题海州石室》，下联出自王安石的《伯牙》。"倚天"是站在绝高之处。从这里看着大海黑涛汹涌，巨浪翻腾，可谓气象万千。虽然气象万千，因为观海之人身在最高处，所以再诡异、再迷人、再惊艳的景象，也不能动其志、摇其心，那些如"花无数"一般的万千景象对倚天之人是毫无迷惑性的。所以下联有曰"心自知"，而这种自知之心实在有"高山流水"的境界，不是普通人所能窥见领悟的。

湘军将领们看完这副对联就全哑口无言了，还有的人失声痛哭起来。曾国荃站出来说了一句话："大家啥也别再说了，今天的事就当没发生，有啥事，我老九一个人顶缸好了！"就这样才遣散众将领。

相比曾国藩，袁世凯就差得很远，人生结局也完全相反。袁世凯素有雄心，相传他十三岁时自制一联云：

大泽龙方蛰；
中原鹿正肥。

袁世凯从小便自喻为龙，想一统天下。他做了大总统之后，可谓中原暂定，飞龙在天。可就是这样，袁世凯还是觉得不满足，还想当皇帝。他的这个想法并不是在做了大总统之后才有的，早在宣统元年袁世凯被罢官之后，退居河南项城县老家的袁世凯就曾作诗，表明其"谋帝王之术"的心志：

> 楼小能容膝，檐高老树齐。
> 开轩平北斗，翻觉太行低。

从此诗就可见袁氏之野心之大，好像中国都容不下他了。袁世凯的二儿子袁克文写了一首《感遇》劝阻父亲说：

> 乍着吴棉强自胜，古台荒槛一凭陵。
> 波飞太液心无住，云起魔崖梦欲腾。
> 偶向远林闻怨笛，独临灵室转明灯。
> 剧怜高处多风雨，莫到琼楼最上层。

"吴棉"，是指用南方苏杭一带的丝绵所做的秋装。"强自胜"，意思是穿上南方丝绵做的秋装勉强对付秋凉。这是譬喻他父亲袁世凯借着南方革命党的力量让清朝皇帝退了位，自己才当上大总统，勉勉强强维持了暂时和平的局面。但是，由于外国的欺凌和不断的内战使得整个国家一片凋零，要是到天安门城楼凭栏远望，一定会有古台荒槛，物是人非之叹；"波飞太液心无住，云起魔崖梦欲腾"，华池太液乃是道家所谓的仙水，服之可以祛疾延年，童颜永驻。袁克文用它来比喻一个人的清净心境中忽然动了贪心不足的妄念，无法安宁，犹如一阵黑风吹来使得华池太液掀起了波澜。妄念犹如黑云暗雾一般遮住了本来的清明，着了魔一样梦想成仙升天；"偶向远林闻怨笛，独临灵室转明灯"，袁世凯想当皇帝，兄长袁克定办假报纸蒙蔽老头子，加上当时杨度串联孙毓筠、李燮和、胡瑛、刘师培及严复，以讨论国体问题为名，联名发起成立了"筹安会"来支持袁世凯称帝，搞得除了袁世凯本人被蒙在鼓里，社会上是民怨沸腾，倒袁运动此起彼伏。灵室、明灯，譬喻心室中一点灵明不昧的良知。袁克文希望父兄好好凭良心反思，多少革命党人为了推翻帝制实现共和牺牲了宝贵的生命，今天却要开历史的倒车。"剧怜高处多风雨，莫到琼楼最上层。"这两句来自苏东坡《水调歌头·明月几时有》中的名句："我欲乘风归去，又恐琼楼玉宇，高处不胜寒。"总之，袁克文劝袁世凯要懂得持盈保泰，切莫做皇帝，免得做"寡"人。当然袁世凯已经梦迷心窍，自然不会因为一首诗就打消做皇帝的念头。历史证明袁克文的劝阻没有错，袁世凯最终在人们的漫骂和声讨声中死去。

最后讲一个有关吴清源的故事来结束本节。1933年2月，二十出头的吴清源在日本已经棋无对手，日本棋界为了挽回颜面，最终只有请当时的"本因坊"秀哉出来和他决战，秀哉棋风雄肆奔放，被誉为"不败之名人"。"本因坊"有个特权，可以随时"叫停"，那局棋因秀哉不断叫停，拖延了四个多月，停战期间，秀哉的弟子们都来帮老师拆棋，结果是吴清源输了一子。有人后来就问吴："其实你还是可以赢的，为何输了？"吴微笑答道："还是输的好！"这正是吴清源高明的地方。他懂得留余，假使他真的赢了这局棋，这事就做得太满了，会让日本棋界颜面扫地，不仅不能在日本继续立足，估计在人身安全上也会受到威胁。

随"时"的智慧

中华文明很早就认识到了"时"的重要性，懂得识时、顺时、用时，很早就有随"时"的智慧，所谓随"时"就是跟随着"时"的变化适时地做出合时合适的事情。本文就从三个方面来谈谈随"时"。

第一，根据四时时令安排生活。中国人生产、生活，甚至是养生都不离开四时时令，所谓春种、夏长、秋收、冬藏。

第二，抓住稍纵时机铸就永恒事业。老百姓有句谚语："机不可失，时不再来。"孔子早年去见老子，老子便告诉他："君子得其时则驾，不得其时，则蓬累而行。"（《史记·老子韩非列传》）老子明白地告诉孔子，虽然有你发大愿力，想拯世救人，可这个时势不对，不得其时其位，没有办法，"大势至"的力量很大。

后来的孟子到了晚年也悟通这个道理，所以有"虽有智慧，不如乘势。虽有镃基，不如待时"（《孟子·公孙丑上》）的名言了。《荀子·天论》有言："养备而动时，则天不能使之病。"意思是说，时机未到的时候好好准备，时机一到立马行动，这样就不会有什么天灾人祸。

朱熹有一首诗，写得特别好，把人力与时势的关系描写得很到位：

昨夜江边春水生，艨艟巨舰一毛轻。

向来枉费推移力，此日中流自在行。

——《活水亭观书有感二首》其二

河流水量不够的时候，大船只能找人牵拉或干脆搁浅在岸边，但是等到春水来了，河流涨水了，哪里还需要你去费力呢，不管多大的船都像一根羽毛那样轻盈地在江流中自在航行。我们做事也需要懂得借用时与势，不得其时，就积蓄力量；时来运转，就全力出击，一击而中。

关于时运势的关系，《列子·说符》里讲了一个寓言故事，话说鲁国施姓人家有俩儿子，一个研究学问，一个学习军事。搞学问的到了齐国给齐王讲仁义大道，结果齐王不仅接纳了他，还让他做了诸公子的老师。学军事的到了楚国，给楚王带来了最先进的军事思想，楚王礼遇有加，让他做了军事顾问。结果施家一下子功名利禄全有了。施家的邻居孟家也有俩儿子，也是一个学文，一个学武，结果却待业在家。看到施家富贵发达，自然是羡慕不已，于是就到施家取经。施家毫不吝啬地给孟家介绍了他们的经历。孟家两个儿子以为得到了真谛，学文的儿子跑到了秦国，口若悬河地在秦王面前大讲特讲仁义之道。秦王听得火起来了，大骂："都什么时候了，现在是谁胳膊粗谁说了算，是大鱼吃小鱼的吞并时代，要是用你的那套仁义哲学来治国的话，我早就完蛋了。来人呀，把这厮阉了，然后让他从哪来就滚回哪里去！"

孟家学武的到了卫国，要卫君扩充军备，准备打仗。结果卫君哎哟了一声："我的祖宗哎，我卫国是个弱国，本来就是绣花枕头底子薄，对于大国，我们向来是抱粗腿、捧臭脚，对于小国也是和风细雨地安抚着，就这样安稳度春秋，倘若用兵，那早完了。你呀你，寡人要是让你好胳膊好腿回去吧，你小子要是把你这套兵法教给别国，最后要是拿我做实验，那我不是倒了八辈子霉了吗？这样吧，就把你的臭脚留下吧！"这位老兄被砍了双脚，送回了鲁国。结果孟家父子捶胸顿足来找施家理论，施氏说了几句话：

> 凡得时者昌，失时者亡。子道与吾同，而功与吾异，失时者也，非行之谬也。且天下理无常是，事无常非，先日所用，今或弃之；今之所弃，后或用之。此用与不用，非定是非也。投隙抵时，应事无方，属乎智。智苟不足，使若博如孔丘，术如吕尚，焉往而不穷哉？

凡事抓住了时机便会发达，错过机会便会招致灭亡。你们的学业和我们相同，但结果大不一样，这是因为你们运用不合时宜，不是你们的行为有什么错误。况且天下的事理没有一成不变的，以前采用的东西，现在有的已经被抛弃了；现在丢弃的东西，后世可能又会加以使用。这种用与不用，是没有一定成规的。抓住时机，见机行事，灵活地处理问题，才算聪明。如果你智力不够，即使像孔丘那样渊博，像吕尚那样懂得谋术，又怎么能不处处碰壁呢？

先秦时期的兵书《六韬》收录了周文王临终前，召姜太公问圣人之道，儿子姬发（后来的周武王）也在床边，实际上周文王是借太公之口给儿子留遗言。姜太公说：

> 见善而怠，时至而疑，知非而处，此三者，道之所止也。
>
> ——《六韬·文韬·明传》

意思是：见到应做的好事却懈怠不做，时机成熟应该行动却犹豫不决，明知行为不对却泰然处之，这三种情况就是古代圣贤治国之道被废弃的原因。

既然如此，正确的做法就是"见善勿怠""时至勿疑""去非勿处"。这里我们重点说"时至勿疑"。"时至勿疑"是说时机到了不要迟疑，抓住了赶紧干。美国哈佛大学的一项研究表明，人的一生只有七次改变命运的机会，第一次大概是二十五岁的时候，以后每七年出现一次，到了七十五岁的时候还没有抓住，以后就很难再有机会了。用我们古人的话讲就是："天禄不重！"

汉朝有个叫颜驷的人，在汉文帝和汉景帝时代就做郎官，就是负责宫廷侍卫的，这类职务一般是由年轻人担任的，一般要提升的话，就要先做郎官。汉武帝即位不久，有一次到郎官衙门去巡视，看见颜驷头发胡子眉毛都白了，却依然是个小小的郎官，就问他："你怎么这个年纪还做郎官？你干了多久了？"颜驷回答说："我在汉文帝时代就开始做郎官，当时汉文帝喜欢文而我偏偏喜欢武，故而长期得不到提升。到了汉景帝的时候，汉景帝喜欢漂亮的，而我长得不可人，所以又耽误了很长时间。好不容易等到陛下您即位了，您却喜欢年轻的，而我已经老衰不堪了，故而'三世不遇'，三个朝代都没有得到皇上喜欢。"汉武帝听后哈哈大笑，也很同情他，于是立马下令，提拔颜驷为都尉。都尉在汉朝是相当重要的中高级武官，职位次于将军。颜驷尽管大半辈子都倒霉，但是毕竟最终还是遇到了一次和汉武帝交流的机会。一生中都遇不到机会的还是大有人在的。

这个故事使我想到了清代宋琬有一首《舟中见猎犬有感》，诗曰：

> 秋水芦花一片明，难同鹰隼共功名。
>
> 墙边饭饱垂头睡，也似英雄髀肉生。

宋琬把自己比喻成一只吃饱饭无法施展能力的猎犬，因为遇不到发展机会。最后一句"也似英雄髀肉生"，用的是刘备的典故，刘备寄居在荆州刘表处，一身抱负无法施展，都四十几岁了还没有任何建树，只是大腿肉长了一坨。

2012年9月22日，南方科技大学创校校长、中国科学院院士朱清时最后一次拜访国学大师南怀瑾先生。南先生特为朱先生抄录了秦末隐士黄石公《素书》中的一段话，并叮嘱朱先生坚持每日诵读：

> 贤人君子，明于盛衰之道，通乎成败之数，审乎治乱之势，达乎去就之理。故潜居抱道，以待其时。若时至而行，则能极人臣之位；得机而动，则能成绝代之功。

南先生抄写这段话送给朱清时，就是希望他能通达事物兴衰盛败的道理，成功和失败都有其定数和规律，看得清社会发展的趋势，懂得审时度势，知道进退去留，学会待时用机。数日后，南怀瑾先生仙逝，朱清时则把南先生手书的这段话一直悬挂在他的办公室里。

我在本书第一章跟大家详细探讨过中国文化中的"安时处顺"的话题，所谓"安时"，用《易经》中的话来说就是"与四时合其序"（《周易·乾·文言》），一年有四季，每个季节该干什么就干什么，人生有三期——少年、壮年、老年，每个年龄就做每个年龄该做的事情，不符合年龄段该做的事，勉强去做，或者过度去做某些事情，一定会给自己的身体和生活带来麻烦。孔子在《论语·季氏》中说：

> 君子有三戒：少之时，血气未定，戒之在色；及其壮也，血气方刚，戒之在斗；及其老也，血气既衰，戒之在得。

这就是著名的孔氏三戒，即年少的时候，血气还没有发展稳定，要警戒迷恋女色；壮年的时候，血气正旺盛，要警戒争强好斗；到了老年的时候，血气已经衰弱，要警戒贪得无厌。

南宋词人蒋捷有一首《虞美人·听雨》，词曰：

> 少年听雨歌楼上，红烛昏罗帐。
> 壮年听雨客舟中，江阔云低、断雁叫西风。
> 而今听雨僧庐下，鬓已星星也。
> 悲欢离合总无情，一任阶前、点滴到天明。

这首词描述了人生三态：少年时的放荡不羁，中年时的颠沛流离，晚年时的萧索凄凉，写得委婉动情，让人有强烈的共鸣。

写到这里使我想起了黄山谷（黄庭坚）的两句名诗："桃李春风一杯酒，江湖夜雨十年灯。"这说的是青春年少之时，大家都是前途渺茫，举杯畅饮，高谈阔论，都怀有冲天之志。后来大家都各奔西东，为着生活颠沛奔波，像一盏孤灯在黑夜中的江湖之上漂泊，等到几十年后再聚首的时候，早已把酒无言，白鬓相视。

在我看来，孔氏三戒略显被动，蒋氏三态太过消极，而人生应该是积极主动的，年轻时当出门闯荡，增长见识；中年时值事业有成，奉献社会；晚年时应功遂身退，安享余年。

近代经济管理学家、辛亥革命社会活动家杨杏佛先生在吴淞大学演说的讲题为"三士的人生观"。他解释"三士"为："第一，年轻的时代，血气方刚，做志士。第二，中年人，大约从二十岁到四十岁，喜欢做名士。第三，四十岁以后的人，血气衰了下去，就做居士。"杨先生的意思就是说，年轻时是红日初升，当自强不息；中年时是太阳当空，当终日乾乾；晚年是夕阳西沉，当入晦晏息。

宋朝裴万顷的名诗《入京道中风雨因赋此遂退休》恰恰表达了人生的这三种状态：

> 新筑书堂壁未干，马蹄催我上长安。
> 儿时只道为官好，老去方知行路难。
> 千里关山千里梦，一番风雨一番寒。
> 何如静坐茅斋下，翠竹苍梧仔细看。

欧阳修说："羡子年少正得路，有如扶桑初日升。"（《送徐生之渑池》）年轻的时候犹如早上八九点钟的太阳，让人羡慕。清代大才子袁枚也有一首《湖上杂事》，同样表达了对青春年少的艳羡之情，诗曰：

> 葛岭花开二月天，游人来往说神仙。
> 老夫心与游人异，不羡神仙羡少年。

这么好的年纪就应该读书，而读书是为了什么？考官。于是家里新盖的书堂油漆还没干呢，"马蹄催我上长安"，所有人就催着我去长安求功名了。

"儿时只道为官好，老去方知行路难"，少年不知愁滋味，一把年纪了混迹官场才知道处处艰难。

"千里关山千里梦，一番风雨一番寒"，反映了中年的奔波与操劳，这也是正常现象，清朝张潮在《幽梦影》中讲："少年处不得顺境，老年处不得逆境，中年处不得闲境。"南宋名将岳飞有一首《池州翠微亭》，诗曰：

> 经年尘土满征衣，特特寻芳上翠微。
>
> 好水好山看不足，马蹄催趁月明归。

　　岳飞特意到翠微山寻找美景，想放松一下，无奈军事繁忙，无暇久留，只能带着遗憾连夜赶回军营。后世明朝抗倭名将戚继光也有一首《马上作》，诗曰：

> 南北驱驰报主情，江花边月笑平生。
>
> 一年三百六十日，多是横戈马上行。

　　"何如静坐茅斋下，翠竹苍梧仔细看"，到了晚年了，奋斗了一辈子，应该让年轻人去承担这个社会的重任了，自己也该休息了，静坐茅斋，细看苍梧，正如张之洞一副对联所说：

> 眼底江流，尽皆后浪赶前浪，争相推移奔大海；
>
> 世间人事，总是少年代老年，与时维新为正途。

　　宋朝诗人晁冲之在《夜行》诗中也说：

> 老去功名意转疏，独骑瘦马取长途。
>
> 孤村到晓犹灯火，知有人家夜读书。

　　年纪大了，就不要汲汲于富贵了，让"孤村夜读"的年轻人去奋斗吧！用新中国著名诗人、散文家聂绀弩的两句诗就是："中年多隐痛，垂老淡虚名。"

　　老年人上了岁数，精力身体都不允许高强度工作了，该退就退，做一些顾问性质的工作，不能不服老。清初诗坛盟主之一的钱谦益有两句诗说："枥中马老空知道，爨下车劳枉作薪。"钱谦益自比"枥中老马"，虽然自己学识渊博，但毕竟老了，没有多少用了，只能被圈养在马厩里养老了。"爨下车劳枉作薪"，古代的车轮子都是木头做的，木头轮子毕竟没有现代的车轮那么耐磨，用坏了就被扔到厨房当柴火烧了。当柴火当然就价值不大了，所以叫它"车劳"。

退下来之后就好好地鼓缶而歌、颐养身心，而不能像《诗经·角弓》里所说的"老马反为驹，不顾其后，如食宜饇，如酌孔取"，马老了，就不要像小马驹一样不顾后果地逞强了，暴饮暴食、酗酒狂歌，违反自然规律，必然导致身体过早垮掉。

小惩大诫

在《系辞下传·第五章》中，孔子说："小惩而大诫，此小人之福也。"意思说小小的惩罚就可以得到大的警戒作用，这是小人的福气。其实我们熟悉的亡羊补牢的故事就是典型的小惩大诫。过去有这样两句话："亡羊而固牢，未为迟；见兔而呼狗，未为晚。"然而"小惩而大诫"可能也只是孔子的理想而已，小人之所以是小人，就是小有福气之人，是不见棺材不落泪，不撞南墙不回头的人。所以孔子也说：

善不积不足以成名，恶不积不足以灭身。小人以小善为无益而弗为也，以小恶为无伤而弗去也，故恶积而不可掩，罪大而不可解。

名大善积美声传，罪大恶极身遭殃。小人因为善小而不为，因为恶小而为之，小恶变大恶，臭名昭著而积重难返，最后只有被正法以正视听。谚曰："要想不忙，浅水深防。若欲无伤，小怪大禳。"意思是要想不到时候手忙脚乱，需在旱季水小的时候就防备夏季发洪水；要想不受伤害，须在出现一点点的怪异、不正常的时候就采取应对措施。这就是防患于未然，思患而预防之。有些贪污几十亿的巨贪，当初不过是从一个猪蹄甚至一支钢笔开始的。

孔子的这段话使我想起了政治学家威尔逊和犯罪学家凯林曾提出的一个著名的社会学理论叫破窗理论。破窗理论讲的是，假如一座房子的窗户破了，倘若没有及时找人来进行修理的话，那么隔不了多长时间，剩下的窗户也会莫名其妙地被别人打破。一面洁白的墙壁，如果被人乱涂乱画，没有被及时地进行清洗，那么很快，墙上就会布满乱七八糟的东西。一个干净、整洁、清爽的地方，人们通常不会在那里乱丢垃圾，但是一旦地上出现些许垃圾之后，人们就会毫不犹豫地乱丢垃圾，丝毫不会感到任何的羞愧和不安——这就是破窗理论。

明代进士张瀚晚年退居在家，写了本书叫《松窗梦语》，里面讲了一个"轿夫穿新鞋"的故事。张瀚刚刚参加工作时，在都台府初任御史。当时的都台长是德行兼备的一代名臣王廷相。一个刚刚参加工作的小吏自然少不得要先拜见自己的顶头上司，听听上司对自己日后做人处世、为官从政等方面都有哪些指导，张瀚也不例外。但是令张瀚意外的是，上司王廷相没有讲任何为人做官等方面的大道理，而是唠起了家常，讲了自己前一天坐轿子的见闻："昨天我乘轿进城，不巧遇雨。一路之上只觉得轿子坐得没有平常那么顺当，总是东一下西一下，后来我才发现前面抬我的轿夫穿了双新鞋。从灰厂到长安街这段路上，这个轿夫一直在选择干净的地方在走路，怕弄脏了他的新鞋子。后来进到城里之后，路上的泥泞越来越多，轿夫一个不小心踩进泥水之中，弄脏了一只鞋。为了避免另一只鞋子也弄脏，轿夫还是选择干一些的地方走路，后来不小心又把这只鞋也弄脏了，于是后来干脆就大踏步前进，不再爱惜自己的鞋子了，任由鞋子沾满泥浆了。"这时王廷相突然严肃地说："为人立身处世也是一样啊，一个人一旦失足，就会肆无忌惮，就不知会滑到哪里去了。"张瀚听后，"退而佩服公言，终身不敢忘"，后来也成为明朝的一代良臣。

欧阳修也讲："祸患常积于忽微"，大祸常出现在很不起眼的小地方，小毛病积累多了就成了大毛病。现实生活中，很多人犯错误，几乎都是由于不慎始所导致的，有了"第一次"之后，接下来就有了"多次"，犯的错误一次比一次大，最终就避免不了要滑向罪恶的深渊，正如宋代思想家程颐所说："一念之欲不能制，而祸流于滔天。"明清时期，在宣武门外菜市口处决犯人，因此在宣武门城门洞上刻了三个大字："后悔迟"。民国时期京师第一监狱门前的路被取名"自新路"，由此可以看出儒家的礼法在于惩前毖后，治病救人。威尼斯有一座"叹息桥"，建于1603年，也是为了起到教育作用而得此名。桥两端连接着总督府和威尼斯监狱，是处决死囚的必经之路。叹息桥的造型呈房屋状，封闭得很严实，只有向运河一侧有两个小窗，犯人接受审判之后经过这座桥时，只能透过小窗看看蓝天，不由自主地发出叹息之声，再向前走便要告别人世间的一切了。

西晋陶侃在浔阳做县吏的时候，恰好监管渔业。孝顺的陶侃念及一生贫居乡间的慈母，心中总觉歉然不安。有一次，趁下属出差顺路之便，嘱托他带了一坛腌鱼送交母亲。谁知母亲湛氏却原封不动地将这一坛鱼退了回来，并在信中写道："尔为吏，以官物遗我，非惟不能益吾，乃以增吾忧矣。"陶侃收到母亲退回的鱼和回信，大为震动，愧疚万分。他决心遵循母亲的教导，清白做人，廉洁为官，勤于政事。后人赞曰："世之为母者如湛氏之能教其子，则国何患无人材之用？而天下之用恶有不理哉？"

我们每个人都会犯错误，但是如果每个人都能像陶侃那样，在犯错误萌芽刚开始出现的时候就能因为一句批评而得到警示，那真的是善莫大焉！但即使是因为小惩而得到大诫，还不如当初连小惩都没有，宋朝有位无名氏写了一首《油污衣》很有意思，诗曰：

> 一点清油污白衣，斑斑驳驳使人疑。
>
> 纵饶洗遍千江水，争似当初不污时。

一件白衣被油污染了之后，无论怎么去洗，还是有痕迹在的，哪里比得上当初一点污染都没有的时候呢？衣服如是，做人亦如是！

颐养之道

我们常常用"大快朵颐"这个词来形容痛快吃喝，"朵"者，动也，"颐"者，腮帮子也，"朵颐"就是鼓动腮帮子大口咀嚼，就是放口大吃的意思。"颐"还有"养生"的意思，本文讲颐养之道，其实就是养生与口的关系。

口的作用主要有二：一是说话，一是饮食，因此我们这里提出的颐养之道就是六个字："慎言语，节饮食。"

先说"慎言语"，《易经》里面讲："吉人之辞寡，躁人之辞多。"《孔子家语·观周》载："有金人焉，三缄其口，而铭其背曰：'古之慎言人也。'"此即"慎言语"之诫。鲁迅故居的德寿堂里有一副对联：

持其志无暴其气；
敏于事而慎于言。

弘一法师曾以"昙昉"别名写过一副座右铭：

正衣冠，尊瞻视；寡言辞，慎行动。

清朝的张廷玉有一句名言叫："万言万当，不如一默。"据说在民国初年，北京大学有一位教授曾以"鹬蚌相争"为题，命学生即席作对，并限七字、寒韵。结果得第一名的是：

开口不如缄口稳；

入头方信出头难。

此联紧紧结合鹬蚌相争，双方都被伤害而"感到后悔"来写，进而宣扬作者的处世哲学：上句隐着"祸从口出"四字，宣扬少说为妙的观点，下句是要人避开是非，不要强出头。

以倡导"白话文"闻名于世的胡适之先生素来善于言辞，纵然如此，有时也会失口漏嘴，他六十八岁那年来到宝岛台湾，在一次欢迎宴会中碰到长他十六岁的戏曲理论家齐如山先生，胡适没话找话地对齐如山说："齐先生，我看你活到九十岁绝无问题。"齐如山愣了一下说："我倒有个故事。有一位矍铄老叟，人家恭维他可以活到一百岁，愤然作色曰：'我又不吃你的饭，你为什么限制我的寿数？'"胡适听了赶紧道歉："我说错了话。"

古人讲："口之罪大于百体，一进去百川灌不满，一出来万马追不回。"海明威说："人们用两年的时间学会说话，却要花上一辈子来学会闭嘴。"但是有的人就是一辈子也学不会闭嘴。这里讲一个笑话，村子里有个人叫阿三，阿三张口就说倒霉的话，满嘴负能量。村子里的人只要见到阿三都躲得远远的，为什么？乌鸦嘴呀！因为他开口没有一句是好话。有一天村子里面有人家在办婚礼，阿三就跟他爸爸讲，他说："爸爸，今天村子里面有人家办婚礼，你把我带去。"阿三爸爸看看阿三说："我带你去，你张口就是倒霉的话，狗嘴里吐不出象牙，我还带你去？"阿三说："爸爸，士别三日，当刮目相看，你带我去，我保证一句话都不讲，我只发挥这张嘴一半的功能，我只吃，绝对不讲话。"阿三爸爸心里想，算了，毕竟是自己的儿子，给他一次机会。于是就把阿三带去了。阿三整场婚礼真的没有讲一句话，他就是吃。吃完了，觉着比较得意，阿三就大摇大摆很得意地走到了新郎新娘的跟前，只讲一句话："你们两夫妻听好，都说我阿三是臭嘴，都说我阿三是乌鸦嘴，怎么样？我今天只是吃，一句话都没讲，所以你们到时候要是离婚，千万不要找我。"你看他还是说了晦气话，但是晦气话并不等于没有说话。

过去有个叫《哲学家的三个筛子》的故事，一个人急急忙忙跑到哲学家那儿，说："我要告诉你一个小道消息，是……""等一等……"哲学家打断了他的话，"你要告诉我的消息用三个筛子筛过了吗？""三个筛子？哪三个筛子？"那个人不解地问。"三个筛子：第一个叫真实，你要告诉我的消息，是真实的吗？""不知道，我是从街上听来的……""现在你要用第二个筛子。你要告诉我的消息如果不是真实的，至少也应该是善意的。"那人踌躇地说："不，刚好相反……"哲学家又打断了他的话："那么你再用第三个筛子。我要问你，使你如此激动的消息是重要的吗？""不算重要。"那个人很不好意思地回答。哲学家说："既然你要告诉我的事，既不真实，也非善意，更不是重要的，那么就别说了吧！如此，那个消息就不会干扰你和我了！"这个故事给我们很大的启发，以后我们说话也要把握这三个原则，真实、善意和重要。像刚才提到的阿三对新婚夫妇讲的话，既不重要又没有善意，真的不如不说。

我们这张脸上哪个器官的地位最高？眉毛。你看眉毛什么也不说，它什么也不做，高高在上。哪个器官地位是最低的？就是这张嘴。每天忙着吃，忙着讲话，动不动还挨别人抽，地位最低。所以陕北老乡有句话讲得好："多吃饭身体好，少说话威信高。"中国过去有一句谚语，叫作"水深流去慢，贵人语言迟"。你看水很浅，它就哗啦哗啦声音特别大，人也是这样，人比较浅薄，他就比较容易乱发表意见，好为人师，好像他很在行。但是一个人他真正有内涵，大概也不会轻易地发表一些意见。

老子提倡沉默，所谓"圣人处无为之事，行不言之教"（《道德经》第二章），"多言数穷，不如守中"（《道德经》第五章）。但是白居易读了《道德经》之后还是写了诗来调侃老子：

言者不如默者智，此语吾闻于老君。
若道老君是知者，缘何自著五千文。

——《读老子》

意思就是说开口言语者没有沉默者有智慧，这话我从太上老君那里听来的。但如果说太上老君是智者的话，为何他老人家自己还要写一篇五千字的文章呢？哈，这一棒打得好，如果老子在世，估计他看到白居易这首诗后也会哑口无言。

南宋高宗的时候，一天宋高宗在寝殿里静坐，丞相汤思退在旁边侍立。汤思退是处州缙云人，也就是现在的浙江省丽水市缙云县人。高宗突然问："卿家处州有何异迹？"意思就是爱卿啊，你们处州老家那边有啥奇闻逸事不？汤思退反应快，就说俺老家那边有个石头僧人，本身是石头，大概是受人香火过多，抑或常年采了日月精华，居然有一天在自己旁边的石柱子旁题写了一首诗，其诗曰：

云作袈裟石作身，岩前独立几经春。

有人若问西来意，默默无言总是真。

宋高宗听了这首诗之后，拍案叫绝，连连叫好。其实这首诗是汤思退临时自己发挥的，本来就没这个八宗事，念完诗之后，汤思退里面汗衫估计都湿透了，连夜派人回处州缙云老家，找石匠把这首诗刻在石僧旁边的石柱上。

朱自清在《沉默》里说："沉默是一种处世哲学，用得好时，又是一种艺术。"我在这里讲两个反面的例子，给各位做参考。一个寺庙里住着一个老和尚，这个老和尚什么也不懂，什么也不会，不是一个饭桶，就是个草包。那人家问问题怎么办？他就让站在身后的两个侍者来替他回答问题。因为怕人家问问题，所以他给自己取了个名字叫不语僧，意思说我这个僧人是不言语的，是不讲话的。但是两个侍者也不能一天到晚总是站在他的旁边。有一天，两个侍者下山买菜，老和尚一个人在家。这个时候山下来了一个人，有一些疑惑解不开，到寺庙一看，就老和尚一个人在家。他心里觉得好，平时都是两个侍者替你回答，今天你一个人在家我正好问问你。他就问了，大和尚，请问什么是佛呀？老和尚心里想，我哪知道什么是佛啊。老和尚就东看看西看看，没讲话。香客一看，对呀。那什么叫法呀？老和尚就上看看下看看，这香客说对呀。那大和尚请问什么是僧啊？老和尚闭眼睛。香客一看，是呀。你看老和尚一句话没讲，香客就很兴奋。最后又问，师父，请问什么叫作加持啊？这个老和尚伸出双手。香客一看，一拍大腿说，高人就是高人，大师就是大师，一句话都没讲点醒我这个梦中人。他很高兴地拜谢老和尚就下山了。很巧啊，两个侍者买完菜上山来。这个香客碰到买菜的两个侍者，就很羡慕地跟他们讲，他说："我真的很羡慕你们，你们的老师真了不起呀，你们每天能亲近他，真是太幸运了，真是太有福分了。"那个侍者说怎么了？香客说，刚刚我在山上问你们老师四个问题，你们老师居然一句话都没讲，只做了四个动作就点醒了我这个梦中人。那侍者问师父做了什么动作？香客回答："我第一个问题问你们师父什么叫佛，你看你老师就东看看西看看，那个意思很明显嘛，佛无南北呀。你看人有南方人，有北方人，但是佛性不分南北。我又问他什么叫法，你老师就上看看下看看，那个意思很明确嘛，就是法没有什么高低贵贱，众法是平等的。我又问你老师什么叫作僧，哪个是高僧啊？你老师闭眼睛，还比较不好意思。那意思就是说白云深处卧，便是一高僧啊，意思就是说我就是高僧啊。我最后又问他什么叫作加持，你老师就伸出双手，那意思很明确嘛，接引众生就是加持啊。高就是高！"说完香客就下山了。

两个侍者提着菜篮子回来了，结果刚一进入方丈室，老和尚在那个地方跳脚就骂呀，买菜买那么久，刚才来一个人问我四个问题，险些没把我尴尬死，你们知道吗？弟子问怎么了？老和尚说："刚刚你们俩下山买菜，我一个人在房间，突然来了一个人问我四个问题，第一个问我什么叫佛？我哪知道什么叫佛呀，我就东看看你不在，西看看你也出去了。又问我什么叫法？我是叫天天不应，叫地地不灵啊。又问我什么叫僧？我哪知道，我干脆装睡觉。没想到还不走，居然问我什么叫加持？我真的是不知道什么叫加持，不过我脸就开始红了，我心里在想，你看别的寺庙的和尚，人家做得都挺好，就是我们这个寺庙，每天靠着这一尊佛骗取大众的信任，我们收了那么多的香火钱，但是我们三个人对社会一点用处都没有，没有发挥一点正能量。我们为大众做什么了？我们什么都没做，我想到这里脸真的很红啊，所以我就坦白了，伸出双手，意思告诉他，我要饭行了吧，我要饭。"这个时候两个侍者才知道老师的水平。

我们再讲一个反面的例子给各位来做参考。过去日本的禅寺有一个规定，就是流浪的僧人到寺庙来投宿，必须要和住持辩论。辩论赢了，住持承认你是高手，会好吃好喝好招待。但是一旦辩论输了，不好意思，这里不接受酒囊饭袋。有一天，一个流浪的僧人来到一个寺庙里来，这个寺庙是哥哥和弟弟共同住持的，哥哥长相清秀，也很有学问，大家比较尊重他。可是这个弟弟只有一只眼睛，而且也没有学问，人也比较粗蛮。这个流浪的僧人来到这个寺庙，哥哥就跟弟弟讲，他说："弟弟，哥哥今天讲了一天的经，有点累，你帮我去应付一下。"弟弟说："哥哥，你这不是拿我开玩笑吗？你又不是不知道，我什么都不会，我什么都不懂，我怎么去应付，我怎么去辩论？"哥哥说记住两个字：沉默。你不讲话就好了。于是这个弟弟就去了。流浪的僧人一看到弟弟来，马上就开始斗法。流浪的僧人上来就伸出一个手指头，弟弟一看，马上伸出两个手指头。流浪僧人一看，就伸出三个手指头，这个弟弟一看，便伸出一个拳头。你看，两个人一句话都没讲。没想到这个弟弟伸出拳头之后，流浪僧人一看，霍然站起作揖打拱，说我输了，你是高人。流浪僧人走之前，去到他哥哥那里，跟他哥哥讲，他说住持啊，刚刚我和你弟弟辩论过了，我输了。哥哥说怎么了。流浪僧人说我见到你弟弟，我马上伸出一个手指头，我的意思是说一个手指头代表佛。没想到你弟弟当仁不让，伸出两个手指头，佛和佛法。我又伸出三个手指头，佛，佛法和僧众。你弟弟真是高人，二话不说，伸出一个拳头来，那个意思很明显，佛也好，佛法也好，僧众也好，都是一个整体呀。高人就是高人，我输了。结果这个流浪的僧人前脚一走，这个弟弟就气呼呼地跑进来，他说哥哥，今天来的这个流浪僧人太粗蛮了，太无礼了。哥哥问怎么啦。我去跟他辩论，他一见到我二话不说，居然伸出一个手指头，说我只有一只眼睛。我是本来想发作的，后来想想算了，我是主，人家是客，千里迢迢不容易，算了，一只眼就一只眼，我本来就是一只眼。我对他客气一点，就伸出两个手指头，意思是说，你两只眼行了吧。没想到他得寸进尺，他真的是太过分了，居然伸出三个手指头，说我们两个人一共三只眼。我最后气得实在受不了了，举拳准备打他，他吓得满头大汗，霍然站起，就走了。

上面讲的是两个关于沉默的笑话。但笑话归笑话，笑过之后我们要反思，为什么我们那么怕讲话？为什么我们总是沉默？大概是因为我们历史上曾经因为言语惹祸的例子太多了吧，历史上这样的例子数不胜数。明初人高启博学工诗，先被召修《元史》，后升户部尚书，他因作《宫女》诗，触怒朱元璋而被杀，时年三十九岁，其诗曰：

> 女奴扶醉踏苍苔，明月西园侍宴回。
> 小犬隔花空吠影，夜深宫禁有谁来。

这首诗本为闲散之作，却被朱元璋认为暴露了宫闱隐私，并且是在讽刺自己，所以因为一首诗，高启便有了杀身之祸。

但一个人难道可以永远不讲话？我们长这张嘴，总要讲话吧，所以我跟我的学员讲，一个人要讲话，你记住，要三给。第一个要给人希望，第二个给人道德，第三个给人智慧。否则的话，多余的话不要讲。你看你讲话要给人希望。别人听完你的课他感觉到这里面的话是有生机的，生活是有希望的。感觉到人生是豁然开朗的，这才对呀。如果听完你的课越听越郁闷，那你还讲什么。第二，讲话要给人道德，淫词秽语不要去讲，很无聊。第三个给人智慧。就是你讲话甚至说你讲课，多多少少给人家一点启发。我们今天所讲慎言语不是不讲话，我们经常说那我就三缄其口，我就明哲保身，我就一句话都不讲，只要能自保就好了。那我问你，当你看到问题，当人家要求你提意见，你都为了自保，你一句话都不讲，那你的责任在哪里？你的良心在哪里？《论语·卫灵公》里面讲得好：

> 可与言而不与之言，失人；不可言而与之言，失言。知者不失人，亦不失言。

该提醒的时候不说，害人；不该说话的时候乱说，害己。有智慧的人懂得如何拿捏语言，不会因为不说而害人，也不会因为乱说而害己。

《格言联璧》中有言：

　　　　凡一事而关人终身，纵确见实闻，不可着口；

　　　　凡一语而伤我长厚，虽闲谈戏谑，慎勿形言。

　　这副对联，可以用八个字来概括：事关人身，不可着口；伤我长厚，慎勿形言。

　　话语里面是有能量的，你不可以乱讲话的。一句话可以救一个人，一句话也可以害一个人，所谓一言兴邦，一言废邦。所以我们在言语上要特别注意。我在这一部分不得不提醒一下大家，即使你讲话是正能量的，你讲话都是对的，都没错，但是也要注意方式方法。有的人讲话他真的都对，真的没问题，但是听的人就是听不进去，有没有？很多，为什么？就是态度方式有问题。你看虽然我们是提醒大家，不因其人废其言，不因其言废其人，意思是说你不要因为对他有意见，你就算把他所讲的话统统否定掉，也不要因为他讲的一两句错话就把整个人否定掉。我们话是这样说，但是现实当中是很难做到的，可能你本人有这个修养，但是对方未必做得到，所以我是很老实地提醒各位，你讲话要注意方式方法。

　　《晏子春秋》里记载了一个小故事，就是齐景公比较喜欢养马。但是有一天，养马的人不晓得什么原因，把他的一匹爱马养死掉了。齐景公勃然大怒，他拿起那个方天画戟就准备直接冲向马厩里面，想着把这个养马的人一戟捅死算了。这个时候晏婴在边上说，大王啊，你这样冲动跑到马厩里面把一个马夫捅死，这样做不太合适。这样好不好，大王把他宣上殿来，我列举他三条死罪，让他死个明白，这样也好交代。齐景公说好，把他叫来。这个养马的就哆哆嗦嗦地过来了。晏婴就说老兄啊，是你把大王的马养死了，最起码有三条罪状。第一你是养马的，你把大王的马养死了，该杀！第二你把大王的马养死了，大王因为死了一匹马把你杀了，传出去大家怎么评论？哦，原来这个齐景公他说喜欢人才呀，完全是假的，爱马胜过爱人，爱畜生胜过爱人，哪里是爱人才呀，他是喜欢马，喜欢玩物啊。第三，当这种我们大王喜欢畜生胜过喜欢人才这个名声传播到其他诸侯国的时候，其他诸侯国的人怎么看我们？哦，这个国家看来他当政大概没有希望了，所有的人都瞧不起我们，所有的人都准备攻打我们，那我们就要亡国，到时候我们大王连一匹马都没有了。

晏婴讲完话，就看看齐景公说，大王啊，他的三条罪状我已经列举完了，你把他杀了吧。齐景公把方天画戟一扔，说算了算了，开个玩笑而已。我哪能因为一匹马损失一个人才呀。齐景公是不是开玩笑？他不是，他一开始是真的想杀，后来为什么不杀？就是晏婴劝人比较有技巧，如果他当时就说大王你不能杀，那他根本就听不进去。

还有一个故事，就是刘备主政蜀地的时候，有一年大旱，刘备发布了一条公告，大意就是说私人不可以酿酒，一旦发现私自酿酒那就要定罪。并且如果在你们家搜出了酿酒的工具，同样也是要治罪的。有一天简雍和刘备走在街上，街上人很多，这个简雍突然就大叫起来："来人啊，快点把这些男男女女给我抓起来呀。"刘备一听就说："你咋呼什么，人家好好地在走路，好好地在逛街，你干吗无事生非把人家抓起来？"简雍乘机说："大王，你不知道，他们要行淫哪，要干男女坏事。"刘备说："人家好好走路，怎么会干男女坏事，哪有行淫啊，大家不都很正常吗？"简雍说："大王，不对呀，他们都有行淫的工具啊。"刘备一听，明白了。刘备回去之后，就发布了另外一条公告，就是说以后再从家里面翻出酒具，只要你真的没酿过酒，那也不算犯罪。你看，这就是简雍会劝说人的智慧，他会讲话。

后唐庄宗喜欢打猎，践踏了农民的田地。中牟县令拦着马头恳切劝谏，庄宗大怒，喝令随从将他拉出来准备杀掉。伶人镜新磨知道了再三劝谏庄宗无用，便带领一些伶人赶到中牟县令前，责备他道："你当县令，为什么要放纵农民种庄稼来交纳赋税？为什么不让你的百姓饿着肚子、荒着田地，以便让天子在上面任意驱驰打猎？你的罪过应当被处死。"接着便请求赶快执行死刑。庄宗醒悟，笑着释放了中牟县令。

还有一个小笑话，说的是一个布政使请一个按察使喝酒，为什么两个人要凑在一起喝酒呢？就是布政使儿子特别多，儿子太多了他发愁，这个按察使儿子太少了，只有一个，所以他也发愁，两个人就碰头在一起喝闷酒。一个嫌儿子太多，一个嫌儿子太少。这个时候旁边有个陪酒的小吏，就跟这个按察使讲，他说："大人，子好不需多呀！"那意思就是说儿子只要优秀，要那么多干什么。一个就够了。按察使听到这个话，很高兴。布政使在旁边就开始脸色不好看了，子好不需多，那我那么多儿子怎么办？你看这个小吏多会讲话。小吏对布政使说："大人啊，子好不愁多呀！"就是儿子优秀那是多多益善，那个越多越好。两个人一听，统统高兴，畅怀开饮，皆大欢喜。这叫什么？这就叫会讲话。

你看当年曾国藩打仗，开始的时候是左一个败仗右一个败仗，他就上奏折给咸丰称战事失利，屡战屡败。他手底下有一个幕僚叫赵烈文，就说：大帅，话不能这么写，屡战屡败，那算什么？那就说你是饭桶，你是草包啊，屡战屡败要你这个大帅干什么。曾国藩说那怎么写？赵烈文说改成屡败屡战！屡战屡败是饭桶，屡败屡战才是英雄。你看就是一字之差，会说话的惹人笑，不会说话惹人跳。一样话十样说，就看你会说不会说。

据传，朱元璋在南京做了皇帝，有两个穷弟兄先后前来投奔，当然免不了提起当年事来套近乎。一个说："想当年，咱们拿着镰刀在地里除草，你粗心大意把盛晌午饭的瓦罐子给碰破了，里面的汤水全淌地里了，就剩下一点豆子……"此人话未讲完，朱元璋便打断他的话，找了个由头把他杀了。第二个穷弟兄同样述说这些旧事，但朱元璋不但热情款待还加官晋爵，因为他写的是一首颇有气势的诗："想当年，咱们：手使钩镰枪，脚踏青鬃马，打进罐州城，跑了汤元帅，活捉豆将军！"会说的说圆了，不会说的说翻了。就是俗话所说的："不会烧香得罪神，不会说话得罪人。"《世说新语·语言》载：魏文帝召见钟毓、钟会兄弟时，哥哥满脸大汗，弟弟却无汗，文帝询问其故，哥哥说："战战惶惶，汗出如浆。"弟弟说："战战栗栗，汗不敢出。"所以本书这一节讲慎言语，不是不讲话，而是讲正能量的话，并且用正确的方式去讲话。

最后还要提醒大家不要讲空话玄话，正如《荀子》所言："善言古者，必有节于今；善言天者，必有征于人。"（《荀子·性恶》）用现在的话来解释，就是讲国学讲传统文化，必须对今天的生活有帮助。喜欢谈天说地的人，你讲的话必须对做人做事有实际的指导意义。

　　下面我们再说说颐养之道的第二条就是"节饮食"。如果说"慎言语"是养德的话，"节饮食"就是养身。三国时期魏国的应璩有一首《三叟》，诗曰：

> 昔有行道人，陌上见三叟。
> 各年百余岁，相与锄禾莠。
> 往拜问三叟，何以得此寿？
> 上叟前致词，室内姬粗丑。
> 中叟前致词，量腹节所受。
> 下叟前致词，暮卧不覆首。
> 要哉三叟言，所以寿长久。

　　大意是说，过去有人道上走，遇到三个寿老头。三位寿星各过百，田里除草乐悠悠。路人向前问老头，有啥秘诀能长寿？前面老头接话头，因为妻子无比丑。中间老头接话道，吃饭肚子能承受。后面老者答话道，夜里睡觉不蒙头。总之这首诗告诉我们，养生秘诀有三条，第一，老婆丑。过去老百姓有俗语："家有三件宝：丑妻、薄地、破棉袄。"第二，节饮食，就是讲饮食要有节制，不能暴饮暴食。第三，不蒙头，讲的是晚上睡觉要适当通风。

　　近代国学大师马一浮的养生秘诀是："食要少，睡要早，心要好，事要了。"被相士称作"一双学士眼，半个配军头"的苏东坡被谪齐安之时，每天花费不过一百五十钱。每月初，取钱四千五百，断为三十块，挂屋梁上，一大早就用画叉挑取一块。一天有花不掉的就储存在竹筒里以待宾客。苏东坡在黄州时饮食不过一杯酒一个荤菜。有尊贵客人来，则顶多三杯酒三个菜，只能少不能多。有人问为什么，苏东坡讲了三句养生的名言："一、安分以养福。二、宽胃以养气。三、省费以养财。"苏东坡有首《撷菜》曰：

> 秋来霜露满东园，芦菔生儿芥有孙。
> 我与何曾同一饱，不知何苦食鸡豚。

　　何曾是西晋开国元勋，历史上有个"何曾食万"的典故：何曾尚奢豪，求华侈。其厨房所制作的馔肴，胜过王侯帝胄之家。晋帝每次举办宫廷盛宴，何曾都不食用御厨烹制的馔肴，认为它们不如自己家制的味美，无法下咽。晋帝亦不恼怒，反而特许他自带家厨烹制菜肴。何曾特别讲究馔肴的味道，不惜花众多的金钱与精力，孜孜以求美食。他每天用于饮食的钱财超过万金，即便如此，仍然感到味道不佳，说无下箸处。在这首诗里，苏轼是说，何曾再有钱，不是也跟我一样就是个吃饱饭吗，何必为难那些鸡啊猪啊的呢？

　　北宋翰林学士蒲宗孟，每日用餐最少要十头猪十只羊，庭院燃三百支巨烛用以照明。这位蒲爷都有"小洗面、大洗面、小濯足、大濯足、小大澡浴之别。每用婢子数人，一浴至汤五斛。（其）他奉养率称是。"宰相吕蒙正，嗜喝"鸡舌汤"，每餐此汤必备，为了做成这道汤，吕家厨房光是鸡就要杀上成百上千只。

　　奸相蔡京自奉甚厚，这老小子爱吃鹌鹑羹，每天这一道菜就要杀数百只鹌鹑来烹做。蔡京还爱吃蟹黄馒头，每一次开宴，单在馒头这一样东西上的花费就高达一千三百余缗，可谓穷奢极欲。宋人罗大经的笔记《鹤林玉露》记载，一个士人在汴京买得一妾，此女自言曾在蔡京府上做厨婢，专门做包子。有一天士人让小妾做一笼"太师包子"尝尝。小妾却答："做包子有几十个人，妾只是专门负责切葱的。"

　　关于宋代官员生活奢靡的记载很多，这主要是因为宋代官员薪俸很高，而由于经济繁荣，物价偏低，因而就给某些官员生活奢华提供了条件。但越是这样，越透出苏东坡这样的官员的可贵之处。苏东坡是公认的美食家，东坡肉就是他发明的，但是他从不刻意追求极致口福、难得之货、珍稀之材，从来都是就地取材，他说：

　　　　自笑平生为口忙，老来事业转荒唐。

　　　　长江绕郭知鱼美，好竹连山觉笋香。

　　　　　　　　　　　　　　　　　　　　　　——《初到黄州》

　　到了有水的地方，就以鱼为美，到了有山有竹的地方，就以竹笋佐餐。鱼没有，笋没有，野菜有也行啊，所以苏东坡又说"雪沫乳花浮午盏，蓼茸蒿笋试春盘，人间有味是清欢"（《浣溪沙·细雨斜风作晓寒》）。要是野菜也没有，那也难不倒苏东坡，他弄上一碗白米饭，一碟盐，一盘腌白萝卜，号称"三白饭"，照样吃得津津有味。

　　苏东坡是有食德的人。什么是食德？简单说，不铺张，不浪费，便是"食德"，爱惜和节约天地间一切可供我们食用的东西。明末清初教育家朱柏庐的《治家格言》记载：

> 器具质而洁，瓦缶胜金玉。
> 饮食约而精，园蔬愈珍馐。

　　这就是食德。

　　"节饮食"，不仅是节饭量，节钱财，物尽其用，不暴殄天物，这些都只是表象的东西，更重要的是，敬衣惜食，也是惜福惜缘，诚敬于食的那份恭敬，于人之身心是一种补足，让你远离傲慢，放下自大自私。中国没有正式的谢饭仪式，是因为我们的老百姓骨子里就已经把惜食当成是与呼吸空气、沐浴阳光一样稀松平常的事情，不值得单拿出来大书特书，纵欲虐食、暴殄天物、作践粮食、吃相难看，是缺少教养的表现。即便是花自己的钱、吃自家的饭，你也要知道，浪费的终究是天下之物，而不是你的一己之私，最终损减的是你的福报。

　　清代笔记作品《坚瓠丙集·卷三》中记载了这么一个故事：蔡季通是朱熹的得意门生，可以说亦师亦友亦亲家，因为蔡季通之子蔡沈是朱熹的女婿。有一次朱熹去看望蔡沈，不巧爱婿不在家，其女出葱汤麦饭，招待父亲。临别，女儿因为招待爹爹太简单而深感不安，朱熹给爱女留诗曰：

> 葱汤麦饭两相宜，葱补丹田麦疗饥。

莫谓此中滋味薄，前村还有未炊时。

——《简朴诗》

女婿蔡沈归来，见岳父如此崇尚俭朴，便把这首诗贴在壁间，当作座右铭。

最后，我想提醒各位读者，"节饮食"不仅是节制饮食的量，还要节制饮食的速度，其实最好的进食方式还是细嚼慢咽。经过细嚼的食物，不仅有助于营养的吸收，还能保护我们的肠胃负担不至于一下子过大。当细细地咀嚼食物时，口腔里会自然分泌出许多唾液。唾液是我们自身的宝贝，古人称唾液为甘露、玉液、琼浆、金津，认为比金玉还贵重，故有"一咽再咽，身轻体健；百咽千咽，长寿延年"的说法。过去有位小姐，形容消瘦、干枯，她的家人很着急，就找一位老中医来给她瞧病，结果老中医发现这位小姐很喜欢嗑瓜子，老中医就让她的家人把小姐嗑的瓜子壳收集起来煮水给她喝，结果喝了几回，小姐面色就红润起来了。老中医说其实原因很简单，就是这位小姐爱嗑瓜子，唾液的精华都在瓜子壳上了，煮水喝就等于咽回了唾液，自然就面色红润了。虽然现代生活的节奏很快，但是我们还是提倡大家吃饭要讲究细嚼慢咽。

退遁人生

《周易·乾·文言》中说：

> 知进而不知退，知存而不知亡，知得而不知丧，其唯圣人乎？知进退存亡而不失其正者，其圣人乎！

意思是说只有圣人懂得何时该进、何时该退，面对生死存亡、得失获丧都有正确的人生观和价值观。我们今天主要谈"退"，俗话说："退一步海阔天空。"五代后梁时期的布袋和尚有一首偈子说得好：

> 手把青秧插满田，低头便见水中天。
> 六根清净方为道，退步原来是向前。
>
> ——《插秧诗》

《道德经》也讲："功遂身退，天之道也"。退遁是人生非常重要的课题，为什么要退遁呢？或是任期已至或是老成凋谢，抑或缘分已尽，所以要交棒给青壮派，轻松退场。没有一个组织离开一个人就不运转了，就像在古代社会，有人辞官归故里，就有人星夜赶科场，"辞官归故里"就是退遁，不然青壮派怎么接班呢？

然而在退遁的实际操作上，很多人缺乏智慧，该退的时候因为牵绊太多，赖着不退，以至于搞得自己和他人都很痛苦，甚至招来杀身之祸。《坚瓠丙集·卷二》中记载宋代易学大家邵康节先生一生有三惑，谓老而不歇为一惑，安而不乐为二惑，闲而不清为三惑。本来是老而当逸，以就便安，而自劳役，老而弥苦，故古人有诗云：

可怜八九十，齿堕双眸昏。

朝露贪名利，夕阳忧子孙。

历史上，人们把这种该退不退，当遁不遁的人称作"老贼"，也就是孔子在《论语·宪问》中所说的"老而不死，是为贼"。我们不妨用白居易《卖炭翁》里的"两鬓苍苍十指黑"来形象地理解"老贼"：好多人本来两鬓苍苍，应该获得人们的尊敬，然而老而欲贪，十个手指黑而发金光，占据位置毫不动摇，攫取资源毫不手软。古人讲"七十老翁何所求"，然而有些人快到七十，反而贪得无厌。退遁绝非易事，它不仅需要一个人的修养，更需要一个人的智慧。

佛教有这么一则故事：有一个信徒到寺院拜佛，年轻的知客师和他打过招呼后，就对身旁的老和尚说："有客人来了，上茶！"过了一会儿，又对老和尚说："把佛桌擦干净！""记得留信徒午餐！"老和尚在年轻的知客师的指挥下，一会儿忙东，一会儿忙西。信徒就好奇地问老和尚："他是你什么人？怎么总是叫你做这做那的呢？"老和尚得意地说："他是我徒弟呀！我有这样能干的徒弟是我的福气，信徒来时他只要我倒茶，并不要我讲话应酬；他只要我留信徒吃饭，并没有要我洗菜烧饭。平时寺里的大小事情都是他在统筹，不用我操心！"信徒不解，再问："不知你们是老的大，还是小的大？"老和尚说："当然是老的大，但是小的有用呀！"这个故事给我们一个很大的启发，一个人老了之后，要想着退去做老大，不要总做老大，把棒子交出来，才能更轻松！

白居易有一首《过天门街》，诗曰：

> 雪尽终南又欲春，遥怜翠色对红尘。
>
> 千车万马九衢上，回首看山无一人。

终南山是退遁修行的好去处，然而一年又一年，一春又一春，大家都奔驰在红尘的大道上去追逐名利，谁能真到山里去修行呢？唐朝诗僧灵澈也有诗曰：

> 年老心闲无外事，麻衣草座亦容身。
>
> 相逢尽道休官好，林下何曾见一人。
>
> ——《东林寺酬韦丹刺史》

年纪大了，心头没有什么挂碍，没什么事了，生活也很简单，一身粗麻布衣、一个草垫子就够了。按理讲到这种程度了，可以什么都不要了，所以大家"相逢尽道休官好"，见面都说不当官的清闲，但结果却是真正地去归隐林泉，徜徉山林，世事不管去钓鱼的到底有几人？没有一个人，都是叶公好龙而已。

清朝有个人叫黄任，写了这么一首诗，跟这个意思差不多。诗是这样说的：

> 常参班里说归休，都做寒暄好话头。
>
> 恰似朱门歌舞地，屏风偏画白蘋洲。

"常参班里说归休"，每天上班跟同事一见面就开始抱怨这个工作不好，早点退就好了，早不想干了。可你真让他退他会退吗？不会退的。"都做寒暄好话头"，只是做打招呼寒暄的话头而已；"恰似朱门歌舞地"，就好像是酒肉飘香的权贵之家，每天歌舞笙箫，本来是很淫乱很嘈杂的地方，但"屏风偏画白蘋洲"，偏偏在这个屏风上面画一个代表高雅的开满白蘋的水洲。白蘋是一种水草，开出白花，很清洁，很高雅。偏偏把这种高雅的东西放在歌舞之地，表示自己很高雅。其实我们现在很多人不就是这样？深陷声色却附庸风雅。

"心为天下尽其血，神为四海散其形"的康熙曾预立遗诏：

> 诸葛亮云："鞠躬尽瘁，死而后已。"为人臣者，惟诸葛亮一人耳。若帝王仔肩甚重，无可旁诿，岂臣下所可比拟。臣下可仕则仕，可止则止，年老致政而归，抱子弄孙，犹得优游自适。为君者勤劳一生，了无休息。……《易》遁卦六爻，未尝言及人主之事，可见人主原无宴息之地可以退藏，鞠躬尽瘁，诚此谓也。

康熙感慨自己不能像普通大臣那样退休归家，抱子弄孙，颐养天年，作为帝王，他没有宴息之地可以退藏逃遁，只能鞠躬尽瘁，死而后已。那么试问，康熙八岁登基，整整做了六十年皇帝，为何没有想到早点退休当太上皇呢？或许是真的退下来，那种寂寞的滋味不好受吧。

有人讲过，世上有三种人最悲哀：削去帝号之王，沦为乞丐的富翁，傻瓜群里的聪明人。大家都知道，安史之乱的时候，唐玄宗跑到四川，回来之后就变成了太上皇。太上皇就没人理他了，据说每餐饭连吃块肉都比较困难，你可以想象其他的待遇会怎么样。寂寥的唐玄宗就经常念一首诗，但是这首诗据我的考证，不是唐玄宗写的，他引的是别人的诗，不过也是一首唐诗，这首诗叫《傀儡吟》：

> 刻木牵丝作老翁，鸡皮鹤发与真同。
> 须臾弄罢寂无事，还似人生一梦中。

"刻木牵丝作老翁"，木偶是个老翁的形象，老翁指的是谁？自己；"鸡皮鹤发与真同。"什么叫鸡皮？这里的皮不是脸皮，而是脖子皮。大家看老母鸡老了，这个鸡脖子皮就皱了，都耷拉下来了。你要看自己老不老，就看自己脖子，什么都骗得了人，就是脖子骗不了人；"鹤发"就是白发，这句的意思就是这个傀儡老翁的皱纹和白发做得和真的一样，惟妙惟肖。这个也是唐玄宗自嘲，意思是看自己好像是个人（物）似的，实际上自己是个傀儡。"须臾弄罢寂无事"，需要你出来做样子的时候把你请出来，搞重大典礼了，让这个太上皇出来表现一下，正经八百地坐在那个地方。表演完了，典礼结束，就滚回去；"还似人生一世中"，好像活过，但实际上和死人也差不多了。还有一首诗就是描述唐玄宗做太上皇的凄冷，诗曰：

> 南内凄清西内荒，淡云秋树满宫墙。
>
> 由来百代明天子，不肯将身作上皇。

宋高宗后来晚年做太上皇，其养子宋孝宗孝顺至极。等到孝宗的儿子宋光宗即位，这个时候宋孝宗就变成了太上皇。宋光宗惧内，就不那么孝敬孝宗了。有一年八月十五，孝宗上楼观月，只有一两个小太监跟着，宋光宗也没有来看望他的父亲。宫墙外的小孩子喊道："赵官家，赵官家。"宋孝宗听到孩子喊宋光宗，眼泪就掉下来了。凄凉地说："我喊他都喊不来，何况你们！"正所谓："得意无非俄顷事，下场还是普通人。"所以说一旦谈到权力，真是亲父子也不亲了。

康熙做了六十年的皇上，乾隆做皇上到第六十年的时候，乾隆说我做皇上的年限不能超过我爷爷，就退了。结果一退这个世道就变了，他要喝台湾的乌龙茶，本来三天就到了，现在两个月也没有送来。所以说"由来百代明天子，不肯将身作上皇"，意思就是，但凡有点脑子的天子，绝对不要做太上皇。

上面举的几个例子说明一个人真的做到退遁是多么难，所以宋代诗人邵经国听说朋友要挂冠退遁了，赶紧写了一首诗寄给朋友，鼓励他不要犹豫，诗曰：

> 闻道先生欲挂冠，先生几日出长安。
>
> 去时莫待淋头雨，归日须防彻骨寒。
>
> 已遂平生多少志，莫令末路去留难。

二疏毕竟成何事，留取他年作画看。

——《上楼参政》

　　"二疏"指的是西汉时期的叔侄疏广、疏受。由于叔侄二人都很有学问，于是先后被汉宣帝征为太子的太傅和少傅，每次去教太子的时候，疏广太傅在前，疏受少傅在后，可谓荣耀之极。可是疏广深深懂得"功遂身退"的道理，和侄子一起上书退休回乡。疏广可谓是功成身退的典型。

　　我们古人有两句话讲得好："谪而能良，国之宝器；进能思退，天予喆人。"意思是说，贬了官之后还能继续保持优良品性和作风，这样的人是国家的宝贝。正在一路风光的时候能考虑退遁，那就是老天爷要保护的吉祥人。诺贝尔奖得主丹尼尔·卡内曼提出一个心理学规律，认为人们对某件事的记忆仅仅限于"峰"和"终"，也就是高峰和终止，整个事件过程对记忆几乎没有影响。高峰之后，终止出现得越快，事件给人们留下的记忆越深刻。"峰终定律"告诉人们一个人生的智慧：在最美好的时候离开。

　　除了前面讲的疏氏叔侄以外，历史上比他们还要早一点的具有这种高明"峰终"退遁智慧的，要首推春秋时期的范蠡了。帮助越王勾践复国后，范蠡化名鸱夷子皮，立马退遁江湖。后来三次经商成巨富，又三散家财，后定居于宋国陶丘（今山东省菏泽市定陶区南），自号"陶朱公"。唐朝李泌有诗赞曰：

一丈夫兮一丈夫，千生气志是良图。

请君看取百年事，业就扁舟泛五湖。

——《长歌行》

　　唐代诗人汪遵有一首《五湖》诗，对范蠡也大加赞扬：

已立平吴霸越功，片帆高扬五湖风。

不知战国官荣者，谁似陶朱得始终。

范蠡在临退前还留了封书信给好友文种，《史记·越王勾践世家》记载：

> 范蠡遂去，自齐遗大夫种书曰："蜚鸟尽，良弓藏；狡兔死，走狗烹。越王为人长颈鸟喙，可以共患难，不可与共乐。子何不去？"

文种则不懂得退遁的智慧，认为江山打下来了，应该好好享受享受了，结果被长脖子尖嘴的勾践赐死。

被历史评价为"权倾天下而朝不忌，功盖一代而主不疑，侈穷人欲而君子不罪"的郭子仪，更是一个深谙退遁之道的聪明人。唐代封演编撰的古代中国笔记小说集《封氏闻见记·卷五》中记载：

> 中书令郭子仪勋伐盖代，所居宅内诸院往来乘车马，僮客于大门出入，各不相识。词人梁锽尝赋诗曰：'堂高凭上望，宅广乘车行。'盖此之谓也。郭令曾将出，见修宅者，谓曰："好筑此墙，勿令不牢。"筑者释锤而对曰："数十年来，京城达官家墙皆是某筑，只见人自改换，墙皆见在。"郭令闻之，怆然动容。遂入奏其事，因固请老。

郭子仪勋功盖世，皇帝赏赐非常多，家有广厦千间，各院之间来往都需要乘车，仆人们每天从大门出入，互相都不认识。有一次，郭子仪将要出门，看见有工匠在修宅子，就叮嘱了一句："好好把墙修结实了。"工匠说："令公您放心吧，京城达官显贵之家的院墙都是我修筑的，多少年来，我只见住户主人不停更换，但是我修筑的墙还从来没坏过呢。"郭令公听了，怆然动容，马上进宫，坚决请求退休养老。

笔者比较喜欢对联，常常读一些关于对联的故事，而关于朱元璋的对联故事是数不胜数。巴城、吉玉编的《中国对联故事总集》里就记载了一个朱元璋巧遇朱升的故事，真假就不去考证了，故事和本文的主旨相吻合，说明了退遁的智慧。

话说一天，朱元璋来到一处村庄，见一户人家的门上贴着这样一副对联：

> 天近山头，行到山腰天更远；
> 月浮水面，捞得水底月还沉。

朱元璋也是喜好作联的人，他见这副对联文笔流畅，富于哲理，而且字写得也好，苍劲雄健，笔力千钧，就向这家主人打听对联出自何人之手。主人告诉他是"南山朱升先生"写的。第二天，经过另一村庄，又见一家人家的门上写着另一副对联：

> 气吞高力士；
> 眼识郭汾阳。

朱元璋一打听，又是那个朱升写的。再一细问，方知这隐居在南山深处的朱升非同等闲之辈。朱元璋进深山一见朱升，果然生得仙风道骨，器宇轩昂，用评书的话说就是眉分八彩，目若朗星，非同常人，赶紧上前施礼，道过姓名，朱升还礼，连忙让进屋内，敬上香茗。交谈之中，朱元璋对朱升的德才更加敬佩，有心请朱升出山辅佐，于是说道："先生德劭才高，满腹经略。我朱某长年率军东征西讨，一事无成，若得先生鼎力相助，必能一统大业，望先生切勿推辞。"朱升谦逊地说道："在下本山野村民，一介俗夫，才疏学浅，何德何能，敢在贵人面前说三道四？"朱元璋苦苦相求，朱升见推辞不掉，便拿起笔来，随手在纸上写下九个大字："高筑墙，广积粮，缓称王。"写完，展示给朱元璋，说道："我这里有九个大字相赠，贵人若能按此九个字行事，必然攻无不克，战无不胜。这九个字，一字九个月，共计二十七个月，两年一季之后，在下一定出山，请万勿再相强。"朱元璋见此情况，不好再强求，只好起身告辞道："既然如此，在下先告辞了，两年一季之后，一定再来请先生出山。"朱元璋回去后，认真地按照朱升的九个字去做，果然灵验。两年不到便一统天下，当上皇帝。二十七个月以后，朱元璋果然又来到南山，想请朱升出山，当来到朱升隐居的茅屋时，只见柴门虚掩，屋内空无一人，桌子上放着一张纸，上面写着一首诗：

> 山村教读遇皇上，九字真言方得传；
>
> 如今天下一统日，何须老儒再出山。

朱元璋见后，默默不语地退出茅屋，从此打消了请朱升出山的念头。

历史上还有一个人具有退遁智慧很值得一提，这个人就是清朝时期湘军将领彭玉麟。彭玉麟，字雪琴，谥刚直，清末水师统帅，湘军首领，人称雪帅，是湘军水师创建者、中国近代海军奠基人，与曾国藩、左宗棠并称大清三杰，与曾国藩、左宗棠、胡林翼并称大清"中兴四大名臣"。彭玉麟和曾国藩是好友，曾国藩讲过："盛时常作衰时想，上场当念下场时。"大概是受了曾国藩的影响，抑或自身有这种觉悟，彭玉麟发达之后一直都在求退遁，他三辞安徽巡抚，三辞漕运总督，一辞兵部右侍郎，一辞两江总督并南洋通商大臣，两辞兵部尚书。他能做到在功名场中陡然收步，真可谓"英雄回首即神仙"。彭玉麟有诗曰：

> 黄粱已熟前番梦，白发新添昨夜霜。
>
> 布袜青鞋容我懒，金貂紫绶任人忙！

意思简单说就是，不要再做什么黄粱美梦了，头上的白头发又新添了好多，我就想过几天清净朴素的日子，至于荣华富贵就让别人去争去吧。彭玉麟还有一首诗也表达了这样的退遁思想，诗曰：

> 纵使平生遭际盛，须防末路保全难。
>
> 登场端赖收场早，进步何如退步安。

彭玉麟告老还乡之日，竟将二十余年积存养廉银二十余万两全数充公。回籍之后，他筑室衡州府城，颜曰"退省庵"，每外出，不坐轿，不带随从，布衣草鞋，一如野老。彭玉麟死后，郭嵩焘写给他的挽联是：

收吴楚六千里，肃清江路之功，水师创立书生手；
开国家三百年，驰骋名扬之局，亮节能邀圣主知。

这个盖棺定论非常中肯，非常精准。

其实退遁人生并不等于放弃人生，除了老有所乐之外，可以静下心来好好地对自己一生的经验进行总结，进而更好地教化子孙后代，继续地为社会做出自己应有的贡献，如清代顾炎武所言："苍龙日暮还行雨，老树春深更着花。"（《又酬傅处士次韵二首》其二）

面对小人时

我们至少可以从三个维度来界定小人，从社会身份来划分，小人和大人相对，这里的小人指的是普通人，也就是佛教讲的凡夫，并没有什么贬义的意思。《五灯会元》卷四载赵州禅师事：

> 真定帅王公，一日携诸子入赵州院，坐而问曰："大王会么？"王曰："不会。"师云："自小持斋身已老，见人无力下禅床。"王公尤加礼重。翌日令客将传语，师下禅床受之。侍者问："和尚见大王来，不下禅床，今日军将来，为甚么却下禅床？"师云："非汝所知。第一等人来，禅床上接；中等人来，下禅床接；末等人来，三门外接。"

山门意为寺院正面的楼门。中国寺院多居山林，故名"山门"。一般有三个门，所以又称"三门"，象征"三解脱门"，即"空门""无相门""无作门"，或象征信、解、行三者之义，但并非必有三个门才称"三门"，只有一个门，也称"三门"。真定帅王公指的是唐僖宗时的藩镇王镕。这一天，王镕带儿子们来见赵州从谂禅师，禅师坐在禅床上，没下来迎接，却问王公说："大王，你明白吗？"大王说："不明白。"禅师说："我从小吃素，现在我老了，见到人已无力下禅床了！"王一听，更加敬重赵州从谂。隔日，大王令部属传话，禅师竟下禅床来受话。过一会儿，侍者疑惑不解地问禅师说："和尚您见大王来不下禅床，今天只是部属来传话，为什么却下禅床？"禅师说："这你就有所不知了，第一等的人来见我，我在禅床上迎接；中等的人来见我，我则下禅床去迎接；最下等的人来见我，我会走到大门外去迎接啊！"

老和尚为何对末等人如此厚待？其实这是老和尚的智慧，《庄子·山木》中说："君子之交淡如水，小人之交甘若醴。"对待君子，淡淡的一碗水就好了，因为君子不会计较。可是对待小人，如果不用甜酒，小人就会发牢骚。所以老百姓有句俗语叫："宁得罪君子，不得罪小人。"也就是《论语·阳货篇》中说："唯女子与小人为难养也，近之则不逊，远之则怨。"和小人走得太近了，他不拿你当回事。要是不理他，他又发牢骚，四处说你太傲慢。所以赵州从谂禅师不仅懂得佛性，更懂得人性。

从道德的维度来划分，小人又和君子相对。这里的小人就不是指普通的正常人了，而是在道德上有缺陷的人。该如何面对这样的小人呢？宋朝倪思在《经鉏堂杂志》中讲得好：

> 见小人当起三心，见小人诬陷君子时，当起怜悯心，怜其用心之谬也；当起得师心，曰其为人如此，可鉴也；当起定心，不愤不怒，不为恶境所动也。

首先起怜悯心，可怜他不做君子做小人，也可怜他枉费心机去害人。清代张鑑在其著作《浅近录》里讲过：

> 古今教人做好人，只十四个字简妙直切，曰：君子落得为君子，小人枉费为小人。盖富贵贫贱，自有一定命数，做君子不会少了分内，做小人不会多了分外。

其实这十四个字还可以做另一番解读，就是别人有多少福分是固定的，你害他，他的福分还是那么多，你帮他，他的福分还是那么多，那既然是这样，与其害他倒不如帮他，反而落得一个君子的名头。害了半天害不了，反而戴了一顶小人的帽子，实在是得不偿失。还是鲁迅先生讲得好："唾沫还是静静地咽下去好，免得后来自己舔回去。"《唐伯虎全集·卷二》里有一首诗是这样的：

> 万事由天莫强求，何须苦苦用机谋？
>
> 饱三餐饭常知足，得一帆风便可收。
>
> 生事事生何日了？害人人害几时休？
>
> 冤家宜解不宜结，各自回头看后头。

其次起师心，正如《道德经》中所讲的：

> 善人者，不善人之师；不善人者，善人之资。
>
> ——《道德经》二十七章

讲得通俗一点，君子是小人的老师，小人也是君子的镜子。正如唐太宗李世民所言："以人为镜，可以明得失。"

再次，面对小人干坏事要起定心，不要被恶境所动。《圣经·新约·罗马书》中说："你的仇敌若饿了，就给他吃；若渴了，就给他喝。因为你这样行，就是把炭火堆在他的头上。"你不可为恶所胜，反要以善胜恶。

老百姓有句俗话叫："惹不起，躲得起。"孔子也讲："不友不如己者"，不要和有道德缺陷的人做朋友，但是有的时候却是惹不起也躲不掉，《论语·阳货篇》记载：

> 阳货欲见孔子，孔子不见，归孔子豚。孔子时其亡也，而往拜之，遇诸涂。

"归"在这里就是"馈"。阳货是鲁国大夫季平子的家臣，季平子则是当时掌握鲁国实权的炙手可热的人物。阳货想会见孔子，孔子不去见他。于是，阳货想了一个办法，给孔子送去蒸熟的小猪。根据当时礼尚往来的原则，孔子在收到礼物以后，应该登门拜谢。孔子不想见这个人，就趁他不在家的时候去拜谢他，结果不巧在路上遇上了阳货。

阳货是孔子在政治上非常鄙视和反对的"乱臣贼子"，两人压根儿就不是一路人，孔子是温良恭俭让的君子，阳货却是小人，而且还是得罪不起的有权有势的小人。一天到晚要见孔夫子，孔子面对这样的小人纠缠，也只有一个字：躲。这就是《易经·遁·大象》所谓的"君子以远小人"，就是与小人保持距离。有时候得罪一个小人，这辈子就甩不掉被祸害，所以不论如何不能撕破脸皮，要懂得明哲保身。不过，小人有小人的办法，孔子还是没有躲过阳货，被堵了个结实。阳货把孔子教育了一番，让孔子出来做官，孔子也只好敷衍了事。

从法律的维度来划分，小人和正人是相对的，那么这里的小人就是跪在明镜高悬大堂下的小人，就是罪人了。面对这样的小人，要抱着赦过宥罪的心态来处理。"过"是过失，"宥"是宽宥。当一个人罪孽深重的时候不能赦，顶多是表现好了之后可以"宥"。这样的心态是以教育、改正为主，不是以惩罚为目的。

"下车泣罪"这个成语来自汉代刘向所著的《说苑·君道》：

> 禹出见罪人，下车问而泣之。左右曰："夫罪人不顺道，故使然焉，君王何为痛之至于此也？" 禹曰："尧舜之人皆以尧舜之心为心，今寡人为君也，百姓各自以其心为心，是以痛之也。"书曰："百姓有罪，在予一人。"

大禹所以痛哭，倒不是完全因为罪犯可怜，而是出于反思，他说，从前尧和舜做领袖的时候，老百姓都和他们同心同德；如今他做了领袖，老百姓却不和他同心同德，做出这损人利己的事来，所以他内心感到非常痛苦！于是，禹命人刻写了"百姓有罪，在予一人"八字，把那罪人释放了。

《唐语林》里也记载了这么个故事：

高祖时，严甘罗，武功人，剽劫，为吏所拘。上谓曰："汝何为作贼？"对曰："饥寒交切，所以为盗。"上曰："吾为汝君，使汝穷之，吾之罪也。"赦之。

故事说，唐高祖李渊当政的时候，有一次，一个叫严甘罗的武功人因为拦路抢劫、打家劫舍被抓了。李渊就问他："为啥子不做良民，要落草为寇？"这位严老兄回答："吃不饱来穿不暖，家中老少受饥寒。趁着还有一气喘，不如做贼混吃穿。"李渊闻听此言，叹口气说："人称领导父母官，哪有父母让子寒。如今我手掌大权，却让尔等无吃穿。我等失职无颜面，犯罪与尔不相关。"就赦免了这个罪犯。

历史上还有个仁心皇帝亲自审案被罚款的例子，这位仁心皇帝就是南唐后主李煜。李煜骨子里是个文化人，真性情，为政重仁慈宽刑罚，轻易不肯多杀一人，尽量轻判，判决死刑时，总希望尽量少杀，真正遇到必须执行死刑的，李后主还偷偷抹眼泪。南宋陆游在《南唐书·后主本纪》上说，李煜为了减轻罪犯的罪行，曾经跑到大理寺，亲自参与审案。中书侍郎韩熙载觉得皇上亲自审案，不成体统，于是就上奏说狱讼之事自有大理寺掌管刑狱的专人负责，皇上不该插手，罚款三百万以资国用。李煜并没有因为这件事恼羞成怒，这也充分说明李煜的大度和开明。

后记

"知君两件关心事，世上苍生架上书。"当初读到这两句诗文的时候，就颇有感触。我写的所有的书，完全不符合"学术标准"，可是我并不在乎这些。我在意的是这本书能不能给广大读者带来正能量，能不能挽救世道人心。为了达到这个目的，弱小的我为了强大，只能先吸收其他诸多书中的正能量，因此读书也就成了我的生活，也就成了我的工作，也就成了我的人生。

亲爱的读者，当您读完手上这本《云行雨施》，请您相信这是我集近17年的读书之功的结果。这本书几乎让我"倾家荡产"，我把这些年读到的几乎所有的我认为的好东西都"砸"在这本书里了，并让它们借由书中的几十篇文章以恰当的方式呈现在您的面前，让您有所启发和收获。

写这本书的契机源于新冠肺炎疫情。2019年底，疫情来袭，突然出现了大把可自由支配的时间，手头借读的书很快"消耗殆尽"，图书馆也开启闭馆模式，书没法还也没法借。手头上唯一可读的就是我大量的读书笔记，28本打印出来的电子读书笔记和18本手写读书笔记，这些笔记的总字数约在900万。我读书一贯"贼不走空，雁过拔毛"，我可不想让这些得之不易的"好东西"就这样静静地躺在那里。时间有，东西有，平时讲学的框架可以作为文章框架的参考，于是就萌生了写这本书的想法。孔子说："我欲载之空言，不如见之于行事之深切著明也。"说干就干，颇有箭在弦上，不得不发之势，也有如鲠在喉，不吐不快之情。

我作息一向守子午时，晚上十一点之前一定睡觉。可开始动笔写本书的第一天，就写到凌晨两点多才躺下。整本书的结构该如何安排？每篇文章彼此之间有哪些暗合的逻辑关系？文章该如何最有效地传播正能量？整体的笔调和风格该如何把握？是菩萨低眉还是金刚怒目？是嬉笑怒骂还是和风细雨？种种问题让我无法入眠，手里写着《云行雨施》，心里却是翻江倒海。接下来的日子里，写作生活慢慢就变得很有规律，早上六点左右起床，写一个半小时，七点半左右用早餐。早餐后网上找一部电影来看，二十分钟后暂停电影并最小化，这二十分钟是消化时间。然后接着写作，当中偶有休息，不会超过十分钟。写到中午十一点半收笔，吃午餐，然后最大化早上暂停的电影继续看，二十分钟后暂停电影并最小化，开始午休，午休时间一般是半小时左右。开始午休的时间大约是十二点四十分左右，大约下午一点十分左右起床，洗把脸继续写作。晚上五点半晚餐，晚餐后继续观看中午暂停的电影，二十分钟后下楼，在小区内散步一个小时左右，这一个小时的散步是我反思和构思写作的时间。晚上写到十一点整收笔，休息。第二天如此，第三天如此，第四天亦复如是，日子于是就这样安静地周而复始地过着。后来上级组织要求我们去杭州萧山机场去接待归国华侨，于是我拉了整整一大箱笔记去了萧山机场，在等待华侨期间，我在酒店里继续着我的写作，接待完华侨之后，组织出于安全需要，也让我们在酒店隔离十四天，隔离期间，整天大把的时间，还有独立单间的安静，给我的写作提供了最佳的条件。后来疫情趋于平稳，大家可以在适当区域内活动了，我也开启了讲学模式，于是我的写作就由"阵地战"变成了"游击战"，高铁上、候车室、酒店里、亲朋家，这些地方都成了我的临时书房。这本书就这样写了三年，也改了三年，就在您拿到本书之前的不久，这本书还在进行反复的校对和修改。

《云行雨施》出版了，传播生活国学的路又向前走了一小段，但任重道远，未来还有很长的路要走。我会秉持"夙夜强学以待问，疏通知远而不诬"的学习态度继续不断地充实自己，在不久的将来，再给您的书架上添上一本好书！

壬寅年秋日午后

鸡鸣斋